金光明経

金光明経　目次

目　次

題字　谷村憙齋

解題

この経典の梵名は Suvarṇaprabhāsottamasūtrendrarāja という。漢訳名を『金光明最勝帝王経』と呼ぶこともある。それは天台智者大師説、門人灌頂録とされる『金光明経玄義』巻上（正蔵第三十九巻一頁下）に「真諦三蔵云、具存外国音、応言修跋拏婆頗婆欝多摩因陀羅遮閲那修多羅、修跋拏此言金、婆頗婆此言光、欝多摩此言明、因陀羅此言帝、遮閲那此言王、修多羅此言経、外国又称仏陀羅、此間所無、又略帝王両字但存三字者、漢人好略訳者省之、但翻為金光明経也」という一文から知りうる。

さて何故に『金光明経』といわれるか。これは本経の「夢見金鼓懺悔品」第四に出る次の説話から命名されたものである。すなわち妙幢菩薩がある夜の夢中に大金鼓の光明晃曜として日輪の如く輝けるをみた。その金鼓を一人の婆羅門が打ち鳴らしたところ、微妙の韻文が流れ出した。そしてその内容は懺悔の法門であった。この説話に出る黄金の光明の如く輝く大金鼓が本経の題名となったものである。さらに金光明という表現と思想をうけて、「授記品」第二十三には、妙幢菩薩とその二子銀幢・銀光の作仏する授記を説く段がある。すなわちそれぞれ金宝山王如来と金幢光如来と金光明如来となることを授記する。ここにも黄金の如く光り輝くという事例がみられる。したがって『金光明経』の名称の根源ともいうべきこの第四品「夢見金鼓懺悔品」は『金光明経』の中核思想を形成するものであり、しかもそこに説かれる「懺悔」という思想は本経のみならず大乗仏教における重要な地位を占める思想である。また妙幢菩薩は第四品に登場する重要な主役的存在であり、それをうけたものが第二十三の「授記品」であり「妙幢菩薩讃歎品」第二十八である。

さて中国の天台智者大師説の『金光明経玄義』や『金光明経文句』並びに吉蔵の『金光明経疏』には「究竟大乗菩薩蔵摂」にして、頓教の所収たりという考え方の下に、「金光明」の三字は仏陀の三身三徳を表示するものとして取扱っているが、「懺悔品」の思想的重要性を評価することが十分とはいえない。また唐の慧沼の『金光明最勝王経疏』十巻は『涅槃経』との関係を重視して、教理行果の四点から解釈を行なったものである。

本経の梵本については、ネパールの九宝の一つとして、ネパール国で発見されたものが多い。ネパールの九宝とは、1普曜経、2八千頌般若、3十地経、4華厳経、5月灯三昧経、6法華経、7秘密集会、8金光明経、9楞伽経（あるいは悲華経とする場合もある）である。フランス・イギリス・ソ連・インドの諸国に『金光明経』の写本が現存しているが、日本では東京大学と京都大学に貝葉が収蔵されている。なお東大写本については松濤目録（一七〇頁）を参照されたい。

梵語写本を基とした出版本には次のものがある。インドのチャンドラ・ダースが一八九八年にカルカッタから出版した刊本をはじめとして、泉芳璟の出版本いわゆる京都出版本と呼ばれているものが一九三一年に出た。またドイツのノーベル刊本が一九三七年に出版され、さらにブッディスト・サンスクリット・テキスト№8にバクチ刊本が一九六七年にインドで出版された。

また本経は中央アジアに広まったので、ソグト語訳、ウイグル語訳、コータン語訳、カルムク語訳やチベット語訳があり、またそのチベット語訳からの蒙古語訳と満州語訳がある。さらにノーベル氏は一九四四年にチベット語訳のローマナイズ本を出版し、一九五〇年には蔵・独・梵対照の索引を出版し、一九五八年に『金光明最勝王経』の漢訳のドイツ語訳を出版している。『金光明経』の文献学的研究においては西欧ではノーベルが話題となるわけであろう。またエメリックは一九七〇年英訳を出版している。

梵語の日本語訳は泉芳璟の梵漢対照『新訳金光明経』昭和八年出版の和訳と、阿満得壽の梵文和訳『金光明最勝王経』昭和九年五月の和訳がある。

漢訳については曇無讖の『金光明経』四巻十九品が北涼の元始元年から十年の間（四一二―四二一）に翻訳されている（正蔵第十六巻所収）。次いで梁承聖元年（五五二）に真諦三蔵が七巻二十二品本を訳し、さらに北周武帝のときに（五六一―五七八）に耶舎崛多の『金光明更広大弁才陀羅尼経』五巻二十品が訳出された。ところが隋の開皇十七年（五九七）に沙門宝貴が彦琮や費長房と共に曇無讖の古訳に欠くところを主として真諦訳及び耶舎崛多の訳経で補い、かつ印度三蔵闍耶崛多の協力により『合部金光明経』八巻二十四品を編訳した。さらにその後百年を経て義浄がみずから将来した梵本によって唐の長安三年（七〇三）『金光明最勝王経』十巻三十一品を訳出した。これがこの国訳の原本として用いたものである。なお漢訳について一言加える事はその品数である。

すなわち『合部金光明経』序に、

而金光明見有三本　初在涼世有曇無讖　訳為四巻止十八品　其次周世闍那崛多訳為四巻成二十品　後逮梁世真諦三蔵於建康訳　三身分別　業障滅　陀羅尼最浄地　依空満願等四品足前出没為二十二品……（正蔵第十六巻三五九頁中）

とある。したがって現存曇無讖訳の第十九嘱累品は明本に欠けている。高麗本に嘱累品があるのに従ったもので、本来は十八品なのである。また『合部金光明経』の中、真諦訳には第十一銀主と第二十四嘱累品の二品を欠いた二十二品の構成であったことを知る。

さて本経の訳者義浄は『南海寄帰内法伝』四巻の著者として有名であるが、三十七歳海路よりインドに渡り、在印二十余年、各地を歴遊し、仏蹟を巡拝した。帰国の際に多くの経律論梵本を持ち帰った。中国に帰ったのち、初め洛陽にて実叉難陀と共に『華厳経』を訳出したが、後に長安に往き『金光明最勝王経』等を訳出す、その訳出した総数は五十六部二三〇巻に及ぶ。特に律蔵の伝訳に尽力した。七十九歳にて寂し、洛陽龍門の北高岡に葬られる。後にその霊塔に金光明寺を建立し、その訳経の功績を表した。義浄が唐則天長安三年（七〇三）に訳出した本経典の訳場長安の西明寺には多くの沙門が参加した。中でも『倶舎論疏』を著した法宝とか、賢首大師法蔵などの名が出ていることは注目すべきところである。その資料はスタイン本とペリオ本の敦煌文書である。両者の一致しない点もあるので、参考に列挙する。

スタイン本『金光明最勝王経』巻八残簡（S. 0523）とペリオ本『義浄訳経題記』（P. 2585）をそれぞれS.とP.であらわす。

S.　翻経沙門婆羅門三蔵宝思惟□梵文
P.　翻経沙門婆羅門三蔵宝思維証梵義
S.　翻経沙門婆羅門利末多読梵文
P.　翻経沙門婆羅門尸利□多読梵文
S.　翻経沙門七宝台上座法宝証義
P.　翻経沙門七宝台上座法宝証義
S.　翻経沙門荆州五泉寺弘景証義
P.
S.　翻経沙門大仏光寺寺主法明証義
P.
S.　翻経沙門崇光寺神□証義
P.　翻経沙門崇光寺神英証義
S.　翻経沙門大興善寺伏礼証義
P.　翻経沙門大興善寺伏礼証義
S.　翻経沙門大福光寺上座波崙筆受

P.　翻経沙門大福光寺上座波崙筆受
S.　翻経沙門清禅寺主徳感証義
P.　翻経沙門清禅寺寺主徳感証義
S.　翻経沙門大周西寺仁亮証義
P.　翻経沙門大周西寺仁亮
S.　翻経沙門大総持寺上座大儀証義
P.　翻経沙門大総持寺上座大儀証義
S.　翻経沙門大周西寺寺主法蔵証義
P.　翻経沙門大周西寺寺主法蔵証義
S.　翻経沙門仏□記寺都維那恵□筆受
P.　翻経沙門仏授記寺都維那恵表筆受
S.　翻経沙門大仏光寺□荘証義
P.
S.　翻経沙門大福光寺都維那慈訓証義
P.
S.　請翻経沙門天宮寺明暁請転経沙門龍興寺法海勘記
P.

なおチベット語訳の『金光明経』は西蔵大蔵経の秘密部に収められている。これはチベット仏教では『金光明経』を顕教とはせず、密教経典と取扱っていたものである。すなわち北京版では一七四番 (Pa12a–157a) と、一七五番 (Pa157a–283a)、一七六番 (Pha1a–63a) という順序で三訳を収めている。デルゲ版では五五五番 (Pa19a–151a)、五五六番 (Pa151b–273a)、五五七番 (Pha1b–62a) という順序で三訳を収めている。両版共に、最初の『金光明経』 Ḥphags-pa gser-ḥod dam-pa mchog-tu rnam-par rgyal-baḥi mdo-sdeḥi rgyal-po theg-pa chen-poḥi mdo. は義浄訳の十巻本をチベット語訳に重訳したもので、法成 Chos-grub がその訳者である。したがって義浄訳に全く対応するものであり、漢訳の四巻本や、七巻本には対応しない。ところが第二に収められている『金光明経』 Ḥphags-pa gser-ḥod dam-pa mdo-sdeḥi dbaṅ-poḥi rgyal-po shes-bya-ba theg-pa chen-poḥi mdo. は三人の訳者すなわち Jinamitra, Śīlendrabodhi の二人のインド人とチベット人 Ye-śes-sde である。内容的には十巻本漢訳と相違する個所が多いチベット語訳である。第三の順序に収められている『金光明経』の経題は第二のチベット語訳と同じ経題である。しかし訳者の名前を欠いている。内容的には現存梵本に近い。またナルタン版のチベット語大蔵経は四八九番 (Na1b–208b) が漢訳十巻本の重訳であり、四九〇番 (Na208b–385a) は北京版一七五、デルゲ版五五六に相当する。ナルタン版七六二番 (Kha-skoṅ 11a-94b) は北京版一七六、デルゲ版五五七に相当する。

次に梵本と漢訳との対照表と、チベット語訳の品名対照表を掲げる。

本経典の成立については、漢訳の資料から判断すると曇無讖四巻本が西紀四一二―四二一年に訳されているので、五世紀には『金光明経』が存在していたことになる。しかし一四〇年ほどの経過があるが四巻本から八巻本に増広され、さらに八世紀には十巻本と増広されてきた。また思想的には『十地経』『般若経』や『法華経』の影響のほか、唯識思想を窺わせる偈文が散見されるが、本経の引用が『大乗集菩薩学論』や八千頌般若の注釈にみられることも注意しなければならぬ。すなわち Śikṣāsamuccaya (Bibliotheca Buddhica I.) p. 160_{13}～p. 164_{2} に deśanāparivarta 第四品の第十七偈から第三十二偈及び第四十二偈から第五十二偈までの引用がある。また Śikṣāsamuccaya p. 216_{8}～p. 217_{8} に Suvarṇaprabhā に説かれるとして「懺悔品」の第五偈から第十二偈の引用があり、続く p. 217_{9}～p. 219_{7} には Suvarṇaprabhāsottama-sūtra に説かれるとして「懺悔品」の第七十五偈から第九十二偈までの引用がある。Śikṣāsamuccaya は Śāntideva (寂天) の選述であり、西紀六五〇―七〇〇年頃の人物と考えられている (平川彰『インド仏教史』二三〇頁)。さらにまた Abhisamayālaṃkārālokā Prajñāpāramitā-vyākhyā *by* U. Wogihara p. 149 にも Suvarṇaprabhāsottama-Sūtra に説かれるとして『金光明最勝王経』第二寿量品の第十四偈の引用がある。後者は Haribhadra (師子賢) の選述で西紀八〇〇年頃の人と考えられている。また『金光明経』とは明記されていないが、"Prasannapadā" *by* L de la Vallée Poussin; p. 462 に yathôktaṃ bhagavatā として引用される一偈があるが、それは本経の Śūnyatāparivarta の第十七偈D句と第十八偈A・B・Cの三句を一偈としてまとめたものである。以上梵語諸経典に引用される『金光明経』はいわゆる正宗分ともいうべき部分の引用である。

護国思想を強調する部分ではないことに注目すべきであろう。従って本経典は五世紀頃すでにインドに存在していたことになるわけである。しかもそれは漢訳十巻本に相当するものではなく四巻本に近いテキストであったと考えられる。

そして四巻本（すなわち現存梵本に近いもの）の内容としては、他の八巻本及び十巻本に比べ著しく異なる点がみられる。たとえば三身分別段の問題がある。すなわち龍樹の著作にはすべて二身説であることを考えれば、四巻本は二世紀頃龍樹出世の前後の時代に存在していたと推察することができる。

本経の内容は、構成的には『法華経』に類似する点があるが、行位論では『十地経』の影響をうけ、「空性品」や「王法正論品」の存在は中観的思想系譜にあることを思わせる。また唯識思想を窺わせる偈文やアーユルベーダを想起させる偈文がある。また説話としては『マハーバーラタ』『六度集経』『修行本起経』『賢愚経』『宝積経』などとの関係が考えられる。しかし特に本経典の重要な思想は「懺悔」である。

本経典十巻本では「夢見金鼓懺悔品」第四（梵本 Suvapnaparivarta & deśanāparivarta）に説かれる懺悔 deśanā である。deśanā という梵語は √diś（示す、知らす、告白する）の使役法 deśayati から転化した名詞である。これは十巻本の訳者である義浄の著した『南海寄帰内法伝』第二に、「鉢喇底提舎那　即対他説也　説㆓已之非㆒冀令㆓清浄㆒自須㆔各依㆓局分㆒則罪滅可㆑期」と説かれている事柄と同じである。ただしこの梵語は pratideśanā であるが、意味は同じであり、自分のなした行動を他人の前で包みかくさずに告白することによってその罪過が浄められるということである。

この懺悔という言葉は『金光明経』で始めて取り上げられたものではない。すなわち多くの経典に説かれるものであるが、それぞれの経典の成史年代に関する問題があるので、訳経史の順序に従って、その典拠を明らかにする。

まず霊帝（一六八―一八八）のときに、安玄と厳仏調とによって訳出された『法鏡経』（正蔵第十二巻一八頁下）に、

是以当稽首十方諸仏、亦彼前世求道所行志願之弘願者一切成就仏法之徳、以思念之以代其喜、於是昼三亦夜三以誦三品経事一切前世所施行悪以日首誨改往修来。

ここに説く「改往修来」とは、正しく「懺悔」を意味することは、智顗説とされる『金光明経文句』第三（正蔵第三十九巻五九頁上）に「又懺名修来悔名改往、往日所作悪不善法鄙而悪之故名為悔、往日所棄一切善法今日已去誓願勤修故為懺」と引用されている文章から理解される。ただし『法鏡経』に説く『三品経』とは何か問題となるところである。さらに東晋の曇無蘭訳の『新歳経』である。すなわち「時諸比丘、即受仏教各従坐起在世尊前、各各相謝懺悔所失訖、還復坐在其本位。」（正蔵第一巻八五九頁下）

また東晋僧伽提婆の訳出した『増一阿含経』にはしばしば「懺悔」という言葉が出る。すなわち『増一』第九巻（正蔵第二巻五九二頁中）同第十一巻（正蔵第二巻五九七頁上）同第十四巻（正蔵第二巻六一六頁中）同第十六巻（正蔵第二巻六二五頁中）同第三十巻（正蔵第二巻七一二頁下）同第三十七巻（正蔵第二巻七五三頁下）同第三十九巻（正蔵第二巻七六三頁上）同第四十巻（正蔵第二巻七六八頁上）同第四十一

巻（正蔵第二巻七七一頁上）同第四十二巻（正蔵第二巻七八〇頁中）同第四十七巻（正蔵第二巻八〇一頁上）である。

さらに東晋の法顕訳の『大般涅槃経』下に、

而白王言、今我愚癡不識正理乃以此事而用上諫、唯願大王、聴我懺悔。（正蔵第一巻二〇二頁上）

また劉宋の求那跋陀羅訳の『雑阿含経』第二十三巻に、

我得二大罪一、今向二比丘一懺悔　我之所作甚為二不可一、願為二仏子一受二我懺悔一、捨レ心勿二復責一。（正蔵第二巻一六四頁下）

このほかに同第四十二巻などに「懺悔」なる言葉がある。また失訳とされる別訳『雑阿含経』にもしばしば「懺悔」という言葉が出る。すなわち別訳『雑阿含経』第二巻（正蔵第二巻三八九頁中）同第三巻（正蔵第二巻三九二頁上）同第四巻（正蔵第二巻四〇〇頁中）同第六巻（正蔵第二巻四一五頁上）同第八巻（正蔵第二巻四三〇頁上）同第十四巻（正蔵第二巻四七〇頁上）である。

さらにその頃の訳出と思われる失訳の『玉耶女経』（正蔵第二巻八六四頁中）に、

不復敢違、唯願聖尊、慈愍救済聴我懺悔得除愆咎、受我五戒得為弟子、仏言善哉玉耶、聴汝懺悔莫復更作。

さて『金光明経』と深い関係をもつと考えられる般若経や『法華経』にも懺悔という思想が見られる。まず般若経では次のように説かれている。すなわち『大品般若経』不退品第五十五の梵本（荻原

本六七四頁）に、

Panar eva tvam etad bodhicittaṃ pratideśaya……

（汝はまた、この菩提心を懺悔して……）

とある。「懺悔」に pratideśa という梵語が使われている。この梵語に対する漢訳語は次の通りである。

A『道行般若』……悔（正蔵第八巻四五四頁下）

B『小品般若』……悔（正蔵第八巻五六四頁中）

C『仏母般若』……悔（正蔵第八巻六四一頁下）

D『大品般若』……捨（正蔵第八巻三四〇頁上）

また同じく不退品（荻原本六七七頁）に、未来形で pratideśayiṣyati という動詞があり、それに対応する漢訳語は次の通りである。

A『道行般若』……悔過（正蔵第八巻四五五頁上）

B『小品般若』……悔過（正蔵第八巻五六四頁中）

C『仏母般若』……悔捨（正蔵第八巻五六二頁中）

D『大品般若』……悔捨（正蔵第八巻三四〇頁中）

さらに夢誓品第六十一には pratideśayiṣyati という未来形の動詞があり、また魔愁品第六十二には pratideśayati なる現在形の動詞がある。それに対応する漢訳語は次の通りである。

A『道行般若』……悔…………？（正蔵第八巻四六四頁中）
B『小品般若』……悔謝……悔謝（正蔵第八巻五七三頁下）
C『仏母般若』……悔捨……悔謝（正蔵第八巻六五八頁上）
D『大品般若』……改悔……改悔（正蔵第八巻三五六頁下）

以上般若経には pratideśanā という表現による懺悔の思想があり、漢訳では必ずしも「懺悔」という表現だけではなく、多くの熟語が使用されていることが分かる。

さらに『金光明経』と深い関係があると推定される『妙法蓮華経』の五百弟子受記品（正蔵第九巻二九頁上）に「悔過自責」という言葉がある。この梵文は次の通りである。

atyayaṃ vayaṃ bhagavan deśayāmo yair asmāno……（荻原本 p. 185_8）

（世尊よ、我れらは過誤を悔む……）

この「悔過」という言葉は「懺悔」と同じ意味であることが分かる。従って deśanā という思想は「懺悔」という熟語だけではないということになる。ところで、「法華経の懺悔という思想は、『普賢観経』に出るもので、漢訳の法華経には懺悔という言葉はないので、法師功徳品の六根清浄思想から、懺悔という思想を考えることができる」という津田博士の説（『東洋学報』第三十一巻一号一五頁）は漢訳資料からの指摘である。

梵本の『法華経』によれば、『法華経』にも本来懺悔 deśanā という言葉があったというべきである。『金光明経』はこれらの経典に説かれた懺悔という思想、すなわち自己の罪業を告白することによってその罪業を清めるという考え方を取り上げ、かつ品名として懺悔を重要視したものである。この懺悔という思想は中国仏教において「悔過法」として経典の読誦及び仏名の礼讃という儀礼と共に特別な地位を占めるようになる。さらに中国において『摩訶止観』第七下に説かれる懺悔・勧請・随喜・回向・発願のいわゆる五悔の一つとして、無始以来の身口意の三業の罪過を悔い改める懺悔がある。また善導の往生礼讃偈にも五悔が説かれる。この五悔の中の発願を除く四悔が『合部金光明経』第二（正蔵第十六巻三六九頁中）に説かれる。すなわち、

> 又有四種対治滅業障法、何者為四、一者於十方世界一切如来至心親近懺悔一切罪、二者為十方一切衆生勧請諸仏説諸妙法、三者随喜十方一切衆生所有成就功徳、四者所有一切功徳善根悉以廻向阿耨多羅三藐三菩提。

この四悔は『金光明最勝王経』第三（正蔵第十六巻四一四頁下）に説かれるものであるが、四巻本及び梵本にはない。しかし『十住毘婆沙論』第五（正蔵第二十六巻四五頁上）や『占察善悪業報経』巻四に説かれるものであり、『大乗荘厳経論』覚分品第二十一に「速得菩提以懺悔随喜請転法輪生起勝願為巧方便」と説かれる四悔と同一である。『大乗荘厳経論』の漢訳語は少しく表現が違っているが、梵文 Mahāyāna-sūtrālaṃkāra *by* S. Lévi (p. $147_{6\sim7}$) を参照すれば、判然とする。すなわち、

> kṣiprâbhisaṃbodhe sarvaṃ pāpaṃ pratideśayāmi yāvad bhavatu me jñānaṃ saṃbodhāyêti
> *pratideśanā 'numodādhyeṣaṇā pariṇāmanā* /

四巻本に四悔がないということは『金光明経』自体の成立過程において思想的な増広がなされたも

のである。しかもそれは『十住毘婆沙論』及び『大乗荘厳経論』と関係があると考えられる。すなわち、

速やかな現等覚においては、一切の悪を懺する。乃至私の智が三菩提の為であれと、懺悔し、随喜し、勧請し、廻向する。（『大乗荘厳経論』正蔵第三十一巻五九二頁）

なお「懺悔」(deśanā)という言葉だけに限れば、『月灯三昧経』（正蔵第十五巻六〇六頁下）Buddhist Sanskrit Texts II. p. 251 & p. 297 その他『菩薩地』にも説かれる。

さて「懺悔」という熟語の意味について一言つけ加える。すなわちこれは梵漢併挙の言葉であるという見解がある。それは「懺是西音、悔是東語」（正蔵第二十三巻七〇七頁上）という『有部毘奈耶』第十五の注記の説明である。それは「懺摩」kṣama という音写語を「懺悔」という表現にしたものであるという意味である。kṣama とは √kṣam 耐える。忍ぶ、許す、から転化した名詞である。そして『律蔵』においては、しばしば kṣama が「懺悔」と訳される。また『律蔵』では、pratideśanīyā dharmāḥ は波羅提提舎尼法と音写語され、五篇罪の第四で、心の浄化であり、犯した罪をかくすことは心をくらますことであり、修行の妨げになるとされる（平川彰『律蔵の研究』四三一頁）。なお deśanā という梵語には「懺悔」「懺法」のほかに「発露」という漢訳語があることは梵和大辞典に指摘しているとおりである。従って「懺」という文字に「くいる」とか「前非を悔いて告白する」（『諸橋漢和大辞典』巻四、一二二九頁）という説明があり、完全な意訳であり、必して音写語とのみ解釈することもない。

さて「懺悔」という言葉は、「過去の罪過を告白する」という行為を意味する。しかるに『金光明経』においては、この告白によって、過去の業が滅尽することを強調することがその特色となっている。すなわち梵文懺悔品第三十六偈より第三十八偈において次のように説かれる。

teṣāṃ sattvānāṃ deśeyaṃ gambhīrāṃ deśanāṃ imāṃ /
svarṇaprabhottamāṃ nāma sarvakarmakṣayaṃ karīṃ // 36 //
yena kalpasahasreṣu kṛtaṃ pāpaṃ sudāruṇaṃ /
ekavelaṃ prakāśāntu sarve vrajantu saṃkṣayam // 37 //
deśayiṣye imāṃ dharmāṃ svarṇaprabhāṃ anuttarāṃ /
ye śṛṇvanti śubhāṃ teṣāṃ saṃyāntu pāpasaṃkṣayam // 38 //

（彼等有情に対して、一切の業を滅尽せしめる金光明と名づくるこの甚深なる懺悔を我は説くべし。千劫の間に作られた恐ろしい罪過は一時に発露せしめよ。すべてを滅尽に赴かしめよ。我はこの無上なる金光明という法を説くべし。清浄なる（法）を聞く者たちの罪過を滅尽せしむることに行かしめよ。）

漢訳の『金光明最勝王経』では、

我為二諸含識一　演二説甚深経　最勝金光明一　能除二諸悪業一
若人百千劫　造二諸極悪業一　暫時能発露　衆悪尽消除
依二此金光明一　作二如レ是懺悔一　由レ斯能速尽二　一切諸悪業一

（正蔵第十六巻四一二頁上）

この懺悔なる行為によって生ずる効果として、罪過の消除を説く考え方は『金光明経』の経典成立史の上でも大きな意味を持っている。すなわち曇無讖訳四巻本第三品が「懺悔品」であるが、梵本ではNo.3 Svapna-parivarta & No. 4 Deśanā-parivartaと調巻が二つに分かれている。ところが、合部漢訳八巻本と義浄訳十巻本では新しい「業障滅品」（義浄訳では「滅業障品」）が挿入されている。しかもその品名が示すように懺悔によって、業障が消滅することを強調する内容である。たとえば『金光明最勝王経』（正蔵第十六巻四一四頁中）の中に次のような文章が説かれる。

我之業障今亦懺悔、皆悉発露不㆓敢覆蔵㆒、已作之罪願得㆓除滅㆒、未来之悪更不㆓敢造㆒、……若人犯罪亦復如㆑是、即応㆔懺悔令㆓速除滅㆒。

さて懺悔による滅罪という思想は仏教思想の一つの特色ともいうべき「業」という思想との関係について、部派仏教ではみられない新しい考え方を示すことに注意しなければならない。

インドの部派仏教では業という思想の重要なることを説いている。その説明によれば、種々なる悪業により、その業の果報（異熟）として地獄に生れる。さらにその果報の残りの力によって、今生においても悲惨な境遇を得ることが『雑阿含』一九・五—一〇（相応部一九・一—二一）などに説かれている。また『中阿含』一七〇「鸚鵡経」（中部一三五経小分別業経）では、人間に貧富貴賤等の差別のあるのは業によると説く。しからば過去の業は決定的な力を持っており、現在の人間の意志の自由またはそれに基づく努力は全く無力なものとなるのかという問題については『大毘婆沙論』巻一九八（正蔵第二十七巻九九三頁上）に、問此正法中亦説ニ所受苦楽過去業為一レ因而非ニ悪見一、彼外道亦作ニ是説一、何故名ニ悪見一耶、答此正法中説現所受有以ニ過去業一為レ因、有ニ是現在士用果一者、彼説下一切皆以ニ過去所作業一為上因、不レ説ニ現在有ニ士用果一故名ニ悪見一。

この文章の意味は「今世の苦楽は過去世の業の結果として大体決定されるものであるが、それでもなお人間の努力（士用）により開拓される余地が認められる。従ってその努力によって得られた結果（士用果）は今生の我われの生活の上に好ましい状態をもたらすものとなり、その反対に向上進歩の努力なき者は好ましくない状態が作り出される。しかし大筋のところでは、その境遇は過去の業報として決定しているので変更することはむずかしい」と考えている。このような部派仏教の考え方に対して、懺悔によって罪過が清められるという大乗仏教の思想が『金光明経』に端的に語られるのが特色ある思想である。

部派仏教の説く「業」という言葉は、「行為そのもの」を意味する場合と、行為に基づいて起こる潜在的な力すなわち業の余熱ともいうべき「無表業」を意味する場合とがある。すなわち行為そのものを意味する場合には、身業と語業と意業との三つであり、身業には身表業と身無表業とがあり、語業にも語表業と語無表業とがあり、意業には表業と無表業との区別を立てない。要するに無表業は果報を招くための原因となるものであり、行為そのものによって、行為者の心に何等かの影響が残され、行為が終了した後に、人間の後天的性格を形成し、あるいは行為者のその後の境遇を作り出す力であると考えている。そのような無表業の勢力を排除し、その行為者のマイナス要因を消去するのが懺悔であるということに外ならぬ。

さて懺悔が何故に過去の悪業を浄化するのかという問題について、本経典ではその論理的経緯は明らかではない。しかし宗教的説明が述べられている。すなわち懺悔品梵本第一七偈及び一八偈に、

samanvāharantu māṃ buddhāḥ kṛpākāruṇyacetasaḥ /
atyayaṃ pratigṛhṇantu daśadikśu vyavasthitāḥ // 17 //
yac ca me pāpakaṃ karma kṛtapūrvaṃ sudāruṇam /
tat sarvaṃ deśayiṣyāmi sthito daśabalāgrataḥ // 18 //

（慈愍の心を持つ諸仏よ、我を摂取せよ、十方に在《ましま》す者よ、罪過を許し給え。過去に作りし極重の我が悪業すべてを、すぐれた十力を有する者よ、我は懺悔すべし。）

現㆓在十方界㆒　常住両足尊　願以㆓大悲心㆒　哀愍憶㆓念我㆒
我先所㆑作罪　極重諸悪業　今対㆓十力前㆒　至心皆懺悔

（正蔵第十六巻四一一頁下）

慈悲の心をもつ諸仏に対して懺悔することによって、罪過の許認を請うことを知る。従って諸仏の慈悲心が罪業浄化の根源になっており、諸仏に対する絶対の帰依というきわめて宗教的な側面が浮かび上ってくる。従って部派仏教で過去の業報はほとんど決定的であったという考え方が、仏の慈悲心と凡夫の帰依心とによって一変した大乗仏教思潮を強調しているものが、本経典である。

さて『金光明経』は護国思想との関係が深いとされている。たしかに日本仏教において護国三部経として本経典が重要なものとなっている。さらに中国仏教でも『金光明経』が護国経典として取扱われていた。すなわち中国仏教で本経典が護国思想と関係ありとされたのは、梁武帝十八年（西紀五一九）に慧皎の撰述した『高僧伝』の記述が初見のようである。すなわち、

摂摩騰、本中天竺人。善二風儀一、解二大小乗経一、常遊化為レ任、昔経二往天竺附庸小国一、講二金光明経一。会敵国侵レ境、騰惟曰。経云、能説二此経法一。為二地神一所レ護。使二所居安楽一、今鋒鏑方始。曾是為レ益乎。乃誓以忘レ身、躬往和勧、遂二国交歓。由レ是顕達。（正蔵第五十巻三二二頁下）

この『金光明経』と護国との関係は、摂摩騰の言葉として他の文献にない記述である。この摂摩騰は『歴代三宝紀』では白馬寺伝説として紹介される人物であるが、その関係記事は伝説的な要素が強く、そのまま信用することはできぬ。しかし『金光明経』の漢訳は曇無讖が北涼元始元年から同十年（四一二―四二一）の間に翻訳したことは事実である。従ってその後百年ほど経った頃に慧皎は何処かで伝えられていた摂摩騰の説話を『高僧伝』の巻初に紹介したものと考えるのが妥当と思われる。その摂摩騰の説話の内容によれば、摂摩騰が昔、天竺に附庸する小国つまりインドに所属する小さい国に行った時、『金光明経』を講義した。たまたま敵国が侵入したが、躬《みずか》ら和勧に奔走した結果、終《つい》に両国が交歓をするようになったという。

この説話内容について注目すべき事柄は二つある。一つは「天竺附庸小国」とは何処かという問題である。この一節の文意は「天竺に所属する小国」であり、天竺つまりインドではないということで

ある。しかし具体的に場所を特定することはできない。他の一つは「地神が国土を安楽にする」という点である。経典の本文では四天王品（Caturmahārāja-parivarta）において、四天王が国土を護り、国土安穏豊楽にして違諍なきを説き、さらに堅牢地神品（Dṛḍhāpṛthivīdevatā-parivarta）では地神が『金光明経』を説く場所に行き、地味を富ましめ、樹木穀物をして美味ならしめ、一切の有情は豊楽有福にして、一切の苦悩が断滅することを説いている。前掲の『高僧伝』の一節に出る「騰惟曰。経云、能説二此経法一、為二地神一所レ護、使二所居安楽一」の言葉は堅牢地神品より引用したものであろう。四天王及び地神による護国という考え方はインドの他の経典にも散見されるが、前出のインドにおける梵語文献における本経の引用は懺悔品と空性品であって、四天王品や堅牢地神品ではない。つまりインドにおいて『金光明経』が護国経典として取扱われたという事実が明らかではない。しかも「天竺附庸小国」における護国記事を考え合わせれば、『金光明経』に含まれていた護国思想の強調はインド以外の地域、たとえば西北インドから西域地方で開華したとも考えられるが、さらに研究を要する点である。

　次に『金光明最勝王経』王法正論品第二十すなわち梵本では第十三品 Devendrasamayarājaśāstra-parivarta には仏教の政治論ともいうべき王論（rājaśāstra）が説かれている。出世間の宗教性を説く仏教経典に世間的な政治論が取り上げられるということは異色というべきである。仏教教団は初期以来、国王に近づかず、政治に参与しないという出家集団の意識が強く働いていた。たとえば『仏所行讃』の中に、出家した釈尊を連れ戻そうとした人びとに対して「静寂を主とする解脱の法が烈しい活動を主とする王法といかに調和するであろうか」（『ブッダ・チャリタ』九、及び『仏本行集経』正蔵第三巻七四九頁上）と答えて、初志を翻えなかったことが説かれる。また『正法念処経』（正蔵第十七巻二九四頁下）「出家之人不レ応レ近レ王、何以故、一切世人嫌不二供養一、彼親二近王一悪沙門者悕二望財物一、或城或村或多人処常求財物不レ知二厭足一。」と説かれ、さらに『妙法蓮華経』に「菩薩摩訶薩不レ親二近国王王子大臣官長一。」（正蔵第九巻三七頁上）（荻原本二三五頁）と説かれている。

このようにインド初期仏教では人民の財貨を貪り、租税の誅求による享楽に耽る国王の生活よりも、無一物にして自由な生活の方が遥かに幸福であると考えられていた。しかし現実の社会には国家の力によらねば解決できない人民の平和とか社会福祉の問題もある。従って真に一切衆生に利益をもたらし、浄仏国土・成就衆生の悲願を具現するには、具体的に政治指導の問題を取り上げざるを得ない。そこで大乗仏教では国家が完全な真理を実現すべきであるという主張の下に、国家に対する指導的意義を説くこととなった。

世間的な価値を追求する王法と出世間的な価値を追求する仏法との関係及び王法の具体的な事例については本経典には明確には示されていない。すなわちそこに説く内容は非法を行なう王であってはならぬことが強調され、王は自己の生命を捨てても、法を守護することによって、世間は安楽なるべしという抽象的言葉がみられる。その一面、呪術的な表現がしばしば説かれているので、この経典を受持読誦すれば、国家が安楽になるというこの経典の受容が行なわれることになったようである。

なおこのような呪術的傾向は仏教本来のものと考えてはならぬ。たとえば龍樹（一五〇—二五〇）は大乗仏教の思想と実践を代表する歴史的人物であるが、その著作である『宝行王正論』Ratnavalī の第三菩提資糧品及び正教王品第四には仏教の政治論がきわめて具体的に詳述されており、そこには呪術的な護国思想は全くみられない。

さてもう一つの問題は三身説である。すなわち『金光明最勝王経』の分別三身品に説かれる。

善男子、一切如来有三種身云何為三、一者化身、二者応身、三者法身、如是三身具足摂受阿耨多羅三藐三菩提。

（正蔵第十六巻四〇八頁中）

『合部金光明経』三身分別品（梁真諦訳）にも同様に、化身・応身・法身の三身説があるが、曇無讖訳の四巻本『金光明経』にはみられない。義浄は『合部金光明経』の訳語例を参照して、化身・応身・法身と訳出したようである。三身は普通に、法身・報身・化身（応身）という名称で知られているが、ここでは「報身」が「応身」と対応している点が相違している。この十巻本漢訳が法成によってチベット語訳されているのを調べると、

① Sprul-paḥi sku＝Nirmāṇa-kāya（化身）
② Loṅs-spyod-rdsogs-paḥi sku＝Saṃbhoga-kāya（受用身）
③ Chos-kyi sku＝Dharma-kāya（法身）　（北京版 rgyad pa 下35$_7$）

ちなみに他のチベット語訳の『金光明経』（訳者は Jinamitra；Śīlendrabodhi；Ye-śes-sde の三人である）にも同じ言葉と同じ順序で三身説が説かれている。つまり五世紀初めの四巻本の訳出年代から一

四〇年ほど経過した梁承聖元年（五五二）六世紀中葉に訳出された真諦訳と、さらに二世紀を経過した唐の長安三年（七〇三）に訳出された十巻本に三身説がみられるということはインドの『金光明経』成立に一つの暗示を与えるものである。すなわち四巻本は二身説を背景として成立し、合部並びに十巻本は三身説を背景としていることを物語る。

西暦三世紀頃（一五〇―二五〇年）に出世した龍樹は『大智度論』などの資料によれば二身説である。ところが三一〇―三九〇年頃出世した無著は、自性身 svābhāvika-kāya [raṅ-bshin gyi sku] 受用身 saṃbhoga-kāya [loṅs-spyod-rdsogs-paḥi sku] 変化身 nirmāṇa-kāya [sprul-paḥi sku] の三身説を『大乗荘厳経論』に説いている。〔ただしチベット語訳では弥勒造となっている〕二身説の龍樹から百年有余おくれている無著は明らかに三身説であるが、これは『解深密経』第五に出る法身、解脱身 rnam-par-grol-baḥi lus 化身 sprul-paḥi sku（正蔵第十六巻七〇八頁中、チベット・デルゲ版72a）などに拠ったものと考えられているが、その根源は明確ではない。しかし『解深密経』は龍樹の著作に引用されていないので、三身説は龍樹以後の思想であろうと考えられる。従って『金光明経』の四巻本と七巻本及び十巻本とは百年から二百年位の時間の推移があったと思われる。さらにその三身説の名称にしても、無著の svābhāvika-kāya 自性身等の三身の名称と『大乗荘厳経論』の注釈に出る世親の* dharma-kāya ; saṃbhoga-kāya ; nirmāṇa-kāya という三身の名称がある。『金光明最勝王経』の三身の名称は後者と同じものである。しかし世親の注釈書である『十地経論』（正蔵第二十六巻一三八頁中）に

一切仏者有三種仏、一応身仏、二報身仏、三法身仏。

と説明されている。この漢訳に対応するチベット語訳では、

① kun-rdsob-kyi saṅs-rgyas
② gzugs-kyi skuḥi saṅs-rgyas
③ chos-kyi skuḥi saṅs-rgyas

となっている。このチベット語訳によれば、応身にあたる言葉が saṃvṛtti-buddha であり、これが nirmāṇa-kāya-buddha に相当するが、他にみられない言葉である。また報身仏に相当する言葉はチベット語訳から考えると rūpa-kāya-buddha（色身仏）である。従って『十地経論』の漢訳者は翻訳にあたり意識的に意訳したものであろう。故に世親の三身説として漢訳の『十地経論』を引用することには問題がある。

---

* 波羅頻迦羅蜜多羅の訳語によれば、法食（正蔵第三十一巻六〇六頁上）あるいは食身（同六〇六頁中）となっている。

以上、『金光明経』における三身思想は本経典の思想的な流れや成立年代を考察する上に、重要な問題を含んでいることを忘れてはならぬ。

本経典の注釈はインドでは作られなかったが、中国においては次のような多数の金光明経疏が作られたということは、本経が中国において重要視されたことを物語る。まず梁の真諦三蔵（四九九―五六九）が、この訳経の後、承聖元年（五五二）に十五巻の注釈を作ったといわれるが現存しない。隋の吉蔵（五四九―六二三）の『金光明経疏』一巻（正蔵第三十九巻一六〇―一七四頁）に引用されるのみで、その全貌を知り得ない。同じく隋の天台智者大師智顗（五三八―五九七）の撰、弟子灌頂の筆録した『金光明経玄義』二巻（正蔵第三十九巻所収）と『金光明経文句』六巻（正蔵第三十九巻所収）がある。この二つの注釈書に宋の知礼（九六〇―一〇二八）が『金光明経玄義拾遺記』六巻（正蔵第三十九巻所収）及び『金光明経文句記』十二巻（正蔵第三十九巻所収）を著わしている。しかしいずれも曇無讖の四巻本についての注釈である。さらに永嘉の従義（一〇四一―一〇九一）が前者に『順正記』三巻と、後者に『文句新記』七巻の注釈がある。また宋の四明沙門の宗暁の『金光明経照解』二巻（卍続蔵所収）がある。義浄訳の十巻本の注釈には唐の慧沼（六五〇―七一四）の『金光明最勝王経疏』十巻（正蔵第三十九巻所収）がある。慧沼は義浄の訳場に証義として参加したのは景龍四年（七一〇）以後なので『金光明経』の翻訳の時には慧沼は参加していないことは前述の敦煌本の資料によってわかる。しかし慧沼の疏には冒頭に唐三蔵法師義浄奉制訳、翻経沙門慧沼撰と記されているのをみるといかにもその訳場に参加したようにみえる。

新羅仏教にては、元暁（六一七―？）の『金光明経疏』八巻、憬興（六八一―？）の『金光明最勝王経疏』五巻、及び『金光明経述賛』七巻、太賢（七五三―？）の『金光明経述記』四巻などがあったが、現存していない。

日本仏教では『金光明経』が重要視されたので多くの注釈書がある。その理由は天台系思想の流れを汲むことによるほか、護国思想が問題となったからである。大正蔵に収められている願暁等集の『金光明最勝王経玄枢』十巻、及び明一集の『金光明最勝王経註釈』十巻のほか『金光明最勝王経羽足』（平備述）一巻、及び空海（七七四―八三五）の『金光明最勝王経開題』一巻があることが知られている。また大日本仏教全書には貞慶（一一五五―一二一三）等の『金光明最勝王経問答鈔』十巻が収められているほか、常騰（七四〇―八一五）の『金光明最勝王経註』十巻が日本大蔵経方等部章疏一に収められている。このほかに次のような著作がある。

金光明経開題　一巻	最澄
金光明経開題　一巻	円珍（欠本）
金光明経玄義　二巻	不明
金光明経玄義記　一巻	不明
金光明経玄義記聞書　四巻	守篤本純
金光明経玄義拾遺記聞書　一巻	慧澄
金光明経玄義拾遺記探賾　二巻	亮潤
金光明玄略抄　一巻	証真
金光明最勝王経疏　八巻	勝荘（欠本）

金光明最勝王経疏　四巻　　円珍（欠本）

さらに本経典が護国経典として大きな影響を与えて来たことは余りにも有名であるが、中国においては、『法華経』や『阿弥陀経』ほどに大きな影響はないにしても、長者子流水品に基づく天台智顗の放生の清規や、本経の懺悔品に基づく悔過の懺法として広く行なわれていた。また勅命によって『金光明経』の書写が行なわれるなどこの経の受持は盛んであった。

本経の内容概説

第一　序品　仏陀が王舎城の霊鷲山にあって、阿羅漢衆及び諸菩薩衆ならびに諸王子・龍王・薬叉衆・諸国王・善男女人の礼拝をうけ、夕刻に禅定より起ち上って、金光明の妙法最勝経王を宣説して、懺悔によって諸業を消除することを説く、すなわち四方四仏（東方阿閦・南方宝相・西方無量寿・北方天鼓音）来たって証明する。そして仏陀は本経典の威力を説き、護世四天王及び大弁才天女等の天神地祇の守護があることを説いている。

第二　如来寿量品　妙幢菩薩は、仏陀が不殺施食の福徳の力に依って、その寿命は長遠なるべきであるのに、ただ八十年の短促に終ったことに疑問を持つ。仏陀はその疑念のあるを知り、神力を以て荘厳の妙土を現成する。そして四方の四仏は光明を放ち、妙幢菩薩に向って仏寿の無量なるを教える。しかして何故に釈尊の短促の寿命を示現するのかという疑問については、下劣機根や信心の薄い衆生及び悪思邪見の外道たちに難遭別離の考えを生ぜしめるためであると説く。その聴衆の中の法師授記という婆羅門は世尊の滅度の近きを哀泣して、仏舎利を得て、恭敬供養し、生天したいとの希望を述べた。これを聞いた一切衆生喜見童子は、たとい天地が転覆するも仏陀の遺身を得ることはできぬという頌文を示し、仏陀が三種の十法や十如来希有の行を説き、涅槃の深い意味を教える。

第三　分別三身品　虚空蔵菩薩の要請によって、仏陀が法身・応身・化身の三身を詳説する。如来の法身常住寂静であるが、同時に大悲方便により、有情を種々に利益することを顕わす。特に、ここに説く応身とは他の経典に説く報身にあたること、さらに梵本ならびに四巻本には二身説が述べられておることは注目に価する。

第四　夢見金鼓懺悔品　妙幢菩薩が夢の中で、一人の婆羅門が大きな金鼓を打ち鳴らし、懺悔の法を説くのを見る。そして仏前においてこのことを語り、自己の罪業の発露告白をなす。この第四品と次の第五品とは『金光明経』の中核となっている。

第五　滅業障品　ここでは前品に続いて懺悔を詳述するものである。特に事懺と理懺とを説く。事懺は昼夜六時に十方諸仏を礼拝し、みずから過去に造った罪業を懺悔する。理懺は一切諸法の皆空なることを観じ、生滅の因縁の不可説なるを諦観する時に、あらゆる業障はことごとく除滅すると説く。次に大乗菩薩の五法として、随喜・勧請・廻向・礼仏・懺悔を挙ぐ。また品の末尾に、この『金光明経』を講説すると、その国土に四種の福利があると説く。四種とは、㈠国王病なく、諸の災厄なし。㈡寿命長遠にして障礙なし。㈢諸の怨敵なし。㈣安穏豊楽にして正法流通する。これは後出の四天王護国品につながる思想を内在しているものである。

第六　最浄地陀羅尼品　前二品は地前凡夫の浅行であり、今は菩薩十地の深行を示すものとして、十波羅蜜によって十地の行位を示し、十障を断滅することを述べている。この事によって、『十地経』の思想を継承していることが分かる。

第七　蓮華喩讃品　金龍王と名づけられた過去の国王が、蓮華の喩を以て諸仏を讃歎する。一面には仏身の微妙厳浄なることを讃美し、他面にはこの讃歎の功徳により懺悔の妙法を聞くことができた。そして昔日の金龍王とは妙幢菩薩であり、往時の二子すなわち金龍と金光とは、後の授記品の銀相と銀光であると説く。

第八　金勝陀羅尼品　滅罪除障の助業として、持呪礼拝の修行を説く。またその功徳によりその人の福徳威力が増大して、願求するところが成就すると説く、密教的な色彩がみられる。

第九　重顕空性品　本経典の中核思想ともいうべき懺悔という妙法もその根底には空という大乗仏教諸経の真髄に基づくことを説く。しかも重ねて、我法二執を取り除き、四大・五蘊その自性はともに空にして、六根・六境の妄りに執著を生ずることを了達することを明かす。

第十　依空満願品　如意宝光輝天女に対して、仏陀が説く内容は、生滅相を離れ、有無の二辺に著せず、法界すなわち五蘊と観じ、本来みずから空なるも、万善を修め万徳を行ずることである。しかも俗を捨てず真を離れず、法界に依り菩提の行を成就することを示す。その後段では天女の転成男子を説いている。

第十一　四天王観察人天品　四天王が本経を受持する国王・人民等がある時は、二十八部の神将を率いて、これらを護衛し、安穏豊楽にして、諸の災難を免れしめることを説く。

第十二　四天王護国品　この品では特に四大天王が、本経を伝持する国王を守護し、その国民の福利を得せしめることを力説する。特に四天王の呪を誦することをすすめている。

第十三　無染著陀羅尼品　舎利弗の質問に応じて、無染著陀羅尼の法門が、方処非方処、法非法・三世・事縁・生滅を超えた大乗法門中の重要なものと示し、これこそ諸仏の母であると説く。

第十四　如意宝珠品　仏陀が阿難陀及び大衆に告げて、如意宝珠という陀羅尼があり、一切の災厄を遠離することを説く、そして四方の光明電王を始めとして、観音・執金剛・梵天・帝釈等の神呪の威力を語る。

第十五　大弁才天女品　弁才天女が本経を読誦・講説・聴聞する行者に対して、不可思議の弁才と無尽の大慧を得せしめ、さらに呪薬洗浴の法を明かし、病疫・闘諍・悪夢・蠱毒などの諸悪の障難をことごとく除滅し、現世において寿命増益することを示す。

第十六　大吉祥天女品　大吉祥天女は本経を奉持する行者に対して、飲食・衣服・臥具・医薬などの資財を授け、また五穀百果をして長育せしめ、福徳富栄の現世利益の増大を説く。

第十七　大吉祥天女増長財物品　毘沙門の居処において、七宝の宮殿に住む吉祥天女を諸人が天女を供養し敬礼すれば財穀を増加せしめ、その他の現世の諸願を満足せしめることを説く。

第十八　堅牢地神品　本経奉持者に対する地神の守護を説く。しかも神呪一百八遍を誦する時は、その人のために所願、特に資財・珍宝・伏蔵及び神通・長寿・治病などを成就せしむと説く。

第十九　僧慎爾耶薬叉大将品　夜叉鬼神の統領である僧慎爾耶は夜叉諸神と共に、本経受持者を守護し、一切の厄難を免れしめ、福徳と智慧を授く。またその神呪を説き、四方壇を作り、満瓶の蜜水・諸香・華鬘を安置し、壇前に地火炉を作るなどの祈禱作法を説く。

第二十　王法正論品　地神の請に応じて、世尊が治国の要諦を説く。国法の厳正・造悪遮止の重要性を強調し、自利利他に偏党なく、正法尊重の正しい王道を示す。この王道により一切の人民をして十善を行なわしむれば、国土昌平豊楽にして、諸天善神は守護に参集する。しかし非法の悪政を行なう時は天地の災禍は起こり国家の喪乱をみると警告する。『宝行王正論』や『薩遮尼乾子経』等に現われる仏教政治論と対比することは興味あることであろう。

第二十一　善生王品　過去世において世尊が善生王として正法により国を治め、特に『金光明経』を聴聞・受持する者を供養した因縁を説いている。

第二十二　諸天薬叉護持品　天界の諸の薬叉鬼神の名を列挙し、これらの諸神が本経を受持する者たちを守護し、特に国土の安穏・怨敵退散するを説く。

第二十三　授記品　仏陀が妙幢菩薩及びその二子、銀幢と銀光に当来成仏の記莂を授けると共に、最勝光明を上首とする十千の天子のために未来世において成仏するという授記をなす。これを聞く菩提樹神が歓喜することを語る。

第二十四　除病品　流水長者が、その父である持水から医術の秘法を学び、疾病に悩める多くの人びとを救うことを説く。特に古代インド医学の大要を記し、財利をはかることなく、衆生を救うべきことを強調する。正しく医は仁術なりという中国の考え方が翻訳の時に挿入せられたものならん。
第二十五　長者子流水品　さらに流水長者は池水の涸渇によって、瀕死の魚百千匹の命を救い、また大乗経典を読誦し、解脱の因縁を作らしめる。そして当時の流水長者は釈尊であり、その父持水は妙幢であり、その二子は銀幢・銀光の両子であり、十千の天子とは彼の池の魚であったと結ぶ。
第二十六　捨身品　仏陀が過去世において、大車王の王子摩訶薩埵太子として生まれ、餓えた虎のために一身を犠牲にする菩薩の捨身供養をしたことを説く。この種の説話は『六度集経』『修行本起経』『菩薩本行経』『賢愚経』等にも出るもので、敦煌の莫高窟の壁画や法隆寺の玉虫厨子などの画材となっている著名な仏教説話である。
第二十七　十方菩薩讃歎品　この『金光明経』を世尊が説かれた時に、十方世界の諸の菩薩衆が鷲峰山に来たり、異口同音にて世尊を讃歎することを説く。
第二十八　妙幢菩薩讃歎品　前品に続いて、妙幢菩薩が世尊の功徳を讃歎する。
第二十九　菩提樹神讃歎品　また菩提樹神が世尊の妙慧を讃歎する。
第三十　大弁才天女讃歎品　前二品に続いて、大弁才天女が世尊を讃歎する。
第三十一　付嘱品　世尊は無量の一切人天に対して身命を惜しまずにこの経の流布弘宣を命ずる。その言葉に対して、仏勅に従うことを誓い、また天帝釈等は常に擁護することを誓う。さらに魔王等も信敬を約し、経典の受持に妨げなきを誓う。かくして一切の大衆は歓喜信受する。

本文解説

金光明最勝王經卷第一

大唐三藏沙門義淨奉　制譯

序品第一

㊅一六巻四〇三上

是《かく》の如《ごと》くに我聞《われき》く。一時《あるとき》、*薄伽梵《ばがぼん》、王舎城《おうしやじよう》の*鷲峰山《じゆぶせん》の頂《いただき》に在《あ》り。最清浄甚深《さいしようじようじんじん》なる法界《ほつかい》・諸《しよ》仏《ぶつ》の境《きよう》・如来《によらい》の所居《しよご》に於《おい》て、大《だい》*苾芻衆《びつしゆしゆく》九万八千人《まんはつせんにん》と与《とも》なりき。皆是《みなこ》れ*阿羅漢《あらかん》なり。能《よ》く善《よ》く調《ちよう》伏《ぶく》すること、大象王《だいぞうおう》の如《ごと》く、諸漏《しよろ》已《すで》に除《のぞ》き、復《ま》た煩悩《ぼんのう》もなく、心善《こころよ》く解脱《げだつ》し、慧善《えよ》く解脱《げだつ》し、所《しよ》作《さ》已《すで》に畢《おわ》りて、諸《もろもろ》の重担《じゆうたん》を捨《す》て、己利《こり》を逮得《たいとく》し、諸《もろもろ》の*有結《うけつ》を尽《つく》し、大自在《だいじざい》を得《え》て、清浄《しようじよう》の戒《かい》に住《じゅう》し、善巧《ぜんぎょう》なる方便《ほうべん》・智慧《ちえ》なる荘厳《しょうごん》にて、*八解脱《はちげだつ》を証《しょう》し、已《すで》に彼岸《ひがん》に到《いた》る。其《そ》の名《な》を、*具寿阿《ぐじゅあ》若憍陳如《にゃきょうじんにょ》、具寿阿説侍多《ぐじゅあせつじた》、具寿婆湿波《ぐじゅばしは》、具寿摩訶那摩《ぐじゅまかなま》、具寿婆帝利迦《ぐじゅばていりか》、大迦葉波《だいかしょうは》、優楼頻螺迦葉《うるびんらかしょう》、伽耶迦葉《がやかしょう》、那提迦葉《なだいかしょう》、舎利子《しゃりし》、大目乾連《だいもくけんれん》と曰《い》う。唯《ただ》、阿難陀《あなんだ》の*学地《がくじ》に住《じゅう》するのみ。是《かく》の如《ごと》き等《とう》の諸《もろもろ》の大声聞《だいしょうもん》、各《おのおの》晡時《ほじ》に於《おい》て、定《じょう》より起《た》ちて、仏所《ぶっしょ》に往詣《おうけい》し、*仏足《ぶっそく》を頂礼《ちょうらい》し、*右《みぎ》に遶《めぐ》ること三匝《さんそう》にして、退《しりぞ》いて一面《いちめん》に坐《ざ》す。

《**薄伽梵**》 Bhagavān の音写語にして、世尊と訳す。仏陀の尊称。《**鷲峰山**》 Gṛdhrakūṭa 普通には霊鷲山という場合が多い。山の形が鷲に似ているのでこの名称がある。《**苾芻**》 Bhikṣu の音写にして、普通には比丘と書き、二百五十戒を受けた仏弟子をいう。《**阿羅漢**》 Arhan の音訳で、応供と意訳され、声聞乗の最高の果を得たもの。《**有結**》 三有に縛られた煩悩をいう。《**八解脱**》 八つの定力によって、貪著の心を捨てること。また八背捨ともいう。(1)色や形のこだわりを除くために、外境について不浄観を修すること。(2)内心の色想はなくなったが、さらに不浄観を続け、これを確実にすること。(3)不浄観を捨てても外境に貪著せず、浄解脱を身に証し、具足して住すること。(4)物質的な考えは離れて、空無辺処なる定に入ること。(5)空無辺処なる定から識無辺処なる定に入ること。(6)識無辺処なる定から無所有処なる定に入ること。(7)無所有処なる定から非想非非想処なる定に入ること。(8)受・想等を捨てて、滅尽定に入ること。《**具寿**》 寿命を具足した先輩という意味の尊称で、普通には長老と呼ぶ。Āyuṣmān の意訳。《**学地**》 声聞に学地(または有学地)と無学地の差別があり、無学とは学ぶ何ものもないという意味で、阿羅漢果を証得した聖者を指し。学地とはいまだ学ぶものを残している修行半ばなるものを指す。ただし阿難は忠実に仏陀に随侍するために、みずから阿羅漢果を証せずという。《仏足頂礼》仏の足をみずからの頭の頂にて礼するもので、最高の敬意を表する。《右遶三匝》右廻り、つまり仏陀を右側にみて三度めぐること。インドでは右は左より尊いことを意味している。左廻りの厳禁されていることは、現在でもインド・チベットで守られている風習である。

この序品の最初の文章は、王舎城の鷲峰山《じゅぶせん》で仏陀《ぶっだ》よりの確実な相承を立証せんとするものである。それを聞いた聴衆を列挙し、それらのすぐれた仏弟子《ぶつでし》たちと、どのような状況にて仏法が語られたかということを、手にとるように、具体的に説明しようという意図がある。

㊅一六巻四〇三上—中

復《ま》た菩薩摩訶薩《ぼさつまかさつ》、百千万億人《ひゃくせんまんおくにん》と倶《とも》なりき。*大威徳《だいいとく》あること、大龍王《だいりゅうおう》の如《ごと》く、名称普《みょうしょうあまね》く聞《きこ》えて、衆《しゅ》に知識《ちしき》せられる所《ところ》、施戒清浄《せかいしょうじょう》にして、常《つね》に奉持《ぶじ》を楽《ねが》い、*忍行《にんぎょう》・精勤《しょうごん》、無量劫《むりょうこう》を経《へ》て、諸《もろもろ》の浄慮《じょうりょ》を超《こ》え、繋念現前《けねんげんぜん》し、慧門《えもん》を開闡《かいせん》し、善《よ》く方便《ほうべん》を修《しゅ》す。自在《じざい》に微妙《みみょう》の神通《じんずう》に遊戯《ゆげ》し、総持《そうじ》を逮得《たいとく》し、弁才尽《べんざいつ》くるなし。諸《もろもろ》の煩悩《ぼんのう》を断《だん》じ、*累染皆亡《るいぜんみなほろ》び、久《ひさ》しからずして、当《まさ》に*一切種智《いっさいしゅち》を成《じょう》ずべし。魔軍《まぐん》の衆《しゅ》を降《くだ》し、法鼓《ほうく》を撃《う》ち、諸《もろもろ》の外道《げどう》を制《せい》し、浄心《じょうしん》を起《おこ》さしむ。妙法輪《みょうほうりん》を転《てん》じ、人天《にんでん》の衆《しゅ》を度《ど》し、十方《じっぽう》の仏土《ぶつど》、悉《ことごと》く已《すで》に荘厳《しょうごん》し、*六趣《ろくしゅ》の有情《うじょう》、益《やく》を蒙《こうむ》らざるなく、大智《だいち》を成就《じょうじゅ》し、大忍《だいにん》を具足《ぐそく》し、大慈悲心《だいじひしん》に住《じゅう》し、大堅固力《だいけんごりき》あり。諸仏《しょぶつ》に歴事《りゃくじ》し、*般涅槃《はつねはん》せず、弘誓《ぐぜい》の心《こころ》を発《おこ》し、未来際《みらいさい》を尽《つく》し、広《ひろ》く仏所《ぶっしょ》に於《おい》て、深《ふか》く浄因《じょういん》を種《う》え、三世《さんぜ》の法《ほう》に於《おい》て、無生忍《むしょうにん》を悟《さと》り、*二乗所行《にじょうしょぎょう》の境界《きょうがい》を逾《こ》え、大善巧《だいぜんぎょう》を以《もっ》て世間《せけん》を化《け》し、*大師《だいし》の教《おしえ》に於《おい》て、能《よ》く敷演《ふえん》し、秘密《ひみつ》の法《ほう》の甚深《じんじん》なる空性《くうしょう》、皆已《みなすで》に了知《りょうち》し、復《ま》た疑惑《ぎわく》なし。其《そ》の名《な》を、無障礙転法輪菩薩《むしょうげてんぼうりんぼさつ》・常発心転法輪菩薩《じょうほっしんてんぼうりんぼさつ》・常精進菩薩《じょうしょうじんぼさつ》・不休息菩薩《ふぐそくぼさつ》・慈氏菩薩《じしぼさつ》・妙吉祥菩薩《みょうきちじょうぼさつ》・観自在菩薩《かんじざいぼさつ》・総持自在王菩薩《そうじじざいおうぼさつ》・大弁荘厳王菩薩《だいべんしょうごんおうぼさつ》・妙高山王菩薩《みょうこうせんおうぼさつ》・大海深王菩薩《だいかいじんおうぼさつ》・宝幢菩薩《ほうどうぼさつ》・大宝幢菩薩《だいほうどうぼさつ》・地蔵菩薩《じぞうぼさつ》・虚空蔵菩薩《こくうぞうぼさつ》・宝手自在菩薩《ほうしゅじざいぼさつ》・金剛手菩薩《こんごうしゅぼさつ》・歓喜力菩薩《かんぎりきぼさつ》・大法力菩薩《だいほうりきぼさつ》・大荘厳光菩薩《だいしょうごんこうぼさつ》・大金光荘厳菩薩《だいこんこうしょうごんぼさつ》・浄戒菩薩《じょうかいぼさつ》・常定菩薩《じょうじょうぼさつ》・極清浄慧菩薩《ごくしょうじょうえぼさつ》・堅固精進菩薩《けんごしょうじんぼさつ》・心如虚空菩薩《しんにょこくうぼさつ》・不断大願菩薩《ふだんだいがんぼさつ》・施薬菩薩《せやくぼさつ》・療諸煩悩病菩薩《りょうしょぼんのうびょうぼさつ》・医王菩薩《いおうぼさつ》・歓喜高王菩薩《かんぎこうおうぼさつ》・得上授記菩薩《とくじょうじゅきぼさつ》・大雲浄光菩薩《だいうんじょうこうぼさつ》・大雲持法菩薩《だいうんじほうぼさつ》・大雲名称喜楽菩薩《だいうんみょうしょうきらくぼさつ》・大雲現無辺称菩薩《だいうんげんむへんしょうぼさつ》・大雲師子吼菩薩《だいうんししくぼさつ》・大雲牛王吼菩薩《だいうんごおうくぼさつ》・大雲吉祥菩薩《だいうんきちじょうぼさつ》・大雲宝徳菩薩《だいうんほうとくぼさつ》・大雲日蔵菩薩《だいうんにちぞうぼさつ》・大雲月蔵菩薩《だいうんがつぞうぼさつ》・大雲星光菩薩《だいうんしょうこうぼさつ》・大雲火光菩薩《だいうんかこうぼさつ》・大雲電光菩薩《だいうんでんこうぼさつ》・大雲雷音菩薩《だいうんらいおんぼさつ》・大雲慧雨充遍菩薩《だいうんえうじゅうへんぼさつ》・大雲清浄雨王菩薩《だいうんしょうじょううおうぼさつ》・大雲花樹王菩薩《だいうんけじゅおうぼさつ》・大雲青蓮花香菩薩《だいうんしょうれんげこうぼさつ》・大雲宝栴檀香清涼身菩薩《だいうんほうせんだんこうしょうりょうしんぼさつ》・大雲除闇菩薩《だいうんじょあんぼさつ》・大雲破翳菩薩《だいうんはえいぼさつ》と曰《い》えり。是《かく》の如《ごと》き等《とう》の無量《むりょう》の大菩薩衆《だいぼさつしゅ》あり、各《おのおの》晡時《ほじ》に於《おい》て、定《じょう》より起《た》ちて、仏所《ぶっしょ》に往詣《おうけい》し、仏足《ぶっそく》を頂礼《ちょうらい》し、右《みぎ》に遶《めぐ》ること三匝《さんそう》にして、退《しりぞ》いて一面《いちめん》に坐《ざ》す。

《大威徳》　菩薩摩訶薩の威徳を指したもので、以下、二十五の徳を数えあげている。《忍行・精勤》　菩薩の実践すべき忍辱と精進とをいう。《累染》　累積した染汚心を指す。《一切種智》　一切種について知る智慧である。《六趣》　地獄・餓鬼・畜生・阿修羅・人・天である。六道ともいう。この六趣の順序は経論で相違がある。《不般涅槃》大乗の菩薩でありながら、衆生を教化するために、常に六趣に往来するが故に、般涅槃しないという意味である。《二乗所行》声聞といわれる聖者も、縁覚といわれる聖者も、共に自利の証果に終始するもので、大乗の菩薩のごとく利他の実践行ではないという意味である。《大師》仏陀のことである。無障礙転法輪菩薩以下、五十四の菩薩の名称を挙げている。

また多数の菩薩摩訶薩《ぼさつまかさつ》も同じ聴衆として同座であった。その菩薩たちは、いわゆる六波羅蜜《ろくはらみつ》の実践者であり、善方便を修し、神通力を備え、しかも記憶力は優れ、弁舌もさわやかである。そして煩悩を断じ、染心を離れ、すべてのことに精通した智慧を持つものとなる。これらの徳目は、前記の声聞たちと比べるときわめて大きな相違があることがわかる。すなわち六波羅蜜にせよ、神通力にせよ、あるいは弁才にせよ、一切種智にせよ、他の人間関係にかかわるものばかりである。この考えの裏には、人間は社会的存在であるという意識が強く流れている。したがって己れ独り尊しとするもの、己れ独り清らかであるという考え方は非常に立派ではあるが、消極的であり、独善的であって、理想社会の建設の中に、自己の人格の陶冶《とうや》があるという大乗的な精神と異なるという主張にほかならない。さらに魔軍を降《くだ》し、浄心を起こさしめ、人天を度し、十方の仏国土を荘厳《しょうごん》し、他人に対しては大なる慈と悲との心に住し、諸仏にも長く仕えるが、衆生教化のために、みずからはあえて般涅槃《はつねはん》に趣かず、世間を教化し、仏陀《ぶっだ》の教えの宣布者となり、その秘密なる甚深《じんじん》の考え方に疑惑を持たぬという徹底した考え方を明示している。その菩薩を列挙すること五十四名をはじめとする無量の菩薩たちが、哺時《ほじ》、すなわち夕方に、それぞれの禅定《ぜんじょう》より立ち、仏所に至り、右繞三匝《うにょうさんそう》して坐したという。非常に大規模な演出の下に、仏陀がこの経典を説き明かすものを語らんとしているものである。

㊅一六巻四〇三中—四〇四上

復《ま》た*梨車毘童子《りしゃびどうじ》五億八千《ごおくはっせん》あり。其《そ》の名《な》を、師子光童子《しこうどうじ》・師子慧童子《ししえどうじ》・法授童子《ほうじゅどうじ》・因陀羅授童子《いんだらじゅどうじ》・大光童子《だいこうどうじ》・大猛童子《だいみょうどうじ》・仏護童子《ぶつごどうじ》・法護童子《ほうごどうじ》・僧護童子《そうごどうじ》・金剛護童子《こんごうごどうじ》・虚空護童子《こくうごどうじ》・虚空吼童子《こくうくどうじ》・宝蔵童子《ほうぞうどうじ》・吉祥妙蔵童子《きちじょうみょうぞうどうじ》と曰《い》う。是《か》の如《ごと》き等《とう》の人《にん》を上首《じょうしゅ》となし、悉《ことごと》く皆無上菩提《みなむじょうぼだい》に安住《あんじゅう》し、大乗《だいじょう》の中に於《おい》て、深信歓喜《じんしんかんぎ》す。各《おのおの》晡時《ほじ》に於《おい》て、仏所《ぶっしょ》に往詣《おうけい》し、仏足《ぶっそく》を頂礼《ちょうらい》し、右《みぎ》に遶《めぐ》ること三匝《さんそう》にして、退《しりぞ》いて一面《いちめん》に坐《ざ》す。

復《ま》た四万二千《しまんにせん》の*天子《てんし》あり。其《そ》の名《な》を、喜見天子《きけんてんし》・喜悦天子《きえつてんし》・日光天子《にっこうてんし》・月髻天子《がっけいてんし》・明慧天子《みょうえてんし》・虚空浄慧天子《こくうじょうえてんし》・除煩悩天子《じょぼんのうてんし》・吉祥天子《きちじょうてんし》と曰《い》う。是《か》の如《ごと》き等《とう》の天子《てんし》を上首《じょうしゅ》とし、皆弘願《みなぐがん》を発《おこ》し、大乗《だいじょう》を護持《ごじ》し、正法《しょうぼう》を紹隆《しょうりゅう》して能《よ》く絶《た》えざらしむ。各《おのおの》晡時《ほじ》に於《おい》て、仏所《ぶっしょ》に往詣《おうけい》し、仏足《ぶっそく》を頂礼《ちょうらい》し、右《みぎ》に遶《めぐ》ること三匝《さんそう》にして、退《しりぞ》いて一面《いちめん》に坐《ざ》す。

復《ま》た二万八千《にまんはっせん》の龍王《りゅうおう》あり、蓮華龍王《れんげりゅうおう》・*翳羅葉龍王《えいらしょうりゅうおう》・大力龍王《だいりきりゅうおう》・大吼龍王《だいくりゅうおう》・小波龍王《しょうはりゅうおう》・持駃水《じしすい》龍王《りゅうおう》・金面龍王《こんめんりゅうおう》・如意龍王《にょいりゅうおう》なり。是《か》の如《ごと》き等《とう》の龍王《りゅうおう》を上首《じょうしゅ》とし、大乗《だいじょう》の法《ほう》に於《おい》て、常《つね》に受持《じゅじ》せんことを楽《ねが》い、深《ふか》く信心《しんじん》を発《おこ》し、称揚《しょうよう》し擁護《ようご》す。各《おのおの》晡時《ほじ》に於《おい》て、仏所《ぶっしょ》に往詣《おうけい》し、仏足《ぶっそく》を頂礼《ちょうらい》し、右《みぎ》に遶《めぐ》ること三匝《さんそう》にして、退《しりぞ》いて一面《いちめん》に坐《ざ》す。

復《ま》た三万六千《さんまんろくせん》の諸《もろもろ》の*薬叉衆《やくしゃしゅ》あり。毘沙門天《びしゃもんてん》を上首《じょうしゅ》とす。其《そ》の名《な》を、庵婆《あんば》薬叉《やくしゃ》・持《じ》庵婆《あんば》薬叉《やくしゃ》・蓮花光蔵薬叉《れんげこうぞうやくしゃ》・蓮花面薬叉《れんげめんやくしゃ》・顰眉《びんび》薬叉《やくしゃ》・現大怖《げんだいふ》薬叉《やくしゃ》・動地《どうじ》薬叉《やくしゃ》・呑食薬叉《どんじきやくしゃ》と曰《い》う。是《こ》れ等《ら》の薬叉《やくしゃ》、悉《ことごと》く皆如来《みなにょらい》の正法《しょうぼう》を愛楽《あいぎょう》し、深心《じんしん》に護持《ごじ》して、疲懈《ひげ》を生《しょう》ぜず。各《おのおの》晡時《ほじ》に於《お》て、仏所《ぶっしょ》に往詣《おうけい》し、仏足《ぶっそく》を頂礼《ちょうらい》し、右《みぎ》に遶《めぐ》ること三匝《さんそう》にして、退《しりぞ》いて一面《いちめん》に坐《ざ》す。

復《ま》た四万九千《しまんくせん》の*掲路荼王《かろだおう》あり、香象勢力王《こうぞうせいりきおう》を上首《じょうしゅ》とす。及《およ》び余《よ》の*健闥婆《けんだつば》・*阿蘇羅《あそら》・*緊那羅《きんなら》・*莫呼洛伽等《まこらがとう》、山林河海一切《せんりんかかいいっさい》の神仙《しんせん》、并《ならび》に諸《もろもろ》の大国《だいこく》の所有王衆《あらゆるおうしゅ》、中宮《ちゅうぐう》・后妃《こうひ》・浄信《じょうしん》の男女《なんにょ》・人《にん》・天《でん》・大衆《だいしゅ》、悉《ことごと》く皆雲集《みなうんじゅう》す。咸《ことごと》く願《ねが》うて無上《むじょう》の大乗《だいじょう》を擁護《ようご》し、読誦《どくじゅ》し、受持《じゅじ》し、書写《しょしゃ》し、流布《るふ》す。各《おのおの》晡時《ほじ》に於《お》て、仏所《ぶっしょ》に往詣《おうけい》し、仏足《ぶっそく》を頂礼《ちょうらい》し、右《みぎ》に遶《めぐ》ること三匝《さんそう》にして、退《しりぞ》いて一面《いちめん》に坐《ざ》す。

《梨車毘》 Licchavi 毘舎離国に共和政治を行なっていた種族の名称。その共和制は仏教教団の組織に大きな影響を与えたと考えられている。《天子》 deva-putra 天上界に住する人びと。中国思想の天子とは意味が違う。八部衆の一。《瞖羅葉龍王》 Airāvata 龍神の名称。《薬叉》 Yakṣa 鬼神の一種で、仏法を守護する八部衆の一。《掲路荼》 Garuḍa の音写。金翅鳥と訳す。蛇を喰べる鳥である。八部衆の一。《健闥婆》 Gandharva の音写。香食と訳す。音楽を演奏する神。八部衆の一。《阿蘇羅》 Asura の音写。阿修羅ともいう。非天と意訳す。天につぐよき果報によって生ずるものであるという。八部衆の一。《緊那羅》 kiṃnara 人非人で角のある歌妓神。八部衆の一。《莫呼洛伽》 Mahoraga の音写で、摩睺羅伽とも書く。大腹行と意訳され、蛇神である。八部衆の一。

梨車毘童子《りしやびどうじ》五億八千が、大乗を深く信解し、歓喜し、それぞれみな夕方に仏所に往き、仏足を頂礼し、仏の右を繞《めぐ》ること三度にして、一面に坐した。さらに八部衆《はちぶしゅ》が登場する。すなわちまず四万二千の天子が、大乗を護持し、正法を紹隆し、断絶させぬように発願する。そしてそれぞれみな夕方に仏所に往き、仏足を頂礼し、仏の右を繞ること三度にして、一面に坐した。次に二万八千の龍王《りゅうおう》が、大乗の法を愛楽《あいぎょう》し、深信を発し、讃歎し、擁護する。それぞれがみな夕方に仏所に往き、仏足を頂礼し、右繞《うにょう》三度にして、一面に坐した。また第三には三万六千の薬叉衆《やくしゃしゅ》が、同じように正法を愛楽し、護持し、少しも疲労や嫌悪を生じない。それぞれみな夕方に仏所に往き、仏足を頂礼し、右繞三度にして、一面に坐した。また八部衆の第四の四万九千の掲路荼《かろだ》王あり、さらに八部衆の健闥婆《けんだつば》・阿蘇羅《あそら》・緊那羅《きんなら》・莫呼洛伽《まこらが》などの仏法守護神をはじめとし、山林河海の一切の神がみや諸国の王や王妃、仏法を信ずる男女がことごとく雲のごとく来集した。しかもそれらの者たちはみな無上の大乗を擁護し、その経典を読誦し、受持し、書写して、宣布せんことを願うて、それぞれみな夕方に仏所に往き、仏足を頂礼し、退いて一面に坐した。

以上は、この大乗経が説かれる有様が、いかに壮観かつ厳粛であるかを、素晴らしい文学的表現で物語らんとしているものである。

㊅一六巻四〇四上—中

是《かく》の如《ごと》き等《とう》の声聞《しょうもん》・菩《ぼ》薩《さつ》・人《にん》・天《でん》の大衆《だいしゅ》・龍神八部《りゅうじんはちぶ》、既《すで》に雲《くも》の如《ごと》く集《あつ》まり已《おわ》り、各各《おのおの》至心《しし》に合《がっ》掌《しょう》し、恭敬《くぎょう》し、尊容《そんよう》を瞻仰《せんごう》し、目未《まなこいま》だ曾《かつ》て捨《す》てず。願楽《がんぎょう》して殊勝《しゅしょう》の妙法《みょうほう》を聞《き》かんことを欲《ほっ》す。

爾《そ》の時《とき》、薄《ば》伽《が》梵《ぼん》、日《ひ》の晡《ほ》時《じ》に於《おい》て、定《じょう》より起《た》ち、大衆《だいしゅ》を観察《かんざつ》して、*頌《じゅ》を説《と》いて曰《いわ》く、

金光明《こんこうみょう》の妙法《みょうほう》、最勝《さいしょう》なる諸経《しょきょう》の王《おう》は、甚深《じんじん》にして、聞《き》くを得《う》べきこと難《かた》し。諸仏《しょぶつ》の境界《きょうがい》なり。
我当《われまさ》に大衆《だいしゅ》のために、是《かく》の如《ごと》き経《きょう》を宣説《せんぜつ》せんとし、并《ならび》に*四《し》方《ほう》の四《し》仏《ぶつ》、威《い》神共《じんとも》に加《か》護《ご》す。
東方《とうほう》の*阿閦尊《あしゅくそん》、南方《なんぼう》の*宝相仏《ほうそうぶつ》、西方《さいほう》の*無量寿《むりょうじゅ》、北方《ほっぽう》の*天鼓《てんく》音《おん》、
我復《われま》た、妙法吉祥懺《みょうほうきちじょうせん》の中《なか》の勝《すぐ》れたるを演《の》べて、能《よ》く一切《いっさい》の罪《つみ》を滅《ほろぼ》し、諸《もろもろ》の悪業《あくごう》を浄除《じょうじょ》せん、
及《およ》び衆《もろもろ》の苦《く》患《げん》を消《しょう》し、常《つね》に無量《むりょう》の楽《らく》、一切《いっさい》智《ち》の根本《こんぽん》、諸《もろもろ》の功徳荘厳《くどくしょうごん》を与《あた》えん。
衆生《しゅじょう》の身《しん》は不《ふ》具《ぐ》にして、寿命将《じゅみょうまさ》に損減《そんげん》せんとし、諸《もろもろ》の悪相《あくそう》は現前《げんぜん》し、天神皆捨離《てんじんみなしゃり》し、
親友《しんう》瞋恨《しんごん》を懐《いだ》き、眷属 悉《けんぞくことごと》く分離《ぶんり》し、彼《ひ》此《し》共《とも》に乖《そむ》き違《たが》い、珍財皆散失《ちんざいみなさんしっ》し、
悪星変怪《あくしょうへんげ》を為《な》し、或《ある》いは邪蠱《じゃこ》に侵《お》かされ、若《も》し復《ま》た憂愁多《うしゅうおお》く、衆苦《しゅく》に逼《せま》られ、
睡眠《すいめん》に悪夢《あくむ》を見《み》、此《こ》れに因《よ》りて煩悩《ぼんのう》を生《しょう》ぜんに、是《こ》の人《ひと》、当《まさ》に澡浴《そうよく》し、応《まさ》に鮮潔《せんけつ》の衣《ころも》を著《じゃく》し、
此《こ》の妙経王《みょうきょうおう》の甚深《じんじん》なる、仏《ほとけ》の讃《さん》ずる所《ところ》に於《おい》て、専注《せんちゅう》に心乱《こころみだ》るることなく、読誦《どくじゅ》し、聴《き》くことを受持《じゅじ》すべし。
此《こ》の経《きょう》の威力《いりき》に由《よ》りて、能《よ》く諸《もろもろ》の災横《さいおう》を離《はな》れ、及《およ》び余《よ》の衆《もろもろ》の苦《く》難《なん》、皆除滅《みなじょめつ》せざるなし。
*護世《ごせ》の四《し》王衆《おうしゅ》、及《およ》び大臣眷属《だいじんけんぞく》、無量《むりょう》の諸薬叉《しょやくしゃ》、一心《いっしん》に皆擁衛《みなようえい》し、
*大弁才天女《だいべんざいてんにょ》、*尼《に》連河《れんが》の水神《すいじん》、*訶《か》利《り》底母《ていも》神《じん》、堅牢地《けんろうじ》神衆《じんしゅ》、

梵王《ぼんおう》と帝釈主《たいしゃくしゅ》と、龍王《りゅうおう》と緊那羅《きんなら》、及《およ》び金翅鳥王《こんじちょうおう》、阿蘇羅《あそら》と天衆《てんしゅ》、
是《かく》の如《ごと》き天神等《てんじんとう》、并《ならび》に其《そ》の眷属《けんぞく》を将《ひき》いて、皆来《みなき》たり、是《こ》の人《ひと》を護《まも》りて、昼夜常《ちゅうやつね》に離《はな》れず。

我当《われまさ》に、是《こ》の経《きょう》の甚深《じんじん》なる仏《ほとけ》の行処《ぎょうしょ》を説《と》くべし。諸仏《しょぶつ》の*秘密教《ひみつきょう》は、千万劫《せんまんこう》にも逢《あ》い難《がた》し。

若《も》し是《こ》の経《きょう》を聞《き》くことありて、能《よ》く他《た》のために演説《えんぜつ》し、若《も》しは心《こころ》に随喜《ずいき》を生《しょう》じ、或《ある》いは供養《くよう》を設《もう》くるものあらば、
是《かく》の如《ごと》き諸人等《しょにんとう》、当《まさ》に無量劫《むりょうこう》に於《お》いて、常《つね》に諸《もろもろ》の天人《てんにん》、龍神《りゅうじん》に恭敬《くぎょう》せらるべし。

此《こ》の福聚《ふくじゅ》の無量《むりょう》なる、数《しゅ》、恒沙《ごうじゃ》に過《す》ぎん。是《こ》の経《きょう》を読誦《どくじゅ》する者《もの》は、当《まさ》に斯《こ》の功徳《くどく》を獲《う》べし。

亦《ま》た十方《じっぽう》の尊《そん》、深行《じんぎょう》の諸菩薩《しょぼさつ》、持経者《じきょうしゃ》を擁護《ようご》するために、諸《もろもろ》の苦難《くなん》を離《はな》れしむ。

是《こ》の経《きょう》を供養《くよう》する者《もの》は、前《さき》の如《ごと》く身《み》を澡浴《そうよく》し、飲食及《おんじきおよ》び香花《こうげ》に、恒《つね》に慈悲《じひ》の意《こころ》を起《おこ》せ。

若《も》し是《こ》の経《きょう》を聴《き》かんと欲《ほっ》せば、心浄《こころきよ》くして垢《けがれ》なからしめ、常《つね》に歓喜《かんぎ》の念《ねん》を生《しょう》じ、能《よ》く諸《もろもろ》の功《く》徳《どく》を長《ちょう》ぜしめん。

若《も》し尊重《そんじゅう》の心《こころ》を以《もっ》て、是《こ》の経《きょう》を聴聞《ちょうもん》せば、善《よ》く人趣《にんしゅ》に生《しょう》じ、諸《もろもろ》の苦難《くなん》を遠離《おんり》せん。

彼《か》の人《ひと》、善根熟《ぜんごんじゅく》し、諸仏《しょぶつ》に讃《さん》ぜられて、方《まさ》に是《こ》の経《きょう》、及《およ》び懺悔《さんげ》の法《ほう》を聞《き》くことを得《え》ん。


《頌》 偈頌のことで、前文のような散文を長行と呼ぶのに対比する。 **《四方四仏》** 東南西北の四方に位置するおのおの四仏をいう。『大日経』や『金剛頂経』では、中央に大日如来あり、その四方に四仏を加えて五仏説を説いている。しかも密教では、これら四仏は大日如来の四智を表現するものと理解している。

しかし、この経では「共に加護する」という表現を用いており、『金光明経』の守護神的性格を考えているようである。**《阿閦尊》** Akṣobhya 東方の仏である。**《宝相仏》** Ratnaketu 南方の仏である。**《無量寿》** Amitābha 字義通りでは無量光と訳し、Amitāyus が無量寿にあたるわけだが、いずれも西方の阿弥陀仏を意味することには変らない。**《天鼓音》** Dundhubhi-svara 北方の仏である。『大日経』によると北方仏であるが、『金剛頂経』では、北方仏は不空成就 Amoghasiddhi である。**《護世四王衆》** 持国・増長・広目・多聞の四天王である。護国品に詳述されている。**《大弁才天女》** 第十五品に詳述される。**《尼連河水神》** 仏陀の成道した伽耶の近くを流れる尼連禅河の水神。**《訶利底母神》** Hārītī 鬼子母神である。**《秘密教》** これはいわゆる密教を意味するものではない。梵語 rahasya の訳語。

声聞・菩薩・人・天の大衆や龍神などの八部衆が雲のごとく集まって、そのおのおのが、心からの合掌を捧げ、仏陀を敬い、その尊いお姿を見上げた視線は外にそらすことなく、なんとしてでも素晴らしい仏法を聞きたいという雰囲気に満ちあふれていた。

そのような熱っぽい時に、仏陀は夕方、禅定《ぜんじょう》より立ち、集まった多くの者たちの気持を汲みとって、次のような讃美の詩を説いた。

金光明の妙法は、最勝なる諸経の王であり、甚深《じんじん》な奥義《おうぎ》であって、われわれが聞くことはなかなかできない。しかもそれは諸仏の境界《きょうがい》でもある。それは四方《しほう》の四仏《しぶつ》と威神《いじん》がともどもに加護する。四方四仏とは、東方阿閦《あしゅく》、南方宝相《ほうそう》、西方無量寿《むりょうじゅ》（弥陀《みだ》）、北方天鼓音《てんくおん》である。この四仏は密教における五仏説を連想せしめる。すなわち大日如来を中心に四方に四仏を配置する。たとえば金剛界において阿閦、宝相（宝生ともいわれる）、弥陀（無量光、または無量寿）、不空成就《ふくうじょうじゅ》であり、胎蔵界では、宝幢《ほうどう》、開敷華《ふけ》、無量寿、天鼓雷音《てんくらいおん》である。しかも密教では大日の仏智を表わすものと理解し、それぞれの四仏は、大日より流出すると説明している。しかし、本経では、仏陀を加護すると述べている。この加護とは何か、加護すなわち守護であるか否かという解釈学的な問題が生ずる。この解釈いかんによっては、『金光明経』と密部経典の関係が、かなりの問題となってくる。

さらに本文に、妙法吉祥懺《みょうほうきちじょうせん》の中でも、勝れたものであり、滅罪《めつざい》と悪業浄除《あくごうじょうじょ》につながるものとする。これは本経が悔過《けか》法として用いられることに直結する注目すべき記述である。その悔過に際しては、澡浴《そうよく》、口や身体を水で清め、鮮潔《せんけつ》の衣《ころも》を着け、専注して読誦《どくじゅ》するという具体的な説明を与えている。さらにこの経を供養するものは、身の澡浴のほかに、飲食《おんじき》および香華《こうげ》の供養と、内心に慈悲を起こせと説くことは、『法華経』などの大乗経典に通ずるものである。

如来寿量品　第二

㊅一六巻四〇四中―下

爾《そ》の時《とき》、王舎大城《おうしゃだいじょう》に、一《いっ》の菩薩摩訶薩《ぼさつまかさつ》あり、名《なづ》けて*妙幢《みょうどう》と曰《い》えり。已《すで》に過去《かこ》の無量《むりょう》*倶胝《くてい》・那《な》庾多百千《ゆたひゃくせん》の仏所《ぶっしょ》に於《おい》て、承事《しょうじ》し、供養《くよう》し、諸《もろもろ》の善根《ぜんごん》を植《う》えたり。是《こ》の時《とき》に妙幢菩薩《みょうどうぼさつ》、独《ひと》り静処《じょうしょ》に於《おい》て、是《こ》の思惟《しゆい》を作《な》す。「何《なん》の因縁《いんねん》を以《もっ》て、釈迦牟尼如来《しゃかむににょらい》の寿命《じゅみょう》は短促《たんそく》にして、唯八十年《ただはちじゅうねん》なるや」と。復《ま》た是《こ》の念《ねん》を作《な》す。「仏《ほとけ》の説《と》きたまう所《ところ》の如《ごと》く、二《ふたつ》の因縁《いんねん》ありて、寿命長《じゅみょうなが》きことを得《う》。云何《いかん》が二《に》とする。一《ひとつ》には生命《しょうみょう》を害《がい》せず、二《ふたつ》には他《た》に飲食《おんじき》を施《ほどこ》す。然《しか》るに釈迦牟尼如来《しゃかむににょらい》、曾《かつ》て無量百千《むりょうひゃくせん》万億無数《まんおくむしゅ》の大劫《だいこう》に於《おい》て、生命《しょうみょう》を害《がい》さず、*十善道《じゅうぜんどう》を行《おこ》ない、常《つね》に飲食《おんじき》を以《もっ》て、一切飢餓《いっさいきが》の衆生《しゅじょう》に恵施《えせ》し、乃至己《ないしおの》が身《み》の血肉骨髄《けつにくこつずい》、亦《ま》た持《じ》して施与《せよ》し、飽満《ほうまん》することを得《え》せしむ。況《いわ》んや余《よ》の飲食《おんじき》をや」と。

時《とき》に彼《か》の菩薩《ぼさつ》、世尊《せそん》の所《ところ》に於《おい》て、是《こ》の念《ねん》を作《な》す時《とき》に、仏《ほとけ》の威力《いりき》を以《もっ》て、其《そ》の室忽然《しっこつねん》として広博《こうばく》厳浄《ごんじょう》に、帝青《たいしょう》、琉璃《るり》、種種《しゅじゅ》の衆宝《しゅほう》、雑彩間《ぞうさいまじわ》り飾《かざ》り、仏《ほとけ》の浄土《じょうど》の如《ごと》し。妙香《みょうこう》の気《け》ありて、諸天《しょてん》の香《こう》に過《す》ぎ、芬馥《ふんぷく》として充満《じゅうまん》せり。其《そ》の四面《しめん》に於《おい》て、各上妙《おのおのじょうみょう》の師子《しし》の座《ざ》あり、四宝《しほう》もて成《じょう》ずる所《ところ》、天《てん》の宝衣《ほうえ》を以《もっ》て、其《そ》の上《うえ》に敷《し》く。復《ま》た此《こ》の座《ざ》に於《おい》て、妙蓮花《みょうれんげ》あり、種種《しゅじゅ》の珍宝《ちんぽう》を以《もっ》て厳飾《ごんじき》とす。量《りょう》は如来《にょらい》に等《ひと》しく、自然《じねん》に顕現《けんげん》せり。蓮花《れんげ》の上《うえ》に於《おい》て、四《し》の如来《にょらい》あり、東方《とうほう》に不動《ふどう》、南方《なんぽう》に宝相《ほうそう》、西方《さいほう》に無量寿《むりょうじゅ》、北方《ほっぽう》に天鼓音《てんくおん》、是《こ》の四如来《しにょらい》、各《おのおの》其《そ》の座《ざ》に於《お》いて、跏趺《かふ》して坐《ざ》す。大光明《だいこうみょう》を放《はな》ちて、王舎大城《おうしゃだいじょう》、及《およ》び此《こ》の三千大千世界《さんぜんだいせんせかい》、乃至《ないし》十方《じっぽう》恒河沙《ごうがしゃ》等《とう》の諸仏《しょぶつ》の国土《こくど》を周遍《しゅうへん》照曜《しょうよう》し、諸《もろもろ》の天花《てんげ》を雨《ふ》らし、諸《もろもろ》の天楽《てんがく》を奏《そう》す。

爾《そ》の時《とき》、此《こ》の贍部洲《せんぶしゅう》中《ちゅう》、及《およ》び三千大千世界《さんぜんだいせんせかい》に於《お》いて、所有《あらゆる》衆生《しゅじょう》、仏《ほとけ》の威力《いりき》を以《もっ》て、勝妙《しょうみょう》の楽《らく》を受《う》け、乏少《ぼうしょう》あることなし。若《も》し身《み》の具《ぐ》せざるは皆具足《みなぐそく》を蒙《こうむ》り、盲《めし》いたる者《もの》は能《よ》く視《み》、聾《ろう》したる者《もの》は聞《き》くを得《う》、瘂者《あしゃ》は能《よ》く言《い》い、愚者《ぐしゃ》は智《ち》を得《う》、若《も》し心乱《こころみだ》るる者《もの》は本心《ほんしん》を得《う》、若《も》し衣《ころも》なき者《もの》は衣服《えぶく》を得《う》、悪《にく》み賤《いや》しまるる者《もの》は人《ひと》に敬《きょう》せられ、垢穢《くえ》ある者《もの》は身清潔《みしょうけつ》なり。此《こ》の世間《せけん》に於《お》いて、所有《あらゆる》利益《りやく》、未曾有《みぞう》の事《こと》、悉《ことごと》く皆顕現《みなけんげん》せり。

《妙幢》 Ruciraketu の意訳。**《倶胝那庾多》** Koti-niyuta 倶胝は千万。那庾多はある大きな数、一般に百万。**《十善道》** 不殺・不盗・不邪婬の三身業と、不妄語・不綺語・不悪口・不両舌の四語業と、不貪・不瞋・不邪見の三意業をいう。

この如来寿量品第二は、如来の寿量に関する論議である。如来が八十歳で滅度するというのは、愚劣の衆生の見解であって、宗教的な人びとの正見ではない。仏陀の法身は不滅であるという。経に、我常住霊山、宣説此経宝、成就生故、示現般涅槃、凡夫起邪見、不信我所説、……このような考え方は、同じ大乗経の一つである『法華経』の如来寿量品第十六にも現われている。

王舎城《おうしゃじょう》に妙幢《みょうどう》という名前の菩薩があって、仏陀が八十歳で入滅したのは、いかなる理由かということを考えた時に、仏の威神力で妙幢菩薩の住居が、忽然《こつねん》として、素晴らしい衆宝《しゅほう》で飾られ、天の香気《こうげ》がたちこめ、その四面には上妙《じょうみょう》の師子座《ししざ》あり、四宝の天衣《てんえ》をもって敷かれている。その蓮華《れんげ》の上に四如来が結跏趺坐《けっかふざ》し、仏の浄土のような光景になった。すなわち、乏しさや不満はなく、手足の完全でないものはなく、五体が備わり、盲目なるものも、よく見ることができ、聾者《ろうしゃ》も聞くことができ、瘂《あ》者《しゃ》もよく言葉を発することができる。さらに、愚なるものは智慧を得、心乱れるものはその本心を得、また着物なきものは衣服《えぶく》を得、にくみ賤《いや》しまるる者も、他人から敬われる。穢《けが》れある者は身体が清らかとなり、いまだかつてないような幸福な状態となった。ここに説かれる状態は、精神的な事柄ではなく、現実の世界の変容である。キリスト教でいえば奇蹟の現われであろう。宗教というものは、個人の精神的革命をもたらす。神や仏を信仰することによって、今まで見出せなかった価値を発見する。この意味では宗教は価値観の変換を迫るものといえる。と同時に、大乗仏教においては、現実社会の変換をも説き、地上に理想社会が建設されなければ意味がないと考えている。その理想社会建設の意識の投影が、それぞれの仏国土という形式で示されている。しかも、可能な限りの文学的表現を用いているので、唐突に読めば、夢物語となり、痴人のたわごとになってしまう。人間は生ある限り、万人の力を併わせて、その理想実現に向かわなければならぬ。これが犬や猫と違った人間の生の尊さなのである。

なお、長い寿命を得る理由として、二つの事柄を述べていることは注目すべきである。一つは不害

ahiṃsā である。ここでは prāṇātipātaviramaṇa（生命を断つことをやめる）という言葉で現わされているが、仏教倫理の最も重要な問題である。つまり他の宗教にみないほど強調される倫理である。第二は飲食を施与すること bhojanapradāna である。

(大)一六巻四〇四下—四〇五上

爾《そ》の時《とき》、妙幢菩薩《みょうどうぼさつ》、四如来《しにょらい》、及《およ》び希有《けう》の事《こと》を見《み》、歓喜踊躍《かんぎゆやく》し、合掌《がっしょう》して、一心《いっしん》に諸仏殊勝《しょぶつしゅしょう》の相《そう》を瞻仰《せんごう》し、亦《ま》た復《ま》た釈迦牟尼如来《しゃかむににょらい》の無量《むりょう》の功徳《くどく》を思惟《しゆい》し、唯寿命《ただじゅみょう》に於《お》て、疑惑《ぎわく》の心《こころ》を生《しょう》じぬ。「云何《いかん》ぞ如来《にょらい》の功徳無量《くどくむりょう》なるに、寿命短促《じゅみょうたんそく》にして、唯八十年《ただはちじゅうねん》なるや」と。

爾《そ》の時《とき》、四如来《しにょらい》、妙幢菩薩《みょうどうぼさつ》に告《つ》げて言《いわ》く、「善男子《ぜんなんし》よ、汝今如来《なんじいまにょらい》の寿命《じゅみょう》の長短《ちょうたん》を思忖《しそん》すべからず。何《なに》を以《もっ》ての故《ゆえ》に。善男子《ぜんなんし》よ、我等《われら》、諸天《しょてん》・世間《せけん》・梵《ぼん》・魔《ま》・沙門《しゃもん》・婆羅門等《ばらもんとう》、人《にん》、及《およ》び非人《ひにん》、能《よ》く仏《ほとけ》の寿量《じゅりょう》を算知《さんち》して、其《そ》の斉限《さいげん》を知《し》るものあるを見《み》ることなし。唯無上正遍知者《ただむじょうしょうへんちしゃ》を除《のぞ》く。」

時《とき》に四如来《しにょらい》、釈迦牟尼仏《しゃかむにぶつ》の所有《しょう》の寿量《じゅりょう》を説《と》かんと欲《ほっ》し、仏《ほとけ》の威力《いりき》を以《もっ》て、欲色界《よくしきかい》の天《てん》・諸龍《しょりゅう》・鬼神《きじん》・健闥婆《けんだつば》・阿蘇羅《あそら》・掲路荼《かろだ》・緊那羅《きんなら》・莫呼洛伽《まごらが》、及《およ》び無量百千億《むりょうひゃくせんおく》、那庾多《なゆた》の菩薩摩訶薩《ぼさつまかさつ》をして、悉《ことごと》く来《き》たり集会《しゅうえ》し、妙幢菩薩《みょうどうぼさつ》の浄妙《じょうみょう》の室中《しっちゅう》に入《い》らしむ。

爾《そ》の時《とき》、四仏《しぶつ》、大衆《だいしゅ》の中《なか》に於《お》て、釈迦牟尼如来《しゃかむににょらい》の所有《しょう》の寿量《じゅりょう》を顕《あら》わさんと欲《ほっ》し、頌《じゅ》を説《と》いて曰《いわ》く、

　一切諸海《いっさいしょかい》の水《みず》は、其《そ》の滴数《ちゃくしゅ》を知《し》るべくも、能《よ》く釈迦《しゃか》の寿量《じゅりょう》を数《かぞ》え知《し》るものあることなし。

諸《もろもろ》の妙高山《みょうこうせん》を析《さ》き、芥《けし》の如《ごと》くにして数《かず》を知《し》るべきも、能《よ》く釈迦《しゃか》の寿量《じゅりょう》を数《かぞ》え知《し》るものあることなし。

一切大地《いっさいだいじ》の土《ど》、其《そ》の塵数《じんじゅ》を知《し》るべきも、能《よ》く釈迦《しゃか》の寿量《じゅりょう》を数《かぞ》え知《し》るものあることなし。

仮令虚空《たといこくう》を量《はか》り、辺際《へんざい》を尽《つ》すを得《う》べきも、能《よ》く釈迦《しゃか》の寿量《じゅりょう》を数《かぞ》え知《し》るものあることなし。

若《も》し人住《ひとじゅう》すること億劫《おくこう》、力《ちから》を尽《つ》して常《つね》に算数《さんじゅ》するも、亦《ま》た復《ま》た世尊《せそん》の寿量《じゅりょう》を知《し》ること能《あた》わず。

衆生《しゅじょう》の命《いのち》を害《がい》せざると、及《およ》び飲食《おんじき》を施《ほどこ》すと、斯《こ》の二種《にしゅ》の因《いん》に由《よ》り、寿命長遠《じゅみょうじょうおん》なるを得《え》たり。

是《こ》の故《ゆえ》に大覚尊《だいかくそん》の寿命《じゅみょう》は数《かず》を知《し》り難《がた》し。劫《こう》の無辺際《むへんざい》なるが如《ごと》く、寿量亦《じゅりょうま》た是《かく》の如《ごと》し。

妙幢《みょうどう》、汝当《なんじまさ》に知《し》るべし。応《まさ》に疑惑《ぎわく》を起《おこ》すべからず。最勝《さいしょう》の寿《じゅ》は量《かぎ》りなし。能《よ》く数《かず》を知《し》る者莫《ものな》し。

一切諸海水以下は、五言四句の偈文が八頌である。

その時に、妙幢菩薩は四仏の出現と希有の奇瑞を見て、歓喜踊躍し、合掌し、一心に、素晴らしい光景をのぞみ見ながら、釈迦牟尼如来の無量の功徳を心中に考え、ただ寿命について疑惑を生じた。「どうして如来の功徳は無量であるのに、寿命は早く短かで、わずか八十年であったのか」と。そうすると四如来は妙幢菩薩に告げて言うに「汝は今、如来の寿命の長短を考えるべきではない。何故ならば、我等諸天も梵も、沙門も婆羅門も、人および非人も誰もが仏の寿量を算《かぞ》え知ることはできない。

ただ無上正遍知者、すなわち覚者のみを除く。」時に、四如来は釈迦牟尼仏の寿量を説き示そうと思い、そこにいた多くの者たち、すべてを仏の威力によって、妙幢菩薩の住所の中に入らしめた。そして、四仏は、次の偈頌によって、仏の寿量を説き明かそうとした。この偈頌の表現しようとする意味は、仏寿の量数は計り知れないということを、具体的に示そうとしたものである。すなわち、普通、世間ではとうてい数えきれないと考えているものを挙げ、海水の水滴、妙高山を砕いた微塵のごとき破片、あるいは一切の大地の土、塵などをなんとか方法をもってすれば数えることはできるが、仏寿を算知することはできないと説明している。仏寿が計り知れぬほど長遠なる理由は、一つには衆生の生命をけっして害わないこと、二つには飲食を他に施すことにあるので、けっしてこの事についての疑惑を起こしてはいけないとさえ誡めている。

（大）一六巻四〇五上―下

爾《そ》の時《とき》、妙幢菩薩《みょうどうぼさつ》、四《し》如来《にょらい》の釈迦牟尼仏《しゃかむにぶつ》の寿量《じゅりょう》の限《かぎ》りなきを説《と》くを聞《き》いて、白《もう》して言《いわ》く、「世《せ》尊《そん》、云何《いかん》が如来《にょらい》は、是《かく》の如《ごと》き短促《たんそく》の寿量《じゅりょう》を示現《じげん》するや」と。

時《とき》に四世尊《しせそん》、妙幢菩薩《みょうどうぼさつ》に告《つ》げて言《いわ》く、「善男子《ぜんなんし》、彼《か》の釈迦牟尼仏《しゃかむにぶつ》、*五濁《ごじょく》の世《よ》に於《おい》て、出現《しゅつげん》の時《とき》、人寿《にんじゅ》は百年《ひゃくねん》にして、性《しょう》を稟《う》くること下劣《げれつ》、善根微薄《ぜんごんみばく》にして、復《ま》た信解《しんげ》なし。此《こ》の諸《もろもろ》の衆生《しゅじょう》、多《おお》く*我見《がけん》、*人見《にんけん》、衆生《しゅじょう》、寿者《じゅしゃ》、養育《よういく》の邪見《じゃけん》、*我我所見《ががしょけん》、*断《だん》と常《じょう》との見等《けんとう》あり。此《こ》の諸《もろもろ》の異生《いしょう》、及《およ》び諸《もろもろ》の外道《げどう》は、是《かく》の如《ごと》き等《とう》の類《るい》を利益《りやく》し、正解《しょうげ》を生《しょう》ぜしめて、速《すみ》やかに無上菩提《むじょうぼだい》を成就《じょうじゅ》するを得《え》しめんと欲《ほっ》するために、是《こ》の故《ゆえ》に釈迦牟尼《しゃかむに》如来《にょらい》、是《かく》の如《ごと》き短促《たんそく》の寿命《じゅみょう》を示現《じげん》す。善男子《ぜんなんし》、然《しか》も彼《か》の如来《にょらい》は、衆生《しゅじょう》に涅槃《ねはん》を見《み》せ已《おわ》り、難遭《なんそう》の想《そう》、憂苦等《うくとう》の想《そう》を生《しょう》ぜしめ、仏世尊《ぶっせそん》の説《と》く所《ところ》の経教《きょうぎょう》に於《おい》て、速《すみ》やかに当《まさ》に受持《じゅじ》し、読誦《どくじゅ》し、通利《つうり》し、人《ひと》のために解説《げせつ》して、謗毀《ぼうき》を生《しょう》ぜず。是《こ》の故《ゆえ》に如来《にょらい》は斯《こ》の短寿《たんじゅ》を現《げん》ず。何《なに》を以《もっ》ての故《ゆえ》に、彼《か》の諸《もろもろ》の衆生《しゅじょう》は、如来《にょらい》の般涅槃《はつねはん》せざるを見《み》て、恭敬難《くぎょうなん》遭《そう》の想《おもい》を生《しょう》ぜず。如来《にょらい》説《と》く所《ところ》の甚深《じんじん》の経典《きょうでん》、亦《ま》た受持《じゅじ》し、読誦《どくじゅ》し、通利《つうり》し、人《ひと》のために宣説《せんぜつ》せず。所以《ゆえん》は何《いか》に。常《つね》に仏《ほとけ》を見《み》るを以《もっ》て尊重《そんじゅう》せざるの故《ゆえ》に。善男子《ぜんなんし》、譬《たと》えば人《ひと》あるが如《ごと》く、其《そ》の父母《ぶも》多《おお》く財産《ざいさん》ありて、珍宝豊《ちんぼうゆた》かに盈《み》つるを見《み》て、便《すなわ》ち財物《ざいもつ》に於《おい》て、希有難遭《けうなんそう》の想《おもい》を生《しょう》ぜず。所以《ゆえん》は何《いか》に。父《ちち》の財物《ざいもつ》に於《おい》て、常想《じょうそう》を生《しょう》ずるが故《ゆえ》なり。善男子《ぜんなんし》、彼《か》の諸《もろもろ》の衆生《しゅじょう》も、亦《ま》た復《ま》た此《こ》の如《ごと》し。若《も》し如《にょ》来《らい》、涅槃《ねはん》に入《い》らざるを見《み》て、希有難遭《けうなんそう》の想《おもい》を生《しょう》ぜず。所以《ゆえん》は何《いか》に。常見《じょうけん》に由《よ》るが故《ゆえ》なり。善男子《ぜんなんし》、譬《たと》えば人《ひと》あり、父母貧窮《ぶもびんぐ》にして資財乏少《しざいぼうしょう》せんに、然《しか》るに彼《か》の貧人《びんにん》、或《ある》いは王家《おうけ》、或《ある》いは大臣《だいじん》の舎《しゃ》に詣《いた》り、其《そ》の倉庫《そうく》に種種《しゅじゅ》の珍財《ちんざい》、悉《ことごと》く皆盈満《みなえいまん》するを見《み》て、希有《けう》の心《こころ》、難遭《なんそう》の想《おもい》を生《しょう》ず。時《とき》に彼《か》の貧人《びんにん》、財《ざい》を求《もと》めんと欲《ほっ》するがために、広《ひろ》く方便《ほうべん》を設《もう》け、*策勤《さくごん》して怠《おこた》ることなし。所以《ゆえん》は何《いか》に。貧《びん》窮《ぐ》を捨《す》て、安楽《あんらく》を受《う》けんがための故《ゆえ》なり。善男子《ぜんなんし》、彼《か》の諸《もろもろ》の衆生《しゅじょう》も、亦《ま》た復《ま》た是《かく》の如《ごと》し。若《も》し如《にょ》来《らい》、涅槃《ねはん》に入《い》るを見《み》て、難遭《なんそう》の想《おもい》、乃至憂苦等《ないしうくとう》の想《おもい》を生《しょう》ず。復《ま》た是《こ》の念《ねん》を作《な》さん。「無量劫《むりょうこう》に於《おい》て、諸仏如来《しょぶつにょらい》の世《よ》に出現《しゅつげん》するは、*烏曇跋花《うどんばつげ》の時《とき》ありて、乃《すなわ》ち一《ひと》たび現《げん》ずるが如《ごと》し。」と、彼《か》の諸《もろもろ》の衆生《しゅじょう》は、希有《けう》の心《こころ》を発《おこ》し、難遭《なんそう》の想《おもい》を起《おこ》し、若《も》し如来《にょらい》に遇《あ》わば、心《こころ》に敬信《きょうしん》を生《しょう》ぜん。正法《しょうぼう》を説《と》くを聞《き》きて、実語《じつご》の想《おもい》を生《しょう》じ、所有経典《あるゆるきょうでん》、悉《ことごと》く皆受持《みなじゅじ》し、毀謗《きぼう》を生《しょう》ぜず。善男子《ぜんなんし》、是《こ》の因縁《いんねん》を以《もっ》て、彼《か》の仏世尊《ぶっせそん》、久《ひさ》しく世《よ》に住《じゅう》せずして、速《すみ》やかに涅槃《ねはん》に入《い》る。善男子《ぜんなんし》、是《こ》の諸《もろもろ》の如来《にょらい》、是《かく》の如《ごと》き等《とう》の善巧方便《ぜんぎょうほうべん》を以《もっ》て、衆生《しゅじょう》を成就《じょうじゅ》す。」

爾《そ》の時《とき》、四仏《しぶつ》、是《こ》の語《ご》を説《と》き已《おわ》り、忽然《こつねん》として現《げん》ぜず。

《五濁》 kaṣāya の訳。人間の寿命が短かくなった末世に発生する五種の汚れである。⑴劫濁とは饑饉・疫病などの天災や戦争などの社会悪。⑵見濁とは邪悪な思想が栄える。⑶煩悩濁とは欲望が強く、悪徳が横行する。⑷衆生濁とは心身共に人間の資質の低下をいう。⑸命濁とは人間の寿命が次第に短かになる。**《我見》** 以下は正見を誤る考え方である。我見は常一主宰なる存在、すなわち我の実在を説く思想。**《人見》** 不変なる人格ありとする考え方。衆生（生物）、寿者（生命）、養育（万物を生育せしめるもの）の実在を主張する思想。**《我我所見》** 実我ありとし、万物は我に附属するという見解。**《断常見》** 断見とはすべてのものは断滅するという考え方で、善悪、及びその果報もないという。また常見とは世界は常住不変にして、人間は死すとも我は永久に滅せずという。この二つの考え方は、因果律に矛盾する。**《策勤》** 勉め励げむこと。**《烏曇跋花》** udumbara の花。普通、優曇華と書く。三千年に一度開花するという。

妙幢菩薩の質問に対して、四世尊（四仏または四如来とも表現されている）が、その理由を次のように説明している。彼の釈迦牟尼仏《しゃかむにぶつ》は、五濁《ごじょく》の末世の時代に出現するときは、人の寿命は約百年であり、しかもその性質は下劣であり、善根は微薄《みはく》にして、信ずる力も、理解力もない。仏教史観として、釈迦の時代を去るに従って、世の中が悪くなると考える。すなわち、仏滅後約五百年は正法の時代で、仏の教えが正しく流伝し、その後の第二の五百年は像法の時代で、形式は保持せられるが、真の精神は正しく受け継がれない。さらに第三の五百年は末法の時代で、伝統ある形式はもちろん、その精神も全く正しく行なわれない、いわゆる末世の時代となるとの考え方がある。仏教が最も正しく行なわれたのは何時かという議論は、なかなかむずかしい問題である。それにもかかわらずこのような仏教史観が生まれるのは、復古的な考え方と、仏教の開祖である釈尊に対する無条件のあこがれともいうべき感覚的な理解が強く働いている。この仏教史観の妥当性には問題はあるとしても、その考え方の影響は実に大きいものがある。すなわち、インドにおいてよりも、中国や日本における仏教の展開に、大きな役割を担ってきたのは事実である。

このような末法思想を背景として、この経典が説かれていることは、注目しなければならぬ点である。このような時代の人間は、正見を誤り、いろいろな勝手な考え方をする。すなわち我見をはじめとして、ないし因果律を否定する断見や常見などがある。このもろもろの異生《いしょう》（凡夫のことで、聖者と異なり、六趣等の異類の生を受けるので、このように呼ばれる）およびもろもろの外道などの類を利益し、正しい見解を生ぜしめて、速やかに無上菩提（完全な悟り）を成就せしめようと欲するために、釈迦牟尼如来が、このような短かくて早い寿命を持つ肉体を示現するものである。この正見と如来寿命の短促なることとの関係は何かという問題の説明が、経典には明確に示されていないようである。諸法無我、諸行無常、涅槃寂静《ねはんじやくじょう》という三つの立場が、釈尊仏教の出発点であることを思えばおのずから理解できよう。釈尊の肉体が無限に生き続けることは、正に諸行無常のことわりに反するものとなろう。

しかも、その短促なることによって次のような心理的効果があると考えている。すなわち、めぐり会うことができない釈尊との出会いを考え、あるいは釈尊と別れる憂《うれ》いと苦しみの思いを生ぜしめ、仏世尊の説いた経典とその教えを速やかにみずから受持し、読誦し、通利し、あるいは人のために解説して、正法をそしることがない。通利という言葉は、理解の鋭いことを意味するかもしれないが、慧《え》沼《しょう》の疏（正蔵三十九巻一九六中）によれば「一受持《じゅじ》、二披読《ひどく》、三諷誦《ふじゅ》、四解説《げせつ》、初三自利行《じりぎょう》、後一利他《りた》行《ぎょう》」と説明している。この注釈の文章では、通利は諷誦なりということになるようである。以上の理由により如来の短寿を説明している。またもし如来が入滅を示現しなければ、常に仏をみることができるので、軽んじて尊重しない結果になるので、恭敬難遭の想も生ぜず、経典の受持、読誦、通利も行なわず、ましていわんや他人のために宣説することは望まれない。このことは次の譬喩で理解できよう。両親が財産があり、珍しい宝が沢山あるような場合には、財産があることに関心を払っても、みずから汗水を流して得たものでないので、その財産に対して非常に得難いものであるとの実感に乏しい。それは生まれる前から財産があり、その財産がなくならないという常想を生ずるからである。ちょうどそのように、如来が入滅せずということになると、何時でも常に如来がおられるという常見が生じて、如来の出現がいかに希有なことであり、めぐり会い難き因縁であるとの考え方がなくなってしまう。またこの反対の譬喩を見れば、なお理解し易いであろう。たとえば、父母が貧困で、財産がほとんどない時には、その貧しい人は、王家や権力者の家に行き、その倉庫に珍しい財宝がぎっしりつまっているのを見て、自分の家と比べ財産に対する驚きの中にも、こんな金持は、滅多にあるものではないという考えが起きる。そして、自分もこのような財産を持ちたいと考えて、いろいろな方法をめぐらし、一生懸命に努力を続けなまけることがない。このような努力は、貧乏を捨てて、安楽な生活がしたいという気持に外ならない。彼の多くの人びともこのようなものである。もし如来が涅槃に入るという事実に直面すれば、めぐり会うことの難しい釈尊との出会いを考え、あるいは釈尊と別れる憂いと苦しみの思いが生ずる。「無量の長い時間の経過があっても、そのある時期に、諸仏如来が出現するというのは、まことに遇い難い好因縁であり、滅多に咲くことのない優曇華《うどんげ》にめぐり会うようなものである」と考える。彼の多くの人びとは、希有の心、難遭の想を起こし、心に如来を敬い信ずるようになる。したがって正法を説くを聞いては、真実の言葉であると考え、あらゆる如来の説いた経典を受持し、誹謗することはない。以上の理由で、仏世尊は、久しく世に住せず、八十歳の人寿を尽くして涅槃をされたものである。このことで知り得ることは、もろもろの如来は、いろいろな方法で、衆生を利益し成就しようという意図があるということである。

以上のように、妙幢菩薩に説明すると、四仏が、忽然として姿を消した。「忽然不現」という表現は、義浄訳の十巻本にのみ出るものである。梵本でも、曇無讖訳の四巻本にも、このような表現はない。四仏に関する記述が、同じ『金光明経』でも、必ずしも全同でないように見受けられる。

(大)一六巻四〇五下

爾《そ》の時《とき》、妙幢菩薩摩訶薩《みょうどうぼさつまかさつ》、無量百千《むりょうひゃくせん》の菩薩《ぼさつ》、及《およ》び無量億那庾多百千《むりょうおくなゆたひゃくせん》の衆生《しゅじょう》と与《とも》に、倶《とも》に共《とも》に往《ゆ》きて鷲峰山中《じゅぶせんちゅう》、釈迦牟尼如来《しゃかむにによらい》、正遍知《しょうへんち》の所《ところ》に詣《いた》り、仏足《ぶっそく》を頂礼《ちょうらい》して、一面《いちめん》に在《あ》りて立《た》つ。

時《とき》に妙幢菩薩《みょうどうぼさつ》、上《かみ》の如《ごと》き事《こと》を以《もっ》て、具《つぶ》さに世尊《せそん》に白《もう》す。

時《とき》に四如来《しにょらい》、亦《ま》た鷲峰《じゅぶ》に詣《いた》りて、釈迦牟尼仏《しゃかむにぶつ》の所《ところ》に至《いた》り、各《おのおの》本方《ほんぼう》に随《したが》いて、座《ざ》に就《つ》いて坐《ざ》しぬ。侍者《じしゃ》の菩薩《ぼさつ》に告《つ》げて言《いわ》く、「善男子《ぜんなんし》、汝今《なんじいま》、釈迦牟尼仏《しゃかむにぶつ》の所《ところ》に詣《いた》り、我《わ》がために*少病《しょうびょう》少悩《しょうのう》・起居軽利《きごきょうり》にして、安楽行《あんらくぎょう》なりや、不《いな》やを問《と》え」と。復《ま》た是《こ》の言《ごん》を作《な》す、「善哉《よいかな》、善哉《よいかな》。釈迦牟尼如来《しゃかむにによらい》、今《いま》、金光明経甚深《こんこうみょうきょうじんじん》の法要《ほうよう》を演説《えんぜつ》すべし。一切衆生《いっさいしゅじょう》を饒益《にょうやく》して、飢饉《けきん》を除去《じょこ》し、安楽《あんらく》を得《え》しめんと欲《ほっ》するがために、我当《われまさ》に随喜《ずいき》すべし」と。

時《とき》に彼《か》の侍者《じしゃ》、各《おのおの》釈迦牟尼仏《しゃかむにぶつ》の所《ところ》に詣《いた》り、双足《そうそく》を頂礼《ちょうらい》し、却《しりぞ》いて一面《いちめん》に住《じゅう》し、倶《とも》に仏《ほとけ》に白《もう》して言《いわ》く、「彼《か》の天人師《てんにんし》、問《もん》を致《いた》すこと無量《むりょう》なり。少病《しょうびょう》少悩《しょうのう》・起居軽利《きごきょうり》にして、安楽《あんらく》なりや、不《いな》や」と。復《ま》た是《こ》の言《ごん》を作《な》す、「善哉《よいかな》、善哉《よいかな》。釈迦牟尼如来《しゃかむにによらい》、今《いま》、金光明経甚深《こんこうみょうきょうじんじん》の法要《ほうよう》を演説《えんぜつ》すべし。一切衆生《いっさいしゅじょう》を利益《りやく》し、飢饉《けきん》を除去《じょこ》し、安楽《あんらく》を得《え》しめんと欲《ほっ》するがためなり」と。

爾《そ》の時《とき》、釈迦牟尼如来応正等覚《しゃかむにによらいおうしょうとうがく》、彼《か》の侍者《じしゃ》の諸菩薩《しょぼさつ》に告《つ》げて言《いわ》く、「善哉《よいかな》、善哉《よいかな》、彼《か》の四如来《しにょらい》、乃《すなわ》ち能《よ》く諸《もろもろ》の衆生《しゅじょう》の饒益《にょうやく》・安楽《あんらく》のために、我《われ》を勧請《かんじょう》して、正法《しょうぼう》を宣揚《せんよう》せしむ」と。

爾《そ》の時《とき》、世尊《せそん》、而《しか》も頌《じゅ》を説《と》いて曰《いわ》く、

*我常《われつね》に鷲山《じゅせん》に在《あ》り、此《こ》の経宝《きょうほう》を宣説《せんぜつ》す。衆生《しゅじょう》を成就《じょうじゅ》するが故《ゆえ》に、般涅槃《はつねはん》を示現《じげん》す。

凡夫邪見《ぼんぶじゃけん》を起《おこ》し、我《わ》が説《と》く所《ところ》を信《しん》ぜず。彼《かれ》を成就《じょうじゅ》せんがための故《ゆえ》に、般涅槃《はつねはん》を示現《じげん》す。

《少病少悩起居軽利安楽行不》　仏教教団に行なわれた挨拶の常套語である。古代インド社会では、四姓の階級の差別によって、挨拶の言葉が異なることが、マヌ法典第二章に規定されているが、多くの大乗経典では、常にこの言葉が出ている。《我常在鷲山……示現般涅槃》　我すなわち仏陀が永遠に霊鷲山に在り、しかも、衆生を成就せんがために、涅槃を示現するという意味の五言二頌である。これは『法華経』の如来寿量品第十六にも、同じ意味の言葉がある。このほか本経の各品には、『法華経』と酷似する点が多いことは注目せねばならない。

その時に四如来が、霊鷲山《りようじゆせん》に行き、釈迦牟尼如来のところに至り、おのおの東南西北の方角に座をしめた。そして侍者の菩薩に告げて「汝は釈迦牟尼仏の所に行き、自分のために、御気嫌はいかがですか、お変わりありませんかとおうかがいをして、今こそこの甚深なる『金光明経』を説き明かすべし。そしてその功徳によってすべての衆生を利益し、饑饉を除き安楽な生活を得させることが望ましい、自分も、心から随喜するであろう」と。

そこで、彼の侍者の菩薩たちが、釈迦牟尼仏所に行き、頭面接足《ずめんせつそく》の礼をなし、ともに仏に申し上げた。多くの天人たちは、みな世尊のご気嫌よく、お変わりなきことをおうかがい申し上げたいと言っている。そして、釈迦牟尼如来が一切の衆生を利益し、饑饉を除いて安楽な生活を送れるように、今、この『金光明経』を演説せんことを望んでいる。

その時に、応等正覚者《おうとうしようがくしや》である釈迦牟尼如来は、彼の侍者である菩薩たちに告げて、「善いかな、善いかな。彼の四如来は、多くの衆生の利益と安楽のために、私に『金光明経』を宣揚するよう、心からの願望を持っている」と。そこで世尊は次の偈頌を説いた。

我は常に霊鷲山に在り、この経宝を宣している。このように霊鷲山に常在しているにもかかわらず、衆生の理解を納得させるために、般涅槃を現じて、八十歳で入滅した。我れが霊鷲山に常在して、法を説いても、多くの人びとは、邪見を起こして、我が所説を信じない。だから、彼らを成就せんがために、般涅槃を示現する。

㊅一六巻四〇六上―中

時《とき》に大会《だいえ》の中《なか》に婆羅門《ばらもん》あり、姓《せい》は*憍陳如《きようじんによ》、名《な》を*法師授記《ほっしじゅき》と曰《い》う。無量百千《むりょうひゃくせん》の婆羅門衆《ばらもんしゅ》と与《とも》に仏《ほとけ》を供養《くよう》し已《おわ》り、世尊《せそん》、般涅槃《はつねはん》に入《い》ると説《と》くを聞《き》いて、涕涙交《ているいこもご》も流《なが》れ、前《すす》みて仏足《ぶっそく》を礼《らい》し、白《もう》して言《いわ》く、「世尊《せそん》、若《も》し実《じつ》に如来《にょらい》は諸《もろもろ》の衆生《しゅじょう》に於《お》いて、大慈悲《だいじひ》あり、憐愍《れんみん》し、利益《りやく》して、安楽《あんらく》を得《え》しむること、猶《なお》し父母《ぶも》の如《ごと》く、余《よ》に等《ひと》しき者《もの》なく、能《よ》く世間《せけん》の与《ため》に帰依処《きえしょ》と作《な》ること、浄満月《じょうまんがつ》の如《ごと》く、大智慧《だいちえ》を以《もっ》て、能《よ》く照明《しょうみょう》を為《な》すこと、日《ひ》の初《はじ》めて出《い》ずるが如《ごと》く、普《あまね》く衆生《しゅじょう》を観《み》て、愛《あい》することと偏党《へんとう》なきこと、*羅怙羅《らごら》の如《ごと》し。唯願《ただねが》わくば世尊《せそん》、我《われ》に一願《いちがん》を施《ほどこ》せ」と。

爾《そ》の時《とき》、世尊《せそん》、黙然《もくねん》として止《や》む、仏《ほとけ》の威力《いりき》の故《ゆえ》に。此《こ》の衆中《しゅちゅう》に於《お》いて、*梨車毘童子《りしゃびどうじ》の一切衆生《いっさいしゅじょう》喜見《きけん》と名《なづ》くるあり。婆羅門《ばらもん》、憍陳如《きようじんによ》に語《かた》りて言《いわ》く、「大婆羅門《だいばらもん》、汝今《なんじいま》、仏《ほとけ》より何《なん》の願《がん》を乞《こ》わんと欲《ほっ》するや、我能《われよ》く汝《なんじ》に与《あた》えん」と。婆羅門言《ばらもんいわ》く、「童子《どうじ》。我無上世尊《われむじょうせそん》を供養《くよう》せんと欲《ほっ》す。今《いま》、如来《にょらい》より*舎利《しゃり》の芥子許《けしばか》りの如《ごと》きを求《もと》め請《こ》わんと欲《ほっ》す。何《なに》を以《もっ》ての故《ゆえ》に、我曾《われかつ》て説《と》くを聞《き》く。若《も》し善男子《ぜんなんし》・善女人《ぜんにょにん》、仏舎利《ぶっしゃり》の芥子許《けしばか》りなるを得《え》て恭敬供養《くぎょうくよう》せば、是《こ》の人《ひと》は当《まさ》に三十三天《さんじゅうさんてん》に生《しょう》じて帝《たい》釈《しゃく》と為《な》るべし」と。

是《こ》の時《とき》に童子《どうじ》、婆羅門《ばらもん》に語《かた》りて曰《いわ》く、「若《も》し三十三天《さんじゅうさんてん》に生《しょう》じ、勝報《しょうほう》を受《う》けんことを願《ねが》い欲《ほっ》せば、応当《まさ》に至心《ししん》に、是《こ》の金光明《こんこうみょう》最勝《さいしょう》王経《おうきょう》を聴《き》くべし。諸経《しょぎょう》の中《なか》に於《おい》て、最《もっと》も殊勝《しゅしょう》なり。解《げ》し難《がた》く入《い》り難《がた》し。声聞独覚《しょうもんどっかく》の知《し》る能《あた》わざる所《ところ》、此《こ》の経《きょう》能《よ》く無量無辺《むりょうむへん》の福徳《ふくとく》の果報《かほう》を生《しょう》じ、乃至《ないし》無上菩提《むじょうぼだい》を成辦《じょうべん》す。我今《われいま》、汝《なんじ》のために略《りゃく》して其《そ》の事《こと》を説《と》かん」と。婆羅門言《ばらもんいわ》く、「善哉《よいかな》、童子《どうじ》、此《こ》の金光明《こんこうみょう》経《きょう》は甚深最上《じんじんさいじょう》にして、解《げ》し難《がた》く入《い》り難《がた》し。声聞独覚尚《しょうもんどっかくな》お知《し》ること能《あた》わず。何《なに》をか況《いわん》や、我等《われら》辺鄙《へんび》の人《ひと》、智慧微浅《ちえみせん》にして、而《しか》も能《よ》く解了《げりょう》せんや。是《こ》の故《ゆえ》に、我今《われいま》、仏舎利《ぶっしゃり》の芥子許《けしばか》りの如《ごと》きを求《もと》めて、持《も》ちて本処《ほんしょ》に還《かえ》り、宝函《ほうかん》の中《なか》に置《お》き、恭敬供養《くぎょうくよう》し、命終《みょうじゅ》の後《のち》、帝釈《たいしゃく》と為《な》りて、常《つね》に安楽《あんらく》を受《う》くるを得《え》んとす。云何《いかん》ぞ、汝今《なんじいま》、我《わ》がために明行足《みょうぎょうそく》よりして斯《こ》の一願《いちがん》を求《もと》むる能《あた》わざるや」と。

是《こ》の語《ご》を作《な》し已《おわ》るや、爾《そ》の時《とき》、童子《どうじ》、即《すなわ》ち婆羅門《ばらもん》のために、頌《じゅ》を説《と》いて曰《いわ》く、

恒河《ごうが》の駛流《しる》の水《みず》に白蓮花《びゃくれんげ》を生《しょう》ずべく、*黄鳥白《おうちょうしろ》き形《かたち》と作《な》り、黒鳥変《こくちょうへん》じて赤《あか》と為《な》り、
仮使《たとい》、贍部樹《せんぶじゅ》に多羅《たら》の果《か》を生《しょう》ずべく、*朅樹羅《かつじゅら》の枝《えだ》の中《なか》に、能《よ》く*菴羅《あんら》の葉《は》を出《い》ださん。

斯《こ》れ等希有《らけう》の物《もの》には、或《ある》いは転変《てんぺん》すべきも、世尊《せそん》の舎利《しゃり》は、畢竟得《ひっきょうう》べからず。

仮使《たとい》、亀毛《きもう》を用《もち》いて、織《お》りて上妙《じょうみょう》の服《ふく》を成《じょう》じ、寒時《かんじ》に被著《ひじゃく》すべくんば、方《まさ》に仏舎利《ぶっしゃり》を求《もと》めん。

仮使《たとい》、蚊蚋《ぶんぜい》の足《あし》、楼観《ろうかん》を成《な》さしめて、堅固《けんご》にして揺動《ようどう》せざるべくんば、方《まさ》に仏舎利《ぶっしゃり》を求《もと》めん。

仮使《たとい》、水蛭虫《すいてっちゅう》、口中《くちゆう》に白歯《びゃくし》を生《しょう》じ、長大《ちょうだい》にして利《と》きこと鋒《ほう》の如《ごと》くんば、方《まさ》に仏舎利《ぶっしゃり》を求《もと》めん。

仮使《たとい》、兎角《とかく》を持《じ》して、用《もち》いて梯蹬《だいとう》を成《じょう》じ、上天《じょうてん》の宮《ぐう》に昇《のぼ》るべくんば、方《まさ》に仏舎利《ぶっしゃり》を求《もと》めん。

鼠《ねずみ》、此《こ》の梯上《だいじょう》に縁《よ》りて、*阿修羅《あしゅら》の、能《よ》く空中《くうちゅう》の月《つき》を障《さ》うるを除去《じょこ》せば、方《まさ》に仏舎利《ぶっしゃり》を求《もと》めん。

若《も》し蝿《はえ》、酒《さけ》を飲《の》みて酔《よ》えば、村邑《そんおう》の中《なか》を周行《しゅうこう》し、広《ひろ》く舎宅《しゃたく》を造《つく》らば、方《まさ》に仏舎利《ぶっしゃり》を求《もと》めん。

若《も》し驢脣《ろしん》の色《いろ》をして、赤《あか》きこと*頻婆果《びんばか》の如《ごと》くならしめ、善《よ》く歌舞《かぶ》を作《な》さば、方《まさ》に仏舎利《ぶっしゃり》を求《もと》めん。

烏《からす》と鵂鶹鳥《くるちょう》と、同《おな》じく共《とも》に一処《いっしょ》に遊《あそ》び、彼此《ひし》相順従《あいじゅんじゅう》せば、方《まさ》に仏舎利《ぶっしゃり》を求《もと》めん。

仮使《たとい》、*波羅葉《はらよう》、傘蓋《さんがい》を成《じょう》じ、能《よ》く大雨《だいう》を遮《さえ》ぎらしむべくんば、方《まさ》に仏舎利《ぶっしゃり》を求《もと》めん。

仮使《たとい》、大船舶《だいせんびやく》、諸《もろもろ》の財宝《ざいほう》を盛満《じょうまん》し、能《よ》く陸地《りくち》に行《ゆ》かしむべくんば、方《まさ》に仏舎利《ぶっしゃり》を求《もと》めん。

仮使《たとい》、鷦鷯《しょうりょう》、嘴《くちばし》を以《もっ》て、*香山《こうぜん》を銜《ふく》み、随処《ずいしょ》に任《ま》かせ遊行《ゆぎょう》せば、方《まさ》に仏舎利《ぶっしゃり》を求《もと》めん。

《憍陳如》 Kauṇḍinya の音写。 **《法師授記》** Ācāryavyākaraṇa **《羅怙羅》** Rāhula 羅護羅あるいは羅睺羅と書く。 **《梨車毘童子一切衆生喜見》** Sarvasattvapriyadarśana-nāma-litsavikumāra **《舎利》** Śarīra（骨）は、仏陀を火葬にした骨を指す。 **《黄鳥》** kokila インドの郭公鳥。 **《掲樹羅》** Kharjūra **《菴羅》** Āmra マンゴー樹。 **《阿蘇羅》** インド神話では阿蘇羅神が大手をあげて月を覆うので、月蝕がおこるという。 **《頻婆》** Bimba 賓婆とも書く。学名 Momordica monodelpha この果は熟すると赤くなるので、美人の唇に比較される。 **《波羅》** Palāśa 大形の葉で赤い花のある樹。波羅舎。鉢羅舎とも書く。 **《香山》** Gandhamādana 香酔山とも書く。神話的な巨大な山で、芳香ある森林を持つといわれる。

その時に、この大きい集団の中に、一人の婆羅門がいた。姓を憍陳如《きょうじんにょ》、名を法師《ほっし》授記《じゅき》という。無量なる百千の多くの婆羅門たちと、仏を供養し終わり、世尊が入滅に入ると説かれるのを聞いて、悲歎の涙を流しながら、前に進み出て、仏足を礼拝し、世尊に申し上げるに「世尊、もし如来が多くの衆生に大なる悲心を垂れ、人びとを憐愍《りんれん》し、利益し、安楽な生活を得しむること、あたかも父母のごとく、全く他に比べるものがないほどによく世間のために絶対のよりどころとなること、清く澄みきった満月のごとく、大なる智慧をもって闇を破り明るくすること、地平線にパッと輝きわたる日の出のごとく、さらに誰かれの区別なく衆生を観て、片よらずに愛すること、我が子ラゴラを見るがごとしである。ただ世尊よ、願わくば我れに一つの願いをかなえよ」と。

その時に世尊は、黙然としていた。そのわけは仏の威力の故にあえて言葉を発しなかったのである。この大衆の中に、リッシャビー族の童子で、一切衆生喜見という者があった。婆羅門憍陳如に語るに「大婆羅門よ、汝今、仏からどんな願いを欲するのか、我れはそれを汝にかなえてやろう」といった。するとその婆羅門は「童子よ、我れは無上なる世尊を供養せんと欲す。そのために今我れは如来に対して、舎利の芥子《けし》粒ほどのものを得たいという願いをかなえていただきたいと思っている。どういうわけかというと、我れはかつて説かれたことを聞いた。すなわち、もし善男子・善女人が仏舎利の芥子粒ばかりのものを恭敬し供養すれば、この人は三十三天に生じ、帝釈《たいしゃく》となることができる」と。

この時、童子は婆羅門に語っていうには「もし三十三天に生まれ、勝れた果報を受けたいと願うならば、至心にこの『金光明最勝王経』を聞くべし。これは諸経の中でもっとも勝れたものであるが、理解し難く、入り難いものである。声聞や独覚の知ることができない大乗の教えであり、無量無辺の福徳を生じ、ないし無上菩提を成就する。我れ今、汝のためにその事を説かんとする。」

かの婆羅門がいうには「善いかな、童子よ、この『金光明経』は甚深最上にして、理解し難く、入り難い。声聞や独覚のような聖者たちも知ることができないものである。いわんや我等は教育のない辺鄙《へんぴ》の人間であり、智慧は微浅にして、どうして理解了承することができようか。だから我れは今、舎利の芥子粒ばかりのものを求め、自分の所に持ち帰り、宝函《ほうかん》の中に大切に納め、恭敬供養し、その功徳によって、命終の後に、三十三天に生まれ、帝釈となり、常に安楽に過ごしたいと念願しているのに、どうして汝は今、我がためにこの一つの願いをかなえてくれないのか。」

この言葉をなし終わるや、童子は、その婆羅門のために、次の偈頌を説いた。

ガンジス河を走るように流れる水に、白蓮華《びゃくれんげ》が生じ、あるいは黄い鳥が白くなり、また黒鳥が赤く変わろうとも、

もし贍部《せんぶ》の樹に多羅樹《たらじゅ》の実がなるような異変が起こっても、また朅樹羅《かつじゅら》の樹の枝に菴羅《あんら》の葉が出るような異変が起こるかもしれない。

しかしこれらの希有な異変が起こることがあっても、世尊の舎利を得ることは、とうてい出来がたいほどに、むずかしいことである。

もし亀毛《きもう》を集め、織り上げて、素晴らしい上等な服を作り、寒い時に着ることができるならば、

舎利を得ることもあろう。

もし蚊蚋《ぶんぜい》すなわち蚊の足で、大きな高層建築を作り、堅固にして動揺しないようにできるならば、仏舎利を得ることができるかもしれない。

もし水蛭《すいてつ》の口の中に白い歯が生じ、長大で鋒（ほこ）のようであるならば、仏舎利を得ることができるであろう。

もし兎の角（本来ないものではあるが）ではしごを作り、上天の宮殿に昇ることができるならば、仏舎利を得ることもあろう。

アソラの天神が空中の月を覆って作られた月蝕《げっしょく》を、鼠《ねずみ》がこのはしごをよじ登って取り除くことができるならば、あるいは仏舎利を得ることもできよう。

もし蠅が酒を飲み酔っぱらい、しかも、村邑の中に行き、広大な屋敷を作ることができるならば、仏舎利を得ることもあろう。

もし余り悧巧《りこう》でない驢馬《ろば》の唇を頻婆《びんば》の実のように赤く塗り、歌や舞をすることができるならば、仏舎利を得ることができるであろう。

烏《からす》と仲の悪い鵂鶹《くるちょう》鳥とが一緒に遊び、お互いに睦《むつま》じくやって行けるならば、仏舎利を得ることもできよう。

もし波羅舎の葉で、空を覆う傘となして、降りそそぐ大雨を遮ぎることができるならば、仏舎利を得ることができよう。

もし大きな船に、沢山の財宝を積み込んで、海ではなく陸地を進むことができるならば、仏舎利を得ることができよう。

もし鷦鷯鳥《しょうりょうちょう》（みそさざい）が嘴《くちばし》で大きな香山をくわえ、諸方を意にまかせて飛ぶことができるならば、仏舎利を得ることができよう。

(大)一六巻四〇六中―下

爾《そ》の時《とき》、法師授記羅婆門《ほっしじゅきばらもん》、此《こ》の頌《じゅ》を聞《き》き已《おわ》り、亦《ま》た伽他《かだ》を以《もっ》て、一切衆生喜見童子《いっさいしゅじょうきけんどうじ》に答《こた》えて曰《いわ》く、

善哉《よいかな》、大童子《だいどうじ》、此《こ》れ衆中《しゅちゅう》の吉祥《きちじょう》なり。善巧方便《ぜんぎょうほうべん》の心《こころ》あり、仏《ほとけ》の*無上記《むじょうき》を得《え》たり。

如来《にょらい》の大威徳《だいいとく》は能《よ》く、世間《せけん》を救護《くご》したまう。仁《なんじ》、至心《ししん》に聴《き》くべし、我今《われいま》、次第《しだい》に説《と》かん。

諸仏《しょぶつ》の境《きょう》は難思《なんし》なり、世間《せけん》と与《とも》に等《ひと》しきものなし。法身《ほっしん》の性《しょう》は常住《じょうじゅう》なり。修行《しゅぎょう》に差別《しゃべつ》なし。

諸仏《しょぶつ》の体《たい》は皆同《みなおな》じ、所説《しょせつ》の法《ほう》も亦《ま》た爾《しか》なり。諸仏《しょぶつ》には作者《さしゃ》なし。亦《ま》た復《ま》た本《もと》より無生《むしょう》なり。

世尊金剛《せそんこんごう》の体《たい》は、権《か》りに化身《けしん》を現《げん》ず、是《こ》の故《ゆえ》に、仏舎利《ぶっしゃり》の芥子《けし》許《ばか》りの如《ごと》きすらなし。

仏《ほとけ》は血肉《けつにく》の身《み》に非《あら》ず、云何《いかん》が舎利《しゃり》あらん。方便《ほうべん》して身骨《しんこつ》を留《と》むるは、諸《もろもろ》の衆生《しゅじょう》を益《やく》せんがためなり。

法身《ほっしん》は是《こ》れ正覚《しょうがく》、法界《ほっかい》は即《すなわ》ち如来《にょらい》なり。此《こ》れは是《こ》れ仏《ほとけ》の真身《しんじん》なり。亦《ま》た是《か》の如《ごと》き法《ほう》を説《と》く。

爾《そ》の時《とき》、会中三万二千《えちゅうさんまんにせん》の天子《てんし》、如来《にょらい》の寿命長遠《じゅみょうじょうおん》なるを説《と》くを聞《き》きて、皆阿耨多羅三藐三菩提《みなあのくたらさんみゃくさんぼだい》の

心《こころ》を発《おこ》し、歓喜踊躍《かんぎゆやく》し、未曾有《みぞう》を得《え》たり。異口同音《いくどうおん》に、頌《じゅ》を説《と》きて曰《いわ》く、

仏《ほとけ》は般涅槃《はつねはん》せず、正法《しょうぼう》亦《ま》た滅《めっ》せず。衆生《しゅじょう》を利《り》せんがための故《ゆえ》に、滅尽《めつじん》あることを示現《じげん》す。

世尊《せそん》は不思議《ふしぎ》なり。妙体《みょうたい》に異相《いそう》なし。衆生《しゅじょう》を利《り》せんがための故《ゆえ》に、種種《しゅじゅ》の荘厳《しょうごん》を現《げん》じたまう。

爾《そ》の時《とき》、妙幢菩薩《みょうどうぼさつ》、親《した》しく仏前《ぶつぜん》、及《およ》び四《し》如来《にょらい》、并《ならび》に*二大士《にだいし》、諸《もろもろ》の天子《てんし》の所《ところ》に於《おい》て、釈迦牟尼《しゃかむに》如来寿量《にょらいじゅりょう》の事《こと》を説《と》くを聞《き》き已《おわ》り、復《ま》た座《ざ》より起《た》ちて、合掌恭敬《がっしょうくぎょう》して、仏《ほとけ》に白《もう》して言《いわ》く、「世尊《せそん》、若《も》し実《じっ》に是《かく》の如《ごと》く諸仏如来《しょぶつにょらい》は般涅槃《はつねはん》せず、舎利《しゃり》なくんば、云何《いかん》が経《きょう》の中《なか》に、涅槃《ねはん》、及《およ》び仏舎利《ぶっしゃり》ありと説《と》きて、諸《もろもろ》の人天《にんでん》をして、恭敬供養《くぎょうくよう》せしむるや。過去《かこ》の諸仏《しょぶつ》は、現《げん》に身骨《しんこつ》あり。世《よ》に流布《るふ》し、人天供養《にんでんくよう》し、福《ふく》を得《う》ること辺《かぎり》なし。今復《いまま》たなしと言《い》う。疑惑《ぎわく》を生《しょう》ずるを致《いた》す。唯願《ただねが》わくば、世尊《せそん》、我等《われら》を哀愍《あいみん》して、広《ひろ》く為《ため》に分別《ふんべつ》したまえ」と。

《無上記》　無上菩提を得るという予言。　《二大士》　前の婆羅門、および一切衆生喜見童子。

その時に法師授記婆羅門は、この偈頌を聞き終わって、また次の偈頌で、一切衆生喜見童子に答えた。

「善いかな、大童子よ、これは衆生中の吉祥である（これとは何を指すのか、不明瞭な言葉である。梵文より推定すると、最勝子すなわち、ここでは菩薩という意味のようである。さらに「衆生中吉祥」なりとは、梵文では『大なる音声を有するもの』となっているが、漢訳の語意では、衆生の中のめでたきものと

いう意味である）。また方便（衆生を救済する方法）に巧みな心を持ち、仏から成仏する予言を得た。如来の大なる威徳は、よく世間を救済し、守護する。汝らよ、至心に疑いを抱かず、素直に聴くべし、今、我れは順序に従って説くであろう。

諸仏の境界《きょうがい》は、凡人には思い難いものであり、世間には、これと同じようなものがない（法身の性は常住である。漢訳のこの文章から法身常住という思想があると理解できる。梵文では、『諸仏は常に吉祥なるものである』という表現になっている。したがって『金光明経』という経典は、北涼の曇無讖の訳出した四巻本（西紀四一二—四二一の間に翻訳された）をはじめとして、現存の梵本、および義浄が十巻本を訳出した長安三年（七〇三）に至るまで、あるていどの思想や表現の変化があったはずである）。さらに修行に差別なしと本経典に説かれている（これも、梵本では諸仏は完全な行動をもつものであるとなっており、慧沼の『金光明最勝王経疏』（第二本）に、六波羅蜜多と説明されているように、みなことごとく大乗の修行をなすものであるという意味であろう）。

諸仏の体はみな同じであり、説かれた教えも、また同じである。諸仏は作られたものではなく、本より無生である。つまり法身常住であるが、衆生を利益せんがために肉身の滅尽を示現するのであると説明している。『法華経』などの大乗経典に説かれる如来寿量は限量なしという思想の流れを汲むものであろう。

㊅一六巻四〇七上—中

爾《そ》の時《とき》、仏《ほとけ》、妙幢菩薩《みょうどうぼさつ》、及《およ》び諸《もろもろ》の大衆《だいしゅ》に告《つ》ぐ、「汝等当《なんじらまさ》に知《し》るべし、般涅槃《はつねはん》して舎利《しゃり》ありと云《い》うは、是《こ》れ密意《みっち》の説《せつ》なり、是《かく》の如《ごと》きの義《ぎ》、当《まさ》に一心《いっしん》に聴《き》くべし。善男子《ぜんなんし》、菩薩摩訶薩《ぼさつまかさつ》は、是《かく》の如《ごと》く応《まさ》に知《し》るべし。其《そ》れ十法《じっぽう》あり。能《よ》く如来応正等覚《にょらいおうしょうとうがく》の真実《しんじつ》の理趣《りしゅ》を解《げ》し、究竟大般涅槃《くぎょうだいはつねはん》ありと説《と》く。云何《いかん》が十《じゅう》と為《な》すや。一《いち》には諸仏如来《しょぶつにょらい》、究竟《くきょう》じて諸《もろもろ》の*煩悩障《ぼんのうしょう》、所知障《しょちしょう》を断尽《だんじん》するが故《ゆえ》に名《なづ》けて涅槃《ねはん》と為《な》す。二《に》には諸仏如来《しょぶつにょらい》、善《よ》く能《よ》く有情《うじょう》の無性《むしょう》、及《およ》び法《ほう》の無性《むしょう》を解了《げりょう》するが故《ゆえ》に、名《なづ》けて涅槃《ねはん》と為《な》す。三《さん》には能《よ》く*身依《しんえ》、及《およ》び*法依《ほうえ》を転《てん》ずるが故《ゆえ》に、名《なづ》けて涅槃《ねはん》と為《な》す。四《し》には諸《もろもろ》の有情《うじょう》に於《おい》て、任運《にんうん》に化《け》の因縁《いんねん》を休息《くそく》するが故《ゆえ》に、名《なづ》けて涅槃《ねはん》と為《な》す。五《ご》には真実《しんじつ》に差別相《しゃべっそう》なき平等《びょうどう》の法身《ほっしん》を証得《しょうとく》するが故《ゆえ》に、名《なづ》けて涅槃《ねはん》と為《な》す。六《ろく》には生死《しょうじ》、及《およ》び涅槃《ねはん》に二性《にしょう》なしと了知《りょうち》するが故《ゆえ》に、名《なづ》けて涅槃《ねはん》と為《な》す。七《しち》には一切法《いっさいほう》に於《おい》て、其《そ》の根本《こんぽん》を了《りょう》じ、清浄《しょうじょう》を証《しょう》するが故《ゆえ》に、名《なづ》けて涅槃《ねはん》と為《な》す。八《はち》には一切法《いっさいほう》に於《おい》て、生《しょう》もなく滅《めっ》もなく、善《よ》く修行《しゅぎょう》するが故《ゆえ》に、名《なづ》けて涅槃《ねはん》と為《な》す。九《く》には真如法界《しんにょほっかい》は実際平等《じっさいびょうどう》にして、正智《しょうち》を得《う》るが故《ゆえ》に、名《なづ》けて涅槃《ねはん》と為《な》す。十《じゅう》には諸法《しょほう》の性《しょう》、及《およ》び涅槃《ねはん》の性《しょう》に於《おい》て、差別《しゃべつ》なきを得《う》るが故《ゆえ》に、名《なづ》けて涅槃《ねはん》と為《な》す。是《こ》れ十法《じっぽう》に涅槃《ねはん》ありと説《と》くと謂《い》う。

復《ま》た次《つぎ》に、善男子《ぜんなんし》、菩薩摩訶薩《ぼさつまかさつ》、是《かく》の如《ごと》く応《まさ》に知《し》るべし、復《ま》た十法《じっぽう》あり。能《よ》く如来応正等覚《にょらいおうしょうとうがく》の真実《しんじつ》の理趣《りしゅ》を解《げ》し、究竟大般涅槃《くきょうだいはつねはん》ありと説《と》く。云何《いかん》が十《じゅう》と為《な》すや。一《いち》には一切《いっさい》は煩悩《ぼんのう》、楽欲《ぎょうよく》を以《もっ》て本《もと》と為《な》し、楽欲《ぎょうよく》より生《しょう》ず。諸仏世尊《しょぶつせそん》は楽欲《ぎょうよく》を断《だん》ずるが故《ゆえ》に、名《なづ》けて涅槃《ねはん》と為《な》す。二《に》には諸《もろもろ》の如来《にょらい》は諸《もろもろ》の楽欲《ぎょうよく》を断《だん》ずるを以《もっ》て、一法《いっぽう》をも取《と》らず、取《と》らざるを以《もっ》ての故《ゆえ》に、去《こ》もなく来《らい》もなく、所取《しょしゅ》なきが故《ゆえ》に、名《なづ》けて涅槃《ねはん》と為《な》す。三《さん》には去来《こらい》なく、及《およ》び所取《しょしゅ》なきを以《もっ》て、是《こ》れ則《すなわ》ち法身《ほっしん》は不生《ふしょう》不滅《ふめつ》なり。生滅《しょうめつ》なきが故《ゆえ》に、名《なづ》けて涅槃《ねはん》と為《な》す。四《し》には此《こ》れ生滅《しょうめつ》なく、言《ごん》の宣《の》ぶる所《ところ》に非《あら》ず、言《ごん》語《ご》断《だん》ずるが故《ゆえ》に、名《なづ》けて涅槃《ねはん》と為《な》す。五《ご》には我《われ》と人《ひと》とあることなし。唯法《ただほう》の生滅《しょうめつ》に転依《てんえ》を得《う》るが故《ゆえ》に、名《なづ》けて涅槃《ねはん》と為《な》す。六《ろく》には煩悩《ぼんのう》・随惑《ずいわく》は、皆是《みなこ》れ客塵《かくじん》にして、法性是《ほっしょうこ》れ主《しゅ》なり。来《らい》もなく去《こ》もなく、仏《ほとけ》、了知《りょうち》するが故《ゆえ》に、名《なづ》けて涅槃《ねはん》と為《な》す。七《しち》には真如《しんにょ》のみ是《こ》れ実《じつ》にして、余《よ》は皆虚妄《みなこもう》なり。実性体《じっしょうたい》は即《すなわ》ち是《こ》れ真如《しんにょ》にして、真如《しんにょ》の性《しょう》は即《すなわ》ち是《こ》れ如来《にょらい》なり。名《なづ》けて涅槃《ねはん》と為《な》す。八《はち》には実際《じっさい》の性《しょう》は、戯論《けろん》あることなし、唯独《ただひと》り如来《にょらい》のみ実際《じっさい》の法《ほう》を証《しょう》し、戯論氷《けろんなが》く断《だん》ず、名《なづ》けて涅槃《ねはん》と為《な》す。九《く》には無生《むしょう》は是《こ》れ実《じつ》にして、生《しょう》は是《こ》れ虚妄《こもう》なり。愚癡《ぐち》の人《ひと》は、生死《しょうじ》に漂溺《ひょうにゃく》す。如来《にょらい》の体《たい》は実《じっ》にして、虚妄《こもう》あることなし。名《なづ》けて涅槃《ねはん》と為《な》す。十《じゅう》には不実《ふじつ》の法《ほう》は、是《こ》れ縁《えん》より生《しょう》ず。*真実《しんじつ》の法《ほう》は、縁《えん》より起《おこ》らず、如来《にょらい》の法身《ほっしん》は、体是《たいこ》れ真実《しんじつ》なり。名《なづ》けて涅槃《ねはん》と為《な》す。善男子《ぜんなんし》、是《こ》れ十法《じっぽう》に涅槃《ねはん》ありと説《と》くと謂《い》う。

《煩悩障・所知障》　煩悩障とは自己の苦悩の障害となるものであり、所知障とは衆生済度のために障害となるものをいう。**《身依・法依》**　身と法との依即を転じて、実体界に住することを説明する。**《転依》**　流転しながらも所依となる状態をいう。**《真実之法不従縁起》**　真如は不変なりという考え方である。これに対して真如は随縁であるという思想もある。

煩悩皆客塵《ぼんのうかいかくじん》という思想は、心性は本来清浄であって、客塵である汚穢によって汚されている。従って客塵の汚穢より解脱すれば心性が清浄となり悟りが開かれるという思想である。部派時代には、心《しん》性《しょう》本浄《ほんじょう》客塵煩悩説《かくじんぼんのうせつ》と、心性非本浄説《しんしょうひほんじょうせつ》とがあった。有部では非本浄説であるが、大衆部《だいしゅ》や分別説部、犢子部《とくし》では心性本浄説である。『大智度論』十九に「以二是心清浄一故不下為二客塵煩悩一所上染」とあり、大乗仏教では心性本浄説の立場にある。

前段で「仏寿は無量にして、仏は般涅槃せざるも、利他のために涅槃を示現するもの」という提言をした。そこで、経典の中に出る涅槃の説明をするために、このような涅槃の考え方を列挙したものである。

(大)一六巻四〇七中―下

復《ま》た次《つぎ》に、善男子《ぜんなんし》、菩薩摩訶薩《ぼさつまかさつ》、是《かく》の如《ごと》く応《まさ》に知《し》るべし。復《ま》た十法《じっぽう》あり、能《よ》く如来応正等覚《にょらいおうしょうとうがく》の真実《しんじつ》の理趣《りしゅ》を解《げ》し、究竟大涅槃《くきょうだいねはん》ありと説《と》く。云何《いかん》が十《じゅう》と為《な》すや。一《いち》には如来《にょらい》は善《よ》く施《せ》、及《およ》び施《せ》の果《か》を知《し》り、我《が》・我所《がしょ》なきを知《し》る。此《こ》の施《せ》、及《およ》び果《か》の不正分別《ふしょうふんべつ》は、永《なが》く除滅《じょめつ》するが故《ゆえ》に、名《なづ》けて涅《ね》槃《はん》と為《な》す。二《に》には如来《にょらい》は善《よ》く戒《かい》、及《およ》び戒《かい》の果《か》を知《し》り、我《が》・我所《がしょ》なし。此《こ》の戒《かい》、及《およ》び果《か》の不正分別《ふしょうふんべつ》は、永《なが》く除滅《じょめつ》するが故《ゆえ》に、名《なづ》けて涅槃《ねはん》と為《な》す。三《さん》には如来《にょらい》は善《よ》く忍《にん》、及《およ》び忍《にん》の果《か》を知《し》り、我《が》・我《が》所《しょ》なし。此《こ》の忍《にん》、及《およ》び果《か》の不正分別《ふしょうふんべつ》は、永《なが》く除滅《じょめつ》するが故《ゆえ》に、名《なづ》けて涅槃《ねはん》と為《な》す。四《し》には如来《にょらい》は善《よ》く勤《ごん》、及《およ》び勤《ごん》の果《か》を知《し》り、我《が》・我所《がしょ》なし。此《こ》の勤《ごん》、及《およ》び果《か》の不正分別《ふしょうふんべつ》は、永《なが》く除滅《じょめつ》するが故《ゆえ》に、名《なづ》けて涅槃《ねはん》と為《な》す。五《ご》には如来《にょらい》は善《よ》く定《じょう》、及《およ》び定《じょう》の果《か》を知《し》り、我《が》・我所《がしょ》なし。此《こ》の定《じょう》、及《およ》び果《か》の不正分別《ふしょうふんべつ》は、永《なが》く除滅《じょめつ》するが故《ゆえ》に、名《なづ》けて涅槃《ねはん》と為《な》す。六《ろく》には如来《にょらい》は善《よ》く慧《え》、及《およ》び慧《え》の果《か》を知《し》り、我《が》・我所《がしょ》なし。此《こ》の慧《え》、及《およ》び果《か》の不正分別《ふしょうふんべつ》は、永《なが》く除滅《じょめつ》するが故《ゆえ》に、名《なづ》けて涅槃《ねはん》と為《な》す。七《しち》には諸仏如来《しょぶつにょらい》は善《よ》く能《よ》く一切有情《いっさいうじょう》、非《ひ》有情《うじょう》の一切諸法《いっさいしょほう》は、皆無性《みなむしょう》なりと了知《りょうち》し、不正分別《ふしょうふんべつ》は、永《なが》く除滅《じょめつ》するが故《ゆえ》に、名《なづ》けて涅槃《ねはん》と為《な》す。八《はち》には若《も》し自《みずか》ら愛《あい》すれば、便《すなわ》ち追求《ついぐ》を起《おこ》す。追求《ついぐ》に由《よ》るが故《ゆえ》に、衆《もろもろ》の苦悩《くのう》を受《う》く。諸仏如来《しょぶつにょらい》は自愛《じあい》を除《のぞ》くが故《ゆえ》に、永《なが》く追求《ついぐ》を絶《た》つ。追求《ついぐ》なきが故《ゆえ》に、名《なづ》けて涅槃《ねはん》と為《な》す。九《く》には有為《うい》の法《ほう》は、皆数量《みなしゅりょう》あり。無為《むい》の法《ほう》は、数量皆除《しゅりょうみなのぞ》く。仏《ほとけ》は有為《うい》を離《はな》れ、無為《むい》法《ほう》の無数量《むしゅりょう》を証《しょう》するが故《ゆえ》に、名《なづ》けて涅槃《ねはん》と為《な》す。十《じゅう》には如来《にょらい》は有情《うじょう》、及《およ》び法《ほう》の体性《たいしょう》は、皆空《みなくう》なりと了知《りょうち》す。空《くう》を離《はな》れて有《う》に非《あら》ず。空性《くうしょう》は即《すなわ》ち是《こ》れ真《しん》の法身《ほっしん》なるが故《ゆえ》に、名《なづ》けて涅槃《ねはん》と為《な》す。善男子《ぜんなんし》、是《こ》れ十法《じっぽう》に涅槃《ねはん》ありと説《と》くを謂《い》う。

この涅槃の説明は、布施・持戒等の六波羅蜜に、無性・無愛・無為・空性法身を加えた十の概念を列挙したものである。般若経系統の思想の流れをとりまとめたものであろう。

㊅一六巻四〇七下—四〇八上

復《ま》た次《つぎ》に、善男子《ぜんなんし》、豈唯如来《あにただにょらい》の般涅槃《はつねはん》せざること、是《こ》れ希有《けう》なりや、復《ま》た十種《じっしゅ》の希有《けう》の法《ほう》あり。是《こ》れ如来行《にょらいぎょう》なり。云何《いかん》が十《じゅう》と為《な》すや。一《いち》には生死《しょうじ》の過失《かしつ》と涅槃《ねはん》の寂静《じゃくじょう》に、生死《しょうじ》、及《およ》び涅槃《ねはん》の平等《びょうどう》を証《しょう》するに由《よ》るが故《ゆえ》に、流転《るてん》に処《しょ》せず、涅槃《ねはん》に住《じゅう》せず。諸《もろもろ》の有情《うじょう》に於《お》いて、厭背《えんはい》を生《しょう》ぜず。是《こ》れ如《にょ》来行《らいぎょう》なり。二《に》には仏《ほとけ》は衆生《しゅじょう》に於《お》て、是《こ》の念《ねん》を作《な》さず。此《こ》の諸《もろもろ》の愚夫《ぐふ》、顛倒《てんどう》の見《けん》を行《ぎょう》じ、諸《もろもろ》の煩悩《ぼんのう》のために纏迫《てんぱく》せらる。我今《われいま》、開悟《かいご》して、其《そ》の解脱《げだつ》を得《え》せしめんと。然《しか》るに往昔《おうじゃく》の慈《じ》の善根力《ぜんごんりき》に由《よ》り、彼《か》の有情《うじょう》に於《お》て、其《そ》の根性《こんじょう》・意業《いごう》・勝解《しょうげ》に随《したが》いて、分別《ふんべつ》を起《おこ》さず、任運《にんうん》に済度《さいど》し、示教《じきょう》し、利喜《りき》し、未来際《みらいさい》を尽《つく》して、窮尽《ぐうじん》あることなし。是《こ》れ如来行《にょらいぎょう》なり。三《さん》には仏《ほとけ》は是《こ》の念《ねん》なし。我今《われいま》、*十二分教《じゅうにぶんきょう》を演説《えんぜつ》し、有情《うじょう》を利益《りやく》せんと。然《しか》るに往昔《おうじゃく》の慈《じ》の善根力《ぜんごんりき》に由《よ》り、彼《か》の有情《うじょう》に於《お》て、広説《こうぜつ》、乃至《ないし》未来際《みらいさい》を尽《つく》し、窮尽《ぐうじん》あることなし。是《こ》れ如来行《にょらいぎょう》なり。四《し》には仏《ほとけ》は是《こ》の念《ねん》なし。我今《われいま》、彼《か》の城邑《じょうおう》・聚落《じゅらく》・王《おう》、及《およ》び大臣《だいじん》・婆羅門《ばらもん》・刹帝利《せっていり》・薜舎《べいしゃ》・戍達羅《じゅだら》等《とう》の舎《しゃ》に往《ゆ》きて、其《そ》れより食《じき》を乞《こ》わんと。然《しか》るに往昔《おうじゃく》の身語意行《しんごいぎょう》の慣習力《かんしゅうりき》に由《よ》るが故《ゆえ》に、任運《にんうん》に彼《かしこ》に詣《いた》りて、利益《りやく》の事《こと》を為《な》して、乞食《こつじき》を行《ぎょう》ず。是《こ》れ如来行《にょらいぎょう》なり。五《ご》には如来《にょらい》の身《み》は饑渇《けかつ》あることなし。亦《ま》た便利《べんり》羸憊《るいはい》の相《そう》なし。乞取《こっしゅ》を行《ぎょう》ずると雖《いえど》も、所食《しょじき》なし。亦《ま》た分別《ふんべつ》もなし。然《しか》るに任運《にんうん》に有情《うじょう》を利益《りやく》せんがために、食相《じきそう》ありと示《しめ》す。是《こ》れ如来行《にょらいぎょう》なり。六《ろく》には仏《ほとけ》は是《こ》の念《ねん》なし。此《こ》の諸《もろもろ》の衆生《しゅじょう》は、上中下《じょうちゅうげ》あり、彼《か》の機性《きしょう》に随《したが》いて、為《ため》に説法《せっぽう》す。然《しか》るに仏世尊《ぶっせそん》は分別《ふんべつ》あることなし。其《そ》の器量《きりょう》に随《したが》い、善《よ》く機縁《きえん》に応《おう》じ、彼《かれ》のために説法《せっぽう》す。是《よ》の如来行《にょらいぎょう》なり。七《しち》には仏《ほとけ》は是《こ》の念《ねん》なし。此《こ》の類《るい》の有情《うじょう》は、我《われ》を恭敬《くぎょう》せず、常《つね》に我《わ》が所《ところ》に於《お》て、呵罵《かめ》の言《ごん》を出《い》だす。彼《かれ》と共《とも》に言論《ごんろん》を為《な》す能《あた》わず。彼《か》の類《るい》の有情《うじょう》は、我《われ》を恭敬《くぎょう》し、常《つね》に我《わ》が所《ところ》に於《お》て、共《とも》に相讃歎《あいさんだん》す。我当《われまさ》に彼《かれ》と共《とも》に言説《ごんぜつ》を為《な》すべしと。然《しか》るに如来《にょらい》は慈悲心《じひしん》を起《おこ》すこと、平等《びょうどう》にして無二《むに》なり。是《こ》れ如来行《にょらいぎょう》なり。八《はち》には諸仏如来《しょぶつにょらい》は愛憎《あいぞう》・憍慢《きょうまん》・貪惜《とんじゃく》、及《およ》び諸《もろもろ》の煩悩《ぼんのう》あることなし。然《しか》るに如来《にょらい》は、常《つね》に寂静《じゃくじょう》を楽《ねが》い、少欲《しょうよく》を讃歎《さんだん》し、諸《もろもろ》の諠閙《けんにょう》を離《はな》る。是《こ》れ如来《にょらい》行《ぎょう》なり。九《く》には如来《にょらい》は一法《いっぽう》として知《し》らず、善《よ》く通達《つうだつ》せざることあることなし。一切処《いっさいしょ》に於《お》いて、境《きょう》智現前《ちげんぜん》し、分別《ふんべつ》あることなし。然《しか》るに如来《にょらい》は、彼《か》の有情《うじょう》の所作《しょさ》の事業《じごう》を見《み》て、彼《か》の意《い》に随《したが》い転《うた》た方便《ほうべん》して、誘引《ゆういん》し、出離《しゅつり》を得《え》せしむ。是《こ》れ如来行《にょらいぎょう》なり。十《じゅう》には如来《にょらい》、若《も》し一分《いちぶん》の有情《うじょう》の富盛《ふじょう》を得《う》るを見《み》る時《とき》、歓喜《かんぎ》を生《しょう》ぜず、其《そ》の衰損《すいそん》を見《み》て、憂慼《うっしゃく》を起《おこ》さず、然《しか》るに如来《にょらい》は、彼《か》の有情正行《うじょうしょうぎょう》を修習《しゅじゅう》するを見《み》ては、無礙《むげ》の大慈《だいじ》もて、自然《じねん》に救摂《ぐしょう》し、若《も》し有情邪行《うじょうじゃぎょう》を修習《しゅじゅう》するを見《み》ては、無礙《むげ》の大悲《だいひ》もて、自然《じねん》に救護《くご》す。是《こ》れ如来行《にょらいぎょう》なり。

善男子《ぜんなんし》、是《かく》の如《ごと》く当《まさ》に知《し》るべし。如来応正等覚《にょらいおうしょうとうがく》は、是《かく》の如《ごと》く無辺《むへん》の正行《しょうぎょう》ありと説《と》く。汝等当《なんじらまさ》に知《し》るべし。是《こ》れを涅槃真実《ねはんしんじつ》の相《そう》と謂《い》う。

或《あ》る時《とき》、般涅槃《はつねはん》ありと見《み》るは、是《こ》れ権方便《ごんほうべん》なり。及《およ》び舎利《しゃり》を留《とど》め、諸《もろもろ》の有情《うじょう》をして、恭敬供養《くぎょうくよう》せしむるは、皆是《みなこ》れ如来《にょらい》の慈《じ》の善根力《ぜんごんりき》なり。若《も》し供養《くよう》する者《もの》は未来世《みらいせ》に於《お》いて、*八難《はちなん》を遠離《おんり》し、諸仏《しょぶつ》に逢値《ほうじき》し、善知識《ぜんちしき》に遇《あ》い、善心《ぜんしん》を失《うしな》わず、福報無辺《ふくほうむへん》にして、速《すみ》やかに当《まさ》に出離《しゅつり》すべく、生死《しょうじ》に纏縛《てんばく》せられず、是《かく》の如《ごと》きの妙行《みょうぎょう》、汝等勤修《なんじらごんしゅ》して、放逸《ほういつ》為《な》すこと勿《なか》れ。

爾《そ》の時《とき》、妙幢菩薩《みょうどうぼさつ》、仏《ほとけ》の親《した》しく般涅槃《はつねはん》せず、及《およ》び甚深《じんじん》の行《ぎょう》を説《と》くを聞《き》きて、合掌恭敬《がっしょうくぎょう》し、白《もう》して言《いわ》く、「我今《われいま》、始《はじ》めて如来大師《にょらいだいし》、般涅槃《はつねはん》せず、及《およ》び舎利《しゃり》を留《とど》めて、普《あまね》く衆生《しゅじょう》を益《やく》することを知《し》り、身心踊悦《しんじんゆえつ》して、未曾有《みぞう》なりと歎《たん》ず」と。

是《こ》の如来寿量品《にょらいじゅりょうほん》を説《と》く時《とき》、無量《むりょう》・無数《むしゅ》・無辺《むへん》の衆生《しゅじょう》、皆無《みなむ》等等《とうどう》阿耨多羅《あのくたら》三藐三菩提《さんみゃくさんぼだい》の心《こころ》を発《おこ》したりき。

時《とき》に四《し》如来《にょらい》、忽然《こつねん》として現《げん》ぜず。妙幢菩薩《みょうどうぼさつ》は仏足《ぶっそく》を礼《らい》し已《おわ》りて、座《ざ》より起《た》ちて、其《そ》の本処《ほんじょ》に還《かえ》りぬ。

《十二分教》　十二部経ともいう。経典を形式内容によって十二種に分けたものである。修多羅・祇夜・伽陀・尼陀那・伊帝目多・闍多伽・阿浮達摩・阿波陀那・優婆提舎・優陀那・毘仏略・和伽羅である。《八難》正法を聞くことのできない境界に八つある。すなわち、地獄・餓鬼・畜生・長寿天・辺地・盲聾瘖瘂・世智弁聡・仏不出世である。

ここでは十種の希有の如来行を詳述している。そして舎利供養の重要なることを再び説き善知識に会うことそして生死に纒縛せられず精進することを結論としている。

金光明最勝王經巻第二

大唐三藏沙門義浄奉　制譯

分別三身品　第三

㊅一六巻四〇八中—下

爾《そ》の時《とき》、虚空蔵菩薩摩訶薩《こくうぞうぼさつまかさつ》、大衆中《だいしゅちゅう》に在《あ》り、座《ざ》より起《た》ちて、偏《ひとえ》に右肩《うけん》を袒《はだぬ》ぎ、右膝《うしつ》を地《ち》に著《つ》けて、合掌恭敬《がっしょうくぎょう》して、仏足《ぶっそく》を頂礼《ちょうらい》し、上微妙《じょうみみょう》の金宝《こんぼう》の花《け》・宝幢《ほうどう》・幡蓋《ばんがい》を以《もっ》て、供養《くよう》を為《な》し、仏《ほとけ》に白《もう》して言《いわ》く、「世尊《せそん》、云何《いかん》が菩薩摩訶薩《ぼさつまかさつ》は、諸《もろもろ》の如来《にょらい》の甚深秘密《じんじんひみつ》に於《おい》て、如法《にょほう》に修行《しゅぎょう》するや」と。

仏《ほとけ》の言《のたま》わく、「善男子《ぜんなんし》、諦《あきら》かに聴《き》け、諦《あきら》かに聴《き》け。善《よ》く之《これ》を思念《しねん》せよ。吾当《われまさ》に汝《なんじ》がために、分別《ふんべつ》解説《げせつ》すべし。

善男子《ぜんなんし》、一切《いっさい》の如来《にょらい》に*三種《さんしゅ》の身《しん》あり。云何《いかん》が三《さん》と為《な》すや。一《いち》には化身《けしん》、二《に》には応身《おうじん》、三《さん》には法身《ほっしん》なり。是《か》の如《ごと》き三身具足《さんじんぐそく》して、阿耨多羅三藐三菩提《あのくたらさんみゃくさんぼだい》を摂受《しょうじゅ》す。若《も》し正《まさ》に了知《りょうち》せば、速《すみ》やかに生死《しょうじ》を出《い》でん。云何《いかん》が菩薩《ぼさつ》は、化身《けしん》を了知《りょうち》するや。善男子《ぜんなんし》、如来《にょらい》、昔《むかし》より修行地《しゅぎょうち》の中《なか》に在《あ》り、一切衆生《いっさいしゅじょう》のために、種種《しゅじゅ》の法《ほう》を修《しゅ》す。是《か》の如《ごと》く修習《しゅじゅう》して、修行満《しゅぎょうみ》つるに至《いた》る。修行力《しゅぎょうりき》の故《ゆえ》に、大自在《だいじざい》を得《う》。自在力《じざいりき》の故《ゆえ》に、衆生《しゅじょう》の意《い》に随《したが》い、衆生《しゅじょう》の行《ぎょう》に随《したが》い、衆生《しゅじょう》の界《かい》に随《したが》いて、悉《ことごと》く皆了知《みなりょうち》す。時《とき》を待《ま》たず、時《とき》を過《す》ぎず。処相応《ところそうおう》し、時相応《ときそうおう》し、行相応《ぎょうそうおう》し、説法相応《せっぽうそうおう》し、種種《しゅじゅ》の身《しん》を現《げん》ず。是《こ》れを化身《けしん》と名《な》づく。善男子《ぜんなんし》、云何《いかん》が菩薩《ぼさつ》は、応身《おうじん》を了知《りょうち》するや。謂《いわ》く、諸《もろもろ》の如来《にょらい》、諸《もろもろ》の菩薩《ぼさつ》の通達《つうだつ》を得《え》んがための故《ゆえ》に、真諦《しんたい》を説《と》く。生死涅槃《しょうじねはん》、是《こ》れ一味《いちみ》なるを解了《げりょう》せしめんがための故《ゆえ》なり。*身《しん》見《けん》の衆生《しゅじょう》の怖畏《ふい》と歓喜《かんぎ》とを除《のぞ》かんがための故《ゆえ》に、無辺《むへん》の仏法《ぶっぽう》のために本《もと》と作《な》すが故《ゆえ》に、如実《にょじつ》に*如如《にょにょ》と*如如《にょにょ》の智《ち》とに相応《そうおう》する本願力《ほんがんりき》の故《ゆえ》に、是《こ》の身《しん》は現《げん》ずることを得《う》。*三十二相《さんじゅうにそう》・八十種好《はちじゅうしゅこう》・項背《こうはい》の円光《えんこう》を具《ぐ》す。是《こ》れを応身《おうじん》と名《な》づく。善男子《ぜんなんし》、云何《いかん》が菩薩摩訶薩《ぼさつまかさつ》は、法身《ほっしん》を了知《りょうち》するや。諸《もろもろ》の煩悩等《ぼんのうとう》の障《さわ》りを除《のぞ》かんがために、諸《もろもろ》の善法《ぜんぼう》を具《ぐ》せんがための故《ゆえ》に、唯如如《ただにょにょ》と如如《にょにょ》の智《ち》のみあり。是《こ》れを法身《ほっしん》と名《な》づく。前《さき》の二種身《にしゅしん》は、是《こ》れ仮名有《けみょうう》なり。此《こ》の第三身《だいさんしん》は、是《こ》れ真実有《しんじつう》なり。前《さき》の二身《にしん》のために根本《こんぽん》と作《な》る。何《なに》を以《もっ》ての故《ゆえ》に、法《ほう》の如如《にょにょ》を離《はな》れ、無分別知《むふんべつち》を離《はな》れて、一切《いっさい》の諸仏《しょぶつ》に別法《べっぽう》あることなし、一切《いっさい》の諸仏《しょぶつ》、智慧《ちえ》を具足《ぐそく》し、一切《いっさい》の煩悩《ぼんのう》を究竟《くきょう》じて滅尽《めつじん》し、清浄《しょうじょう》の仏地《ぶつじ》を得《う》る。是《こ》の故《ゆえ》に、法《ほう》の如如《にょにょ》と如如《にょにょ》の智《ち》とは、一切《いっさい》の仏法《ぶっぽう》を摂《しょう》す。

復《ま》た次《つぎ》に善男子《ぜんなんし》、一切《いっさい》の諸仏《しょぶつ》は自《じ》他《た》を利益《りやく》して、究竟《くきょう》に至《いた》る。自《じ》の利益《りやく》は、是《こ》れ法《ほう》の如如《にょにょ》にして、他《た》を利益《りやく》するは、是《こ》れ如如《にょにょ》の智《ち》なり。能《よ》く自他《じた》利益《りやく》の事《じ》に於《おい》て、自在《じざい》を得《え》て、種種《しゅじゅ》の無辺《むへん》の用《ゆう》を成就《じょうじゅ》するが故《ゆえ》に、是《こ》の故《ゆえ》に一切《いっさい》の仏法《ぶっぽう》を分別《ふんべつ》するに、無量無辺《むりょうむへん》の種種《しゅじゅ》の差別《しゃべつ》あり。善男子《ぜんなんし》、譬《たと》えば妄想《もうぞう》に依止《えし》し、思惟《しゆい》し、種種《しゅじゅ》の煩悩《ぼんのう》を説《と》き、種種《しゅじゅ》の業用《ごうゆう》と種種《しゅじゅ》の果報《かほう》を説《と》くが如《ごと》し、是《かく》の如《ごと》く法《ほう》の如如《にょにょ》に依《よ》り、如如《にょにょ》の智《ち》に依《よ》りて、種種《しゅじゅ》の仏法《ぶっぽう》を説《と》き、種種《しゅじゅ》の独覚法《どっかくほう》を説《と》き、種種《しゅじゅ》の声聞《しょうもん》法《ほう》を説《と》く。法《ほう》の如如《にょにょ》に依《よ》り、如如《にょにょ》の智《ち》に依《よ》りて、一切《いっさい》の仏法《ぶっぽう》は自在《じざい》に成就《じょうじゅ》す。是《こ》れを第一不可思議《だいいちふかしぎ》と為《な》す。譬《たと》えば空《くう》に画《えが》きて、荘厳具《しょうごんぐ》を作《つく》るが如《ごと》し、是《こ》れ思議《しぎ》し難《がた》し。是《かく》の如《ごと》く法《ほう》の如如《にょにょ》に依《よ》り、如如《にょにょ》の智《ち》に依《よ》りて、仏法《ぶっぽう》を成就《じょうじゅ》す。亦《ま》た思議《しぎ》し難《がた》し。善男子《ぜんなんし》、云何《いかん》が法《ほう》の如如《にょにょ》と如如《にょにょ》の智《ち》との二《に》は、分別《ふんべつ》なくして、自在《じざい》を得《え》、事業成就《じごうじょうじゅ》するや。善男子《ぜんなんし》、譬《たと》えば如来《にょらい》は、涅槃《ねはん》に入《い》り、願自在《がんじざい》なるが故《ゆえ》に、種種《しゅじゅ》の事業皆成就《じごうみなじょうじゅ》を得《う》るが如《ごと》し、法《ほう》の如如《にょにょ》と如如《にょにょ》の智《ち》とは、自在《じざい》に事《じ》成《じょう》ずること、亦《ま》た復《ま》た是《かく》の如《ごと》し。

《三種身》 法身 Dharmakāya・応身 Saṃbhogakāya・化身 Nirmāṇakāya を指す。普通は法報応の三身である。したがって、ここでいう応身とは報身であり、化身が応化身となる。龍樹の『十住毘婆沙論』や『大智度論』では二身説である。三身説は世親の『十地経論』に出る仏身観である。同じ三身説でも法報応の三身である。**《身見》** 有身見ともいう。実に我ありと執着する我見と、これは我がものなりとする我所見である。**《如如》** 客観的に真理の平等なるをいう。**《如如智》** 真理の平等性を証明し、悟了する智慧をいう。《三十二相・八十種好》仏または転輪聖王の具足する三十二相である。1足安平相、2足千輻輪相、3手指繊長相、4手足柔軟相、5手足縵網相、6足跟満足相、7足趺高好相、8腨如鹿王相、9手過膝相、10馬陰蔵相、11身縦広相、12毛孔生青色相、13身毛上靡相、14身金色相、15常光一丈相、16皮膚細滑相、17七処平満相、18両腋満相、19身如獅子相、20身端直相、21肩円満相、22四十歯相、23歯白斉密相、24四牙白浄相、25頰車如獅子相、26咽中津液得上味相、27広長舌相、28梵音深遠相、29眼色如紺青相、30眼睫如牛王相、31眉間白毫相、32頂成肉髻相。八十種好とは八十随好とも、八十微妙種好ともいう。仏菩薩の身に具足する瑞相を挙げたものである。三十二相に附随して、仏身を荘厳するものである。

この一節は虚空蔵菩薩《こくうぞうぼさつ》と仏陀《ぶっだ》との対話の形式で始まっている。この虚空蔵菩薩の名称は梵文にはない。虚空蔵菩薩は『大集経』第十四の虚空蔵品をはじめ『観虚空蔵菩薩経』などに出る菩薩で、衆生に福徳を得せしめ、諸願を満足させる菩薩となっており、『大日経疏』第一など密教系の論書には引用されることが多い。

対話形式の内容について、特に注目すべき点は、如来三身説《にょらいさんじんせつ》である。法身が前の二身根本であるとし、二身は仮名有《けみょうう》にして、法身は真実有《しんじつう》なりと説くことに注目したい。しかもここに説く化身《けしん》と応身《おうじん》とは他の経典に説かれる化身と報身《ほうしん》に相当する。つまり、ここに説く応身が報身にあたるわけである。そして化身とは如来の修行の力によって大自在を得るが故に、時に応じ、処に応じ、行に応じ、また対機の説法に応じて、種々の身を現ずるものをいう。また応身（他の経典では報身にあたる）は、如来の本願力によって現ずるものであると説いている。

さらに法身《ほっしん》とは何かという問題については、如如と如如の智であると説明している。そして、如如とは「法如如」であり、法の如如とはみずからの利益のためのものである。つまり自行であると共に、真理そのものを指している。これに対する如如の智とは、他を利益するものである。つまり利他行であり、真理を証得し、慈悲を具現する大なる智慧であるとす。

さらにこの説明の中で、注目すべきことは、真諦《しんたい》においては「生死涅槃是一味」という思想である。分別三身品は、十巻本と七巻本に説かれ、四巻本と梵本には欠けている。したがって「如如」という言葉にしても、また「生死涅槃是一味」にしても、四巻本成立以後に増広されたものと考えるべきものである。生死とは人間が解決しようと努力しても、なかなか結論が出ない人生の大問題である。それは何故か、人間には生きる悩みがある。金銭の問題、物資の問題から始まって、人間関係の問題、はたまた生きることの意味に関する疑問など、生きていること自体に種々の問題が内在されている。さらば生きることに疲れ果てたり、または面倒くさいとして、死を選ぶこともあるが、これまた簡単に自殺できるものでもない。一方確かに自殺者の数は増加している。日本の死亡者数の統計を見ても、ガン・心臓病・高血圧症・交通事故等と上位ではないが、十位内になっていることも事実である。また世界の統計上で自殺者はスェーデンが多いということもよくいわれることである。だが現実にはそう簡単に死ねるものではない。多くの人間は若い頃に必ず一度ならず、数回自殺を考えるものだといわれる。しかし実際にみずから死を選ぶことはできるものではない。それは人間は自己保存の本能があるためだといわれる。つまり生きたいという強い衝動が常に働いているわけである。「死んでも命があるように」と神ほとけに願いをしかねないほど強い本能である。したがって「死を嫌い、生を求める」ということになる。現代の若い人びとの言葉を借りるならば、「死よ、さようなら」「生よ、こんにちは」ということであろう。だからこそ病人の心理や老人の気持は、非常にデリケートであり、時には緊張度が高くなるのである。つまり死におびやかされた状態、または死に直面するからである。

人間に生の悩みと死の悩みとがあるが、前者と後者では、矛盾する側面を持っている。さらに現象的には生と死とは正反対である。つまり一般的にいえば、肉体が存在することと、肉体が消滅することなのである。したがって生と死とは雲泥の相違であると考えられる。しかるに生死という問題は人間の久遠の悩みであり、現実にはもがき苦しむ泥まみれの連続となる。それは解決しようとしても不可能なスフィンクスの謎にも譬えられる。ところで「涅槃」とは、仏教の目指す究極にして最高の目的である。それは苦悩を完全に脱却し、精神的な自由の境地である。このように考え来たれば、生死と涅槃とは異なるものであり、けっして一味とは受けとり難いものである。それをこの文章で、簡単に「生死涅槃是一味」という結論を下しているが、この文章の中ではその詳しい説明は与えられていない。

また一方に「生死即涅槃」という言葉がある。この文句は、梁訳の『摂大乗論』巻下に「生死は即ち涅槃なり。二は此彼なきが故なり。」この言葉は曇鸞《どんらん》の『往生論註』巻下、および智顗《ちぎ》の『四教義』第六などに引用されている。インド選述の経典に「生死即涅槃」という表現が見出されてはいないが、「生死涅槃是一味」という思想は、「生死即涅槃」という考え方に非常に近いものと考えられる。

(大)一六巻四〇八下―四〇九中

復《ま》た次《つぎ》に菩薩摩訶薩《ぼさつまかさつ》、*無心定《むしんじょう》に入《い》り、前《さき》の*願力《がんりき》に依《よ》り、禅定《ぜんじょう》より起《た》ちて、衆《もろもろ》の事業《じごう》を作《な》す。是《かく》の如《ごと》く二法《にほう》は、分別《ふんべつ》あることなく、自在《じざい》に事成《じじょう》ず。善男子《ぜんなんし》、譬《たと》えば日月《にちがつ》は、分別《ふんべつ》あることなきが如《ごと》く、亦《ま》た水鏡《すいきょう》も分別《ふんべつ》あることなく、光明《こうみょう》も亦《ま》た分別《ふんべつ》なく、三種和合《さんしゅわごう》して、影生《かげしょう》ずることあるを得《う》るが如《ごと》し。是《かく》の如《ごと》く法《ほう》の如如《にょにょ》と如如《にょにょ》の智《ち》とは、亦《ま》た分別《ふんべつ》なく、願自在《がんじざい》を以《もっ》ての故《ゆえ》に、衆生《しゅじょう》は応化身《おうけしん》を現《げん》ずると感《かん》ずることあり。日月《にちがつ》の影和合《かげわごう》して、出現《しゅつげん》するが如《ごと》し。

復《ま》た次《つぎ》に善男子《ぜんなんし》、譬《たと》えば無量無辺《むりょうむへん》の水鏡《すいきょう》は、光《ひかり》に依《よ》るが故《ゆえ》に、空影《くうよう》、種種《しゅじゅ》の異相《いそう》を現《げん》ずるを得《う》るが如《ごと》し。空《くう》とは即《すなわ》ち是《こ》れ無相《むそう》なり。善男子《ぜんなんし》、是《かく》の如《ごと》く化《け》を受《う》くる諸《もろもろ》の弟子等《でしとう》は、是《こ》れ法身《ほっしん》の影《かげ》なり。願《がん》を以《もっ》ての故《ゆえ》に、二種《にしゅ》の身《しん》に於《おい》て、種種《しゅじゅ》の相《そう》を現《げん》ずるも、法身《ほっしん》の地《ち》に於《おい》て、異相《いそう》あることなし。善男子《ぜんなんし》、此《こ》の二身《にしん》に依《よ》り、一切諸仏《いっさいしょぶつ》は*有余涅槃《うよねはん》を説《と》き、此《こ》の法身《ほっしん》に依《よ》り、*無余涅槃《むよねはん》を説《と》く。何《なに》を以《もっ》ての故《ゆえ》に、一切《いっさい》の余法《よほう》は究竟《くきょう》じて尽《つ》くるが故《ゆえ》に、此《こ》の三身《さんじん》に依《よ》りて、一切諸仏《いっさいしょぶつ》は無住《むじゅう》処涅槃《しょねはん》を説《と》く。二身《にしん》のための故《ゆえ》に、涅槃《ねはん》に住《じゅう》せず。法身《ほっしん》を離《はな》れて、別《べつ》の仏《ほとけ》あることなし。何《なに》が故《ゆえ》に、二身《にしん》は涅槃《ねはん》に住《じゅう》せず、二身《にしん》は仮名不実《けみょうふじつ》にして、念念《ねんねん》に生滅《しょうめつ》し、定住《じょうじゅう》せざるが故《ゆえ》に、数数出現《しばしばしゅつげん》し、定《さだ》まらざるを以《もっ》ての故《ゆえ》に。法身《ほっしん》は爾《しか》らず。是《こ》の故《ゆえ》に二身《にしん》は涅槃《ねはん》に住《じゅう》せず。法身《ほっしん》は二《に》ならず、是《こ》の故《ゆえ》に涅槃《ねはん》に住《じゅう》せず。故《ゆえ》に三身《さんじん》に依《よ》りて、無住涅槃《むじゅうねはん》を説《と》く。

善男子《ぜんなんし》、一切《いっさい》の凡夫《ぼんぶ》は*三相《さんそう》のための故《ゆえ》に、縛《ばく》あり、障《しょう》あり。三身《さんじん》を遠離《おんり》して、三身《さんじん》に至《いた》らず。

何者《なにもの》をか三《さん》と為《な》すや。一《いち》には遍計所執相《へんげしよしゆうそう》、二《に》には依他起相《えたきそう》、三《さん》には成就相《じようじゆそう》なり。是《かく》の如《ごと》き諸相《しよそう》は、解《げ》する能《あた》わざるが故《ゆえ》に、滅《めつ》する能《あた》わざるが故《ゆえ》に、浄《きよ》むる能《あた》わざるが故《ゆえ》に、是《こ》の故《ゆえ》に三身《さんじん》に至《いた》るを得《え》ず。是《かく》の如《ごと》きの三相《さんそう》は、能《よ》く解《げ》し、能《よ》く滅《めつ》し、能《よ》く浄《きよ》むるが故《ゆえ》に、是《こ》の故《ゆえ》に諸仏《しよぶつ》は三身《さんじん》を具足《ぐそく》す。善男子《ぜんなんし》、諸《もろもろ》の凡夫人《ぼんぶにん》は未《いま》だ此《こ》の*三心《さんしん》を除遣《じよけん》すること能《あた》わざるが故《ゆえ》に、三身《さんじん》を遠離《おんり》して至《いた》ることを得《う》ること能《あた》わず。何者《なにもの》をか三《さん》と為《な》す。一《いち》には起事心《きじしん》、二《に》には依根本心《えこんぽんしん》、三《さん》には根本心《こんぽんしん》なり。

諸《もろもろ》の伏道《ぶくどう》に依《よ》り、起事心尽《きじしんつ》き、法断道《ほうだんどう》に依《よ》り、依根本心尽《えこんぽんしんつ》き、最勝道《さいしようどう》に依《よ》りて、根本心尽《こんぽんしんつ》く。起事心滅《きじしんめつ》するが故《ゆえ》に、化身《けしん》を現《げん》ずることを得《う》。依根本心滅《えこんぽんしんめつ》するが故《ゆえ》に、応身《おうじん》を顕《あら》わすことを得《う》。根本心滅《こんぽんしんめつ》するが故《ゆえ》に、法身《ほつしん》に至《いた》ることを得《う》。是《こ》の故《ゆえ》に一切如来《いつさいにょらい》は三身《さんじん》を具足《ぐそく》す。

善男子《ぜんなんし》、一切諸仏《いつさいしよぶつ》は第一身《だいいつしん》に於《おい》て、諸仏《しよぶつ》と事《じ》を同《おなじ》うし、第二身《だいにしん》に於《おい》て、諸仏《しよぶつ》と意《い》を同《おなじ》うし、第《だい》三身《さんしん》に於《おい》て、諸仏《しよぶつ》と体《たい》を同《おなじ》うす。善男子《ぜんなんし》、最初《さいしよ》の仏身《ぶつしん》は衆生《しゆじよう》の意《こころ》に随《したが》い、多種《たしゆ》あるが故《ゆえ》に、種種《しゆじゆ》の相《そう》を現《げん》ず。是《こ》の故《ゆえ》に多《た》と説《と》く。第二《だいに》の仏身《ぶつしん》は弟子《でし》一意《いちい》の故《ゆえ》に、一相《いつそう》を現《げん》ず。是《こ》の故《ゆえ》に一《いち》と説《と》く。第三《だいさん》の仏身《ぶつしん》は一切種《いつさいしゆ》の相《そう》を過《す》ぎて、執相《しゆうそう》の境界《きようがい》に非《あら》ず。是《こ》の故《ゆえ》に不一不二《ふいちふに》と名《なづ》くと説《と》く。善男子《ぜんなんし》、是《こ》の第一身《だいいつしん》は応身《おうじん》に依《よ》りて、顕現《けんげん》することを得《う》るが故《ゆえ》に。是《こ》の第二身《だいにしん》は法身《ほつしん》に依《よ》りて、顕現《けんげん》することを得《う》るが故《ゆえ》に。是《こ》の法身《ほつしん》は、是《こ》れ真実有《しんじつう》にして依処《えしよ》なきが故《ゆえ》に。善男子《ぜんなんし》、是《かく》の如《ごと》き三身《さんじん》は、義《ぎ》あるを以《もつ》ての故《ゆえ》に、常《じよう》と説《と》き、義《ぎ》あるを以《もつ》ての故《ゆえ》に、無常《むじよう》と説《と》く。化身《けしん》は恒《つね》に法輪《ほうりん》を転《てん》じ、処《しよ》処《しよ》の縁《えん》に随《したが》い、方便《ほうべん》して相続《そうぞく》、断絶《だんぜつ》せざるが故《ゆえ》に、是《こ》の故《ゆえ》に常《じよう》と説《と》く。是《こ》れ本《もと》に非《あら》ざるが故《ゆえ》に、大用《だいゆう》を具足《ぐそく》し、顕現《けんげん》せざるが故《ゆえ》に、説《と》いて無常《むじよう》と為《な》す。応身《おうじん》は無始《むし》より来《このかた》、相続《そうぞく》して断《だん》ぜず。一《いつ》切諸仏《さいしょぶつ》、不共《ふぐう》の法《ほう》、能《よ》く摂持《しょうじ》するが故《ゆえ》に、衆生尽《しゅじょうつ》くることなくば、用《ゆう》も亦《ま》た尽《つ》くることなし、是《こ》の故《ゆえ》に常《じょう》と説《と》く。是《こ》れ本《もと》に非《あら》ざるが故《ゆえ》に、用《ゆう》を具足《ぐそく》し、顕現《けんげん》せざるを以《もっ》ての故《ゆえ》に、説《と》いて無常《むじょう》と為《な》す。法身《ほっしん》とは、是《こ》れ行法《ぎょうぼう》に非《あら》ず、異相《いそう》あることなし。是《こ》れ根本《こんぽん》なるが故《ゆえ》に、猶《なお》し虚空《こくう》の如《ごと》し。是《こ》の故《ゆえ》に常《じょう》と説《と》く。善男子《ぜんなんし》、無分別智《むふんべっち》を離《はな》れて、更《さら》に勝智《しょうち》なし。法《ほう》の*如如《にょにょ》を離《はな》れて、勝境界《しょうきょうがい》なし。是《こ》の法《ほう》の如如《にょにょ》と、是《こ》の慧《え》の如如《にょにょ》と、是《こ》の二種《にしゅ》の如如《にょにょ》、如如《にょにょ》と一《いち》ならず異《い》ならず。是《こ》の故《ゆえ》に法身《ほっしん》は、慧清浄《えしょうじょう》の故《ゆえ》に、滅清浄《めつしょうじょう》の故《ゆえ》に、是《こ》の二清浄《にしょうじょう》なり。是《こ》の故《ゆえ》に法身《ほっしん》は、清浄《しょうじょう》を具足《ぐそく》す。

《無心定》　百八三昧の一。　**《願力》**　過去に起こした願の力用。　**《有余涅槃》**　無余涅槃の反対で、有余依涅槃ともいう。すべての煩悩を断じ尽くし、未来の生死輪廻する原因を絶ったが、まだこの肉体が残余している状態を指す。　**《無余涅槃》**　煩悩をすべて断じた上、所依のこの身体をも滅し去り、心身共に余すところなく解脱した状態を指す。小乗では灰身滅智なりと説明している。　**《三相》**　これは『成唯識論』に説く三性である。すなわち遍計所執とは、迷妄の状態である。縄を見て蛇と畏れるようなものと説く。第二は依他起性である。森羅万象すべては衆縁によって一時的に存在すると理解する。最初に蛇と見誤ったものは実は麻布等の糸で作られた縄にすぎぬと知ることである。第三の円成実性、ここでは成就相と説かれるものは旧訳で成就性と訳された表現によるものである。煩悩と所知との二つの障害を取り去ったところに顕われる諸法の真実の姿である。円満に諸法の功徳を具えるもので、円成実性とも成就性とも呼んでいる。　**《三心》**　起事心、依根本心、根本心の三つをいう。外境に執著して種々の業を起こす眼等の六識を指す。起事心、根本識により一切の染法の本となる第七識、それに一切の種子を蔵し、浄染の諸法を生ずる第八識のこれら唯識で説く心識を三つに分ける三心によって、応化法の三身を説明している。《如如》不変にしてそのままが、真実なるものを指す。この言葉は『楞伽経』に説く五法の一である。

この分別三身品は梵本、及び四巻本に欠くところで、その思想は後期大乗仏教の影響が見られる。応・化・法の三身について、唯識思想や『楞伽経』の思想を借りて説明をしている。

㊅一六巻四〇九中—四一〇上

復《ま》た次《つぎ》に善男子《ぜんなんし》、三身《さんじん》を分別《ふんべつ》するに、四種《ししゅ》の異《い》あり。化身《けしん》なるも応身《おうじん》に非《あら》ざるあり。応身《おうじん》なるも化身《けしん》に非《あら》ざるあり。化身《けしん》にして亦《ま》た応身《おうじん》なるあり。化身《けしん》にも非《あら》ず、亦《ま》た応身《おうじん》にも非《あら》ざるあり。何者《なにもの》か化身《けしん》にして応身《おうじん》に非《あら》ざる。謂《いわ》く諸《もろもろ》の如来般涅槃《にょらいはつねはん》の後《のち》、願自在《がんじざい》を以《もっ》ての故《ゆえ》に、縁《えん》に随《したが》い利益《りやく》する、是《こ》れを化身《けしん》と名《なづ》く。何者《なにもの》か応身《おうじん》にして化身《けしん》に非《あら》ざる。是《こ》れ地前《じぜん》の身《しん》なり。何者《なにもの》か化身《けしん》にして亦《ま》た応身《おうじん》なる。謂《いわ》く有余涅槃《うよねはん》に住《じゅう》する身《しん》なり。何者《なにもの》か化身《けしん》にも非《あら》ず、応身《おうじん》にも非《あら》ざる。謂《いわ》く是《こ》れ法身《ほっしん》なり。善男子《ぜんなんし》、是《こ》の法身《ほっしん》は二無所有《にむしょう》にして、顕現《けんげん》する所《ところ》なるが故《ゆえ》に。何者《なにもの》か二無所有《にむしょう》と為《な》す。此《こ》の法身《ほっしん》に於《おい》て、相《そう》、及《およ》び相処《そうしょ》。二《に》は皆是《みなこ》れ無《む》なればなり。有《う》に非《あら》ず無《む》に非《あら》ず。一《いち》に非《あら》ず異《い》に非《あら》ず。数《しゅ》に非《あら》ず非数《ひしゅ》に非《あら》ず。明《みょう》に非《あら》ず闇《あん》に非《あら》ず。是《かく》の如《ごと》き如如《にょにょ》の智《ち》は、相《そう》、及《およ》び相処《そうしょ》を見《み》ず。非有《ひう》・非無《ひむ》を見《み》ず。非一《ひいち》・非異《ひい》を見《み》ず。非数《ひしゅ》・非非数《ひひしゅ》を見《み》ず。非明《ひみょう》・非闇《ひあん》を見《み》ず。是《こ》の故《ゆえ》に当《まさ》に知《し》るべし。境界清浄《きょうがいしょうじょう》・智慧清浄《ちえしょうじょう》・分別《ふんべつ》すべからず、中間《ちゅうげん》あることなし。滅道《めつどう》の本《もと》と為《な》すが故《ゆえ》に、此《こ》の法身《ほっしん》に於《おい》て、能《よ》く如来種種《にょらいしゅじゅ》の事業《じごう》を顕《あら》わす。

善男子《ぜんなんし》、是《こ》の身《しん》の因縁《いんねん》・境界《きょうがい》・処所《しょしょ》・果《か》、本《ほん》に依《よ》る、思議《しぎ》し難《がた》きが故《ゆえ》に。若《も》し此《こ》の義《ぎ》を了《りょう》せば、是《こ》の身《しん》は即《すなわ》ち是《こ》れ大乗《だいじょう》なり、是《こ》の如来《にょらい》の性《しょう》、是《こ》れ如来蔵《にょらいぞう》なり。此《こ》の身《しん》に依《よ》り、初心修行地《しょしんしゅぎょうじ》の心《こころ》を発《ほっ》するを得《え》て、不退地《ふたいじ》の心《こころ》を顕現《けんげん》することを得《う》。亦《ま》た皆一生補処《みないっしょうふしょ》の心《こころ》、金剛《こんごう》の心《こころ》を現《げん》ずることを得《え》、如来《にょらい》の心《こころ》、悉《ことごと》く顕現《けんげん》し、無量無辺《むりょうむへん》の如来《にょらい》の妙法《みょうほう》、皆悉《みなことごと》く顕現《けんげん》す。此《こ》の法身《ほっしん》に依《よ》りて、不《ふ》可思議《かしぎ》の摩訶三昧《まかさんまい》の顕現《けんげん》を得《う》。此《こ》の法身《ほっしん》に依《よ》りて、一切《いっさい》の大智《だいち》を現《げん》ずることを得《う》。是《こ》の故《ゆえ》に二身《にしん》は三昧《さんまい》に依《よ》り、智慧《ちえ》に依《よ》りて、顕現《けんげん》を得《う》。此《か》の如《ごと》く法身《ほっしん》は自体《じたい》に依《よ》り、常《じょう》と説《と》き、我《が》と説《と》く。大《だい》三昧《さんまい》に依《よ》るが故《ゆえ》に、楽《らく》と説《と》き、大智《だいち》に依《よ》るが故《ゆえ》に、清浄《しょうじょう》と説《と》く。是《こ》の故《ゆえ》に如来《にょらい》は、常住《じょうじゅう》にして、自在《じざい》・安楽《あんらく》・清浄《しょうじょう》なり。大三昧《だいさんまい》に依《よ》りて、一切《いっさい》の禅定首楞厳等《ぜんじょうしゅりょうごんとう》・一切《いっさい》の念処《ねんじょ》・大法念等《だいほうねんとう》・大慈《だいじ》・大悲《だいひ》・一切《いっさい》の陀羅尼《だらに》・一切《いっさい》の神通《じんずう》・一切《いっさい》の自在《じざい》・一切法《いっさいほう》の平等摂受《びょうどうしょうじゅ》・是《か》の如《ごと》きの仏法《ぶっぽう》、悉《ことごと》く皆《みな》出現《しゅつげん》す。此《こ》の大智《だいち》に依《よ》りて、*十力《じゅうりき》・*四無所畏《しむしょい》・*四無礙弁《しむげべん》・*一百八十《いっぴゃくはちじゅう》不共《ふぐう》の法《ほう》・一切《いっさい》の希有《けう》不可思議《ふかしぎ》の法《ほう》、悉《ことごと》く皆顕現《みなけんげん》す。譬《たと》えば如意宝珠《にょいほうじゅ》に依《よ》りて、無量無辺《むりょうむへん》の種種《しゅじゅ》の珍宝《ちんぼう》、悉《ことごと》く皆現《みなげん》ずることを得《う》るが如《ごと》し。是《か》の如《ごと》き大三昧《だいさんまい》の宝《たから》に依《よ》り、大智慧《だいちえ》の宝《たから》に依《よ》り、能《よ》く種種《しゅじゅ》の無量無辺《むりょうむへん》の諸仏《しょぶっ》の妙法《みょうほう》を出《い》だす。善男子《ぜんなんし》、是《か》の如《ごと》きは、法身《ほっしん》の三昧《さんまい》と智慧《ちえ》なり。一切《いっさい》の相《そう》を過《す》ぎ、相《そう》に著《じゃく》せず、分別《ふんべつ》すべからず、常《じょう》に非《あら》ず、断《だん》に非《あら》ず、是《こ》れを中道《ちゅうどう》と名《なづ》く。分別《ふんべつ》ありと雖《いえど》も、体《たい》に分別《ふんべつ》なし。三《さん》数《しゅ》ありと雖《いえど》も、三体《さんたい》なし。増《ぞう》ぜず減《げん》ぜず、猶《なお》し夢幻《むげん》の如《ごと》し。亦《ま》た所執《しょしゅう》なく、亦《ま》た能執《のうしゅう》なし。法体《ほったい》の如如《にょにょ》、是《こ》の解脱処《げだっしょ》、死《し》の王境《おうきょう》を過《す》ぎ、生死《しょうじ》の闇《やみ》を越《こ》ゆ。一切《いっさい》の衆生《しゅじょう》、修行《しゅぎょう》する能《あた》わず、至《いた》る能《あた》わざる所《ところ》、一切諸仏菩薩《いっさいしょぶつぼさつ》の所住処《しょじゅうしょ》なり。善男子《ぜんなんし》、譬《たと》えば人《ひと》あり。願《ねが》うて金《こん》を得《え》んと欲《ほっ》し、処処《しょしょ》に求覓《ぐみゃく》し、遂《つい》に金礦《こんこう》を得《え》、既《すで》に礦《こう》を得《え》已《おわ》り、即便《すなわ》ち之《これ》を砕《くだ》き、精者《しょうじゃ》を択取《ちゃくしゅ》し、炉中《ろちゅう》に銷錬《しょうれん》して、清浄《しょう》《じょう》の金《こん》を得《え》、意《こころ》に随《したが》いて迴転《えてん》して、諸《もろもろ》の鐶釧《かんせん》、種種《しゅじゅ》の厳具《ごんぐ》を作《つく》る。諸《もろもろ》の用《ゆう》ありと雖《いえど》も、金性改《こんしょうあらた》まらざるが如《ごと》し。

《十力》 仏の具える十種の力。1処非処智力、2業異熟智力、3等持智力、4根上下智力、5種種勝解智力、6種種界智力、7遍趣行智力、8宿住随念智力、9死生智力、10漏尽智力。**《四無所畏》** 仏が説法するにあたり、怖畏を感じない四つの智徳。1一切智無所畏、2漏尽無所畏、3説障道無所畏、4説尽苦道無所畏。**《四無礙弁》** 法無礙・義無礙・詞無礙・楽説無礙の四つの事柄において、障りなく説法すること。**《一百八十不共法》** 仏のみが具有し、他の聖者が具えざる仏法。普通は『瑜伽論』の百四十不共法、または『般若経』などに説く十八不共法である。一百八十不共法は、『金光明経』のほかに『無上依経』巻下如来功徳品に説かれている。そこでは三十二相・八十種好、および六十八法を列挙する。

この三身分別《さんじんふんべつ》の説明は、まず四種分別に始まる。化身非応身なるもの、応身非化身なるもの、化身亦応身なるもの、非化身非応身なるものの四種の別異を述べ、第一は随縁《ずいえん》の化身であり、第二は地前《じぜん》の身であり、第三は有余涅槃《うよねはん》に住する二乗の所見の身であり、第四は法身であると説明する。さらにこの法身について、二無所有にして顕現するところなしという消極的な説明、つまり言語では完全に説明しきれない面が多いので、否定的表現を用いて法身を語り、最後に摩訶三昧顕現を得ると、仏道の要諦は三昧にあると述べている。そして次に進んでは、法身の境に移り、法身は、常・楽・我・浄と説く。これは『大般涅槃経』に説かれる法身常住論の思想に影響したものであろう。そして金をうる人の譬喩を挙げて、法身をうる過程を説明する。すなわち、まず金鉱を探し求め、次に鉱石を砕き、金を含む鉱石を選びとり、炉火にて精錬し、最後に金を得て、もろもろの装身具などを造るようなものであると述べる。

㊅一六巻四一〇上―中

復《ま》た次《つぎ》に善男子《ぜんなんし》、若《も》し善男子《ぜんなんし》・善女人《ぜんにょにん》、勝解脱《しょうげだつ》を求《もと》め、世善《せぜん》を修行《しゅぎょう》す。如来《にょらい》、及《およ》び弟子衆《でししゅ》を見《み》るを得《え》て、親近《しんごん》を得已《えおわ》り、仏《ほとけ》に白《もう》して言《いわ》く、「世尊《せそん》よ、何者《なにもの》をか善《ぜん》と為《な》し、何者《なにもの》をか不善《ふぜん》とし、何者《なにもの》をか正《ただ》しく修《しゅ》して、清浄《しょうじょう》の行《ぎょう》を得《う》るや」と。諸仏如来《しょぶつにょらい》、及《およ》び弟子衆《でししゅ》、彼《か》の問《とい》を見《み》る時《とき》、是《かく》の如《ごと》く思惟《しゆい》す、「是《こ》の善男子《ぜんなんし》・善女人《ぜんにょにん》、清浄《しょうじょう》を求《もと》めんと欲《ほっ》し、正法《しょうぼう》を聴《き》かんと欲《ほっ》す。即便《すなわ》ち為《ため》に説《と》きて、其《そ》れをして開悟《かいご》せしめん」と。彼《かれ》、既《すで》に聞《き》き已《おわ》り、正念《しょうねん》に憶持《おくじ》し、発心修行《ほっしんしゅぎょう》して精進力《しょうじんりき》を得《え》、嬾惰《らんだ》の障《しょう》を除《のぞ》き、一切《いっさい》の罪《つみ》を滅《めっ》し、諸《もろもろ》の学処《がくしょ》に於《お》いて、不尊重《ふそんじゅう》を離《はな》れ、掉悔《じょうけ》の心《こころ》を息《や》めて、初《しょ》地《じ》に入《い》る。初地《しょじ》の心《こころ》に依《よ》り、利有情《りうじょう》の障《しょう》を除《のぞ》き、二地《にじ》に入《い》ることを得《え》。此《こ》の地中《じちゅう》に於《お》いて、不《ふ》逼悩《ひつのう》の障《しょう》を除《のぞ》き、三地《さんじ》に入《い》る。此《こ》の地中《じちゅう》に於《お》いて、心軟浄《しんなんじょう》の障《しょう》を除《のぞ》き、四地《しじ》に入《い》る。此《こ》の地中《じちゅう》に於《お》いて、善方便《ぜんほうべん》の障《しょう》を除《のぞ》き、五地《ごじ》に入《い》る。此《こ》の地中《じちゅう》に於《お》いて、見真俗《けんしんぞく》の障《しょう》を除《のぞ》き、六地《ろくじ》に入《い》る。此《こ》の地中《じちゅう》に於《お》いて、見行相《けんぎょうそう》の障《しょう》を除《のぞ》き、七地《しちじ》に入《い》る。此《こ》の地中《じちゅう》に於《お》いて、不《ふ》見滅相《けんめつそう》の障《しょう》を除《のぞ》き、八地《はちじ》に入《い》る。此《こ》の地中《じちゅう》に於《お》いて、不見生相《ふけんしょうそう》の障《しょう》を除《のぞ》き、九地《くじ》に入《い》る。此《こ》の地中《じちゅう》に於《お》いて、六通《ろくずう》の障《しょう》を除《のぞ》き、十地《じゅうじ》に入《い》る。此《こ》の地中《じちゅう》に於《お》いて、所知障《しょちしょう》を除《のぞ》き、根本心《こんぽんしん》を除《のぞ》き、如来地《にょらいじ》に入《い》る。如来地《にょらいじ》とは三浄《さんじょう》に由《よ》るが故《ゆえ》に、極清浄《ごくしょうじょう》と名《なづ》く。云何《いかん》が三《さん》と為《な》す。一《いち》には煩悩浄《ぼんのうじょう》、二《に》には苦浄《くじょう》、三《さん》には相浄《そうじょう》なり。譬《たと》えば真金《しんこん》の鎔銷冶錬《ようしょうやれん》し、既《すで》に焼打《しょうだ》し已《おわ》り、復《ま》た塵垢《じんく》なきが如《ごと》し。金性本《こんしょうもと》 清浄《しょうじょう》なることを顕《あら》わさんがための故《ゆえ》に。金体清浄《こんたいしょうじょう》とす。金《こん》なしと謂《い》うには非《あら》ず。譬《たと》えば濁水《じょくすい》の如《ごと》く、澄渟《ちょうじょう》して、清浄《しょうじょう》に、復《ま》た滓《し》穢《え》なし、水性本《すいしょうもと》 清浄《しょうじょう》なることを顕《あら》わさんがための故《ゆえ》に。水《みず》なしと謂《い》うには非《あら》ず。是《かく》の如《ごと》く法身《ほっしん》、煩悩《ぼんのう》と雑《まじ》わる。苦集除《くじゅうのぞ》き已《おわ》りて、復《ま》た余習《よしゅう》なし。仏性本《ぶっしょうもと》 清浄《しょうじょう》なることを顕《あら》わさんがための故《ゆえ》に。体《たい》なしと謂《い》うには非《あら》ず。譬《たと》えば虚空《こくう》の煙《えん》・雲《うん》・塵《じん》・霧《む》に障蔽《しょうへい》せらるる所《ところ》の如《ごと》し。若《も》し屏《さわり》を除《のぞ》き已《おわ》れば、是《こ》の空界浄《くうかいきよ》し。空《くう》なしと謂《い》うには非《あら》ず。是《かく》の如《ごと》く法身《ほっしん》に一切《いっさい》の衆苦《しゅく》、悉《ことごと》く皆尽《みなつ》くるが故《ゆえ》に、説《と》いて清浄《しょうじょう》と為《な》す。体《たい》なしと謂《い》うには非《あら》ず。譬《たと》えば人《ひと》ありて、睡夢《すいむ》の中《なか》に於《お》いて、大河水《だいかすい》の其《そ》の身《しん》を漂泛《ひょうほん》するを見《み》る。手《て》を運《めぐ》らし、足《あし》を動《うご》かし、流《ながれ》を截《き》りて渡《わた》り、彼岸《ひがん》に至《いた》ることを得《う》。彼《か》の身心《しんしん》、懈《け》退《たい》せざるが故《ゆえ》に、夢《ゆめ》より覚《さ》め已《おわ》りて、水《すい》、彼此岸《ひしがん》の別《べつ》あるを見《み》ざるが如《ごと》し。心《こころ》なしと謂《い》うには非《あら》ず。生死妄想《しょうじもうぞう》、既《すで》に滅尽《めつじん》し已《おわ》れば、是《こ》の清浄《しょうじょう》を覚《かく》す。覚《かく》なしと謂《い》うには非《あら》ず。是《かく》の如《ごと》く法界《ほっかい》、一切《いっさい》の妄想《もうぞう》、復《ま》た生《しょう》ぜざるが故《ゆえ》に、説《と》いて清浄《しょうじょう》と為《な》す。是《こ》の諸仏《しょぶつ》、其《そ》の実体《じったい》なきに非《あら》ず。

この一段は、大乗の修行の行位である十地に配して説明をする。すなわち煩悩障を九地にわたって説明し、第十地で所知障を除いて、如来地に入るとなす。十地という思想は、小乗の行位に対する、大乗の行位として重要なものである。『華厳経』の十地品などに組織的に説かれるものであるが、大乗仏教では必ず問題とされるものである。『金光明経』のこの一段の最後に、善とは何か、説いて清浄とするという一句は、『法句経』などに説かれる「自浄其意、是諸仏教」のことばを想い出させる。しかも『金光明経』のここでは、「是諸仏実体」と説かんとしている。つまり法身とは、清浄心であるとみているものである。「諸悪莫作《しょあくまくさ》、諸善奉行《しょぜんぶぎょう》」という有名なことばに始まる仏教の倫理観が、法身という宗教的な最高善につながる論理的な過程は明らかではないとしても、世俗的な倫理観と宗教的な最高善とを結びつけようとした意図の現われとみてよい。

㊅一六巻四一〇中―下

復《ま》た次《つぎ》に善男子《ぜんなんし》、是《こ》の法身《ほっしん》の*惑障清浄《わくしょうしょうじょう》、能《よ》く応身《おうじん》を現《げん》じ、業障清浄《ごっしょうしょうじょう》、能《よ》く化身《けしん》を現《げん》じ、智障清浄《ちしょうしょうじょう》、能《よ》く法身《ほっしん》を現《げん》ず。譬《たと》えば空《くう》に依《よ》りて、電《でん》を出《い》だし、電《でん》に依《よ》りて、光《こう》を出《い》だすが如《ごと》し。是《かく》の如《ごと》く法身《ほっしん》に依《よ》るが故《ゆえ》に、能《よ》く応身《おうじん》を現《げん》じ、応身《おうじん》に依《よ》るが故《ゆえ》に、能《よ》く化身《けしん》を現《げん》ず。性《しょう》の浄《じょう》に由《よ》るが故《ゆえ》に、能《よ》く法身《ほっしん》を現《げん》じ、智慧清浄《ちえしょうじょう》、能《よ》く応身《おうじん》を現《げん》じ、三昧清浄《さんまいしょうじょう》、能《よ》く化身《けしん》を現《げん》ず。此《こ》の三《さん》の清浄《しょうじょう》は、是《こ》れ法《ほう》の如如《にょにょ》・不異《ふい》如如《にょにょ》・一味《いちみ》如如《にょにょ》・解脱《げだつ》如如《にょにょ》・究竟《くきょう》如如《にょにょ》なり。是《こ》の故《ゆえ》に諸仏《しょぶつ》の体《たい》は、異《ことなり》あることなし。善男子《ぜんなんし》、若《も》し善男子《ぜんなんし》・善女人《ぜんにょにん》ありて、如来《にょらい》は是《こ》れ我《わ》が大師《だいし》なりと説《と》き、若《も》し是《かく》の如《ごと》き決定《けつじょう》の信《しん》を作《な》さば、此《こ》の人即《ひとすなわ》ち応《まさ》に深心《じんしん》に如来《にょらい》の身《しん》、別異《べつい》あることなきを解《げ》すべし。善《ぜん》男子《なんし》、是《こ》の義《ぎ》を以《もっ》ての故《ゆえ》に、諸《もろもろ》の境界《きょうがい》に於《お》ける不正《ふしょう》の思惟《しゆい》、悉《ことごと》く皆除断《みなじょだん》し、即《すなわ》ち知《し》る。彼《か》の法二《ほうに》相《そう》あることなく、亦《ま》た分別《ふんべつ》なく聖《しょう》の修行《しゅぎょう》する所《ところ》なりと。如如《にょにょ》に彼《かれ》に於《おい》て、二《に》相《そう》あることなし、正《しょう》修行《しゅぎょう》の故《ゆえ》に。是《か》の如《ごと》く是《か》の如《ごと》く、一切《いっさい》の諸障《しょしょう》、悉《ことごと》く皆除滅《みなじょめつ》す。如如《にょにょ》に一切《いっさい》の障滅《しょうめつ》す。是《か》の如《ごと》く是《か》の如《ごと》く、法《ほう》の如如《にょにょ》、如如《にょにょ》の智《ち》、最清浄《さいしょうじょう》を得《う》。如如《にょにょ》に法界《ほっかい》の正智清浄《しょうちしょうじょう》なれば、是《か》の如《ごと》く是《か》の如《ごと》く、一切《いっさい》の自在具足《じざいぐそく》し、摂受皆成就《しょうじゅみなじょうじゅ》を得《え》、一切《いっさい》の諸障《しょしょう》、悉《ことごと》く皆除滅《みなじょめつ》す。一切《いっさい》の諸障《しょしょう》 清浄《しょうじょう》を得《う》るが故《ゆえ》に、是《こ》れを真如《しんにょ》の正智《しょうち》・真実《しんじつ》の相《そう》と名《なづ》く。是《か》の如《ごと》く見《み》る者《もの》、是《こ》れを聖見《しょうけん》と名《なづ》く。是《こ》れを則《すなわ》ち名《なづ》けて*真実《しんじつ》の見仏《けんぶつ》と為《な》す。何《なに》を以《もっ》ての故《ゆえ》に、実《じつ》の如《ごと》く法《ほう》の真如《しんにょ》を見《み》ることを得《う》るが故《ゆえ》なり。是《こ》の故《ゆえ》に諸仏《しょぶつ》、悉《ことごと》く能《よ》く普《あまね》く一切《いっさい》の如来《にょらい》を見《み》る。何《なに》を以《もっ》ての故《ゆえ》に、声聞独覚《しょうもんどつかく》は已《すで》に三界《さんがい》を出《い》で、真実《しんじつ》の境《きょう》を求《もと》むるも知見《ちけん》すること能《あた》わず。是《か》の如《ごと》く聖人知見《しょうにんちけん》せざる所《ところ》、一切《いっさい》の凡夫《ぼんぷ》、皆疑惑《みなぎわく》・顛倒《てんどう》・分《ふん》別《べつ》を生《しょう》じて、得度《とくど》すること能《あた》わず。兎《うさぎ》の海《うみ》に浮《うか》び、必《かなら》ず過《す》ぐること能《あた》わざるが如《ごと》し。

《惑障清浄》 惑とは四障の一つで、もろもろの衆生が貪欲・瞋恚・愚癡等の惑によって正道を障蔽することをいう。煩悩そのものを指す。業は惑によって生ずる人間の行動である。したがって、煩悩の障害が浄められるときには、人間の行動である業が浄められるわけである。惑と業とが清浄になれば、智もまた浄められる。この考え方によって、応身と化身と法身とを説明したものである。ふつう三徳清浄というときは、仏徳について、法身の徳は仏の本体を意味し、般若の徳は仏の智慧を意味し、解脱の徳は仏の大用を意味するに用う説明することばである。ただしこの場合、惑清浄―→応身、業清浄―→化身、智清浄―→法身という説明は、第一と第二とが入れ代っているように思われる。 **《真実見仏》** 法身を見ることが真実の見仏であるという『金光明経』の思想は、浄土系の見仏思想と違うものである。

㊅一六巻四一〇下—四一一上

所以《ゆえん》は何《いか》に、力微劣《ちからみれつ》なるが故《ゆえ》なり。凡夫《ぼんぶ》の人《にん》、亦《ま》た復《ま》た是《かく》の如《ごと》し。法《ほう》の如如《にょにょ》に通達《つうだつ》すること能《あた》わざるが故《ゆえ》に。然《しか》るに諸《もろもろ》の如来《にょらい》、分別《ふんべつ》の心《こころ》なし。一切《いっさい》の法《ほう》に於《おい》て、大自在《だいじざい》を得《え》、清浄深智慧《しょうじょうじんちえ》を具《ぐ》足《そく》するが故《ゆえ》に、是《こ》の自境界《じきょうがい》は他《た》と共《とも》にせざるが故《ゆえ》に、是《こ》の故《ゆえ》に諸仏如来《しょぶつにょらい》、無量無辺阿僧祇劫《むりょうむへんあそうぎこう》に於《おい》て、身命《しんみょう》を惜《お》しまず、難行苦行《なんぎょうくぎょう》し、方《まさ》に此《こ》の身《しん》を得《え》、最上《さいじょう》にして、比《ひ》なく、思議《しぎ》すべからず、言《ごん》説《ぜつ》の境《きょう》を過《す》ぐ。是《こ》の妙《みょう》は寂静《じゃくじょう》にして、諸《もろもろ》の怖畏《ふい》を離《はな》る。

善男子《ぜんなんし》、是《かく》の如《ごと》く法真如《ほうしんにょ》を知見《ちけん》する者《もの》は、生老死《しょうろうし》なく、寿命限《じゅみょうかぎ》りなく、睡眠《すいめん》あることなく、亦《ま》た饑渇《けかつ》なし。心《こころ》、常《つね》に定《じょう》に在《あ》りて、散動《さんどう》あることなし。若《も》し如来《にょらい》に於《おい》て、諍論《じょうろん》の心《こころ》を起《おこ》さば、是《こ》れ則《すなわ》ち如来《にょらい》を見《み》ること能《あた》わず。諸仏《しょぶつ》の所説《しょせつ》は、皆能《みなよ》く利益《りやく》し、聴聞《ちょうもん》することある者《もの》は、解脱《げだつ》せざるなし。諸《もろもろ》の悪禽獣《あくきんじゅう》・悪人《あくにん》・悪鬼《あくき》、相逢値《あいほうじき》せず。法《ほう》を聞《き》くに由《よ》るが故《ゆえ》に、果報尽《かほうつ》くることなし。然《しか》るに諸《もろもろ》の如来《にょらい》に、無記《むき》の事《こと》なし。一切《いっさい》の境界《きょうがい》に、欲知《よくち》の心《こころ》なし。生死涅槃《しょうじねはん》、異想《いそう》あることなし。諸仏如来《しょぶつにょらい》は*四威儀《しいぎ》の中《なか》に、智《ち》の摂《しょう》に非《あら》ざることなし。一切《いっさい》の諸法《しょほう》、為《な》さざることなし。慈悲《じひ》の摂《しょう》する所《ところ》、為《な》さざるあることなし、諸《もろもろ》の衆生《しゅじょう》を利益《りやく》し、安楽《あんらく》にす。善男子《ぜんなんし》、若《も》し善男子《ぜんなんし》・善女人《ぜんにょにん》ありて、此《こ》の金光明経《こんこうみょうきょう》に於《おい》て、聴聞信解《ちょうもんしんげ》せば、地獄《じごく》・餓鬼《がき》・傍生《ぼうしょう》・阿蘇羅道《あそらどう》に堕《だ》せず。常《つね》に人天《にんでん》に処《しょ》し、下賤《げせん》に生《しょう》ぜず、恒《つね》に諸仏如来《しょぶつにょらい》に親近《しんごん》を得《え》、正法《しょうぼう》を聴受《ちょうじゅ》し、常《つね》に諸仏清浄《しょぶつしょうじょう》の国土《こくど》に生《しょう》ず。所以《ゆえん》は何《いか》に、此《こ》の甚深《じんじん》の法《ほう》を聞《き》くことを得《う》るに由《よ》れり。是《こ》の善男子《ぜんなんし》・善女人《ぜんにょにん》、則《すなわ》ち如来《にょらい》のために已《すで》に知《し》られ、已《すで》に記《き》せられ、当《まさ》に阿耨多羅三藐三菩提《あのくたらさんみやくさんぼだい》を退《たい》せざるを得《う》べし。若《も》し善男子《ぜんなんし》・善女人《ぜんによにん》、此《こ》の甚深微妙《じんじんみみよう》の法《ほう》に於《おい》て、一《ひと》たび耳《みみ》を経《へ》ば、当《まさ》に知《し》るべし、是《こ》の人《にん》、如来《によらい》を謗《ぼう》ぜず、正法《しようぼう》を毀《そし》らず、聖衆《しようじゆ》を軽《かろ》んぜず、一切《いつさい》の衆生《しゆじよう》、未《いま》だ善根《ぜんごん》を種《う》えざるものに、種《う》わるを得《え》しむるが故《ゆえ》に、已《すで》に善根《ぜんごん》を植《う》わるものには、増長成熟《ぞうじようじようじゆく》せしむるが故《ゆえ》に、一切《いつさい》の世界《せかい》のあらゆる衆生《しゆじよう》、皆勧《みなすす》めて、六《ろく》波羅蜜多《はらみつた》を修行《しゆぎよう》せしむ』と。

爾《そ》の時《とき》、虚空蔵菩薩《こくうぞうぼさつ》、梵《ぼん》・釈《しやく》・四王《しおう》・諸《もろもろ》の天衆等《てんしゆとう》、即《すなわ》ち座《ざ》より起《た》ちて、偏《ひとえ》に右肩《うけん》を袒《はだぬ》ぎ、合掌《がつしよう》恭敬《くぎよう》して、仏足《ぶつそく》を頂礼《ちようらい》し、仏《ほとけ》に白《もう》して言《いわ》く、『世尊《せそん》よ、若《も》し所在《しよざい》の処《ところ》に、是《かく》の如《ごと》き金光明王微妙《こんこうみようおうみみよう》の経典《きようでん》を講説《こうせつ》せば、其《そ》の国土《こくど》に於《おい》て、四種《ししゆ》の利益《りやく》あり。何者《なにもの》をか四《し》と為《な》す。一《いち》には国王《こくおう》の軍衆強《ぐんしゆごう》盛《じよう》にして、諸《もろもろ》の怨敵《おんてき》なく、疾病《しつびよう》を離《はな》れ、寿命《じゆみよう》を延長《えんちよう》し、吉祥安楽《きちじようあんらく》にして、正法興顕《しようぼうこうげん》せん。二《に》には中宮《ちゆうぐう》・妃后《ひこう》・王子《おうじ》・諸臣《しよしん》、和悦《わえつ》して諍《あらそ》うことなく、諂佞《かんねい》を離《はな》れて、王《おう》に愛重《あいじゆう》せられん所《ところ》。三《さん》には沙門《しやもん》・婆羅門《ばらもん》、及《およ》び諸《もろもろ》の国人《こくにん》、正法《しようぼう》を修行《しゆぎよう》して、病《やまい》なく安楽《あんらく》にして、抂死者《おうししや》なく、諸《もろもろ》の福田《ふくでん》に於《おい》て、悉《ことごと》く皆修立《みなしゆりゆう》せん。四《し》には三時《さんじ》の中《なか》に於《おい》て、四大調適《しだいじようじやく》し、常《つね》に諸天《しよてん》に増加守護《ぞうかしゆご》せられ、慈悲平等《じひびようどう》にして、傷害《しようがい》の心《こころ》なく、諸《もろもろ》の衆生《しゆじよう》をして、三宝《さんぼう》に帰依《きえ》し、皆願《みなねが》うて菩提《ぼだい》の行《ぎよう》を修習《しゆじゆう》せしめん。是《こ》れを四種利益《ししゆりやく》の事《こと》と為《な》す。世尊《せそん》、我等《われら》亦《ま》た、常《つね》に経《きよう》を弘《ひろ》めんがための故《ゆえ》に、是《かく》の如《ごと》き持経《じきよう》の人《ひと》、所在《しよざい》の住処《じゆうしよ》に随逐《ずいちく》して、為《ため》に利益《りやく》を作《な》さん』と。仏《ほとけ》の言《のたま》わく、『善哉《よいかな》、善哉《よいかな》。善男子《ぜんなんし》、是《かく》の如《ごと》し、是《かく》の如《ごと》し。汝等《なんじら》、応当《まさ》に勤心《ごんしん》に此《こ》の妙経王《みようきようおう》を流布《るふ》すべし。則《すなわ》ち正法《しようぼう》をして、久《ひさ》しく世《よ》に住《じゆう》せしめん』と。

《四威儀》　行・住・坐・臥の四つの人間の行動形式。行・住・坐・臥において、常に心を調え、儀則に合して戒を失なわないこと。

分別三身品第三の最後の結論として、法身を強調する。そして『金光明経』を聴聞信解《ちょうもんしんげ》すれば、四悪趣（地獄・餓鬼・傍生・阿修羅）に堕せず、諸仏清浄の国土に生ずるという功徳を語っている。しかも『金光明経』を講説すれば、四種の利益がありとし、第一に国王の軍隊は強威なること、第二に中宮・妃后・王子・諸臣など国王を取り巻く人間集団の和合を得ること。第三は国内に居住する沙門・婆羅門、および国人は、無病息災の生活に過ごし得るとともに、枉死者なく、福因に役立つ。第四には常に諸天に守護され、三宝に帰依して、菩提行に励むことが列挙されている。『金光明経』が護国経典として、重要視されるのは四天王護国品によるがためである。第一序品、第二如来寿量品では、護国経典の主張はみられないが、第三分別三身品において、その最後に、分別三身品の本来の主旨とかかわりなく、突如として四種の利益を説くことは注目に価する。

夢見金鼓懺悔品　第四

(大)一六巻四一一上―中

爾《そ》の時《とき》、*妙幢菩薩《みょうどうぼさつ》、親《した》しく仏前《ぶつぜん》に於《お》いて、妙法《みょうほう》を聞《き》き已《お》わりて、歓喜踊躍《かんぎゆやく》し、一心《いっしん》に思惟《しゆい》して、還《かえ》りて本処《ほんしょ》に至《いた》りしに、夜《よる》、夢中《むちゅう》に於《お》いて、大金鼓《だいこんく》を見《み》たり。光明晃耀《こうみょうこうよう》として、猶《なお》し日輪《にちりん》の如《ごと》し。此《こ》の光《ひかり》の中《なか》に於《お》いて、十方無量《じっぽうむりょう》の諸仏《しょぶつ》、宝樹《ほうじゅ》の下《もと》に於《お》いて、琉璃座《るりざ》に坐《ざ》して、無量百千《むりょうひゃくせん》の大衆《だいしゅ》に囲繞《いにょう》せられて、説法《せっぽう》を為《な》すを見《み》るを得《え》たり。一《いち》の婆羅門《ばらもん》ありて金鼓《こんく》を桴撃《ぶぎゃく》し、大音声《だいおんじょう》を出《い》だすを見《み》たり。声《こえ》の中《なか》に微妙《みみょう》の*伽他《かだ》を演説《えんぜつ》して、懺悔《さんげ》の法《ほう》を明《あ》かす。妙幢聞《みょうどうき》き已《お》わり、皆 悉《みなことごと》く憶持《おくじ》し、*繋《け》念《ねん》して住《じゅう》す。天暁《てんあ》くるに至《いた》り、已《すで》に無量百千《むりょうひゃくせん》の大衆《だいしゅ》の与《ため》に囲繞《いにょう》せられ、諸《もろもろ》の供具《くぐ》を将《も》ちて王舎城《おうしゃじょう》を出《い》で、鷲峰山《じゅぶせん》に詣《もう》で、世尊《せそん》の所《ところ》に至《いた》り、仏足《ぶっそく》を礼《らい》し已《お》わり、香花《こうけ》を布《し》き設《もう》け、右《みぎ》に遶《めぐ》ること三匝《さんそう》にして、退《しりぞ》きて一面《いちめん》に坐《ざ》し、合掌 恭敬《がっしょうくぎょう》し、尊顔《そんげん》を瞻仰《せんごう》して、仏《ほとけ》に白《もう》して言《いわ》く、「世尊《せそん》よ、我夢中《われむちゅう》に於《お》いて、婆羅門《ばらもん》、手《て》に桴《ぶ》を執《と》りて、妙金鼓《みょうこんく》を撃《う》ち、大音声《だいおんじょう》を出《い》だし、声《こえ》の中《なか》に微妙《みみょう》の伽他《かだ》を演説《えんぜつ》して、懺悔《さんげ》の法《ほう》を明《あ》かすを見《み》て、我皆憶持《われみなおくじ》しぬ。唯《ただ》、願《ねが》わくば世尊《せそん》よ、大慈悲《だいじひ》を降《くだ》し、我《わ》が所説《しょせつ》を聴《き》きたまえ」と。即《すなわ》ち仏前《ぶつぜん》に於《お》いて、頌《じゅ》を説《と》きて曰《いわ》く、

《妙幢菩薩》 Ruciraketu Bodhisattva 第二章の如来寿量品とこの品とに現われる菩薩であるが、第二十八

品には「妙幢菩薩讃歎」として三度この経典に登場する。《伽他》Gāthā の音訳。つまり韻文の形式である。長行に対する言葉。《繫念》精神を集中すること。

夢見金鼓懺悔品第四は、梵本では「夢見品」という短い散文だけの章と「懺悔品」という韻文だけの章とに分かれている。この十巻本では二章をまとめて一章としている。第四品の前述の部分は梵本の第三章「夢見品」に相当するわけである。この品では仏の妙法を聞いた妙幢菩薩が、夢の中で黄金で作られている大きな鼓を見たことに始まる。その金鼓を一人の婆羅門が打ちならす音の中に、懺悔の法を明かす伽陀《かだ》を聞くことを述べる。夢から覚めた妙幢菩薩は、その伽陀を記憶し、暁天の鷲峰山に世尊を尋ね、世尊に頭面接足礼をした後に、仏に向かって、自分が夢の中で聞いた金鼓の伽陀の音声に懺悔の法について仏に説明することになる。そして以下の韻文を説くことになる。

㊅一六巻四一一中

*我昨夜《われさくや》の中《なか》に於《お》いて、夢《ゆめ》に大金鼓《だいこんく》を見《み》たり、其《そ》の形《かたち》極《きわ》めて姝妙《しゅみょう》にして、周遍金光《しゅうへんこんこう》あり。
猶《なお》し盛《さかん》なる日輪《にちりん》の如《ごと》く、光明《こうみょう》皆《みな》普《あまね》く耀《かがや》きて、十方界《じっぽうかい》に充満《じゅうまん》し、咸《ことごと》く諸仏宝樹《しょぶつほうじゅ》の下《もと》に在《あ》りて、
各《おのおの》琉璃座《るりざ》に処《しょ》し、
無量百千《むりょうひゃくせん》の衆《しゅ》、恭敬《くぎょう》して囲遶《いにょう》するを見《み》たり、
一《いち》の婆羅門《ばらもん》あり、杖《じょう》を以《もっ》て金鼓《こんく》を撃《う》ち、其《そ》の鼓《く》の声《こえ》の内《うち》に於《お》いて、此《こ》の妙伽他《みょうかだ》を説《と》けり。

*金光明《こんこうみょう》の鼓《く》、妙声《みょうしょう》を出《い》だし、遍《あまね》く三千大千界《さんぜんだいせんかい》に至《いた》り、能《よ》く*三塗極重《さんずごくじゅう》の罪《つみ》と、及《およ》び人中《にんちゅう》の諸《もろもろ》の苦厄《くやく》を滅《めっ》す。

此《こ》の金鼓《こんく》の声《こえ》の威力《いりき》に由《よ》りて、永《なが》く一切煩悩《いっさいぼんのう》の障《しょう》を滅《めっ》し、怖畏《ふい》を断除《だんじょ》して安隠《あんのん》ならしむ。譬《たと》えば*自在牟尼尊《じざいむにそん》の如《ごと》し。

仏《ほとけ》は生死大海《しょうじだいかい》の中《なか》に於《おい》て、行《ぎょう》を積《つ》みて一切智《いっさいち》を修《おさ》め成《じょう》じ、能《よ》く衆生《しゅじょう》の*覚品《かくぼん》を具《ぐ》せしめ、究《く》竟《きょう》じて咸《ことごと》く功徳《くどく》の海《うみ》に帰《き》せしむ。

此《こ》の金鼓妙声《こんくみょうしょう》を出《い》だすに由《よ》りて、普《あまね》く聞者《もんじゃ》をして梵響《ぼんこう》を獲《え》て、無上菩提《むじょうぼだい》の果《か》を証得《しょうとく》せしめ、

常《つね》に清浄《しょうじょう》の妙法輪《みょうほうりん》を転《てん》ぜしむ。

寿《じゅ》を住《とど》むる不可思議劫《ふかしぎこう》にして、機《き》に随《したが》い法《ほう》を説《と》きて群生《ぐんじょう》を利《り》し、能《よ》く煩悩衆苦《ぼんのうしゅく》の流《なが》れを断《だん》じ、

貪《とん》・瞋《じん》・癡等皆除滅《ちとうみなじょめつ》す。

若《も》し衆生《しゅじょう》ありて*悪趣《あくしゅ》に処《しょ》し、大火猛焔身《だいかみょうえんしん》に周遍《しゅうへん》せんに、若《も》し是《こ》の妙鼓《みょうく》の音《おん》を聞《き》くを得《え》ば、

即《すなわ》ち能《よ》く苦《く》を離《はな》れて仏《ほとけ》に帰依《きえ》し、

皆《みな》*宿命智《しゅくみょうち》を成就《じょうじゅ》することを得《え》て、能《よ》く過去《かこ》の百千生《ひゃくせんしょう》を憶《おく》し、悉《ことごと》く皆牟尼尊《みなむにそん》を正念《しょうねん》して、

如来甚深《にょらいじんじん》の教《おしえ》を聞《き》くことを得《え》ん。

金鼓《こんく》の勝妙音《しょうみょうおん》を聞《き》くに由《よ》りて、常《つね》に諸仏《しょぶつ》に親近《しんごん》し、悉《ことごと》く能《よ》く諸《もろもろ》の悪業《あくごう》を捨離《しゃり》し、純《もっぱ》ら清浄《しょうじょう》の諸善品《しょぜんほん》を修《しゅ》することを得《え》ん。

一切天人有情《いっさいてんにんうじょう》の類《るい》、殷重至誠《おんじゅうしじょう》に祈願《きがん》する者《もの》は、金鼓《こんく》の妙音声《みょうおんじょう》を聞《き》くことを得《え》て、能《よ》く求《もと》むる

所《ところ》をして皆満足《みなまんぞく》せしめん。

《我於昨夜中……説此妙伽他》 五言の偈四頌。梵本と一致する。**《金光明鼓出妙声……皆蒙離苦得解脱》** 七言の偈十一頌は梵本と一致する。**《金光明鼓》** suvarṇa-prabhāsôttama-dundubha（最勝なる黄金の輝きを持てる鼓）の言葉がこの経典の名称となったものであり、したがってこの章は本経典の中心をなす。**《三塗》** 塗とは途の意味であり、地獄趣の猛火に焼かるる火塗と、畜生趣のたがいに相食む血塗、および餓鬼趣の刀杖をもって迫られる刀塗の三つを指す。**《自在牟尼尊》** 一切において自在を得たる聖者という意味で、如来を指す。**《覚品》** 三十七菩提分法を指す。すなわち四念処・四正勤・四如意足・五根・五力・七菩提分法・八聖道である。**《悪趣》** 悪しき業によって趣くところで、三悪趣説と四悪趣説とがある。**《宿命智》** 前世の事を知りうる能力で、五神通の一つである。

最初の五言四偈は長行を韻文形式で重複して述べている部分である。次の七言の偈が妙幢菩薩が夢中で、金鼓の響で知り得た懺悔の説法の内容である。すなわち『金光明経』の妙声によって、三塗の罪や人間の苦厄を滅するのみならず、一切の煩悩を滅し、怖畏を取り去って安隠となる。また無上菩提を証得し、機根に従って衆生を利益し、煩悩の根本である貪瞋癡を滅除せしめる。さらに悪趣に堕し、猛火に身が包まれるも、この『金光明経』を聞けば苦しみを脱し、仏に帰依することができる。すべてのものは過去を知る智慧を得て、如来の深い教えを聞くことができる。また仏に親しみ近づくことによって、もろもろの悪業を離れ、もっぱら清浄な善のみを修する。すべての天人の生きとし生けるものは、この『金光明経』を聞くことによって、所求すべて満足することになる。

(大)一六巻四一一下―四一二上

衆生《しゅじょう》、*無間獄《むけんごく》に堕在《だざい》し、猛火炎《みょうかえん》の熾《さかん》なる苦《く》、身《み》を焚《た》きて、救護《くご》あることなく、輪迴《りんね》に処《お》らんも、聞《き》く者《もの》は、能《よ》く苦《く》をして除滅《じょめつ》せしめん。

人《にん》・天《でん》・餓鬼《がき》・*傍生《ぼうしょう》の中《なか》の、所有現《あらゆるげん》に受《う》くる諸《もろもろ》の苦難《くなん》も、金鼓《こんく》の妙響《みょうこう》を発《はっ》するを聞《き》くを得《え》ば、皆苦《みなく》を離《はな》れ解脱《げだつ》を得《え》るを蒙《こうむ》る。

*現在十方界《げんざいじっぽうかい》の、常住《じょうじゅう》の*両足尊《りょうそくそん》、願《ねが》わくば大悲心《だいひしん》を以《もっ》て、哀愍《あいみん》して我《われ》を憶念《おくねん》したまえ。

衆生《しゅじょう》、帰依《きえ》なく、亦《ま》た救護《くご》あることなき、*是《か》の如《ごと》き等類《とうるい》のために、*能《よ》く大帰依《だいきえ》と作《な》りたまえ。

我先《われさき》に作《つく》る所《ところ》の罪《つみ》、極重《ごくじゅう》の諸《もろもろ》の悪業《あくごう》、今《いま》*十力《じゅうりき》の前《まえ》に対《たい》し、至心《ししん》に皆懺悔《みなさんげ》す。

我諸仏《われしょぶつ》を信《しん》ぜず、亦《ま》た*尊親《そんしん》を敬《きょう》せず、務《つと》めて衆善《しゅぜん》を修《しゅ》せず、常《つね》に諸《もろもろ》の悪業《あくごう》を造《つく》り、

或《ある》いは自《みずか》ら尊高《そんこう》と、種姓《しゅしょう》と、及《およ》び財位《ざいい》と、*盛年《じょうねん》とを恃《たの》み、放逸《ほういつ》を行《おこ》ない、常《つね》に諸《もろもろ》の悪業《あくごう》を造《つく》り、

心《こころ》、恒《つね》に邪念《じゃねん》を起《おこ》し、口《くち》に悪言《あくごん》を陳《の》べ、過罪《かざい》を見《み》ず、常《つね》に諸《もろもろ》の悪業《あくごう》を造《つく》り、

恒《つね》に愚夫《ぐふ》の行《ぎょう》を作《な》し、無明《むみょう》の闇《やみ》、心《こころ》を覆《おお》い、不善《ふぜん》の友《とも》に随順《ずいじゅん》し、常《つね》に諸《もろもろ》の悪業《あくごう》を造《つく》り、

或《ある》いは諸《もろもろ》の戯楽《けらく》に因《よ》り、或《ある》いは復《ま》た憂悩《うのう》を懐《いだ》き、貪瞋《とんじん》のために纏《てん》せらる、故《ゆえ》に我諸悪《われしょあく》を造《つく》り

ぬ。

不善人《ふぜんにん》に親近《しんごん》し、及《およ》び慳嫉《けんしつ》の意《こころ》に由《よ》り、貧窮《びんぐう》にして諂誑《てんおう》を行《おこ》なう、故《ゆえ》に我諸悪《われしょあく》を造《つく》りぬ。

衆過《しゅか》を楽《ねが》わずと雖《いえど》も、怖畏《ふい》あるが故《ゆえ》と、及《およ》び自在《じざい》を得《え》ざるとに由《よ》りて、故《ゆえ》に我諸悪《われしょあく》を造《つく》りぬ。

或《ある》いは躁動心《そうどうしん》のために、或《ある》いは瞋恚《しんに》と恨《こん》と、及《およ》び飢渇《けかつ》の悩《のう》に因《よ》りて、故《ゆえ》に我諸悪《われしょあく》を造《つく》りぬ。

飲食《おんじき》と衣服《えぶく》と、及《およ》び女人《にょにん》を貪愛《とんあい》するに由《よ》り、煩悩《ぼんのう》の火《ひ》に焼《や》かる、故《ゆえ》に我諸悪《われしょあく》を造《つく》りぬ。

仏《ぶつ》・法《ぼう》・僧衆《そうしゅ》に於《おい》て、恭敬心《くぎょうしん》を生《しょう》ぜず、是《かく》の如《ごと》き衆罪《しゅざい》を作《つく》りぬ。我今《われいま》、悉《ことごと》く懺悔《さんげ》す。

《無間獄》 梵本には ghoranaraka（おそろしい地獄）とある。無間地獄（Avīci）とは、八大地獄中、最重最極の地獄である。**《傍生》** 畜生道をいう。**《現在十方界……速成無上慧》** 五言の偈三十八頌は梵本と一致する。**《両足尊》** 仏の尊号。仏は両足を有する有情の中、尊貴第一であるから。**《為如是等類》** 梵本によれば第十七偈。**《能作大帰依》** 梵本によれば第十六偈。**《十力》** Daśa-bala すなわち、1処非処智力、2業異熟智力、3静慮解脱等持等至智力、4根上下智力、5種種勝解智力、6種種界智力、7遍趣行智力、8宿住随念智力、9死生智力、10漏尽智力。これら十種の智力を具足したもの、すなわち仏世尊である。**《尊親》** 梵本によれば mātā-pitṛ すなわち父母である。**《盛年》** 梵本によれば tāruṇya (youth) である。三十一歳より四十歳までをいう。

㊅一六巻四一二上

*独覚《どっかく》と菩薩《ぼさつ》とに於《おい》ても、亦《ま》た恭敬心《くぎょうしん》なく、是《かく》の如《ごと》き衆罪《しゅざい》を作《つく》りぬ。我今《われいま》、悉《ことごと》く懺悔《さんげ》す。

無知《むち》にして正法《しょうぼう》を謗《そし》り、父母《ぶも》に孝《こう》せず、是《かく》の如《ごと》き衆罪《しゅざい》を作《つく》りぬ。我今《われいま》、悉《ことごと》く懺悔《さんげ》す。

愚癡《ぐち》と憍慢《きょうまん》と、及《およ》び貪《とん》と瞋《しん》との力《ちから》に由《よ》りて、是《かく》の如《ごと》き衆罪《しゅざい》を作《つく》りぬ。我今《われいま》、悉《ことごと》く懺悔《さんげ》す。

我十方界《われじっぽうかい》に於《おい》て、無数《むしゅ》の仏《ほとけ》を供養《くよう》し、当《まさ》に*衆生《しゅじょう》を抜《ぬ》きて、諸《もろもろ》の苦難《くなん》を離《はな》れしめんと願《ねが》うべし。

願《ねが》わくば一切《いっさい》の有情《うじょう》をして、皆《みな》*十地《じゅうじ》に住《じゅう》せしめ、福智《ふくち》円満《えんまん》し已《おわ》りて、成仏《じょうぶつ》して群迷《ぐんめい》を導《みちび》かん。

我諸《われもろもろ》の衆生《しゅじょう》のために、苦行《くぎょう》すること百千劫《ひゃくせんこう》、大智慧力《だいちえりき》を以《もっ》て、皆苦海《みなくかい》を出《い》でしめん。

我諸《われもろもろ》の*含識《がんじき》のために、甚深《じんじん》の経《きょう》、最勝金光明《さいしょうこんこうみょう》を演説《えんぜつ》し、能《よ》く諸《もろもろ》の悪業《あくごう》を除《のぞ》かん。

若《も》し人《ひと》、百千劫《ひゃくせんこう》に、諸《もろもろ》の極重罪《ごくじゅうざい》を造《つく》らんも、暫時《ざんじ》に能《よ》く*発露《ほつろ》せば、衆悪尽《しゅあくことごと》く消除《しょうじょ》せん。

此《こ》の金光明《こんこうみょう》に依《よ》りて、是《かく》の如《ごと》く懺悔《さんげ》を作《な》す、斯《これ》に由《よ》りて能《よ》く速《すみ》やかに、一切《いっさい》の諸《もろもろ》の苦業《くごう》を尽《つく》さん。

勝定百千種《しょうじょうひゃくせんしゅ》、不思議《ふしぎ》の*総持《そうじ》、*根《こん》・力《りき》・覚《かく》・道支《どうし》を修習《しゅじゅう》して、常《つね》に倦《う》むことなけん。

我当《われまさ》に十地《じゅうじ》に至《いた》り、珍宝処《ちんぼうしょ》を具足《ぐそく》し、円《まど》かに仏《ほとけ》の功徳《くどく》を満《み》たし、生死《しょうじ》の流《なが》れを済度《さいど》せん。

我《わ》が諸仏海《しょぶつかい》、甚深《じんじん》の功徳蔵《くどくぞう》、妙智《みょうち》の思議《しぎ》し難《がた》きに於《おい》て、皆具足《みなぐそく》を得《え》しめん。

唯願《ただねが》わくば十方仏《じっぽうぶつ》、観察《かんさつ》して我《われ》を護念《ごねん》し、皆大悲心《みなだいひしん》を以《もっ》て、哀《あわ》れみて我《わ》が懺悔《さんげ》を受《う》けたまえ。

我多劫《われたこう》の中《なか》に於《おい》て、造《つく》れる所《ところ》の諸《もろもろ》の悪業《あくごう》、斯《これ》に由《よ》りて苦悩《くのう》を生《しょう》ぜり、哀愍《あいみん》して願《ねが》わくば消《しょう》除《じょ》したまえ。

《独覚》 縁覚ともいう。《抜衆生》 抜済するの義。生死輪廻の泥中より衆生を抜き済うこと。《十地》 菩薩最高の階級であり、その名義は以下の浄地陀羅尼品を見よ。《含識》 心識を含有するもの、すなわち有情・衆生(生物)をいう。《発露》 告白すること。《総持》 dhāraṇī 陀羅尼と音訳。《根力覚道支》 五根・五力・七覚支・八聖道支である。

㊅一六巻四一二中—下

我諸《われもろもろ》の悪業《あくごう》を造《つく》り、常《つね》に憂怖《うふ》の心《こころ》を生《しょう》じ、四威儀《しいぎ》の中《なか》に於《おい》て、曾《かつ》て歓楽《かんらく》の想《そう》なし。

諸仏《しょぶつ》、大悲《だいひ》を具《そな》えて、能《よ》く衆生《しゅじょう》の怖《おそ》れを除《のぞ》きたまう、願《ねが》わくば我《わ》が懺悔《さんげ》を受《う》けて、憂苦《うく》を離《はな》るることを得《え》しめたまえ。

我煩悩障《われぼんのうしょう》、及《およ》び諸《もろもろ》の報業《ほうごう》あり。願《ねが》わくば大悲《だいひ》の水《みず》を以《もっ》て、洗濯《せんたく》して清浄《しょうじょう》ならしめたまえ。

我先《われさき》に諸《もろもろ》の罪《つみ》を作《つく》り、及《およ》び現《げん》に悪業《あくごう》を造《つく》りぬ。至心《ししん》に皆発露《みなほつろ》す、咸《ことごと》く願《ねが》わくば蠲除《けんじょ》することを得《え》ん。

未来《みらい》の諸《もろもろ》の悪業《あくごう》は、防護《ぼうご》して起《おこ》らざらしめん、設令《たとい》、違《たが》う者《もの》あるも、終《つい》に敢《あえ》て覆蔵《ふくぞう》せじ。

*身《しん》の三《さん》と、語《ご》の四種《ししゅ》と、意業《いごう》に復《ま》た三《さん》あり、諸《もろもろ》の有情《うじょう》を繋縛《けばく》し、無始《むし》に恒《つね》に相続《そうぞく》す。

斯《こ》の三種《さんしゅ》の行《ぎょう》に由《よ》りて、十悪業《じゅうあくごう》を造作《ぞうさ》す。是《か》の如《ごと》き衆多《しゅた》の罪《つみ》、我今《われいま》、皆懺悔《みなさんげ》す。

我諸《われもろもろ》の悪業《あくごう》を造《つく》り、苦報《くほう》、当《まさ》に自《みずか》ら受《う》くべし、今《いま》、諸仏《しょぶつ》の前《まえ》に於《おい》て、至誠《しじょう》に皆懺悔《みなさんげ》す。

此《こ》の*贍部洲《せんぶしゅう》、及《およ》び他方世界《たほうせかい》の、所有諸《あらゆるもろもろ》の善業《ぜんごう》、今我皆随喜《いわまれみなずいき》せん。
願《ねが》わくば十悪業《じゅうあくごう》を離《はな》れて、十善道《じゅうぜんどう》を修行《しゅぎょう》し、十地《じゅうじ》の中《なか》に安住《あんじゅう》し、常《つね》に十方仏《じっぽうぶつ》を見《み》ん。
我身《われしん》と語《ご》と意《い》とを以《もっ》て、修《しゅ》する所《ところ》の福智《ふくち》の業《ごう》、願《ねが》わくば此《こ》の善根《ぜんごん》を以《もっ》て、速《すみ》やかに無上慧《むじょうえ》を成《じょう》ぜん。
*我今《われいま》、親《した》しく十力《じゅうりき》の前《まえ》に対《たい》し、衆多《しゅた》の苦難《くなん》の事《じ》を発露《ほつろ》す。凡愚《ぼんぐ》、三有《さんう》に迷惑《めいわく》する難《なん》、恒《つね》に極《ごく》重悪業《じゅうあくごう》を造《つく》る難《なん》、
我積集《われしゃくじゅう》する所《ところ》を欲《ほっ》する邪《よこしま》の難《なん》、常《つね》に貪愛《とんあい》し流転《るてん》を起《おこ》す難《なん》、此《こ》の世間《せけん》に於《おい》て、耽著《たんじゃく》する難《なん》、
一切《いっさい》の愚夫《ぐふ》の煩悩《ぼんのう》の難《なん》、
狂心《きょうしん》・散動《さんどう》・顚倒《てんどう》の難《なん》、及《およ》び悪友《あくう》に親近《しんごん》する難《なん》、生死《しょうじ》の中《なか》に於《おい》て、貪染《とんぜん》する難《なん》、瞋癡闇鈍《しんちあんどん》にして罪《つみ》を造《つく》る難《なん》、
*八無暇《はちむけ》の悪処《あくしょ》に生《しょう》ずる難《なん》、未《いま》だ曾《かっ》て功徳《くどく》を積集《しゃくじゅう》せざるの難《なん》、我今《われいま》、皆最勝《みなさいしょう》の前《まえ》に於《おい》て、無辺《むへん》の罪《つみ》・悪業《あくごう》を懺悔《さんげ》す。

《身三語四種、意業復有三》 十悪業のこと。身三とは、殺生・偸盗・邪婬。語四とは、妄語・綺語・両舌・悪言。意三とは、慳貪・瞋恚・邪見。身・語・意三種の悪行である。 **《贍部洲》** Jambu-dvīpa すなわち、われわれの人界である。 **《我今親対十力前……方得聞斯懺悔法》** 七言の偈四十六頌は梵本と一致する。
《八無暇》 八難の異名。仏を見ず、正法を聞くを得ざる境界に八種あることをいう。1地獄、2畜生、3餓

鬼、4長寿天、5辺地、6盲聾瘖瘂、7世智弁聡、8仏前仏後。

(大)一六巻四一二下

我今《われいま》、諸《もろもろ》の*善逝《ぜんぜい》に帰依《きえ》す。我《わ》が徳海《とくかい》の無上尊《むじょうそん》、大金山《だいこんせん》の十方《じっぽう》を照《て》らすが如《ごと》きを礼《らい》したてまつる。唯願《ただねが》わくば慈悲《じひ》、哀《あわ》れみて摂受《しょうじゅ》したまえ。

身色《しんじき》は金光《こんこう》なり、浄《きよ》くして無垢《むく》、目《め》は清浄《しょうじょう》の紺琉璃《こんるり》の如《ごと》く、吉祥《きちじょう》・威徳《いとく》・名称《みょうしょう》の尊《そん》、大悲《だいひ》の慧日《えにち》、衆闇《しゅあん》を除《のぞ》く。

仏日《ぶっにち》の光明《こうみょう》、常《つね》に普遍《ふへん》に、善《ぜん》・浄《じょう》・無垢《むく》、諸《もろもろ》の塵《じん》を離《はな》る。牟尼《むに》の月《つき》は照《て》らして極《きわ》めて清涼《しょうりょう》なり、能《よ》く衆生《しゅじょう》の煩悩《ぼんのう》の熱《ねつ》を除《のぞ》く。

三十二相遍《さんじゅうにそうあまね》く荘厳《しょうごん》し、八十《はちじゅう》の随好皆円満《ずいこうみなえんまん》し、福徳難思《ふくとくなんし》にして、与《とも》に等《ひと》しきものなし、日《ひ》の光《ひかり》を流《はな》ちて世間《せけん》を照《て》らすが如《ごと》し。

色《いろ》は琉璃《るり》の如《ごと》く浄《きよ》くして無垢《むく》、猶《なお》し満月《まんがつ》の虚空《こくう》に処《しょ》するが如《ごと》し、妙玻瓈《みょうはり》の網《あみ》は金軀《こんく》に映《えい》じ、種種《しゅじゅ》の光明《こうみょう》を以《もっ》て厳飾《ごんじき》す。

生死《しょうじ》の苦《くる》しき瀑流《ぼる》の内《うち》に於《お》いて、老病《ろうびょう》と憂愁《うしゅう》との水《みず》に漂《ただよ》わさる所《ところ》、是《かく》の如《ごと》き苦海堪《くかいた》え忍《しの》び難《がた》し、仏日《ぶっにち》、光《ひかり》を舒《の》べて永《なが》く竭《つ》きしむ。

我今《われいま》、一切智《いっさいち》、三千世界稀有《さんぜんせかいけう》の尊《そん》を稽首《けいしゅ》す、光明晃耀《こうみょうこうよう》の紫金身《しこんしん》、種種《しゅじゅ》の妙好皆厳飾《みょうこうみなごんじき》し、大海水《だいかいすい》の量《はか》り知《し》り難《がた》きが如《ごと》く、大地《だいじ》の微塵数《みじんかず》うべからず。*妙高山《みょうこうせん》の称量《しょうりょう》し叵《がた》きが如《ごと》く、亦《ま》た虚空《こくう》の際《かぎり》あることなきが如《ごと》し。

諸仏《しょぶつ》の功徳《くどく》も亦《ま》た是《かく》の如《ごと》し、一切有情知《いっさいうじょうし》る能《あた》わず、無量劫《むりょうこう》に於《おい》て、諦《あきら》かに思惟《しゆい》せんも、能《よ》く徳海《とくかい》の岸《きし》を知《し》るものあることなし。

此《こ》の大地《だいじ》と諸《もろもろ》の山岳《せんがく》とを尽《つく》し、*析《くだ》きて微塵《みじん》の如《ごと》きを能《よ》く算知《さんち》し、毛端《もうたん》の渧海《たいかい》、尚量《なおはか》るべきも、仏《ほとけ》の功徳《くどく》、能《よ》く数《かぞ》うることなし。

一切《いっさい》の有情皆共《うじょうみなとも》に、世尊《せそん》の名称《みょうしょう》、諸《もろもろ》の功徳《くどく》を讃《さん》ず。清浄《しょうじょう》の相好《そうごう》の妙荘厳《みょうしょうごん》は、称量《しょうりょう》して分斉《ぶんざい》を知《し》るべからず。

我《わ》が所有衆善《あらゆるしゅぜん》の業《ごう》、願《ねが》わくば速《すみ》やかに無上尊《むじょうそん》を成《じょう》ずることを得《え》て、広《ひろ》く正法《しょうぼう》を説《と》きて群生《ぐんじょう》を利《り》し、悉《ことごと》く衆苦《しゅく》を解脱《げだつ》せしめん。

大力《だいりき》の魔軍衆《まぐんしゅ》を降伏《ごうぶく》し、当《まさ》に無上《むじょう》の正法輪《しょうぼうりん》を転《てん》ぜん。久《ひさ》しく住《じゅう》する劫数《こうしゅ》は思議《しぎ》し難《がた》く、衆生《しゅじょう》の甘露味《かんろみ》を充足《じゅうそく》すること、

猶《なお》し過去《かこ》の諸《もろもろ》の最勝《さいしょう》の如《ごと》くならん。*六波羅蜜皆円満《ろくはらみつみなえんまん》し、諸《もろもろ》の貪欲《とんよく》、及《およ》び瞋《しん》と癡《ち》とを滅《めっ》し、煩悩《ぼんのう》を降伏《ごうぶく》し、衆苦《しゅく》を除《のぞ》かん。

《善逝》 Sugata 仏十号の一。 《妙高山》 Sumeru 須弥山。 《析》 柝と同字。 《六波羅蜜》 布施・持戒・忍辱・精進・禅定・智慧。

㊅一六巻四一三上―下

願《ねが》わくば我《われ》常《つね》に宿命智《しゅくみょうち》を得《え》て、能《よ》く過去《かこ》の百千生《ひゃくせんしょう》を憶《おも》い、亦《ま》た常《つね》に牟尼尊《むにそん》を憶念《おくねん》し、諸仏甚《しょぶつじん》深《じん》の法《ほう》を聴《き》くことを得《え》ん。

願《ねが》わくば我《われ》斯《こ》の諸《もろもろ》の善業《ぜんごう》を以《もっ》て、無辺《むへん》の最勝尊《さいしょうそん》に奉事《ぶじ》せん、一切不善《いっさいふぜん》の因《いん》を遠離《おんり》し、恒《つね》に真《しん》妙《みょう》の法《ほう》を修行《しゅぎょう》することを得《え》ん。

一切世界《いっさいせかい》の諸《もろもろ》の衆生《しゅじょう》、悉《ことごと》く皆苦《みなく》を離《はな》れて安楽《あんらく》を得《え》ん。所有諸根具足《あらゆるしょこんぐそく》せざるもの、彼《かれ》をして身相皆円満《しんそうみなえんまん》せしめん。

若《も》し衆生《しゅじょう》ありて病苦《びょうく》に遭《あ》い、身形羸瘦《しんぎょうるいそう》して所依《しょえ》なからんに、咸《ことごと》く病苦《びょうく》をして消除《しょうじょ》することを得《え》せしめ、諸根色力皆充満《しょこんしきりきみなじゅうまん》せしめん。

若《も》し王法《おうほう》を犯《おか》して、当《まさ》に刑戮《けいりゃく》せらるべく、衆苦逼迫《しゅくひっぱく》して憂悩《うのう》を生《しょう》ぜんに、彼斯《かれかく》の如《ごと》く極苦《ごくく》を受《う》くる時《とき》、帰依《きえ》して能《よ》く救護《くご》するものあることなし。

若《も》し鞭《べん》・杖《じょう》・枷《か》・鎖《さ》の繋《け》を受《う》け、種種《しゅじゅ》の苦具《くぐ》、其《そ》の身《しん》を切《き》り、無量百千憂悩《むりょうひゃくせんうのう》する時《とき》、身心《しんしん》を逼迫《ひっぱく》して暫《しばら》くも楽《らく》なからんに、

皆繋縛《みなけばく》、及《およ》び鞭杖苦楚《べんじょうくそ》の事《こと》を免《まぬが》るるを得《え》せしめん。将《まさ》に刑《けい》に臨《のぞ》まんとする者《もの》には、命全《いのちまった》きを得《え》せしめ、衆苦皆永《しゅくみな. なが》く除尽《じょじん》せしめん。

若《も》し衆生《しゅじょう》ありて飢渇《けかつ》に逼《せ》めらるるものには、種種殊勝《しゅじゅしゅしょう》の味《み》を得《え》しめん。盲者《もうじゃ》は視《み》ることを得《え》、聾者《ろうじゃ》は聞《き》こえ、跛者《はしゃ》は能《よ》く行《ゆ》き、瘂《あ》は能《よ》く語《かた》らしめん。

貧窮《びんぐう》の衆生《しゅじょう》は宝蔵《ほうぞう》を獲《え》て、倉庫《そうく》盈《み》ち溢《あふ》れて乏《か》くる所《ところ》なく、皆上妙《みなじょうみょう》の楽《らく》を受《う》けて、一衆生《いっしゅじょう》として苦悩《くのう》を受《う》くるものなからしめん。

一切《いっさい》の人天《にんでん》、皆楽《みなたの》しみ、容儀《ようぎ》温雅《おんが》にして甚《はなは》だ端厳《たんごん》なるを見《み》、悉《ことごと》く皆現《みなげん》に無量《むりょう》の楽《らく》を受《う》けて、受用豊饒《じゅゆうぶにょう》に、福徳《ふくとく》は具《そな》わらん。

彼《か》の衆生《しゅじょう》の伎《ぎ》楽《がく》を念《ねん》ずるに随《したが》いて、衆妙《しゅみょう》の音声皆現前《おんじょうみなげんぜん》し、水《みず》を念《ねん》ぜんには清涼《しょうりょう》の池《いけ》を現《あら》わして、金色《こんじき》の蓮花《れんげ》、其《そ》の上《うえ》に汎《うか》ばん。

彼《か》の衆生《しゅじょう》の心《こころ》の念《ねん》ずる所《ところ》に随《したが》いて、飲食《おんじき》・衣《え》服《ぶく》、及《およ》び床敷《しょうふ》・金《こん》・銀《ごん》・珍宝《ちんぼう》・妙琉璃《みょうるり》・瓔珞《ようらく》・荘厳《しょうごん》、皆具足《みなぐそく》せん。

衆生《しゅじょう》をして悪響《あくごう》を聞《き》かしむること勿《なか》らん。亦《ま》た復《ま》た相違《そうい》あるを見《み》ずして、受《う》くる所《ところ》の容貌《ようみょう》、悉《ことごと》く端厳《たんごん》に、各各《おのおの》慈《じ》心《しん》もて相愛楽《あいあいらく》せん。

世《せ》間《けん》の資生《ししょう》、諸《もろもろ》の楽具《らくぐ》、心《こころ》に随《したが》いて念《ねん》ずる時《とき》、皆満足《みなまんぞく》し、得《う》る所《ところ》の珍財《ちんざい》に悋惜《りんじゃく》なく、諸《もろもろ》の衆《しゅ》生《じょう》に分布《ぶんぷ》、施与《せよ》せん。

焼香《しょうこう》と末香《まっこう》と、及《およ》び塗《ず》香《こう》と、衆妙《しゅみょう》の雑花《ぞうげ》、一色《いっしき》に非《あら》ざる、毎日三昧《まいにちさんまい》に、樹《じゅ》より堕《お》ちて、心《こころ》に随《したが》い受用《じゅゆう》して歓喜《かんぎ》を生《しょう》ぜん。

普《あまね》く願《ねが》わくば衆生咸《しゅじょうことごと》く十方《じっぽう》*一切《いっさい》の最勝尊《さいしょうそん》と、*三乗清浄《さんじょうしょうじょう》の妙法門《みょうほうもん》と、菩《ぼ》薩《さつ》・独覚《どっかく》・声聞《しょうもん》衆《しゅ》に供《く》養《よう》せん。

常《つね》に願《ねが》わくば卑《ひ》賤《せん》に処《しょ》すること勿《なか》らん、無《む》暇《け》八難《はちなん》の中《なか》に堕《だ》せず、生《う》まれて有暇人中《うけにんちゅう》の尊《そん》となり、　恒《つね》に十方仏《じっぽうぶつ》に親承《しんじょう》するを得《え》ん。

願《ねが》わくば常《つね》に富貴《ふうき》の家《いえ》に生《う》まれ、財宝《ざいほう》・倉庫《そうく》、皆盈満《みなえいまん》することを得《え》ん。顔貌《げんみょう》も名称《みょうしょう》も与《とも》に等《ひと》しきものなく、寿命延長《じゅみょうえんちょう》して劫数《こうしゅ》を経《へ》ん。

　悉《ことごと》く願《ねが》わくば女人変《にょにんへん》じて男《なん》と為《な》り、勇健聡明《ゆうけんそうみょう》にして智慧《ちえ》多《おお》く、一切常《いっさいつね》に菩薩《ぼさつ》の道《どう》を行《ぎょう》じ、六度《ろくど》を勤修《ごんしゅ》して彼岸《ひがん》に到《いた》らん。

常《つね》に十方無量《じっぽうむりょう》の仏《ほとけ》、宝王樹下《ほうおうじゅけ》に安処《あんしょ》し、妙琉璃《みょうるり》師子《しし》の座《ざ》に処《しょ》するを見《み》て、恒《つね》に法輪《ほうりん》を転《てん》じたまうに親承《しんじょう》するを得《え》ん。

若《も》し過去《かこ》、及《およ》び現在《げんざい》に於《お》いて、三有《さんう》に輪廻《りんね》して造《つく》れる諸《もろもろ》の業《ごう》の、能《よ》く厭《いと》うべき不善趣《ふぜんしゅ》を招《まね》くべきものは、願《ねが》わくば消滅《しょうめつ》を得《え》て永《なが》く余《あま》すことなからん。

一切衆生《いっさいしゅじょう》、有海《うかい》に於《お》いて、生死《しょうじ》の羂網《けんもう》もて堅牢《けんろう》に縛《ばく》せらるるを、願《ねが》わくば智剣《ちけん》を以《もっ》て断除《だんじょ》し、苦《く》を離《はな》れて速《すみ》やかに菩提処《ぼだいしょ》を証《しょう》せん。

衆生《しゅじょう》、此《こ》の瞻部《せんぶ》の内《うち》に於《お》いて、或《ある》いは他方世界《たほうせかい》の中《なか》に於《お》いて、作《な》す所《ところ》の種種《しゅじゅ》の勝福田《しょうふくでん》、我今《われいま》、皆《みな》
　悉《ことごと》く随喜《ずいき》を生《しょう》ぜん。

此《こ》の福徳《ふくとく》を随喜《ずいき》する事《こと》、及《およ》び身《しん》・語《ご》・意《い》に造《つく》れる衆善《しゅぜん》を以《もっ》て、願《ねが》わくば此《こ》の勝業《しょうごう》常《つね》に増長《ぞうじょう》し、速《すみ》やかに無上《むじょう》の大菩提《だいぼだい》を証《しょう》せん。

有所仏《あらゆるほとけ》の功徳《くどく》を礼讃《らいさん》する、深心清浄《じんしんしょうじょう》にして瑕穢《けえ》なく、迴向《えこう》・発願福辺《ほつがんふくかぎ》りなく、当《まさ》に悪趣《あくしゅ》を超《こ》ゆる六十劫《ろくじゅうこう》ならん。

若《も》し男子《なんし》、及《およ》び女人《にょにん》、婆羅門《ばらもん》等《とう》の諸《もろもろ》の勝族《しょうぞく》ありて、合掌《がっしょう》して一心《いっしん》に仏《ほとけ》を讃歎《さんだん》せば、生生《しょうじょう》に常《つね》に宿世《しゅくせ》の事《こと》を憶《おく》し、
諸根《しょこん》清浄《しょうじょう》にして身円満《しんえんまん》し、殊勝《しゅしょう》の功徳《くどく》、皆成就《みなじょうじゅ》せん、願《ねが》わくば未来所生《みらいしょしょう》の処《ところ》に於《おい》て、常《つね》に人天《にんでん》と共《とも》に瞻仰《せんごう》することを得《え》ん。
一仏十仏《いちぶつじゅうぶつ》の所《ところ》に於《おい》て、諸《もろもろ》の善根《ぜんごん》を修《しゅ》して、今聞《いまき》くことを得《う》るに非《あら》ず、百千仏《ひゃくせんぶつ》の所《ところ》に種《う》うる善《ぜん》根《ごん》、方《まさ》に斯《こ》の懺悔《さんげ》の法《ほう》を聞《き》くことを得《え》ん』と。

爾《そ》の時《とき》、世尊《せそん》、此《こ》の説《せつ》を聞《き》き已《おわ》り、妙幢菩薩《みょうどうぼさつ》を讃《さん》じて言《のたま》わく、『善哉《よいかな》、善哉《よいかな》。善男子《ぜんなんし》、汝《なんじ》が夢《ゆめ》みし所《ところ》の金鼓《こんく》、声《こえ》を出《い》だして、如来《にょらい》の真実功徳《しんじつくどく》、并《ならび》に懺悔《さんげ》の法《ほう》を讃歎《さんだん》したるが如《ごと》き、若《も》し聞《き》くことあらん者《もの》は、福《ふく》を獲《う》ること甚《はなは》だ多《おお》し。広《ひろ》く有情《うじょう》を利《り》して、罪障《ざいしょう》を滅除《めつじょ》せん、汝《なんじ》、今応《いままさ》に知《し》るべし。此《こ》の勝業《しょうごう》は、皆是《みなこ》れ過去《かこ》に讃歎発願《さんだんはつがん》せる宿習《しゅくじゅう》の因縁《いんねん》と、及《およ》び諸仏威力《しょぶついりき》の加護《かご》とに由《よ》れり。此《こ》の因縁《いんねん》、当《まさ》に汝《なんじ》がために説《と》きぬ』と。時《とき》に諸《もろもろ》の大衆《だいしゅ》、此《こ》の法《ほう》を聞《き》き已《おわ》り、咸《ことごと》く皆歓喜《みなかんぎ》して、信受《しんじゅ》し、奉行《ぶぎょう》したり。

《一切最勝尊》 すべての最勝の尊者　**《三乗》** 声聞・縁覚・菩薩であって、この道を説くのを三種の法門とする。

さらに無間地獄はもちろん、人天餓鬼傍生《にんでんがきぼうしょう》の中にうけるもろもろの苦悩を離れることができる。以

下は両足尊である仏世尊の面前において至心に帰依すべきことを説く。したがってこれらの偈文が懺悔品の主要部分となるとともに、思想的に『金光明経』の中核にあたるわけである。

最初に出る悪業として、諸仏を信奉せぬことすなわち宗教的善と、両親兄弟を尊敬せぬことすなわち倫理的善を述べ、次に自らの才能を尊高すること、および自分の生まれ門閥や経済力と、体力の盛んなることを頼みにして怠惰にふけることによる悪業を挙げ、さらに凡愚の行為をなし、不善の友だちと交わることによる悪業や、いろいろな肉体的な享楽によって、苦悩を招き、本能の追求のために、業悪を作る。さらに不善をなす人びとに近づき、また嫉妬と貧困によって詐妄欺言をなす。欲望を達成することを願わずとも、欲望を怖畏するために、心が自由を得ずに諸悪を作る。あるいは浮《うわ》ついた心のため、または瞋恚と怨恨のため、あるいは飢渇の悩みによって、諸悪を造る。飲食と衣服と女性を貪愛することによって煩悩と苦悩の火に焼かれて諸悪を造る。このように過去に多くの悪業を造ることを反省する。そして仏法僧の三宝に恭敬の心なきことを今われはことごとく懺悔し、また独覚と菩薩とを尊重せざることを懺悔すると宗教的な意味の反省を行なう。その後に、正法を謗り、父母に孝せず、愚癡と憍慢と貪欲と瞋恚による衆罪を懺悔することを述べる。そして『金光明経』による発露し懺悔することにより一切の苦業が速やかに消除することを誓う。

さてここに発露と懺悔という言葉が出てくる。発露という言葉は「あらわす」という意味で prakāśa という梵語である。これは「輝かす」とか「出現する」「顕示する」などの意味をもつ。一方、本経典における懺悔という言葉は deśanā または pratideśanā で、本来「指示する」という意味であるが「告白する」という意味にも使われる。つまり罪過を諸仏の前で告白することによって悔い改めるわけである。この梵語 deśanā に対応する漢訳には「悔過」という訳語もある。これは『法華経』五百弟子受記品第八（正蔵第八巻二九上）に出るほか、般若経典たとえば『道行般若』や『小品般若』にも「悔過」という訳語がみられる。つまり「懺悔」も「悔過」も同じ意味である。しかしパーリ語律蔵では kṣama は「忍耐」とか「許容」という意味の言葉である。漢文仏教資料では、「懺摩」という音写語で表現されたり、あるいは梵漢併挙の言葉といわれるように「懺是西音、懺是東語」という解釈が一般的に行なわれている。律蔵の「懺悔」は安居の集団生活の中で行なわれるものである。だが懺悔をしても四波羅夷等の重罪の場合には許されることはない。しかし大乗経典、特に『金光明経』では、罪の告白によって自心を清浄にするために、諸仏の前で行なわれる。つまり仏教では人間の行動すなわち業という思想が背景にある。一方、キリスト教でも懺悔《ざんげ》を説くが、自己の人間行動だけではなく、原罪という思想が背景にあることが仏教の懺悔とはたいへんに違っている。

さらに注目すべきことは、未来に生ずるもろもろの悪業も起こらざらしめようとすることである。これは懺悔という悔い改めるという行動から一歩進んで、誓願ともいうべきものであろう。しかも、身三、口四、意三の十悪を懺悔して、積極的に十善道を修行し、菩薩の十地の中にその善根によって速やかに無上慧を成就しようとすることである。

『金光明経』の懺悔は諸仏の前において至心に行なわれるものである。したがって諸仏の相好や功徳を述べている。しかも百千の仏所において種《う》えた善根の結果として、この懺悔法を聞くことを得ると結んでいる。梵語では「千仏のところにおいて」と述べられている。これは「仏名経」と「過悔法」とが結び付く重要な典拠の一つである。

また「女人変為〉男」という言葉は変成男子の思想の流れにあるものである。つまり女人の形では成仏はできない。一度、男子に生まれかわり、その後に始めて成仏できるとする。

金光明最勝王經巻第三

大唐三藏沙門義淨奉　制譯

滅業障品　第五

㊅一六巻四一三下―四一七下

爾《そ》の時《とき》、世尊《せそん》、正分別《しょうふんべつ》に住《じゅう》し、甚深微妙《じんじんみみょう》の*静慮《じょうりょ》に入《い》り、身《しん》の毛孔《もうく》より大光明《だいこうみょう》を放《はな》ちたまう。無量百千種種《むりょうひゃくせんしゅじゅ》の諸色《しょじき》あり。諸仏《しょぶつ》の*刹土《せつど》、悉《ことごと》く光《ひかり》の中《なか》に現《げん》ず。*十方恒河《じっぽうごうが》沙《しゃ》の校量譬喩《きょうりょうひゆ》も及《およ》ぶこと能《あた》わざる所《ところ》なり。*五濁《ごじょく》の悪世《あくせ》、光《ひかり》に照《て》らされ、是《こ》の諸《もろもろ》の衆生《しゅじょう》、十悪業《じゅうあくごう》、*五無間罪《ごむけんざい》を作《つく》り、三宝《さんぼう》を誹謗《ひぼう》し、尊親《そんしん》に孝《こう》せず、師長婆羅門衆《しちょうばらもんしゅ》を軽慢《きょうまん》し、応《まさ》に地獄《じごく》・餓鬼《がき》・傍生《ぼうしょう》に堕《だ》すべきもの、彼《かれ》各《おのおの》光《ひかり》の所住処《しょじゅうしょ》に至《いた》るを蒙《こうむ》る。是《こ》の諸《もろもろ》の有情《うじょう》、斯《こ》の光《ひかり》を見《み》已《おわ》りて、光《ひかり》の力《ちから》に因《よ》るが故《ゆえ》に、皆安楽《みなあんらく》を得《え》、端正姝妙《たんじょうしゅみょう》にして色相具足《しきそうぐそく》し、福智《ふくち》もて荘厳《しょうごん》し、諸仏《しょぶつ》を見《み》ることを得《え》たり。

是《こ》の時《とき》に*帝釈《たいしゃく》と一切《いっさい》の天衆《てんしゅ》、及《およ》び恒河女神并《ごうがにょしんならび》に諸《もろもろ》の大衆《だいしゅ》、光《ひかり》の希有《けう》なるを蒙《こうむ》りて、皆仏《みなほとけ》の所《ところ》に至《いた》り、右《みぎ》に遶《めぐ》ること三匝《さんそう》し、退《しりぞ》きて一面《いちめん》に坐《ざ》しぬ。

爾《そ》の時《とき》、天帝釈《てんたいしゃく》、仏《ほとけ》の威力《いりき》を承《う》け、即《すなわ》ち座《ざ》より起《た》ち、偏《ひとえ》に右肩《うけん》を袒《はだぬ》ぎ、右膝《うしつ》を地《ち》に著《つ》け、合掌《がっしょう》して仏《ほとけ》に向《むか》い、仏《ほとけ》に白《もう》して言《いわ》く、『世尊《せそん》、云何《いかん》が善男子《ぜんなんし》・善女人《ぜんにょにん》、阿耨多羅三藐三菩提《あのくたらさんみゃくさんぼだい》を願求《がんぐ》し、大乗《だいじょう》を修行《しゅぎょう》し、一切邪倒《いっさいじゃとう》の有情《うじょう》を摂取《しょうしゅ》せんに、曾《かっ》て造作《ぞうさ》する所《ところ》の業障罪《ごっしょうざい》、云何《いかん》が懺悔《さんげ》して、当《まさ》に除滅《じょめつ》することを得《う》べき。』

仏《ほとけ》、天帝釈《てんたいしゃく》に告《つ》げたまわく、『善哉《よいかな》、善哉《よいかな》。善男子《ぜんなんし》、汝今《なんじいま》修行《しゅぎょう》し、無量無辺《むりょうむへん》の衆生《しゅじょう》のために、清浄《しょうじょう》の解脱安楽《げだつあんらく》を得《え》しめ、世間《せけん》を哀愍《あいみん》し一切《いっさい》を福利《ふくり》せんと欲《ほっ》す。若《も》し衆生《しゅじょう》ありて、業障《ごっしょう》に由《よ》るが故《ゆえ》に、諸罪《しょざい》を造《つく》るものは、応当《まさ》に策励《さくれい》して昼夜六時《ちゅうやりくじ》に偏《ひとえ》に右肩《うけん》を袒《はだぬ》ぎ、右膝《うしつ》を地《ち》に著《つ》け、合掌《がっしょう》恭敬《くぎょう》し、一心専念《いっしんせんねん》に口《くち》に自《みずか》ら説《と》きて言《い》え、「現在十方一切《げんざいじっぽういっさい》の諸仏《しょぶつ》、已《すで》に阿耨多羅三藐三菩提《あのくたらさんみゃくさんぼだい》を得《え》たまえるものに帰命頂礼《きみょうちょうらい》したてまつる。*妙法輪《みょうほうりん》を転《てん》じ、*照法輪《しょうほうりん》を持《じ》し、大法雨《だいほうう》を雨《ふ》らし、大法《だいほう》鼓《く》を撃《う》ち、大法螺《だいほら》を吹《ふ》き、大法幢《だいほうどう》を建《た》て、大法炬《だいほうこ》を乗《と》りたまう。諸《もろもろ》の衆生《しゅじょう》を利益《りやく》し、安楽《あんらく》にせんと欲《ほっ》するがための故《ゆえ》に、常《つね》に法施《ほうせ》を行《ぎょう》じ、群迷《ぐんめい》を誘進《ゆうしん》し、大果《だいか》を得《え》て常楽《じょうらく》を証《しょう》することを得《え》しめんが故《ゆえ》に、是《かく》の如《ごと》き等《とう》の諸仏世尊《しょぶつせそん》、身《しん》・語《ご》・意《い》を以《もっ》て稽首《けいしゅ》し、帰誠《きじょう》し、至心《ししん》に礼敬《らいきょう》す。彼《か》の諸《もろもろ》の世尊《せそん》*真実慧《しんじつえ》を以《もっ》て*真実眼《しんじつげん》・*真実証明《しんじつしょうみょう》・*真実平等《しんじつびょうどう》を以《もっ》て、悉《ことごと》く一切衆生善悪《いっさいしゅじょうぜんあく》の業《ごう》を知《し》り悉《ことごと》くこれを見《み》たまう。我無始《われむし》の生死《しょうじ》より以来《このかた》、悪《あく》に随《したが》いて流転《るてん》し、諸《もろもろ》の衆生《しゅじょう》と共《とも》に業障罪《ごっしょうざい》を造《つく》りぬ。貪《とん》・瞋《じん》・癡《ち》のために纏縛《てんばく》せられ、未《いま》だ仏《ほとけ》を識《し》らざる時《とき》、未《いま》だ法《ほう》を識《し》らざる時《とき》、未《いま》だ僧《そう》を識《し》らざる時《とき》、未《いま》だ善悪《ぜんあく》を識《し》らず、身語意《しんごい》に由《よ》りて無間罪《むけんざい》を造《つく》りぬ。悪心《あくしん》もて仏身《ぶっしん》より血《ち》を出《い》だし、正法《しょうぼう》を誹謗《ひぼう》し、和合僧《わごうそう》を破《やぶ》り、阿羅漢《あらかん》を殺《ころ》し、父母《ぶも》を殺害《せつがい》す。身《しん》の三《さん》と、語《ご》の四《し》と、意《い》の三種《さんしゅ》との行《ぎょう》に十《じゅう》悪業《あくごう》を造《つく》り、自《みずか》ら作《な》し、他《た》を教《おし》え、作《な》すを見《み》て随喜《ずいき》し、諸《もろもろ》の善人《ぜんにん》に於《お》いて横《ほしいまま》に毀謗《きぼう》を生《しょう》じ、斗秤《とびょう》を欺誑《ごおう》し、偽《ぎ》を以《もっ》て真《しん》と為《な》し、不浄《ふじょう》の飲食《おんじき》を一切《いっさい》に施与《せよ》し、六道《ろくどう》の中《なか》に於《お》いて所有父母《あらゆるぶも》更《さら》に相悩害《あいのうがい》しぬ。或《ある》いは率覩波物《そとばもつ》、四方僧物《しほうそうもつ》、現前僧物《げんぜんそうもつ》を盗《ぬす》み、自在《じざい》に用《もち》い、世尊《せそん》の法律《ほうりつ》は奉行《ぶぎょう》することを楽《ねが》わず、師長《しちょう》の教示《きょうじ》は相随順《あいずいじゅん》せず、声聞《しょうもん》・独覚《どっかく》・大乗《だいじょう》の行《ぎょう》を行《おこ》なうものを見《み》ては、喜《よろこ》んで罵辱《めにく》を生《しょう》じ、諸《もろもろ》の行人《ぎょうにん》をして心《こころ》に悔悩《けのう》を生《しょう》ぜしむ。己《おのれ》に勝《まさ》るもののあるを見《み》ては、便《すなわ》ち嫉妬《しっと》を懐《いだ》き、法施《ほうせ》と財施《ざいせ》とに常《つね》に慳惜《けんじゃく》を生《しょう》じ、無明《むみょう》に覆《おお》われ、邪見《じゃけん》、心《こころ》を惑《まど》わす。善因《ぜんいん》を修《しゅ》せず、悪《あく》をして増長《ぞうじょう》せしめ、諸仏《しょぶつ》に於《お》いて誹謗《ひぼう》を起《おこ》し、法《ほう》に非法《ひほう》を説《と》き、非法《ひほう》に法《ほう》を説《と》く。是《かく》の如《ごと》きの衆罪《しゅざい》、仏《ほとけ》、真実慧《しんじつえ》・真実眼《しんじつげん》・真実証明《しんじつしょうみょう》・真実平等《しんじつびょうどう》を以《もっ》て悉《ことごと》く知《し》り、悉《ことごと》く見《み》たまう。我今帰命《われいまきみょう》して諸仏《しょぶつ》の前《まえ》に対《たい》し、皆悉《みなことごと》く発露《ほつろ》して敢《あ》えて覆蔵《ふくぞう》せず。未作《みさ》の罪《つみ》は更《さら》に復《ま》た作《つく》らず、已作《いさ》の罪《つみ》は今皆懺悔《いまみなさんげ》せん。所作《しょさ》の業障《ごっしょう》は悪道《あくどう》・地獄《じごく》・傍生《ぼうしょう》・餓鬼《がき》の中《なか》、*阿蘇羅衆《あそらしゅ》、及《およ》び八難処《はちなんしょ》に堕《お》つべし。願《ねが》わくば我《わ》が此《こ》の生《しょう》の所有業障《あらゆるごっしょう》皆消滅《みなしょうめつ》することを得《え》て、所有悪報《あらゆるあくほう》は未来《みらい》に受《う》けざらん。亦《ま》た過去《かこ》の諸大菩薩《しょだいぼさつ》、菩《ぼ》提《だい》の行《ぎょう》を修《しゅ》し、所有業障《あらゆるごっしょう》悉《ことごと》く已《すで》に懺悔《さんげ》するが如《ごと》く、我《わ》が之《こ》の業障今《ごっしょういま》亦《ま》た懺悔《さんげ》し、皆悉《みなことごと》く発露《ほつろ》して敢《あ》えて覆蔵《ふくぞう》せず。已作《いさ》の罪《つみ》、願《ねが》わくば除滅《じょめつ》することを得《え》て、未来《みらい》の悪更《あくさら》に敢《あ》えて造《つく》らじ。亦《ま》た未来《みらい》の諸大菩薩《しょだいぼさつ》、菩提《ぼだい》の行《ぎょう》を修《しゅ》し、所有業障《あらゆるごっしょう》悉《ことごと》く皆懺悔《みなさんげ》するが如《ごと》く、我《わ》が之《こ》の業障今《ごっしょういま》亦た懺悔《さんげ》し、咸悉《みなことごと》く発露《ほつろ》して敢《あ》えて覆蔵《ふくぞう》せず。所作《しょさ》の罪《つみ》、願《ねが》わくば除滅《じょめつ》することを得《え》て、未来《みらい》の悪更《あくさら》に敢《あ》えて造《つく》らじ。亦《ま》た現在十方世界《げんざいじっぽうせかい》の諸大菩薩《しょだいぼさつ》、菩提《ぼだい》の行《ぎょう》を修《しゅ》し、所有業障《あらゆるごっしょう》悉《ことごと》く亦《ま》た懺悔《さんげ》するが如《ごと》く、我《わ》が之《こ》の業障今《ごっしょういま》亦た懺悔《さんげ》し、皆悉《みなことごと》く発露《ほつろ》して敢《あ》えて覆蔵《ふくぞう》せず。已作《いさ》の罪《つみ》、願《ねが》わくば除滅《じょめつ》することを得《え》て、未来《みらい》の悪更《あくさら》に敢《あ》えて造《つく》らじ。

善男子《ぜんなんし》、是《こ》の因縁《いんねん》を以《もっ》て、若《も》し罪《つみ》を造《つく》るあらば一刹那《いっせつな》の中《なか》も覆蔵《ふくぞう》するを得《え》ざれ、何《いか》に況《いわん》や一日《いちにち》一夜《いちや》、乃至多時《ないしたじ》をや。若《も》し犯罪《ぼんざい》ありて清浄《しょうじょう》を求《もと》めんと欲《ほっ》せば心《こころ》に愧恥《ぎち》を懐《いだ》き、未来《みらい》に於《おい》て必《かなら》ず悪報《あくほう》あるを信《しん》じ、大恐怖《だいくふ》を生《しょう》じ、是《かく》の如《ごと》く懺《さん》すべし。人《ひと》の火《ひ》を被《こうむ》りて頭《こうべ》を焼《や》かれ、衣《え》を焼《や》かるれば、救《すく》うて速《すみ》やかに滅《めっ》せしむるが如《ごと》し。火未《ひいま》だ滅《めっ》せざれば心《こころ》に安《やす》きを得《え》ず。若《も》し人罪《ひとつみ》を犯《おか》すも亦《ま》た復《ま》た是《かく》の如《ごと》し。即《すなわ》ち懺悔《さんげ》して速《すみ》やかに除滅《じょめつ》せしむべし。若《も》し富楽《ふらく》の家《いえ》に生《しょう》じ、多饒《たにょう》の財宝《ざいほう》を願《ねが》うあらば、復《ま》た意《こころ》を発《おこ》して大乗《だいじょう》を修習《しゅじゅう》せんと欲《ほっ》せば、亦《ま》た懺悔《さんげ》して業障《ごっしょう》を滅除《めつじょ》すべし。豪貴《ごうき》の*婆羅門種《ばらもんしゅ》・*刹帝利家《せっていりけ》、及《およ》び*転輪王《てんりんおう》に生《う》まれ七宝具足《しっぽうぐそく》せんと欲《ほっ》せば、亦《ま》た懺悔《さんげ》して業障《ごっしょう》を除滅《じょめつ》すべし。

善男子《ぜんなんし》、若《も》し*四天王衆《してんのうしゅ》・三十三天《さんじゅうさんてん》・夜摩天《やまてん》・覩史多天《としたてん》・楽変化天《らくへんげてん》・他化自在天《たけじざいてん》に生《う》まれんと欲《ほっ》するあらば、亦《ま》た応《まさ》に懺悔《さんげ》して業障《ごっしょう》を滅除《めつじょ》すべし。若《も》し*梵衆《ぼんしゅ》・梵輔《ぼんほ》・大梵天《だいぼんてん》・少光《しょうこう》・無量光《むりょうこう》・極光浄天《ごくこうじょうてん》・少浄《しょうじょう》・無量浄《むりょうじょう》・遍浄天《へんじょうてん》・無雲《むうん》・福生《ふくしょう》・広果《こうか》・無煩《むぼん》・無熱《むねつ》・善現天《ぜんげんてん》・善見《ぜんけん》・色究竟《しきくきょう》天《てん》に生《しょう》ぜんと欲《ほっ》せば、亦《ま》た応《まさ》に懺悔《さんげ》して業障《ごっしょう》を滅除《めつじょ》すべし。若《も》し*預流果《よるか》・一来果《いちらいか》・不還果《ふげんか》・阿《あ》羅漢果《らかんか》を求《もと》めんと欲《ほっ》せば、亦《ま》た応《まさ》に懺悔《さんげ》して業障《ごっしょう》を滅除《めつじょ》すべし。若《も》し*三明《さんみょう》・*六通《ろくずう》・声聞《しょうもん》・独覚《どっかく》自在《じざい》菩提《ぼだい》を願求《がんぐ》し、*一切智智《いっさいちち》・浄智《じょうち》・不思議智《ふしぎち》・不動智《ふどうち》・三藐三菩提正遍智《さんみゃくさんぼだいしょうへんち》を求《もと》めんと欲《ほっ》せば、亦《ま》た応《まさ》に懺悔《さんげ》して業障《ごっしょう》を滅《めっ》すべし。何《なに》を以《もっ》ての故《ゆえ》に、善男子《ぜんなんし》、一切《いっさい》の諸法《しょほう》は因縁《いんねん》より生《しょう》ず、如来《にょらい》の説《と》きたもう所《ところ》の異相《いそう》の生《しょう》と異相《いそう》の滅《めっ》と、因縁異《いんねんこと》なるが故《ゆえ》に、是《か》くの如《ごと》く過去《かこ》の諸法皆已《しょほうみなすで》に滅尽《めつじん》し、所有業障《あらゆるごっしょう》復《ま》た遺余《いよ》なし。*是《こ》の諸《もろもろ》の行法未《ぎょうぼういま》だ現《げん》に生《しょう》ずるを得《え》ざりしに、今生《いましょう》ずるを得《え》て、未来《みらい》の業障更《ごっしょうさら》に復《ま》た起《おこ》らず。何《なに》を以《もっ》ての故《ゆえ》に、善男子《ぜんなんし》、一切《いっさい》の法《ほう》は空《くう》なり。如来所説《にょらいしょせつ》には我《が》・人《にん》・衆生《しゅじょう》・寿者《じゅしゃ》あることなく、亦《ま》た生滅《しょうめつ》なく、亦《ま》た行法《ぎょうぼう》なし。善男子《ぜんなんし》、*一切《いっさい》の諸法皆本《しょほうみなもと》に依《よ》る、亦《ま》た不《ふ》可《か》説《せつ》なり。何《なに》を以《もっ》ての故《ゆえ》に、一切《いっさい》の相《そう》を過《す》ぐるが故《ゆえ》に、若《も》し善男子《ぜんなんし》・善女人《ぜんにょにん》ありて、是《か》くの如《ごと》く*微妙《みみょう》の真理《しんり》に入《い》り信敬《しんきょう》の心《こころ》を生《しょう》ずるを、是《こ》れを衆生《しゅじょう》なくして本《もと》にあると名《なづ》く。是《こ》の義《ぎ》を以《もっ》ての故《ゆえ》に、懺悔業障《さんげごっしょう》を滅除《めつじょ》すと説《と》く。

善男子《ぜんなんし》、若《も》し人四法《ひとしほう》を成就《じょうじゅ》せば、能《よ》く業障《ごっしょう》を除《のぞ》き、永《なが》く清浄《しょうじょう》を得《え》ん。云何《いかん》が四《し》と為《な》す。一《いち》には邪心《じゃしん》を起《おこ》さず、正念成就《しょうねんじょうじゅ》す。二《に》には甚深《じんじん》の理《り》に於《おい》て、誹謗《ひぼう》を生《しょう》ぜず。三《さん》には初行《しょぎょう》の菩薩《ぼさつ》に於《おい》て、一切智《いっさいち》の心《こころ》を起《おこ》す。四《し》には諸《もろもろ》の衆生《しゅじょう》に於《おい》て、慈無量《じむりょう》を起《おこ》す。是《こ》れを四《し》と為《な》すと謂《い》う。』

爾《そ》の時《とき》、世尊《せそん》、頌《じゅ》を説《と》いて曰《のたま》わく、

『専心《せんしん》に三業《さんごう》を護《まも》り、深法《じんほう》を誹謗《ひぼう》せず、一切智《いっさいち》の想《そう》を作《つく》り、慈心《じしん》もて業障《ごっしょう》を浄《きよ》めよ。』

『善男子《ぜんなんし》、*四《し》の業障《ごっしょう》あり、滅除《めつじょ》すべきこと難《かた》し、云何《いかん》が四《し》と為《な》す。一《いち》には菩薩《ぼさつ》の律儀《りつぎ》に於《おい》て、極重悪《ごくじゅうあく》を犯《おか》す。二《に》には大乗経《だいじょうきょう》に於《おい》て、心《こころ》に誹謗《ひぼう》を生《しょう》ず。三《さん》には自《みずか》らの善根《ぜんごん》に於《おい》て、増長《ぞうじょう》すること能《あた》わず。四《し》には三有《さんう》に貪著《とんじゃく》し、出離《しゅつり》の心《こころ》なし。復《ま》た四種《ししゅ》あり、業障《ごっしょう》を対治《たいじ》す。云何《いかん》が四《し》と為《な》す。

一《いち》には十方世界《じっぽうせかい》の一切如来《いっさいにょらい》に於《お》いて、至心《ししん》に親近《しんごん》し、一切《いっさい》の罪《つみ》を説《と》く。二《に》には一切衆生《いっさいしゅじょう》のために、諸仏《しょぶつ》を勧請《かんじょう》し深妙《じんみょう》の法《ほう》を説《と》かしむ。三《さん》には一切衆生《いっさいしゅじょう》の所有功徳《あらゆるくどく》を随喜《ずいき》す。四《し》には所有一切《あらゆるいっさい》の功徳《くどく》善根《ぜんごん》、悉《ことごと》く皆阿《みなあ》耨多羅《のくたら》三藐三菩提《さんみゃくさんぼだい》に迴向《えこう》す。』

爾《そ》の時《とき》、天帝釈《てんたいしゃく》、仏《ほとけ》に白《もう》して言《いわ》く、『世尊《せそん》、世間《せけん》の所有男子《あらゆるなんし》・女人《にょにん》、大乗行《だいじょうぎょう》に於《お》いて能《よ》く行《ぎょう》ずるものあり、行《ぎょう》ぜざるものあり。云何《いかん》が能《よ》く一切衆生《いっさいしゅじょう》の功徳善根《くどくぜんごん》を随喜《ずいき》することを得《え》ん。』

仏《ほとけ》の言《のたま》わく、『善男子《ぜんなんし》、若《も》し衆生《しゅじょう》ありて大乗《だいじょう》に於《お》いて未《いま》だ修習《しゅじゅう》すること能《あた》わずと雖《いえど》も、然《しか》も昼夜《ちゅうや》六時《りくじ》に於《お》いて、偏《ひとえ》に右肩《うけん》を袒《はだぬ》ぎ、右膝《うしっ》を地《ち》に著《つ》け、合掌恭敬《がっしょうくぎょう》し一心専念《いっしんせんねん》に随喜《ずいき》を作《な》す時《とき》は、福《ふく》を得《う》ること量《かぎり》なし。応《まさ》に是《こ》の言《ごん》を作《な》すべし、「十方世界《じっぽうせかい》の一切衆生《いっさいしゅじょう》、現在《げんざい》に施《せ》・戒《かい》・心慧《しんえ》を修行《しゅぎょう》する、我今皆《われいまみな》悉《ことごと》く深《ふか》く随喜《ずいき》を生《しょう》ぜん」と。是《かく》の如《ごと》き随喜《ずいき》を作《な》す福《ふく》に由《よ》るが故《ゆえ》に、必《かなら》ず当《まさ》に尊重《そんじゅう》・殊勝《しゅしょう》・無上《むじょう》・無等《むとう》・最妙《さいみょう》の果《か》を獲得《ぎゃくとく》すべし。是《かく》の如《ごと》く過去未来一切《かこみらいいっさい》の衆生《しゅじょう》の所有善根皆《あらゆるぜんごんみな》悉《ことごと》く随喜《ずいき》す。又現在《またげんざい》に於《お》ける*初行《しょぎょう》の菩薩《ぼさつ》、発菩提心《ほつぼだいしん》の所有功徳《あらゆるくどく》と、百大劫《ひゃくだいこう》を過《す》ぎて菩薩行《ぼさつぎょう》を行《ぎょう》ずる大功徳《だいくどく》あると、無生忍《むしょうにん》を獲《え》たると、不退転《ふたいてん》に至《いた》れると、一生補処《いっしょうふしょ》と、是《かく》の如《ごと》く一切功徳《いっさいくどく》の蘊《うん》、皆《みな》悉《ことごと》く至《し》心《しん》に随喜讃歎《ずいきさんだん》す。過去《かこ》と未来《みらい》の一切菩薩《いっさいぼさつ》の所有功徳《あらゆるくどく》を随喜讃歎《ずいきさんだん》すること亦《ま》た復《ま》た是《かく》の如《ごと》し。復《ま》た現在十方世界《げんざいじっぽうせかい》に於《お》ける一切《いっさい》の諸仏応正遍知《しょぶつおうしょうへんち》の、妙菩提《みょうぼだい》を証《しょう》し、無辺《むへん》の諸衆生《しょしゅじょう》を度《ど》せんがための故《ゆえ》に、無上《むじょう》の法輪《ほうりん》を転《てん》じ、無礙《むげ》の法施《ほうせ》を行《ぎょう》じ、法鼓《ほうく》を撃《う》ち、法螺《ほら》を吹《ふ》き、法幢《ほうどう》を建《た》て、法雨《ほうう》を雨《ふ》らし、一切《いっさい》の衆生《しゅじょう》を勧化《かんげ》し哀愍《あいみん》して咸《ことごと》く信受《しんじゅ》せしめ、皆法施《みなほうせ》を蒙《こうむ》りて、悉《ことごと》く無尽《むじん》の安楽《あんらく》を充足《じゅうそく》することを得《え》、又復《またま》た所有菩薩《あらゆるぼさつ》・声聞《しょうもん》・独覚《どっかく》の功徳善根《くどくぜんごん》を積集《しゃくじゅう》するに、若《も》し衆生《しゅじょう》ありて未《いま》だ是《かく》の如《ごと》き諸功徳《しょくどく》を具《ぐ》せざるものに、悉《ことごと》く具足《ぐそく》せしむる、我《われ》・皆随喜《みなずいき》せん。是《かく》の如《ごと》く過去未来《かこみらい》の諸仏《しょぶつ》・菩薩《ぼさつ》・声聞《しょうもん》・独覚《どっかく》の所有功徳《あらゆるくどく》、亦《ま》た皆至心《みなししん》に随喜讃歎《ずいきさんだん》せん。善男子《ぜんなんし》、是《かく》の如《ごと》く随喜《ずいき》は無量功徳《むりょうくどく》の聚《じゅ》、恒河沙《ごうがしゃ》の如《ごと》きを得《う》べし。三千大千世界《さんぜんだいせんせかい》の所有衆生《あらゆるしゅじょう》、皆煩悩《みなぼんのう》を断《だん》じ、阿羅漢《あらかん》を成《じょう》ぜんに、若《も》し善男子《ぜんなんし》・善女人《ぜんにょにん》ありて、其《そ》の形寿《ぎょうじゅ》を尽《つく》し、常《つね》に上妙《じょうみょう》の衣服《えぶく》・飲食《おんじき》・臥具《がぐ》・医薬《いやく》を以《もっ》て供養《くよう》を為《な》さんとも、是《かく》の如《ごと》きの功徳《くどく》は、前《まえ》の如《ごと》き随喜《ずいき》の功徳《くどく》の千分《せんぶん》の一《いち》に及《およ》ばず。何《なに》を以《もっ》ての故《ゆえ》に、供養《くよう》の功徳《くどく》は数《しゅ》あり量《りょう》ありて、一切《いっさい》の諸《もろもろ》の功徳《くどく》を摂《しょう》せざるが故《ゆえ》に、随喜《ずいき》の功徳《くどく》は無量無数《むりょうむしゅ》にして、能《よ》く三世《さんぜ》一切《いっさい》の功徳《くどく》を摂《しょう》すればなり。是《こ》の故《ゆえ》に若《も》し人《ひと》、勝善根《しょうぜんごん》を増長《ぞうじょう》せんことを欲求《よくぐ》せば、応《まさ》に是《かく》の如《ごと》く随喜《ずいき》の功徳《くどく》を修《しゅ》すべし。若《も》し女人《にょにん》ありて女身《にょしん》を転《てん》じて男子《なんし》たらんことを願《ねが》うものは、亦《ま》た応《まさ》に随《ずい》喜《き》の功徳《くどく》を修習《しゅじゅう》すべし。必《かなら》ず心《こころ》に随《したが》いて現《げん》に男子《なんし》と成《な》るを得《う》べし。』

爾《そ》の時《とき》、天帝釈《てんたいしゃく》、仏《ほとけ》に白《もう》して言《いわ》く、『世尊《せそん》、已《すで》に随喜《ずいき》の功徳《くどく》を知《し》れり。勧請《かんじょう》の功徳唯願《くどくただねが》わくば説《と》きたまえ、未来一切《みらいいっさい》の菩薩《ぼさつ》をして当《まさ》に法輪《ほうりん》を転《てん》ぜしめ、現在《げんざい》の菩薩《ぼさつ》をして正《ただ》しく修行《しゅぎょう》せしめんと欲《ほっ》するが故《ゆえ》に。』

仏《ほとけ》、帝釈《たいしゃく》に告《つ》げたまわく、『若《も》し善男子《ぜんなんし》・善女人《ぜんにょにん》ありて、阿耨多羅三藐三菩提《あのくたらさんみゃくさんぼだい》を願求《がんぐ》するもの、応当《まさ》に声聞《しょうもん》・独覚《どっかく》・大乗《だいじょう》の道《どう》を修行《しゅぎょう》すべきもの、是《こ》の人当《ひとまさ》に昼夜六時《ちゅうやりくじ》に於《おい》て、*前《まえ》の威儀《いぎ》の如《ごと》く一心専念《いっしんせんねん》に是《かく》の如《ごと》き言《ごん》を作《な》すべし。我今十方一切《われいまじっぽういっさい》の諸仏世尊《しょぶつせそん》に帰依《きえ》し、已《すで》に阿耨多羅三藐三菩提《あのくたらさんみゃくさんぼだい》を得《え》たまえるもの、未《いま》だ無上《むじょう》の法輪《ほうりん》を転《てん》じたまわざるもの、*報身《ほうじん》を捨《す》てて涅槃《ねはん》に入《い》らんと欲《ほっ》したまうもの、我皆至誠《われみなしじょう》に頂礼《ちょうらい》して、大法輪《だいほうりん》を転《てん》じ、大法雨《だいほうう》を雨《ふ》らし、大法灯《だいほうとう》を然《もや》し、理趣《りしゅ》を照《しょう》明《みょう》し、無礙《むげ》の法《ほう》を施《ほどこ》して、般涅槃《はつねはん》する莫《な》く、久《ひさ》しく世《よ》に住《じゅう》し、一切《いっさい》の衆生《しゅじょう》を度脱《どだつ》し安楽《あんらく》ならしめ、前《まえ》の所説《しょせつ》の如《ごと》く乃至《ないし》無尽《むじん》の安楽《あんらく》を得《え》しめんことを勧請《かんじょう》す。我今此《われいまこ》の勧請《かんじょう》の功徳《くどく》を以《もっ》て、阿耨多羅《あのくたら》三藐三菩提《さんみゃくさんぼだい》に廻向《えこう》し、過去《かこ》・未来《みらい》・現在《げんざい》の諸大菩薩《しょだいぼさつ》が勧請《かんじょう》の功徳《くどく》を菩提《ぼだい》に廻向《えこう》するが如《ごと》く、我亦《われま》た是《かく》の如《ごと》く勧請《かんじょう》の功徳《くどく》を無上正等菩提《むじょうしょうとうぼだい》に廻向《えこう》せん。善男子《ぜんなんし》、仮使人《たといひと》ありて三千大千世界《さんぜんだいせんせかい》の中《なか》に満《み》ちたる*七宝《しっぽう》を以《もっ》て如来《にょらい》に供養《くよう》せんに、若《も》し復《ま》た人《ひと》ありて如来《にょらい》の大法輪《だいほうりん》を転《てん》ぜんことを勧請《かんじょう》せば、得《う》る所《ところ》の功徳《くどく》、其《そ》の福《ふく》彼《かれ》に勝《すぐ》れたり。何《なに》を以《もっ》ての故《ゆえ》に、彼《かれ》は是《こ》れ財施《ざいせ》、此《こ》れは是《こ》れ法施《ほうせ》なればなり。

善男子《ぜんなんし》、且《しばら》く三千大千世界《さんぜんだいせんせかい》の七宝《しっぽう》の布施《ふせ》を置《お》き、若《も》し人《ひと》、恒河沙数《ごうがしゃしゅ》の大千世界《だいせんせかい》に満《み》てる七宝《しっぽう》を以《もっ》て、一切《いっさい》の諸仏《しょぶつ》を供養《くよう》せんに、勧請《かんじょう》の功徳《くどく》、亦《ま》た彼《かれ》よりも勝《すぐ》れたり。其《そ》の法施《ほっせ》には五《ご》の勝利《しょうり》あるに由《よ》れり。云何《いかん》が五《ご》と為《な》す。一《いち》には法施《ほうせ》は自他《じた》を利《り》することを兼《か》ね、財施《ざいせ》は爾《しか》らず。二《に》には法《ほう》施《せ》は能《よ》く衆生《しゅじょう》をして三界《さんがい》を出《い》でしむ、財施《ざいせ》の福《ふく》は欲界《よくかい》を出《い》でず。三《さん》には法施《ほうせ》は能《よ》く法身《ほっしん》を浄《きよ》む、財施《ざいせ》は但唯色《ただしき》を増長《ぞうじょう》す。四《し》には法施《ほうせ》は窮《きわま》りなし、財施《ざいせ》は尽《つ》くることあり。五《ご》には法施《ほうせ》は能《よ》く無明《むみょう》を断《だん》ず、財施《ざいせ》は唯貪愛《ただとんあい》を伏《ぶく》す。是《こ》の故《ゆえ》に善男子《ぜんなんし》、勧請《かんじょう》の功徳《くどく》は無量無辺《むりょうむへん》にして譬喩《ひゆ》すべきこと難《かた》し。

我《わ》が如《ごと》きは昔《むかし》、菩薩道《ぼさつどう》を行《ぎょう》ぜし時《とき》、諸仏《しょぶつ》に大法輪《だいほうりん》を転《てん》ぜんことを勧請《かんじょう》しぬ。彼《か》の善根《ぜんごん》に由《よ》り、是《こ》の故《ゆえ》に、今日一切《こんにちいっさい》の帝釈《たいしゃく》・諸梵王等《しょぼんおうとう》、我《われ》に大法輪《だいほうりん》を転《てん》ぜんことを勧請《かんじょう》す。善男子《ぜんなんし》、転法輪《てんぼうりん》を請《しょう》ずるは、諸《もろもろ》の衆生《しゅじょう》を度脱《どだつ》し安楽《あんらく》ならしめんと欲《ほっ》するがためなり。故《ゆえ》に我往昔《われおうじゃく》に於《おい》て、菩提行《ぼだいぎょう》のために、如来《にょらい》の久《ひさ》しく世《よ》に住《じゅう》して般涅槃《はつねはん》する莫《な》からんことを勧請《かんじょう》しぬ。此《こ》の善根《ぜんごん》に依《よ》りて我十力《われじゅうりき》・四無所畏《しむしょい》・四無礙弁《しむげべん》・大慈《だいじ》・大悲《だいひ》を得《え》、無数不共《むしゅふぐう》の法《ほう》を証得《しょうとく》したり。我当《われまさ》に無余涅槃《むよねはん》に入《い》るべきも、我《わ》が正法《しょうぼう》は久《ひさ》しく世《よ》に住《じゅう》せん。我《わ》が法身《ほっしん》は清浄無比《しょうじょうむひ》にして種種《しゅじゅ》の妙相《みょうそう》・無量《むりょう》の智慧《ちえ》・無量《むりょう》の自在《じざい》・無量《むりょう》の功徳《くどく》・思議《しぎ》すべきこと難《かた》し。一切《いっさい》の衆生《しゅじょう》、皆利益《みなりやく》を蒙《こうむ》り、百千万劫《ひゃくせんまんこう》に説《と》くも尽《つく》す能《あた》わず。法身《ほっしん》は一切《いっさい》の諸法《しょほう》を摂蔵《しょうぞう》す。一切《いっさい》の諸法《しょほう》は法身《ほっしん》を摂《しょう》せず。法身《ほっしん》は常住《じょうじゅう》なるも、常見《じょうけん》に堕《だ》せず。復《ま》た断滅《だんめつ》すと雖《いえど》も、亦《ま》た断見《だんけん》に非《あら》ず。能《よ》く衆生《しゅじょう》の種種《しゅじゅ》の異見《いけん》を破《は》し、能《よ》く衆生《しゅじょう》の種種《しゅじゅ》の真見《しんけん》も生《しょう》ず。能《よ》く一切衆生《いっさいしゅじょう》の縛《ばく》を解《と》きて縛《ばく》の解《と》くべきなし。能《よ》く衆生諸善《しゅじょうしょぜん》の根本《こんぽん》を植《う》え、未《いま》だ成熟《じょうじゅく》せざるものは成熟《じょうじゅく》せしめ、已《すで》に成熟《じょうじゅく》するものは解脱《げだつ》せしむ。作《さ》なく動《どう》なく、憒閙《けにょう》を遠離《おんり》し、寂静《じゃくじょう》・無為《むい》・自在《じざい》・安楽《あんらく》なり。三世《さんぜ》を過《す》ぎて能《よ》く三世《さんぜ》を現《あら》わし、声聞《しょうもん》・独覚《どっかく》の境《きょう》を出《い》で諸大菩薩《しょだいぼさつ》の修行《しゅぎょう》する所《ところ》なり。一切如来《いっさいにょらい》の体《たい》、異《ことなり》あることなし。此《こ》れ等《ら》皆勧請《みなかんじょう》の功徳善根力《くどくぜんごんりき》に由《よ》るが故《ゆえ》なり。是《かく》の如《ごき》き法身《ほっしん》、我今已《われいますで》に得《え》たり。是《こ》の故《ゆえ》に若《も》し阿耨多羅三藐三菩提《あのくたらさんみゃくさんぼだい》を得《え》んと欲《ほっ》するものあらば、諸経《しょきょう》の中《なか》に於《おい》て、一句一頌《いっくいちじゅ》、人《ひと》のために解説《げせつ》するも、功徳善根尚限量《くどくぜんごんなおげんりょう》なし。何《いか》に況《いわん》や、如来《にょらい》に大法輪《だいほうりん》を転《てん》じ久《ひさ》しく世《よ》に住《じゅう》して般涅槃《はつねはん》する莫《な》からんことを勧請《かんじょう》するをや。』

時《とき》に天帝釈《てんたいしゃく》、復《ま》た仏《ほとけ》に白《もう》して言《いわ》く、『世尊《せそん》、若《も》し善男子《ぜんなんし》・善女人《ぜんにょにん》、阿耨多羅三藐三菩提《あのくたらさんみゃくさんぼだい》を求《もと》めんがための故《ゆえ》に、三乗道《さんじょうどう》の所有善根《あらゆるぜんごん》を修《しゅ》して、云何《いかん》が一切智智《いっさいちち》に廻向《えこう》するや。』

仏《ほとけ》、天帝《てんたい》に告《つ》げたまわく、『善男子《ぜんなんし》、若《も》し衆生《しゅじょう》ありて菩提《ぼだい》を求《もと》め、三乗《さんじょう》の道《どう》を修《しゅ》して、所有善《あらゆるぜん》根《ごん》を願《ねが》うて廻向《えこう》せんと欲《ほっ》するものは、当《まさ》に昼夜六時《ちゅうやりくじ》に於《おい》て、慇重至心《おんじゅうししん》に是《かく》の如《ごと》き説《せつ》を作《な》すべし、

「我《われ》無始《むし》の生死《しょうじ》より以来《このかた》、三宝《さんぽう》の所《ところ》に於《おい》て修行《しゅぎょう》し成就《じょうじゅ》せる所有善根《あらゆるぜんごん》、乃至《ないし》傍生《ぼうしょう》に一摶《いっぱく》の食《じき》を施与《せよ》し、或《ある》いは善言《ぜんごん》を以《もっ》て諍訟《じょうしょう》を和解《わげ》し、或《ある》いは三帰《さんき》、及《およ》び諸《もろもろ》の*学処《がくしょ》を受《う》け、或《ある》いは復《ま》た懺悔《さんげ》・勧《かん》請《じょう》・随喜《ずいき》・所有善根《あらゆるぜんごん》、我今《われいま》作意《さい》し、悉《ことごと》く皆《みな》摂取《しょうしゅ》して、一切衆生《いっさいしゅじょう》に迴施《えせ》し、悔悋《けりん》の心《こころ》なし。是《こ》の解《げ》脱分《だつぶん》の善根《ぜんごん》の摂《しょう》する所《ところ》なればなり。仏世尊《ぶっせそん》の知見《ちけん》する所《ところ》、称量《しょうりょう》すべからず、無礙《むげ》にして清浄《しょうじょう》なるが如《ごと》く、是《かく》の如《ごと》く所有功徳善根《あらゆるくどくぜんごん》、悉《ことごと》く以《もっ》て一切衆生《いっさいしゅじょう》に迴施《えせ》し、*不住相心《ふじゅうそうしん》・不捨相心《ふしゃそうしん》あり。我《われ》亦《ま》た是《かく》の如《ごと》く功徳善根《くどくぜんごん》、悉《ことごと》く以《もっ》て一切衆生《いっさいしゅじょう》に迴施《えせ》せん。願《ねが》わくば皆如意《みなにょい》の手《て》を獲得《ぎゃくとく》し、空《くう》を撝《ふ》りて宝《たから》を出《い》だし、衆生《しゅじょう》の願《がん》を満《み》たし、富楽《ふらく》尽《つ》くるなく、智慧《ちえ》窮《きわま》りなく、妙法《みょうほう》・弁才《べんざい》悉《ことごと》く皆《みな》滞《とどこお》りなからん。諸《もろもろ》の衆生《しゅじょう》と共《とも》に同《おな》じく阿耨多羅三藐三菩提《あのくたらさんみゃくさんぼだい》を証《しょう》し、一切智《いっさいち》を得《え》ん。此《こ》の善根《ぜんごん》に因《よ》り、更《さら》に復《ま》た無量《むりょう》の善法《ぜんぼう》を出生《しゅっしょう》する、亦《ま》た皆無上菩提《みなむじょうぼだい》に迴向《えこう》せん。又過去《またかこ》諸大菩薩《しょだいぼさつ》、修行《しゅぎょう》の時《とき》の如《ごと》き、功徳善根《くどくぜんごん》、悉《ことごと》く皆一切種智《みないっさいしゅち》に迴向《えこう》せん。現在未来《げんざいみらい》も亦《ま》た復《ま》た是《かく》の如《ごと》し。然《しか》るに我所有功徳善根《われあらゆるくどくぜんごん》、亦《ま》た皆阿耨多羅三藐三菩提《みなあのくたらさんみゃくさんぼだい》に迴向《えこう》せん。

是《こ》の諸《もろもろ》の善根《ぜんごん》もて、願《ねが》わくば一切衆生《いっさいしゅじょう》と共《とも》に、倶《とも》に正覚《しょうがく》を成《じょう》じ、余《よ》の諸仏《しょぶつ》が道場《どうじょう》、菩提樹《ぼだいじゅ》の下《もと》に坐《ざ》し、不可思議《ふかしぎ》・無礙《むげ》・清浄《しょうじょう》にして、無尽《むじん》の法蔵《ほうぞう》・陀羅尼《だらに》・首楞厳定《しゅりょうごんじょう》に住《じゅう》し、*魔波旬《まはじゅん》が無量《むりょう》の兵衆《ひょうしゅ》を破《やぶ》り、応《まさ》に見覚知《けんかくち》すべく、応《まさ》に通達《つうだつ》すべきもの、是《かく》の如《ごと》き一切《いっさい》は一刹那《いっせつな》の中《なか》に悉《ことごと》く皆《みな》照了《しょうりょう》し、後夜《ごや》の中《なか》に於《おい》て、*甘露《かんろ》の法《ほう》を獲《え》、*甘露《かんろ》の義《ぎ》を証《しょう》するが如《ごと》く、我及《われおよ》び衆生《しゅじょう》、願《ねが》わくば皆同《みなおな》じく是《かく》の如《ごと》き妙覚《みょうがく》を証《しょう》せんこと、猶《なお》し*無量寿仏《むりょうじゅぶつ》・勝光仏《しょうこうぶつ》・妙光仏《みょうこうぶつ》・阿閦仏《あしゅくぶつ》・功徳善光仏《くどくぜんこうぶつ》・師子光明仏《ししこうみょうぶつ》・日光明仏《にっこうみょうぶつ》・網光明仏《もうこうみょうぶつ》・宝相仏《ほうそうぶつ》・宝焔仏《ほうえんぶつ》・焔明仏《えんみょうぶつ》・焔盛光明仏《えんじょうこうみょうぶつ》・吉祥上王仏《きちじょうじょうおうぶつ》・微妙《みみょう》声仏《しょうぶつ》・妙荘厳仏《みょうしょうごんぶつ》・法幢仏《ほうどうぶつ》・上勝身仏《じょうしょうしんぶつ》・可愛色身仏《かあいしきしんぶつ》・光明遍照仏《こうみょうへんじょうぶつ》・梵浄王仏《ぼんじょうおうぶつ》・上性仏《じょうしょうぶつ》の如《ごと》くならん。是《かく》の如《ごと》き等《とう》の如来応正遍智《にょらいおうしょうへんち》は、過去未来《かこみらい》、及《およ》び現在《げんざい》に応化《おうけ》を示現《じげん》し、阿耨多羅三藐三菩提《あのくたらさんみゃくさんぼだい》を得《え》て無上《むじょう》の法輪《ほうりん》を転《てん》じぬ。衆生《しゅじょう》を度《ど》せんがために我亦《われま》た是《かく》の如《ごと》くならん」と。広説《こうせつ》すること上《かみ》の如《ごと》し。

善男子《ぜんなんし》、若《も》し浄信《じょうしん》の男子《なんし》・女人《にょにん》ありて、此《こ》の金光明最勝王経滅業障品《こんこうみょうさいしょうおうきょうめつごっしょうほん》を、受持《じゅじ》し、読誦《どくじゅ》し、憶念《おくねん》して忘《わす》れず、他《た》のために広《ひろ》く説《と》かば、無量無辺《むりょうむへん》の大功徳聚《だいくどくじゅ》を得《え》ん。譬《たと》えば三千大千世界《さんぜんだいせんせかい》の所有衆生《あらゆるしゅじょう》、一時《いちじ》に皆人身《みなにんしん》を成就《じょうじゅ》することを得《え》、人身《にんしん》を得已《えおわ》りて、独覚《どっかく》の道《どう》を成《じょう》ぜん如《ごと》く、若《も》し男子《なんし》・女人《にょにん》ありて、其《そ》の形寿《ぎょうじゅ》を尽《つく》して恭敬尊重《くぎょうそんじゅう》し、*四事《しじ》もて一一独覚《いちいちどっかく》を供養《くよう》し、各《おのおの》七宝《しっぽう》を施《ほどこ》す須弥山《しゅみせん》の如《ごと》く、此《こ》の諸《もろもろ》の独覚涅槃《どっかくねはん》に入《い》りたる後《のち》は、皆珍宝《みなちんぼう》を以《もっ》て塔《とう》を起《おこ》し、供養《くよう》し、其《そ》の塔高広十二《とうこうこうじゅうに》*踰繕那《ゆぜんな》、諸《もろもろ》の花《け》・香《こう》・宝幢《ほうどう》・幡《ばん》・蓋《がい》を以《もっ》て、常《つね》に供養《くよう》を為《な》す。善男子《ぜんなんし》、意《こころ》に於《おい》て云何《いかん》。是《こ》の人《ひと》獲《う》る所《ところ》の功徳寧《くどくむし》ろ多《おお》しと為《な》すや不《いな》や。』天帝釈言《てんたいしゃくいわ》く、『甚《はなは》だ多《おお》し、世尊《せそん》。』『善男子《ぜんなんし》、若《も》し復《ま》た人《ひと》ありて、此《こ》の金光明微妙《こんこうみょうみみょう》の経典衆経《きょうでんしゅきょう》の王《おう》たる滅業障品《めつごっしょうほん》を、受持《じゅじ》し、読誦《どくじゅ》し、憶念《おくねん》して忘《わす》れず、他《た》のために広説《こうせつ》せば、獲《う》る所《ところ》の功徳《くどく》、前《さき》に説《と》く所《ところ》の供養《くよう》の功徳《くどく》は百分《ひゃくぶん》の一《いち》に及《およ》ばず、百千万億分《ひゃくせんまんおくぶん》、乃《ない》至《し》校量譬喩《きょうりょうひゆ》の及《およ》ぶ能《あた》わざる所《ところ》なり。何《なに》を以《もっ》ての故《ゆえ》に、是《こ》の善男子《ぜんなんし》・善女人《ぜんにょにん》、正行《しょうぎょう》の中《なか》に住《じゅう》し、十方一切《じっぽういっさい》の諸仏《しょぶつ》に無上法輪《むじょうほうりん》を転《てん》ぜんことを勧請《かんじょう》せば、皆諸仏《みなしょぶつ》のために歓喜讃歎《かんぎさんだん》せらるればなり。善男子《ぜんなんし》、我《わ》が所説《しょせつ》の如《ごと》き一切《いっさい》の施中《せちゅう》に、法施《ほうせ》を勝《すぐ》れたりと為《な》せばなり。是《こ》の故《ゆえ》に善男子《ぜんなんし》、三宝《さんぼう》の所《ところ》に於《おい》て諸《もろもろ》の供養《くよう》を設《もう》けんも、比《ひ》と為《な》すべからず。勧《すす》めて*三帰《さんき》を受《う》けしめ、一切《いっさい》の戒《かい》を持《じ》して毀《き》犯《ぼん》あるなく、三業空《さんごうむな》しからざるも、比《ひ》と為《な》すべからず。一切《いっさい》の世界《せかい》の一切《いっさい》の衆生《しゅじょう》、力《りき》に随《したが》い、能《のう》に随《したが》い、願楽《がんぎょう》する所《ところ》に随《したが》いて、三乗《さんじょう》の中《なか》に於《おい》て菩提心《ぼだいしん》を勧発《かんはつ》するも、比《ひ》と為《な》すべからず。三世《さんぜ》の中《なか》に於《おい》て一切世界《いっさいせかい》の所有衆生皆無礙《あらゆるしゅじょうみなむげ》を得《え》て、速《すみ》やかに無量《むりょう》の功徳《くどく》を成就《じょうじゅ》せしめんも、比《ひ》と為《な》すべからず。三世《さんぜ》の刹土《せつど》、一切《いっさい》の衆生障礙《しゅじょうしょうげ》なく、三菩提《さんぼだい》を得《え》しめんも、比《ひ》と為《な》すべからず。三世《さんぜ》の刹土《せつど》、一切《いっさい》の衆生勧《しゅじょうすす》めて速《すみ》やかに*四悪道《しあくどう》の苦《く》を出《い》でしめんも、比《ひ》と為《な》すべからず。三世《さんぜ》の刹土《せつど》、一切《いっさい》の衆生勧《しゅじょうすす》めて極重《ごくじゅう》の悪業《あくごう》を除滅《じょめつ》せしめんも、比《ひ》と為《な》すべからず。一切《いっさい》の苦悩勧《くのうすす》めて解脱《げだつ》せしめんも、比《ひ》と為《な》すべからず。一切《いっさい》の怖畏《ふい》・苦悩《くのう》・逼切皆解《ひっせつみなと》くを得《え》しめんも、比《ひ》と為《な》すべからず。三世仏《さんぜぶつ》の前《まえ》の一切衆生《いっさいしゅじょう》の所有功徳《あらゆるくどく》、勧《すす》めて随喜《ずいき》して菩提《ぼだい》の願《がん》を発《おこ》さしめんも、比《ひ》と為《な》すべからず。勧《すす》めて悪行罵辱《あくぎょうめにく》の業《ごう》を除《のぞ》き、一切《いっさい》の功徳皆成就《くどくみなじょうじゅ》を願《ねが》い、所在《しょざい》の生中《しょうちゅう》、一切《いっさい》の三宝《さんぼう》を勧請《かんじょう》・供養《くよう》・尊重《そんじゅう》・讃歎《さんだん》し、衆生《しゅじょう》を勧請《かんじょう》して、福行《ふくぎょう》を浄修《じょうしゅ》し菩提《ぼだい》を成満《じょうまん》せしめんも、比《ひ》と為《な》すべからず。是《こ》の故《ゆえ》に当《まさ》に知《し》るべし、一切世界《いっさいせかい》・三世《さんぜ》の三宝《さんぼう》を勧請《かんじょう》し、六波羅蜜《ろくはらみつ》を満足《まんぞく》せんことを勧請《かんじょう》し、無上法《むじょうほう》輪《りん》を転《てん》ぜんことを勧請《かんじょう》し、世《よ》に住《じゅう》する無量劫《むりょうこう》を経《へ》て、無量甚深《むりょうじんじん》の妙法《みょうほう》を演説《えんぜつ》せんことを勧請《かんじょう》するは、功徳甚深《くどくじんじん》にして能《よ》く比《ひ》するものなし。』

爾《そ》の時《とき》、天帝釈《てんたいしゃく》、及《およ》び恒河女神《ごうがにょしん》・無量《むりょう》の梵王《ぼんおう》・四大天衆座《しだいてんしゅざ》より起《た》ち、偏《ひとえ》に右肩《うけん》を袒《はだぬ》ぎ右膝《うしつ》を地《ち》に著《つ》け、合掌頂礼《がっしょうちょうらい》し、仏《ほとけ》に白《もう》して言《いわ》く、『世尊《せそん》、我等《われら》皆是《みなこ》の金光明最勝王経《こんこうみょうさいしょうおうきょう》を聞《き》くを得《え》て、今《いま》悉《ことごと》く受持《じゅじ》し、読誦《どくじゅ》し、通利《つうり》し、他《た》のために広説《こうせつ》し、此《こ》の法《ほう》に依《よ》りて住《じゅう》せん、何《なに》を以《もっ》ての故《ゆえ》に、世尊《せそん》、我等阿耨多羅三藐三菩提《われらあのくたらさんみゃくさんぼだい》を求《もと》めんと欲《ほっ》し、此《こ》の義種種《ぎしゅじゅ》の勝相《しょうそう》に随順《ずいじゅん》し、如法《にょほう》に行《ぎょう》ずるが故《ゆえ》なり。』

爾《そ》の時《とき》、梵王《ぼんおう》、及《およ》び天帝釈等《てんたいしゃくとう》、説法《せっぽう》の処《ところ》に於《お》いて、皆種種《みなしゅじゅ》の*曼陀羅華《まんだらけ》を以《もっ》て仏《ほとけ》の上《うえ》に散《さん》ず。三《さん》千大千世《ぜんだいせんせ》界《かい》の地《じ》、皆大《みなおお》いに動《うご》き、一切《いっさい》の天鼓《てんく》、及《およ》び諸《もろもろ》の音楽《おんがく》、鼓《う》たざるに自《おの》ずから鳴《な》り、金色《こんじき》の光《ひかり》を放《はな》ち、世界《せかい》に遍満《へんまん》して妙音声《みょうおんじょう》を出《い》だす。

時《とき》に天帝釈《てんたいしゃく》、仏《ほとけ》に白《もう》して言《いわ》く、『世尊《せそん》、此《こ》れ等《ら》皆是《みなこ》の金光明経威神《こんこうみょうきょういじん》の力《ちから》なり。慈悲《じひ》普《あまね》く救《すく》い、種種《しゅじゅ》の利益《りやく》あり、種種《しゅじゅ》に菩薩《ぼさつ》の善根《ぜんごん》を増長《ぞうじょう》し、諸《もろもろ》の業障《ごっしょう》を滅《めっ》す。』仏《ほとけ》の言《のたま》わく、『是《かく》の如《ごと》し、是《かく》の如《ごと》し。汝《なんじ》の所説《しょせつ》の如《ごと》し。何《なに》を以《もっ》ての故《ゆえ》に、善男子《ぜんなんし》、我往昔《われおうじゃく》を念《おも》うに、無量百千阿僧祇劫《むりょうひゃくせんあそうぎこう》を過《す》ぎて仏《ほとけ》あり、宝王大光照如来応正遍知《ほうおうだいこうしょうにょらいおうしょうへんち》と名《なづ》けたりき。世《よ》に出現《しゅつげん》し、世《よ》に住《じゅう》する六百八十億劫《ろっぴゃくはちじゅうおくこう》なり。爾《そ》の時《とき》、宝王大光照如来《ほうおうだいこうしょうにょらい》、人《にん》・天《でん》・釈《しゃく》・梵《ぼん》・沙門《しゃもん》・婆羅門《ばらもん》・一切衆生《いっさいしゅじょう》を度脱《どだつ》して安楽《あんらく》ならしめんと欲《ほっ》するがための故《ゆえ》に、出現《しゅつげん》の時《とき》に当《あた》り初会《しょえ》の説法《せっぽう》に、百千億億万《ひゃくせんおくおくまん》の衆《しゅ》を度《ど》して、皆阿羅漢果《みなあらかんか》を得《え》しめ、諸漏《しょろ》已《すで》に尽《つ》き、三明《さんみょう》・六通《ろくずう》、自在無礙《じざいむげ》なり。第二会《だいにえ》に於《お》いて、復《ま》た九十千億億万衆《くじゅうせんおくおくまんしゅ》を度《ど》し、皆阿羅漢果《みなあらかんか》を得《え》しめ、諸漏《しょろ》已《すで》に尽《つ》き、三明《さんみょう》・六通《ろくずう》、自在無礙《じざいむげ》なり。第三会《だいさんえ》に於《お》いて、復《ま》た九十八千《くじゅうはっせん》億億万衆《おくおくまんしゅ》を度《ど》し、皆阿羅漢果《みなあらかんか》を得《え》しめ、円満《えんまん》なること上《かみ》の如《ごと》し。

善男子《ぜんなんし》、我《わ》れ爾《そ》の時《とき》に於《お》いて、女人《にょにん》の身《しん》を作《な》し、福宝光明《ふくほうこうみょう》と名《なづ》けたりき。第三会《だいさんえ》に於《お》いて、世尊《せそん》に親近《しんごん》し、是《こ》の金光明経《こんこうみょうきょう》を受持《じゅじ》し、読誦《どくじゅ》し、他《た》のために広《ひろ》く説《と》きて、阿耨多羅三藐三菩提《あのくたらさんみゃくさんぼだい》を求《もと》めぬ。故《ゆえ》に時《とき》に彼《か》の世尊《せそん》、我《わ》がために*授記《じゅき》す、「此《こ》の福宝光明女《ふくほうこうみょうにょ》、未来世《みらいせ》に於《お》いて、当《まさ》に仏《ほとけ》となりて、釈《しゃ》迦牟尼《かむに》如来《にょらい》、*応正遍知《おうしょうへんち》・明行足《みょうぎょうそく》・善逝《ぜんぜい》・世間解《せけんげ》・無上士《むじょうし》・調御丈夫《じょうごじょうぶ》・天人師《てんにんし》・仏《ぶつ》・世尊《せそん》と号《ごう》すべし」と。女身《にょしん》を捨《す》てて後《のち》、是《こ》れより以来《いらい》、四悪道《しあくどう》を越《こ》え、人天《にんでん》の中《なか》に生《しょう》じて、上妙《じょうみょう》の楽《らく》を受《う》け、八十四百千生《はちじゅうしひゃくせんしょう》、転輪王《てんりんおう》と作《な》り、今日《こんにち》に至《いた》り正覚《しょうがく》を成《じょう》ずることを得《え》て、名称《みょうしょう》普《あまね》く聞《き》こえて世界《せかい》に遍満《へんまん》す。』

時《とき》に会《え》の大衆《だいしゅ》、忽然《こつねん》として皆宝王大光照如来《みなほうおうだいこうしょうにょらい》、無上《むじょう》の法輪《ほうりん》を転《てん》じて、微妙《みみょう》の法《ほう》を説《と》くを見《み》る。『善男子《ぜんなんし》、此《こ》の*索訶世界《さくかせかい》を去《さ》りて、東方百千恒河沙数《とうほうひゃくせんごうがしゃしゅ》の仏土《ぶつど》を過《す》ぎて世界《せかい》あり、宝荘厳《ほうしょうごん》と名《なづ》く。其《そ》の宝王大光照如来《ほうおうだいこうしょうにょらい》、今現《いまげん》に彼《かしこ》に在《まし》まし、未《いま》だ般涅槃《はつねはん》せず、微妙《みみょう》の法《ほう》を説《と》きて、広《ひろ》く群生《ぐんじょう》を化《け》す。汝等《なんじら》見《み》るもの即《すなわ》ち是《こ》れ彼《か》の仏《ほとけ》なり。

善男子《ぜんなんし》、若《も》し善男子《ぜんなんし》・善女人《ぜんにょにん》ありて、此《こ》の宝王大光照如来《ほうおうだいこうしょうにょらい》の名号《みょうごう》を聞《き》くものは、菩薩地《ぼさつじ》に於《お》いて不退転《ふたいてん》を得《え》、大涅槃《だいねはん》に至《いた》らん。若《も》し女人《にょにん》ありて是《こ》の仏名《ぶつみょう》を聞《き》くものは、命終《みょうじゅう》に臨《のぞ》む時《とき》、彼《か》の仏《ほとけ》、其《そ》の所《ところ》に来至《らいし》するを見《み》るを得《え》ん。既《すで》に仏《ほとけ》を見《み》已《おわ》らば、究竟《くきょう》じて復《ま》た更《さら》に女身《にょしん》を受《う》けじ。

善男子《ぜんなんし》、是《こ》の金光明微妙《こんこうみょうみみょう》の経典《きょうてん》は、種種《しゅじゅ》の利益《りやく》あり、種種《しゅじゅ》に菩薩《ぼさつ》の善根《ぜんごん》を増長《ぞうじょう》し、諸《もろもろ》の業障《ごっしょう》を滅《めっ》す。善男子《ぜんなんし》、若《も》し*苾芻《びっしゅ》・苾芻尼《びっしゅに》・鄔波索迦《うばさくか》・鄔波斯迦《うばしか》あり、随《したが》って何《いずれ》の処《ところ》に在《あ》らんも、人《ひと》のために是《こ》の金光明微妙《こんこうみょうみみょう》の経典《きょうてん》を講説《こうせつ》せば、其《そ》の国土《こくど》に於《お》いて皆四種《みなししゅ》の福利善根《ふくりぜんごん》を獲《え》ん。云何《いかん》が四《し》と為《な》す。一《いち》には国王病《こくおうやまい》なく、諸《もろもろ》の災厄《さいやく》を離《はな》る。二《に》には寿命長遠《じゅみょうちょうおん》にして、障礙《しょうげ》あることなし。三《さん》には諸《もろもろ》の怨敵《おんてき》なく、兵衆勇健《ひょうしゅゆうけん》なり。四《し》には安穏豊楽《あんのんぶらく》にして、正法流通《しょうぼうるずう》す。何《なに》を以《もっ》ての故《ゆえ》に、是《かく》の如《ごと》き人王《にんおう》は、常《つね》に釈《しゃく》・梵《ぼん》・四王《しおう》・薬叉《やくしゃ》の衆《しゅ》に、共《とも》に守護《しゅご》せらるるが故《ゆえ》なり。

爾《そ》の時《とき》、世尊《せそん》、天衆《てんしゅ》に告《つ》げて曰《のたま》わく、『善男子《ぜんなんし》、是《こ》の事《こと》は実《じつ》なりや否《いな》や。』是《こ》の時無量《ときむりょう》の釈《しゃく》・梵《ぼん》

・四王《しおう》、及《およ》び薬叉衆《やくしやしゅ》、倶時《ぐじ》に声《こえ》を同《おなじ》うし、世尊《せそん》に答《こた》えて言《いわ》く、『是《かく》の如《ごと》し、是《かく》の如《ごと》し。若《も》し国王《こくおう》ありて、此《こ》の妙経王《みょうきょうおう》を講宣《こうせん》・読誦《どくじゅ》せば、是《こ》の諸《もろもろ》の国王《こくおう》を、我等《われら》四王《しおう》、常《つね》に来《き》たりて擁護《ようご》し、行《ぎょう》住共《じゅうとも》に、其《そ》の王《おう》と倶《とも》にせん。若《も》し一切《いっさい》の災障《さいしょう》、及《およ》び諸《もろもろ》の怨敵《おんてき》あらば、我等《われら》四《し》王皆消殄《おうみなしょうてん》せしめ、憂《う》愁《しゅう》・疾疫《しつえき》、亦《ま》た除差《じょしゃ》せしめ、寿命《じゅみょう》を増益《ぞうやく》し、禎祥《ていじょう》を感応《かんのう》せしめ、所願《しょがん》、心遂《こころと》げて、恒《つね》に歓喜《かんぎ》を生《しょう》ぜん。我等《われら》亦《ま》た能《よ》く其《そ》の国中《こくちゅう》の所有軍兵《あらゆるぐんびょう》をして、悉《ことごと》く皆勇健《みなゆうけん》ならしめん。』仏《ほとけ》の言《のたま》わく、『善哉《よいかな》、善哉《よいかな》。善男子《ぜんなんし》、汝《なんじ》が所説《しょせつ》の如《ごと》く、汝当《なんじまさ》に修行《しゅぎょう》すべし。何《なに》を以《もっ》ての故《ゆえ》に、是《こ》の諸《もろもろ》の国王如法《こくおうにょほう》に行《ぎょう》ずる時《とき》、一切《いっさい》の人民《にんみん》も王《おう》に随《したが》いて如法《にょほう》の行《ぎょう》を修習《しゅじゅう》せん。汝等皆色《なんじらみなしき》・力《りき》・勝利《しょうり》を蒙《こうむ》り、宮殿《ぐうでん》・光明《こうみょう》・眷属強盛《けんぞくごうじょう》ならん。』時《とき》に釈《しゃく》・梵等《ぼんとう》、仏《ほとけ》に白《もう》して言《いわ》く、『是《かく》の如《ごと》し、世尊《せそん》。』仏《ほとけ》の言《のたま》わく、『若《も》し此《こ》の妙経典《みょうきょうてん》を講誦《こうじゅ》するあらば、流通《るずう》の処《ところ》、其《そ》の国中《こくちゅう》に於《おい》て、大臣輔《だいじんほ》相四《そうし》種《しゅ》の益《やく》あり。云何《いかん》が四《し》と為《な》す。一《いち》には更《さら》に相親穆《あいしんぼく》・尊重《そんじゅう》・愛念《あいねん》せん。二《に》には常《つね》に人王《にんおう》のために心愛重《こころあいじゅう》せられん。亦《ま》た沙門《しゃもん》・婆羅門《ばらもん》・大国《だいこく》・小国《しょうこく》に遵敬《じゅんきょう》せられん。三《さん》には財《ざい》を軽《かろ》んじ法《ほう》を重《おも》んじ、世利《せり》を求《もと》めず。嘉名普《かみょうあまね》く曁《およ》び、衆《しゅ》に欽仰《きんごう》せられん。四《し》には寿命延長《じゅみょうえんちょう》し、安隠快楽《あんのんけらく》ならん。是《こ》れを四益《しやく》と名《なづ》く。若《も》し国土《こくど》ありて、是《こ》の経《きょう》を宣説《せんぜつ》せば、沙門《しゃもん》・婆羅門《ばらもん》・四種《ししゅ》の勝利《しょうり》を得《え》ん、云何《いかん》が四《し》と為《な》す。一《いち》は衣服《えぶく》・飲食《おんじき》・臥具《がぐ》・医薬《いやく》、乏少《ぼうしょう》する所《ところ》なし。二《に》には皆安心《みなあんじん》を得《え》て、思惟読誦《しゆいどくじゅ》せん。三《さん》には山林《せんりん》に依《よ》り、安楽《あんらく》住《じゅう》を得《え》ん。四《し》には心《こころ》の所願《しょがん》に随《したが》いて、皆満足《みなまんぞく》を得《え》ん。是《こ》れを四種《ししゅ》の勝利《しょうり》と名《なづ》く。若《も》し国土《こくど》ありて、是《こ》の経《きょう》を宣説《せんぜつ》せば、一切《いっさい》の人民皆豊楽《にんみんみなぶらく》を得《え》、諸《もろもろ》の疾疫《しつえき》なく、商估《しょうこ》は往還《おうげん》に多《おお》くの宝貨《ほうか》を獲《え》て、勝《しょう》福《ふく》を具足《ぐそく》せん。是《こ》れを種種《しゅじゅ》の功徳利益《くどくりやく》と名《なづ》く。』

爾《そ》の時《とき》、梵《ぼん》・釈《しゃく》・四《し》天王《てんのう》、及《およ》び諸《もろもろ》の大衆《だいしゅ》、仏《ほとけ》に白《もう》して言《いわ》く、『世尊《せそん》、是《かく》の如《ごと》き経典《きょうてん》、甚深《じんじん》の義《ぎ》、若《も》し、現在《げんざい》せば、当《まさ》に知《し》るべし、如来《にょらい》*三十七種《さんじゅうしちしゅ》の助菩提法《じょぼだいほう》、世《よ》に住《じゅう》して未《いま》だ滅《めっ》せず。若《も》し是《こ》の経典滅尽《きょうてんめつじん》の時《とき》は、正法《しょうぼう》も亦《ま》た滅《めっ》せん。』と。仏《ほとけ》の言《のたま》わく、『是《かく》の如《ごと》し、是《かく》の如《ごと》し。善男子《ぜんなんし》、是《こ》の故《ゆえ》に汝等此《なんじらこ》の金光明経《こんこうみょうきょう》の一句《いっく》・一頌《いちじゅ》・一品《いっぽん》・一部《いちぶ》に於《おい》て、皆当《みなまさ》に一心《いっしん》に、正《ただ》しく読誦《どくじゅ》し、正《ただ》しく聞《もん》持《じ》し、正《ただ》しく思惟《しゆい》し、正《ただ》しく修習《しゅじゅう》し、諸《もろもろ》の衆生《しゅじょう》のために、広宣流布《こうせんるふ》せば、長夜《じょうや》に安楽《あんらく》にして福利《ふくり》辺《かぎ》りなかるべし。』

時《とき》に諸《もろもろ》の大衆《だいしゅ》、仏《ほとけ》の説《せつ》を聞《き》き已《おわ》りて、咸《ことごと》く勝益《しょうやく》を蒙《こうむ》り、歓喜受持《かんぎじゅじ》しき。

《静慮》　迷いを断ち、感情を鎮め、真実な理法を体得する精神統一の状態をいう。**《刹土》**　国土をいう。**《十方恒河沙》**　恒河（Gaṅgā）の砂の数の意味で、物の数の多いことを喩える。**《五濁》**　劫濁・見濁・煩悩濁・衆生濁・命濁の五を五濁という。**《五無間罪》**　五逆罪の異称。殺父母・破和合僧・出仏身血・殺阿羅漢・破羯磨僧の五。五逆罪は無間地獄に堕すべき罪であるが故に無間罪という。**《帝釈》**　三十三天の主因陀羅（Indra）である。その名を Śakra という。帝釈はこの二語を訳したもの。**《妙法輪・照法輪》**　共に仏陀の説法をさすが、前者は見道の理を示し、後者は修道の要を説くと釈する。**《真実慧》**　真俗二智を具すること。**《真実眼》**　肉・天・慧・法・仏の五種の眼あること。**《真実証明》**　前の二智を実証したること。**《真実平等》**　真如平等の理を証得したること。**《阿蘇羅》**　普通は阿修羅（Aśura）という。**《婆羅門》**（Brāhmaṇa）印度四姓中の第一であり、祭官とくに Veda 祭式を総監する祭官である。**《刹帝利》**（Kṣatriya）印度四姓中の第二で武士種姓（階級）に所属するもの。**《転輪王》**（Cakravartin）は世界的皇帝の意味であり、勢力最大の統治者である。《**四天王衆・三十三天・夜摩天・覩史多天・楽変化天・他化自在天**》欲界の六天である。三十三天は帝釈所居の天にして、あるいは忉利天ともいわれる。《**梵衆……色究竟天**》色界の十七天である。《**預流果・一来果・不還果・阿羅漢果**》小乗の四果。《**三明**》阿羅漢果の聖者の有する三種の智明、すなわち宿命・天眼・漏尽の三通である。《**六通**》六神通。前述の三通に、神足・天耳・他心の三通を加えたもの。《**一切智智……正遍智**》仏果の智慧を明かす。この五智を総別にわかち四智に配す。一切智智―総じて四智に通ず。浄智―妙観察智。不思議智―成所作智。不動智―大円鏡智。正遍智―平等性智。《**是諸行法未現生……**》以下、懺悔によって発る善心の発起を説く。《**一切諸法皆依於本**》一切諸法の本体は、すなわち真如である。真如は無生滅、不可言説であるから一切諸法はみなここに帰するのである。《**入於微妙真理生信敬心**》これを理の懺悔という。諸法皆空、本来清浄の観法である。《**四業障**》大乗五悔の中、懺悔・随喜・勧請・廻向の四である。第一の供養礼拝は一切に通ずるから略してある。順次に四を説く。《**初行菩薩**》初めて菩提心を起こしてから、その最上位、すなわち仏の位を継ぐべき一生補処まで菩薩の五位を列挙する。《**前威儀**》偏袒右肩等である。《**報身**》ここでは普通にいう現身の意味と見るべきであろう。《**七宝**》金・銀・瑠璃・玻璃・硨磲・赤珠（珊瑚）・瑪瑙の称。他説あり。《**学処**》所学の処という意味で、戒をいう。これは比丘・比丘尼等の学ぶべき処であるから。《**不住相心・不捨相心**》不住相心は自身および報恩果報等に執著しないこと。不捨相心は空見に住せず、断滅の想のないことをいう。《**魔**》天魔のこと。《**甘露法・甘露義**》甘露の法は菩提、甘露の義は涅槃をいう。《**無量寿仏……上性仏**》四方の諸仏で、順次、西方三仏、東方五仏、南方五仏、北方八仏を挙げる。《**四事**》飲食・衣服・臥具・医薬。《**踰繕那**》（yojana）距離の一単位。約九哩に等しい。《**三帰**》仏・法・僧に帰依する誓式。三帰戒と称する。《**四悪道**》地獄・餓鬼・畜生の三悪道の上に修羅道を加えた考え方。《曼陀羅花》māndhārava。《授記》将来の成仏決定したことを予言すること。《応正遍知……世尊》如来の十号。《索訶世界》普通いう娑婆世界、sahāloka-dhātu。《苾芻・苾芻尼・鄔波索迦・鄔波斯迦》四衆。比丘（bhikṣu）・比丘尼（bhikṣuṇī）・優婆塞（upāsaka）・優婆夷（upāsikā）の音訳。《三十七種》涅槃に到る道路の資糧たる三十七種をいう。四念処・四正勤・四如意足・五根・五力・七覚支・八正道をいう。

この滅業障品第五は、梵本並びに、曇無讖の四巻本になき部分である。前品の懺悔を行なうことをさらに発展させ、詳細に過去の業障を滅除することを説明したものである。諸仏は真俗二諦を明らかにする真実慧と、肉・天・慧・法・仏の五眼と、真諦を証明する真実証明と真如平等の理を証得する真実平等をもって一切の衆生の善悪の業を知りたまうとなす。衆生は無始以来、貪瞋癡にしたがって流転する。そして五逆罪をなしたり、十悪業を造ったりする。世間においては、あるいは善人を毀謗し、偽を真となし、斗量秤をごまかしたり、不浄の飲食を施与し、父母互いに悩害する。僧団においてはあるいは四方僧物、現前僧物を盗んだり、わがまま勝手な使い方をし、師長の教示に従わない。我がこの生の業障ことごとく滅除するために、発露懺悔し、未作の罪を作らぬことをも誓う。しかも過去の諸大菩薩の懺悔するごとくに、われも懺悔し、罪科を覆蔵しない。

さらに前の懺悔品にはない懺悔の多くの利益を説く、すなわち富貴の家に生まれ、財宝を得んと願うこと、諸天に生まれんと願うこと、および四果を求めたり、三明・六通などの宗教的欲求にも懺悔を説く。

さらに懺悔のみならず、随喜の功徳と勧請の功徳、ならびに廻向の功徳を説く。天台の法華三昧の宗教儀礼としての五種の懺悔法、すなわち、懺悔・勧請・随喜・廻向・発願の五悔、ならびに真言の普賢十大願を五悔としてまとめた帰命・懺悔・随喜・勧請・廻向に対比される『金光明経』の悔過法として注目されるものである。

また五種の法施の功徳、すなわち、(1)自他を利すること、(2)衆生をして三界を超出せしむること、(3)法身を浄めること、(4)法施は無窮であること、(5)無明を断ずることを詳述している。さらに女人の変成男子を説き、最後に宝王大光照如来が出現した往昔において、第二会の説法として『金光明経』を受持・読誦・宣説することを求め、女身を捨てたことを強調している。しかも『金光明経』には種種の利益があるが、国土に四種の福利あり、(1)国王に病なく、災厄を免れ、(2)寿命長遠、(3)怨敵なく、兵衆勇健なること、(4)安隠豊楽にして正法が流通することを挙げ、人王を釈・梵・四王・薬叉の衆が守護するためであるとするほかに、大臣輔相の四種の利益を述べる、すなわち互いに親睦尊重すること、人王に愛重されること、嘉名はあまねく民衆に欽仰されること、寿命長遠なることを挙げ、以上の人王宰相の利益のほかに、国土の利益として、(1)衣服・飲食・臥具・医薬の乏少なきこと、(2)人民の安和、(3)山林などのよき自然環境に恵まれ、(4)人果所願満足を説いている。

金光明最勝王經卷第四

大唐三藏沙門義淨奉　制譯

最浄地陀羅尼品　第六

㊅一六巻四一七下—四二二中

爾《そ》の時《とき》、師子《しし》相無礙《そうむげ》光焔《こうえん》菩薩《ぼさつ》、無量億衆《むりようおくしゅ》と与《とも》に、座《ざ》より起《た》ち、偏《ひとえ》に右肩《うけん》を袒《はだぬ》ぎ、右膝《うしつ》を地《じ》に著《つ》け、合掌恭敬《がっしょうくぎょう》して、仏足《ぶっそく》を頂礼《ちょうらい》し、種種《しゅじゅ》の花《け》・香《こう》・宝幢《ほうどう》・幡《ばん》・蓋《がい》を以《もっ》て供養《くよう》し已《おわ》り、仏《ほとけ》に白《もう》して言《いわ》く、『世尊《せそん》、幾《いくばく》の因縁《いんねん》を以《もっ》て菩提心《ぼだいしん》を得《う》る。何者《なにもの》か是《こ》れ菩提心《ぼだいしん》なる。世尊《せそん》、即《すなわ》ち菩提《ぼだい》に於《おい》て、現在心《げんざいしん》も得《う》べからず。未来心《みらいしん》も得《う》べからず。過去心《かこしん》も得《う》べからず。菩提《ぼだい》を離《はな》れて、菩提心《ぼだいしん》亦《ま》た得《う》べからず、菩提《ぼだい》とは言説《ごんぜつ》すべからず、心《しん》亦《ま》た色《しき》なく相《そう》なく、事業《じごう》あるなく、造作《ぞうさ》すべきに非《あら》ず。衆生《しゅじょう》亦《ま》た得《う》べからず。亦《ま》た知《し》るべからず。世尊《せそん》、云何《いかん》が諸法甚深《しょほうじんじん》の義《ぎ》、知《し》ることを得《う》べき。』

仏言《ほとけのたま》わく、『善男子《ぜんなんし》、是《か》の如《ごと》し、是《か》の如《ごと》し。菩提《ぼだい》は微妙《みみょう》なり。事業《じごう》・造作《ぞうさ》皆《みな》得《う》べからず。若《も》し菩提《ぼだい》を離《はな》れて菩提心《ぼだいしん》も亦《ま》た得《う》べからず。菩提《ぼだい》は説《と》くべからず。心《こころ》亦《ま》た説《と》くべからず。色相《しきそう》なく事業《じごう》なし。一切衆生《いっさいしゅじょう》亦《ま》た得《う》べからず。何《なに》を以《もっ》ての故《ゆえ》に菩提《ぼだい》、及《およ》び心《しん》とは真如《しんにょ》に同《おな》じきが故《ゆえ》に、能《のう》証所証皆平等《しょうしょしょうみなびょうどう》なるが故《ゆえ》に、諸法《しょほう》は了知《りょうち》すべきなきに非《あら》ず。善男子《ぜんなんし》、菩薩摩訶薩《ぼさつまかさつ》、是《か》の如《ごと》く知《し》るものは、乃《すなわ》ち諸法《しょほう》に通達《つうだつ》して、善《よ》く菩提《ぼだい》、及《およ》び菩提心《ぼだいしん》を説《と》くと名《なづ》くることを得《う》。菩提心《ぼだいしん》は過去《かこ》に非《あら》ず、未来《みらい》に非《あら》ず、現在《げんざい》に非《あら》ず、心《しん》も亦《ま》た是《か》の如《ごと》し。衆生《しゅじょう》も亦《ま》た是《か》の如《ごと》し。中《なか》に於《お》て二相《にそう》実《じつ》に得《う》べからず。何《なに》を以《もっ》ての故《ゆえ》に一切《いっさい》の法《ほう》は皆無生《みなむしょう》なるを以《もっ》ての故《ゆえ》なり。菩提《ぼだい》得《う》べからず。菩提《ぼだい》の名《な》亦《ま》た得《う》べからず。衆生《しゅじょう》と衆生《しゅじょう》の名《な》も得《う》べからず。声聞《しょうもん》と声聞《しょうもん》の名《な》も得《う》べからず。独覚《どっかく》と独覚《どっかく》の名《な》も得《う》べからず。菩薩《ぼさつ》と菩薩《ぼさつ》の名《な》も得《う》べからず。仏《ほとけ》と仏《ほとけ》の名《な》も得《う》べからず。行《ぎょう》と非行《ひぎょう》も得《う》べからず。行《ぎょう》と非行《ひぎょう》の名《な》も得《う》べからず。不可得《ふかとく》を以《もっ》ての故《ゆえ》に、一切寂静法《いっさいじゃくじょうほう》の中《なか》に於《お》て安住《あんじゅう》を得《う》。此《こ》の一切《いっさい》の功徳善根《くどくぜんこん》に依《よ》りて生起《しょうき》することを得《う》。

善男子《ぜんなんし》、譬《たと》えば*宝須弥山王《ほうしゅみせんおう》の一切《いっさい》を饒益《にょうやく》するが如《ごと》く、此《こ》の菩提心衆生《ぼだいしんしゅじょう》を利《り》するが故《ゆえ》に、是《こ》れを第一布施波羅蜜《だいいちふせはらみつ》の因《いん》と名《なづ》く。善男子《ぜんなんし》、譬《たと》えば*大地《だいじ》の衆物《しゅもつ》を持《じ》するが如《ごと》きが故《ゆえ》に、是《こ》れを第二《だいに》持戒波羅蜜《じかいはらみつ》の因《いん》と名《なづ》く。譬《たと》えば*師子大威力《ししだいいりき》あり独歩《どくほ》して畏《おそ》るるなく、驚恐《きょうく》を離《はな》るる如《ごと》きが故《ゆえ》に、是《こ》れを第三忍辱波羅蜜《だいさんにんにくはらみつ》の因《いん》と名《なづ》く。譬《たと》えば*風輪《ふうりん》の那羅延力《ならえんりき》、勇壮速疾《ゆうそうそくしつ》なるが如《ごと》く、心退《こころたい》せざるが故《ゆえ》に、是《こ》れを第四《だいし》*勤策波羅蜜《ごんさくはらみつ》の因《いん》と名《なづ》く。譬《たと》えば七宝《しっぽう》の楼観《ろうかん》に*四階《しかい》の道《どう》ありて、清涼《しょうりょう》の風来《かぜき》たりて、*四門《しもん》より吹《ふ》きて、安隠《あんのん》の楽《らく》を受《う》くるが如《ごと》く、静慮《じょうりょ》の法蔵《ほうぞう》、求《もと》めて満足《まんぞく》するが故《ゆえ》に、是《こ》れを第五《だいご》静慮波羅蜜《じょうりょはらみつ》の因《いん》と名《なづ》く。譬《たと》えば*日輪《にちりん》の光耀熾盛《こうようしじょう》なるが如《ごと》く、此《こ》の心《しん》速《すみ》やかに能《よ》く生死無明《しょうじむみょう》の闇《あん》を破《やぶ》るが故《ゆえ》に、是《こ》れを第六智慧波羅蜜《だいろくちえはらみつ》の因《いん》と名《なづ》く。譬《たと》えば*商主《しょうしゅ》の能《よ》く一切《いっさい》の心願《しんがん》をして満足《まんぞく》せしむるが如《ごと》く、此《こ》の心《しん》能《よ》く生死《しょうじ》の険道《けんどう》を度《わた》り、功徳《くどく》の宝《たから》を獲《う》るが故《ゆえ》に、是《こ》れを第七方便勝智波羅蜜《だいしちほうべんしょうちはらみつ》の因《いん》と名《なづ》く。譬《たと》えば*浄月円満《じょうがつえんまん》にして翳《よう》なきが如《ごと》し。此《こ》の心《しん》能《よ》く一切《いっさい》の境界《きょうがい》に於《おい》て清浄《しょうじょう》具足《ぐそく》するが故《ゆえ》に、是《こ》れを第八願波羅蜜《だいはちがんはらみつ》の因《いん》と名《なづ》く。譬《たと》えば転輪聖王《てんりんじょうおう》、*主兵《しゅひょう》の宝臣《ほうしん》意に随《したが》いて自在《じざい》なるが如《ごと》く、此《こ》の心《しん》善《よ》く能《よ》く荘厳《しょうごん》して、仏国土《ぶっこくど》を浄《きよ》め、無量《むりょう》の功徳《くどく》もて広《ひろ》く群生《ぐんじょう》を利《り》するが故《ゆえ》に、是《こ》れを第九力波羅蜜《だいくりきはらみつ》の因《いん》と名《なづ》く。譬《たと》えば*虚空《こくう》、及《およ》び転輪聖王《てんりんじょうおう》の如《ごと》し。此《こ》の心《しん》能《よ》く一切《いっさい》の境界《きょうがい》に於《おい》て障礙《しょうげ》あるなく、一切処《いっさいしょ》に於《おい》て皆自在《みなじざい》を得《え》て*灌頂位《かんじょうい》に至《いた》る、故《ゆえ》に是《こ》れを第十智波羅蜜《だいじゅうちはらみつ》の因《いん》と名《なづ》く。善男子《ぜんなんし》、是《こ》れを菩薩摩訶薩十種《ぼさつまかさつじゅっしゅ》の菩提心《ぼだいしん》の因《いん》と名《なづ》く。是《かく》の如《ごと》き十因《じゅういん》、汝当《なんじまさ》に修学《しゅがく》すべし。

善男子《ぜんなんし》、五種《ごしゅ》の法《ほう》に依《よ》りて菩薩摩訶薩《ぼさつまかさつ》、布施波羅蜜《ふせはらみつ》を成就《じょうじゅ》す。云何《いかん》が五《ご》と為《な》す。一《いち》には信根《しんこん》。二《に》には慈悲《じひ》。三《さん》には求欲《ぐよく》の心《しん》なし。四《し》には一切衆生《いっさいしゅじょう》を摂受《しょうじゅ》す。五《ご》には一切智智《いっさいちち》を願求《がんぐ》す。善男子《ぜんなんし》、是《こ》れを菩薩摩訶薩《ぼさつまかさつ》、布施波羅蜜《ふせはらみつ》を成就《じょうじゅ》すと名《なづ》く。善男子《ぜんなんし》、復《ま》た五法《ごほう》に依《よ》りて菩薩摩訶薩《ぼさつまかさつ》、持戒波羅蜜《じかいはらみつ》を成就《じょうじゅ》す。云何《いかん》が五《ご》と為《な》す。一《いち》には三業清浄《さんごうしょうじょう》。二《に》には一切衆生《いっさいしゅじょう》のために煩悩《ぼんのう》の因縁《いんねん》を作《な》さず。三《さん》には諸《もろもろ》の悪道《あくどう》を閉《と》じて善趣《ぜんしゅ》の門《もん》を開《ひら》く。四《し》には声聞《しょうもん》・独覚《どっかく》の地《じ》を過《す》ぐ。五《ご》には一切《いっさい》の功徳《くどく》皆《みな》悉《ことごと》く満足《まんぞく》す。善男子《ぜんなんし》、是《こ》れを菩薩摩訶薩《ぼさつまかさつ》、持戒波羅蜜《じかいはらみつ》を成就《じょうじゅ》すと名《なづ》く。善男子《ぜんなんし》、復《ま》た五法《ごほう》に依《よ》りて菩薩摩訶薩《ぼさつまかさつ》、忍辱波羅蜜《にんにくはらみつ》を成就《じょうじゅ》す。云何《いかん》が五《ご》と為《な》す。一《いち》には能《よ》く貪瞋煩悩《とんじんぼんのう》を伏《ぶく》す。二《に》には身命《しんみょう》を惜《おし》まず、安楽止息《あんらくしそく》の想《そう》を求《もと》めず。三《さん》には往業《おうごう》を思惟《しゆい》し、苦《く》に遭《あ》うも能《よ》く忍《しの》ぶ。四《し》には慈悲《じひ》心《しん》を発《おこ》す。衆生《しゅじょう》の諸善根《しょぜんこん》を成就《じょうじゅ》するが故《ゆえ》に。五《ご》には甚深《じんじん》の無生法忍《むしょうぼうにん》を得《う》ると為《な》す。善男子《ぜんなんし》、是《こ》れを菩薩摩訶薩《ぼさつまかさつ》、忍辱波羅蜜《にんにくはらみつ》を成就《じょうじゅ》すと名《なづ》く。善男子《ぜんなんし》、復《ま》た五法《ごほう》に依《よ》りて菩薩摩訶薩《ぼさつまかさつ》、勤策波羅蜜《ごんさくはらみつ》を成就《じょうじゅ》す。云何《いかん》が五《ご》と為《な》す。一《いち》には諸《もろもろ》の煩悩《ぼんのう》と共《とも》に住《じゅう》するを楽《ねが》わず。二《に》には福徳《ふくとく》未《いま》だ具《ぐ》せざれば安楽《あんらく》を受《う》けず。三《さん》には諸《もろもろ》の難行苦行《なんぎょうくぎょう》の事《こと》に於《おい》て厭心《えんしん》を生《しょう》ぜず。四《し》には大慈悲《だいじひ》を以《もっ》て一切衆生《いっさいしゅじょう》を摂《しょう》受《じゅ》し、利益《りやく》し、方便成就《ほうべんじょうじゅ》す。五《ご》には不退転地《ふたいてんじ》を願求《がんぐ》す。善男子《ぜんなんし》、是《こ》れを菩薩摩訶薩《ぼさつまかさつ》、勤策波羅蜜《ごんさくはらみつ》を成就《じょうじゅ》すと名《なづ》く。善男子《ぜんなんし》、復《ま》た五法《ごほう》に依《よ》りて菩薩摩訶薩《ぼさつまかさつ》、静慮波羅蜜《じょうりょはらみつ》を成就《じょうじゅ》す。云何《いかん》が五《ご》と為《な》す。一《いち》には諸善法《しょぜんほう》に於《おい》て摂《しょう》して散《さん》ぜざらしむるが故《ゆえ》に。二《に》には常《つね》に解脱《げだつ》を願《ねが》い*二辺《にへん》に著《じゃく》せざるが故《ゆえ》に。三《さん》には神通《じんずう》を得《え》て衆生《しゅじょう》の諸《もろもろ》の善根《ぜんこん》を成就《じょうじゅ》することを願《ねが》うが故《ゆえ》に。四《し》には浄法界《じょうほっかい》のために*心垢《しんく》を蠲除《けんじょ》するが故《ゆえ》に。五《ご》には衆生《しゅじょう》煩悩《ぼんのう》の根本《こんぽん》を断《だん》ずるための故《ゆえ》に。善男子《ぜんなんし》、是《こ》れを菩薩摩訶《ぼさつまか》薩《さつ》、静慮波羅蜜《じょうりょはらみつ》を成就《じょうじゅ》すと名《なづ》く。善男子《ぜんなんし》、復《ま》た五法《ごほう》に依《よ》りて菩薩摩訶薩《ぼさつまかさつ》、智慧波羅蜜《ちえはらみつ》を成就《じょうじゅ》す。云何《いかん》が五《ご》と為《な》す。一《いち》には常《つね》に一切《いっさい》の諸仏菩薩《しょぶつぼさつ》、及《およ》び明智《みょうち》の者《もの》に於《おい》て供養親近《くようしんごん》して厭背《えんはい》を生《しょう》ぜず。二《に》には諸仏如来甚深《しょぶつにょらいじんじん》の法《ほう》を説《と》くに、心常《こころつね》に楽《たの》しみ聞《き》きて、厭足《えんそく》あるなし。三《さん》には真俗《しんぞく》の勝智《しょうち》、楽《ねが》うて善《よ》く分別《ぶんべつ》す。四《し》には*見修《けんしゅ》の煩悩咸《ぼんのうあまね》く速《すみ》やかに断除《だんじょ》す。五《ご》には世間《せけん》の技術《ぎじゅつ》・*五明《ごみょう》の法皆《ほうみな》悉《ことごと》く通達《つうだつ》す。善男子《ぜんなんし》、是《こ》れを菩薩摩訶薩《ぼさつまかさつ》、智慧波羅蜜《ちえはらみつ》を成就《じょうじゅ》すと名《なづ》く。善男子《ぜんなんし》、復《ま》た五法《ごほう》に依《よ》りて菩薩摩訶薩《ぼさつまかまつ》、方便波羅蜜《ほうべんはらみつ》を成就《じょうじゅ》す。云何《いかん》が五《ご》と為《な》す。一《いち》には一切衆生《いっさいしゅじょう》の意楽《いぎょう》・煩悩《ぼんのう》・心行《しんぎょう》の差別《しゃべつ》に於《おい》て悉《ことごと》く皆通達《みなつうだつ》す。二《に》には無量《むりょう》の諸法対治《しょほうたいじ》の門《もん》、心《こころ》に皆暁了《みなぎょうりょう》す。三《さん》には大慈悲定《だいじひじょう》、出入自在《しゅつにゅうじざい》なり。四《し》には諸《もろもろ》の波羅蜜多《はらみた》に於《おい》て、皆修行《みなしゅぎょう》し、成熟《じょうじゅく》し満足《まんぞく》せんことを願《ねが》う。五《ご》には一切《いっさい》の仏法皆《ぶっぽうみな》了達《りょうだつ》・摂受《しょうじゅ》して遺《のこ》りなからんことを願《ねが》う。善男子《ぜんなんし》、是《こ》れを菩薩摩訶薩《ぼさつまかさつ》、方便勝智波羅蜜《ほうべんしょうちはらみつ》を成就《じょうじゅ》すと名《なづ》く。善男子《ぜんなんし》、復《ま》た五法《ごほう》に依《よ》りて菩薩摩訶薩《ぼさつまかさつ》、願波羅蜜《がんはらみつ》を成就《じょうじゅ》す。云何《いかん》が五《ご》と為《な》す。一《いち》には一切法《いっさいほう》に於《おい》て、本《もと》より以来《いらい》、不生不滅《ふしょうふめつ》にして有《う》に非《あら》ず無《む》に非《あら》ずとして、心《こころ》に安住《あんじゅう》を得《う》。二《に》には一切《いっさい》法最妙《ほうさいみょう》の理趣《りしゅ》は垢《く》を離《はな》れて清浄《しょうじょう》なりと観《かん》じて、心《こころ》に安住《あんじゅう》を得《う》。三《さん》には一切《いっさい》の相《そう》を過《す》ぐる心《しん》の本《もと》なる真如《しんにょ》は、作《さ》なく行《ぎょう》なく、異《い》ならず動《うご》かずと、心《こころ》に安住《あんじゅう》を得《う》。四《し》には諸《もろもろ》の衆生《しゅじょう》を利益《りやく》する事《こと》を欲《ほっ》するがために俗諦《ぞくたい》の中《なか》に於《おい》て、心《こころ》に安住《あんじゅう》を得《う》。五《ご》には*奢摩他《しゃまた》と*毘鉢舎那《びはしゃな》と同時《どうじ》に運行《うんぎょう》することに於《おい》て、心《こころ》に安住《あんじゅう》を得《う》。善男子《ぜんなんし》、是《こ》れを菩薩摩訶薩《ぼさつまかさつ》、願波羅蜜《がんはらみつ》を成就《じょうじゅ》すと名《なづ》く。善男子《ぜんなんし》、復《ま》た五法《ごほう》に依《よ》りて菩薩摩訶薩《ぼさつまかさつ》、力波羅蜜《りきはらみつ》を成就《じょうじゅ》す。云何《いかん》が五《ご》と為《な》す。一《いち》には正智《しょうち》の力《ちから》を以《もっ》て、能《よ》く一切《いっさい》衆生心行《しゅじょうしんぎょう》の善悪《ぜんあく》を了《りょう》ず。二《に》には能《よ》く一切衆生《いっさいしゅじょう》をして甚深微妙《じんじんみみょう》の法《ほう》に入《い》らしむ。三《さん》には一切衆生《いっさいしゅじょう》の輪廻生死《りんねしょうじ》、其《そ》の縁業《えんごう》に随《したが》いて、実《じつ》の如《ごと》く了知《りょうち》す。四《し》には諸《もろもろ》の衆生《しゅじょう》*三種《さんしゅ》の根性《こんじょう》に於《おい》て、正智《しょうち》の力《ちから》を以《もっ》て能《よ》く分別《ふんべつ》して知《し》る。五《ご》には諸《もろもろ》の衆生《しゅじょう》に於《おい》て理《り》の如《ごと》く為《ため》に説《と》き、善根《ぜんごん》を種《う》えて成熟度脱《じょうじゅくどだつ》せしむ、皆是《みなこ》れ智力《ちりき》の故《ゆえ》なり。善男子《ぜんなんし》、是《こ》れを菩薩摩訶薩《ぼさつまかさつ》、力波羅蜜《りきはらみつ》を成就《じょうじゅ》すと名《なづ》く。善男子《ぜんなんし》、復《ま》た五法《ごほう》に依《よ》りて菩薩摩訶薩《ぼさつまかさつ》、智波羅蜜《ちはらみつ》を成就《じょうじゅ》す。云何《いかん》が五《ご》と為《な》す。一《いち》には能《よ》く諸法《しょほう》に於《おい》て善悪《ぜんあく》を分別《ふんべつ》す。二《に》には*黒白《こくびゃく》の法《ほう》に於《おい》て遠離《おんり》し摂受《しょうじゅ》す。三《さん》には能《よ》く生死涅槃《しょうじねはん》に於《おい》て厭《いと》わず喜《よろこ》ばず。四《し》には福《ふく》・智《ち》の行《ぎょう》を具《ぐ》して究竟処《くきょうしょ》に至《いた》る。五《ご》には＊勝灌頂《しょうかんじょう》を受《う》け、能《よ》く諸仏《しょぶつ》の不《ふ》共法等《ぐうほうとう》、及《およ》び一切智《いっさいち》智《ち》とを得《う》。善男子《ぜんなんし》、是《こ》れを菩薩摩訶薩《ぼさつまかさつ》、智波羅蜜《ちはらみつ》を成就《じょうじゅ》すと名《なつ》く。

善男子《ぜんなんし》、何者《なにもの》か是《こ》れ波羅蜜《はらみつ》の義《ぎ》なる。所謂勝利《いわゆるしょうり》を修習《しゅじゅう》する、是《こ》れ波羅蜜《はらみつ》の義《ぎ》。無量《むりょう》の大甚深《だいじんじん》の智《ち》を満足《まんぞく》する、是《こ》れ波羅蜜《はらみつ》の義《ぎ》。行《ぎょう》と非行《ひぎょう》の法《ほう》に心執著《こころしゅうじゃく》せざる、是《こ》れ波羅蜜《はらみつ》の義《ぎ》。生死《しょうじ》の過失《かしつ》と、涅槃《ねはん》の功徳《くどく》と正《ただ》しく覚《さと》り、正《ただ》しく観《かん》ず、是《こ》れ波羅蜜《はらみつ》の義《ぎ》。愚人《ぐにん》も智人《ちにん》も皆悉《みなことごと》く摂受《しょうじゅ》する、是《こ》れ波羅蜜《はらみつ》の義《ぎ》。能《よ》く種種珍妙《しゅじゅちんみょう》の法宝《ほうぼう》を現《げん》ずる、是《こ》れ波羅蜜《はらみつ》の義《ぎ》。無礙《むげ》の解脱《げだつ》の智慧《ちえ》満足《まんぞく》する、是《こ》れ波羅蜜《はらみつ》の義《ぎ》。法界《ほっかい》・衆生界《しゅじょうかい》を正《ただ》しく分別《ふんべつ》して知《し》る、是《こ》れ波羅蜜《はらみつ》の義《ぎ》。＊施等《せとう》と、及《およ》び智《ち》を能《よ》く不退転《ふたいてん》に至《いた》らしむる、是《こ》れ波羅蜜《はらみつ》の義《ぎ》。無生法忍能《むしょうぼうにんよ》く満足《まんぞく》せしむる、是《こ》れ波羅蜜《はらみつ》の義《ぎ》。一切衆《いっさいしゅ》生《じょう》の功徳《くどく》・善根能《ぜんごんよ》く成熟《じょうじゅく》せしむる、是《こ》れ波羅蜜《はらみつ》の義《ぎ》。能《よ》く菩提《ぼだい》に於《おい》て、仏《ほとけ》の十力《じゅうりき》・四無所畏《しむしょい》・不《ふ》共法等《ぐうほうとう》を成《じょう》じ、皆悉《みなことごと》く成就《じょうじゅ》する、是《こ》れ波羅蜜《はらみつ》の義《ぎ》。生死《しょうじ》と涅槃《ねはん》と二相《にそう》なきを了《りょう》ず、是《こ》れ波羅蜜《はらみつ》の義《ぎ》。一切《いっさい》を済度《さいど》する、是《こ》れ波羅蜜《はらみつ》の義《ぎ》。一切《いっさい》の外道来《げどうき》たりて、相詰難《あいきつなん》せんも善《よ》く能《よ》く解釈《げしゃく》して其《そ》れをして降伏《ごうぶく》せしむる、是《こ》れ波羅蜜《はらみつ》の義《ぎ》。能《よ》く＊十二妙行《じゅうにみょうぎょう》の法輪《ほうりん》を転《てん》ずる、是《こ》れ波羅蜜《はらみつ》の義《ぎ》。著《じゃく》する所《ところ》なく、見《み》る所《ところ》なく、患累《げんるい》なき、是《こ》れ波羅蜜《はらみつ》の義《ぎ》なり。

善男子《ぜんなんし》、初地《しょじ》の菩薩《ぼさつ》、是《こ》の相先《そうま》ず現《げん》ず。三千大千世《さんぜんだいせんせ》界《かい》、無量無辺《むりょうむへん》の種種《しゅじゅ》の宝蔵《ほうぞう》、盈満《ようまん》せざるなきを菩薩悉《ぼさつことごと》く見《み》る。善男子《ぜんなんし》、二地《にじ》の菩薩《ぼさつ》、是《こ》の相先《そうま》ず現《げん》ず。三千大千世《さんぜんだいせんせ》界《かい》、地《じ》平《たいら》にして掌《たなごころ》の如《ごと》く、無量無《むりょうむ》辺種種《へんしゅじゅ》の妙色《みょうしき》・清浄《しょうじょう》の珍宝《ちんぼう》・荘厳《しょうごん》の具《ぐ》、菩薩悉《ぼさつことごと》く見《み》る。善男子《ぜんなんし》、三地《さんじ》の菩薩《ぼさつ》、是《こ》の相先《そうま》ず現《げん》ず。自身勇健《じしんゆうけん》にして、甲仗《こうじょう》もて荘厳《しょうこん》し、一切《いっさい》の怨賊皆能《おんぞくみなよ》く摧伏《さいぶく》するを、菩薩悉《ぼさつことごと》く見《み》る。善男子《ぜんなんし》、四地《しじ》の菩薩《ぼさつ》、是《こ》の相《そう》先《ま》ず現《げん》ず。四方《しほう》の風輪《ふうりん》、種種《しゅじゅ》の妙花《みょうけ》、悉《ことごと》く皆散《みなさん》じ灑《そそ》ぎて地上《じじょう》に充布《じゅうふ》するを、菩薩悉《ぼさつことごと》く見《み》る。善男子《ぜんなんし》、五地《ごじ》の菩薩《ぼさつ》、是《こ》の相《そう》先《ま》ず現《げん》ず。妙宝女《みょうほうにょ》あり、衆宝《しゅほう》の瓔《よう》珞《らく》もて、周遍身《しゅうへんしん》を厳《かざ》り、首《くび》に名花《みょうけ》を冠《かんむり》とするを、菩薩悉《ぼさつことごと》く見《み》る。善男子《ぜんなんし》、六地《ろくじ》の菩薩《ぼさつ》、是《こ》の相《そう》先《ま》ず現《げん》ず。七宝《しっぽう》の花池《けち》に*四階《しかい》の道《どう》あり、金砂遍《こんしゃあまね》く布《し》きて、清浄《しょうじょう》にして穢《けがれ》なし、*八功徳水《はちくどくすい》、皆《みな》悉《ことごと》く盈満《ようまん》し、*嗢鉢羅花《うはらけ》・*拘物頭花《くもつずけ》・*芬陀利花《ふんだりけ》随所《ずいしょ》に荘厳《しょうごん》し、花池《けち》の所《ところ》に於《おい》て遊戯《ゆげ》快楽《けらく》するに清涼比《しょうりょうひ》なきを、菩薩悉《ぼさつことごと》く見《み》る。善男子《ぜんなんし》、七地《しちじ》の菩薩《ぼさつ》、是《こ》の相《そう》先《ま》ず現《げん》ず。菩薩《ぼさつ》の前《まえ》に於《おい》て諸《もろもろ》の衆生《しゅじょう》あり。応《まさ》に地獄《じごく》に堕《だ》すべきを、菩薩《ぼさつ》の力《ちから》を以《もっ》て便《すなわ》ち堕《だ》せざるを得《え》て、損傷《そんしょう》あるなく、亦《ま》た恐《く》怖《ふ》なきを、菩薩悉《ぼさつことごと》く見《み》る。善男子《ぜんなんし》、八地《はちじ》の菩薩《ぼさつ》、是《こ》の相《そう》先《ま》ず現《げん》ず。身《しん》の両辺《りょうへん》に於《おい》て師子王《ししおう》ありて以《もっ》て衛護《えいご》を為《な》し、一切《いっさい》の衆獣《しゅじゅう》、悉《ことごと》く皆怖畏《みなふい》するを、菩薩悉《ぼさつことごと》く見《み》る。善男子《ぜんなんし》、九地《くじ》の菩薩《ぼさつ》、是《こ》の相《そう》先《ま》ず現《げん》ず。*転輪聖王《てんりんじょうおう》、無量億衆《むりょうおくしゅ》に囲遶《いにょう》し、供養《くよう》せられ、頂上《ちょうじょう》の白蓋《びゃくがい》は無量衆宝《むりょうしゅほう》の荘厳《しょうごん》する所《ところ》なるを、菩薩悉《ぼさつことごと》く見《み》る。善男子《ぜんなんし》、十地《じゅうじ》の菩薩《ぼさつ》、是《こ》の相《そう》先《ま》ず現《げん》ず。如来《にょらい》の身《しん》、金色晃耀《こんじきこうよう》して、無量《むりょう》の浄光《じょうこう》悉《ことごと》く皆円満《みなえんまん》し、無量億《むりょうおく》の梵王《ぼんおう》ありて囲遶《いにょう》し、恭敬《くぎょう》し、供養《くよう》せられ、無上微妙《むじょうみみょう》の法輪《ほうりん》を転《てん》ずるを、菩薩悉《ぼさつことごと》く見《み》る。

善男子《ぜんなんし》、云何《いかん》が*初地《しょじ》を名《なづ》けて歓喜《かんぎ》と為《な》す。謂《いわ》く初《はじ》めて出世《しゅつせ》の心《こころ》を証得《しょうとく》し、昔未《むかしいま》だ得《え》ざる所《ところ》、今始《いまはじ》めて得《う》、大事用《だいじゆう》に於《おい》て其《そ》の願《ねが》う所《ところ》の如《ごと》く、悉《ことごと》く皆成就《みなじょうじゅ》して極喜楽《ごくきらく》を生《しょう》ず。是《こ》の故《ゆえ》に最初《さいしょ》を名《なづ》けて歓喜《かんぎ》と為《な》す。諸《もろもろ》の微細《みさい》の垢《く》と犯戒《ぼんかい》の過失《かしつ》と皆清浄《みなしょうじょう》を得《う》。是《こ》の故《ゆえ》に*二地《にじ》を名《なづ》けて無垢《むく》と為《な》す。無量《むりょう》の智慧《ちえ》三昧《さんまい》の光明傾動《こうみょうきょうどう》すべからず、能《よ》く摧伏《さいぶく》するものなく、聞持陀羅尼《もんじだらに》を以《もっ》て根本《こんぽん》と為《な》す、是《こ》の故《ゆえ》に*三地《さんじ》を名《なつ》けて明地《みようじ》と為《な》す。智慧《ちえ》の火《ひ》を以《もつ》て、諸《もろもろ》の煩悩《ぼんのう》を焼《や》き、光明《こうみよう》を増長《ぞうじよう》し、覚《かく》品《ほん》を修行《しゆぎよう》す。是《こ》の故《ゆえ》に*四地《しじ》を名《なつ》けて焔地《えんじ》と為《な》す。方便《ほうべん》を修行《しゆぎよう》し、勝智自在《しようちじざい》極《きわ》めて得難《えがた》きが故《ゆえ》に、見修《けんしゆ》の煩悩伏《ぼんのうぶく》し難《がた》きを能《よ》く伏《ぶく》す。是《こ》の故《ゆえ》に*五地《ごじ》を名《なつ》けて難勝《なんしよう》と為《な》す。行法相続《ぎようぼうそうぞく》して、了了《りようりよう》として顕現《けんげん》し、無相《むそう》に思惟《しゆい》し、皆悉《みなことごと》く現前《げんぜん》す。是《こ》の故《ゆえ》に*六地《ろくじ》を名《なつ》けて現前《げんぜん》と為《な》す。無漏《むろ》を無間無《むけんむ》相《そう》に思惟《しゆい》し、解脱三昧遠《げだつさんまいとお》く修行《しゆぎよう》する故《ゆえ》に、是《こ》の地清浄《じしようじよう》にして障礙《しようげ》あるなし。是《こ》の故《ゆえ》に*七地《しちじ》を名《なつ》けて遠行《おんぎよう》と為《な》す。無相《むそう》に思惟《しゆい》し、修得自在《しゆとくじざい》にして、諸《もろもろ》の煩悩《ぼんのう》の行《ぎよう》、動《うご》かしむる能《あた》わず。是《こ》の故《ゆえ》に*八地《はちじ》を名《なつ》けて不動《ふどう》と為《な》す。一切《いつさい》の法種種《ほうしゆじゆ》の差別《しやべつ》を説《と》くに、皆自在《みなじざい》を得《う》、患《げん》なく累《るい》なく、智慧《ちえ》を増長《ぞうじよう》し、自在無礙《じざいむげ》なり。是《こ》の故《ゆえ》に*九地《くじ》を名《なつ》けて善慧《ぜんえ》と為《な》す。法身《ほつしん》は虚空《こくう》の如《ごと》く、智慧《ちえ》は大雲《だいうん》の如《ごと》く、皆能《みなよ》く遍満《へんまん》して一切《いつさい》を覆《おお》うが故《ゆえ》に、是《こ》の故《ゆえ》に*第十《だいじゆう》を名《なつ》けて法雲《ほううん》と為《な》す。

善男子《ぜんなんし》、有相《うそう》の我法《がほう》に執著《しゆうじやく》する無明《むみよう》、生死悪趣《しようじあくしゆ》を怖畏《ふい》する無明《むみよう》、此《こ》の二《に》の無明《むみよう》は初地《しよじ》を障《さ》う。微細《みさい》の学処誤《がくしよあやま》りて犯《おか》す無明《むみよう》、種種《しゆじゆ》の業行《ごうぎよう》を発起《ほつき》する無明《むみよう》、此《こ》の二《に》の無明《むみよう》は二地《にじ》を障《さ》う。未《いま》だ得《え》ざるを今得《いまえ》たりと愛著《あいじやく》する無明《むみよう》、能《よ》く殊勝《しゆしよう》の総持《そうじ》を障《さ》うる無明《むみよう》、此《こ》の二《に》の無明《むみよう》は三地《さんじ》を障《さ》う。*味《み》著等《じやくとう》の至喜性《しきしよう》の無明《むみよう》、微妙《みみよう》の浄法愛楽《じようほうあいぎよう》の無明《むみよう》、此《こ》の二《に》の無明《むみよう》は四地《しじ》を障《さ》う。*生死《しようじ》に背《そむ》かんと欲《ほつ》する無明《むみよう》。*涅槃《ねはん》を希趣《けしゆ》する無明《むみよう》、此《こ》の二《に》の無明《むみよう》は五地《ごじ》を障《さ》う。*観行流転《かんぎようるてん》の無明《むみよう》、*麁相現前《そそうげんぜん》の無明《むみよう》、此《こ》の二《に》の無明《むみよう》は六地《ろくじ》を障《さ》う。微細《みさい》の諸相現行《しよそうげんぎよう》する無明《むみよう》、作意《さい》して無相《むそう》を欣楽《こんぎよう》する無明《むみよう》、此《こ》の二《に》の無明《むみよう》は七地《しちじ》を障《さ》う。無相観《むそうかん》に於《おい》て功用《くゆう》する無明《むみよう》、相《そう》を執《と》る自在《じざい》の無明《むみよう》、此《こ》の二《に》の無明《むみよう》は八《はち》地《じ》を障《さ》う。所説《しよせつ》の義《ぎ》と、及《およ》び名《みよう》・句《く》・文《もん》と、此《こ》の二《に》の無量《むりよう》に於《おい》て、未《いま》だ善巧《ぜんぎよう》を得《え》ざる無明《むみよう》、詞《じ》と弁才《べんざい》とに於《お》いて随意《ずいい》ならざる無明《むみょう》、此《こ》の二《に》の無明《むみょう》は九地《くじ》を障《さ》う。大神通《だいじんずう》に於《お》いて、未《いま》だ自在《じざい》に変現《へんげん》するを得《え》ざる無明《むみょう》。微細《みさい》の秘密《ひみつ》あり、未《いま》だ事業《じごう》を悟解《ごげ》する能《あた》わざる無明《むみょう》、此《こ》の二《に》の無明《むみょう》は十地《じゅうじ》を障《さ》う。一切《いっさい》の境《きょう》に於《お》いて微細《みさい》の*所知障礙《しょちしょうげ》の無明《むみょう》、極細《ごくさい》の煩悩麁重《ぼんのうそじゅう》なる無明《むみょう》、此《こ》の二《に》の無明《むみょう》は仏地《ぶつじ》を障《さ》う。

善男子《ぜんなんし》、菩薩摩訶薩《ぼさつまかさつ》、初地《しょじ》の中《なか》に於《お》いて施波羅蜜《せはらみつ》を行《ぎょう》ず。第二地《だいにじ》に於《お》いて戒波羅蜜《かいはらみつ》を行《ぎょう》ず。第三地《だいさんじ》に於《お》いて忍波羅蜜《にんはらみつ》を行《ぎょう》ず。第四地《だいしじ》に於《お》いて勤波羅蜜《ごんはらみつ》を行《ぎょう》ず。第五地《だいごじ》に於《お》いて定波羅蜜《じょうはらみつ》を行《ぎょう》ず。第六地《だいろくじ》に於《お》いて慧波羅蜜《えはらみつ》を行《ぎょう》ず。第七地《だいしちじ》に於《お》いて方便勝智波羅蜜《ほうべんしょうちはらみつ》を行《ぎょう》ず。第八地《だいはちじ》に於《お》いて願波羅蜜《がんはらみつ》を行《ぎょう》ず。第九《だいく》地《じ》に於《お》いて力波羅蜜《りきはらみつ》を行《ぎょう》ず。第十地《だいじゅうじ》に於《お》いて智波羅蜜《ちはらみつ》を行《ぎょう》ず。

善男子《ぜんなんし》、菩薩摩訶薩《ぼさつまかさつ》、最初発心《さいしょほっしん》の摂受《しょうじゅ》は能《よ》く妙宝三摩地《みょうほうさんまじ》を生《しょう》ず。第二発心《だいにほっしん》の摂受《しょうじゅ》は能《よ》く可愛楽《かあいぎょう》三摩地《さんまじ》を生《しょう》ず。第三発心《だいさんほっしん》の摂受《しょうじゅ》は能《よ》く難動三摩地《なんどうさんまじ》を生《しょう》ず。第四発心《だいしほっしん》の摂受《しょうじゅ》は能《よ》く不退転三摩地《ふたいてんさんまじ》を生《しょう》ず。第五発心《だいごほっしん》の摂受《しょうじゅ》は能《よ》く宝花三摩地《ほうけさんまじ》を生《しょう》ず。第六発心《だいろくほっしん》の摂受《しょうじゅ》は能《よ》く日円光焔三摩地《にちえんこうえんさんまじ》を生《しょう》ず。第七発心《だいしちほっしん》の摂受《しょうじゅ》は能《よ》く一切願如意成就三摩地《いっさいがんにょいじょうじゅさんまじ》を生《しょう》ず。第八発心《だいはちほっしん》の摂受《しょうじゅ》は能《よ》く現前証住三摩地《げんぜんしょうじゅうさんまじ》を生《しょう》ず。第九発心《だいくほっしん》の摂受《しょうじゅ》は能《よ》く智蔵三摩地《ちぞうさんまじ》を生《しょう》ず。第十発心《だいじゅうほっしん》の摂受《しょうじゅ》は能《よ》く勇進三摩地《ゆうしんさんまじ》を生《しょう》ず。善男子《ぜんなんし》、是《こ》れを菩薩摩訶薩十種《ぼさつまかさつじゅっしゅ》の発心《ほっしん》と名《なづ》く。

善男子《ぜんなんし》、菩薩摩訶薩《ぼさつまかさつ》、此《こ》の初地《しょじ》に於《お》いて陀羅尼《だらに》を得《う》、依功徳力《えくどくりき》と名《なづ》く。

爾《そ》の時世尊《ときせそん》、即《すなわ》ち呪《じゅ》を説《と》いて曰《のたま》わく、

①『「怛姪他《たにやた》。哺𠸪儞《ほりに》。曼奴喇剃《まんどらてい》。独虎《どっこ》・独虎《どっこ》・独虎《どっこ》。耶跋蘇利瑜《やばそらゆ》。阿婆婆薩底《あばばさち》。耶跋旃達囉《やばせんだら》。

調怛底《じょうたち》。多跋達《たばだ》。洛叉《らくしゃ》。漫《まん》。憚荼《たんだ》。鉢喇訶嚂《はりからん》。矩嚕《くろ》。莎訶《そわか》。」

善男子《ぜんなんし》、此《こ》の陀羅尼《だらに》は是《こ》れ一恒河沙数《いちごうがしゃしゅ》を過《す》ぐる諸仏《しょぶつ》の説《と》く所《ところ》なり。初地《しょじ》の菩薩摩訶薩《ぼさつまかさつ》を護《まも》らんがための故《ゆえ》なり。若《も》し此《こ》の陀羅尼呪《だらにじゅ》を誦持《じゅじ》するあらば、一切《いっさい》の怖畏《ふい》、所謂《いわゆる》、虎《こ》・狼《ろう》・師子《しし》・悪獣《あくじゅう》の類《るい》、一切《いっさい》の悪鬼《あくき》・人《にん》・非人等《ひにんとう》の怨賊《おんぞく》・災横《さいおう》、及《およ》び諸《もろもろ》の苦悩《くのう》を脱《だつ》するを得《え》て*五障《ごしょう》を解脱《げだつ》し、初《しょ》地《じ》を念《ねん》ずることを忘《わす》れじ。

善男子《ぜんなんし》、菩薩摩訶薩《ぼさつまかさつ》、第二地《だいにじ》に於《おい》て陀羅尼《だらに》を得《う》。善安楽住《ぜんあんらくじゅう》と名《なつ》く。

②「怛姪他《たにやた》。嗢篅里《うんたり》。質里《しつり》・質里《しつり》。嗢篅羅《うんたら》。篅羅喃《たらなん》。繕覩《ぜんと》。繕覩《ぜんと》。嗢篅里《うんたり》。虎嚕《ころ》。莎訶《そわか》。」

善男子《ぜんなんし》、此《こ》の陀羅尼《だらに》は是《こ》れ二恒沙数《にごうじゃしゅ》を過《す》ぐる諸仏《しょぶつ》の説《と》く所《ところ》なり。二地《にじ》の菩薩摩訶薩《ぼさつまかさつ》を護《まも》らんがための故《ゆえ》なり。若《も》し此《こ》の陀羅尼呪《だらにじゅ》を誦持《じゅじ》するあらば、諸《もろもろ》の怖畏《ふい》・悪獣《あくじゅう》・悪鬼《あくき》・人《にん》・非人等《ひにんとう》の怨賊《おんぞく》・災横《さいおう》、及《およ》び諸《もろもろ》の苦悩《くのう》を脱《だつ》し、五障《ごしょう》を解脱《げだつ》して二地《にじ》を念《ねん》ずることを忘《わす》れじ。

善男子《ぜんなんし》、菩薩摩訶薩《ぼさつまかさつ》、第三地《だいさんじ》に於《おい》て陀羅尼《だらに》を得《う》。難勝力《なんしょうりき》と名《なつ》く。

③「怛姪他《たにやた》。憚宅枳《たんたき》。般宅枳《はんたき》。羯喇擲《からち》。高喇擲《こうらち》。雞由里《けいゆり》。憚擲哩《たんちり》。莎訶《そわか》。」

善男子《ぜんなんし》、此《こ》の陀羅尼《だらに》は是《こ》れ三恒河沙数《さんごうがしゃしゅ》を過《す》ぐる諸仏《しょぶつ》の説《と》く所《ところ》なり。三地《さんじ》の菩薩摩訶薩《ぼさつまかさつ》を護《まも》らんがための故《ゆえ》なり。若《も》し此《こ》の陀羅尼呪《だらにじゅ》を誦持《じゅじ》するあらば、諸《もろもろ》の怖畏《ふい》・悪獣《あくじゅう》・悪鬼《あくき》・人《にん》・非人等《ひにんとう》の怨《おん》賊《ぞく》・災横《さいおう》、及《およ》び諸《もろもろ》の苦悩《くのう》を脱《だつ》し、五障《ごしょう》を解脱《げだつ》し、三地《さんじ》を念《ねん》ずるを忘《わす》れじ。

善男子《ぜんなんし》、菩薩摩訶薩《ぼさつまかさつ》、第四地《だいしじ》に於《おい》て陀羅尼《だらに》を得《う》。大利益《だいりやく》と名《なつ》く。

④「怛姪他《たにやた》。室利《しつり》・室利《しつり》。陀弭儞《だみに》・陀弭儞《だみに》。陀哩《だり》、陀哩儞《だりに》。室利《しつり》。室利儞《しつりに》。毘舎羅《びしゃら》。波始《ばし》。波《ば》

始娜《しな》。畔陀弭帝《はんだみてい》。莎訶《そわか》。」

善男子《ぜんなんし》、此《こ》の陀羅尼《だらに》は是《こ》れ四恒河沙数《しごうがしゃしゅ》を過《す》ぐる諸仏《しょぶつ》の説《と》く所《ところ》なり。四地《しじ》の菩薩摩訶薩《ぼさつまかさつ》を護《まも》らんがための故《ゆえ》なり。若《も》し此《こ》の陀羅尼呪《だらにじゅ》を誦持《じゅじ》するあらば、諸《もろもろ》の怖畏《ふい》・悪獣《あくじゅう》・悪鬼《あくき》・人《にん》・非人等《ひにんとう》の怨賊《おんぞく》・災横《さいおう》、及《およ》び諸《もろもろ》の苦悩《くのう》を脱《だつ》し、五障《ごしょう》を解脱《げだつ》し、四地《しじ》を念《ねん》ずるを忘《わす》れじ。

善男子《ぜんなんし》、菩薩摩訶薩《ぼさつまかさつ》、第五地《だいごじ》に於《おい》て陀羅尼《だらに》を得《う》。種種功徳荘厳《しゅじゅくどくしょうごん》と名《なづ》く。

⑤「怛姪他《たにやた》。訶哩《かり》・訶哩儞《かりに》。遮哩《しゃり》・遮哩儞《しゃりに》。羯喇摩儞《からまに》。僧羯喇摩儞《そうからまに》。三婆山儞《さんばさんに》。瞻跋儞《たんばに》。悉耶婆儞《しつやばに》。謨漢儞《もかんに》。砕闍歩陛《しじゃぶへい》。莎訶《そわか》。」

善男子《ぜんなんし》、此《こ》の陀羅尼《だらに》は是《こ》れ五恒河沙数《ごごうがしゃしゅ》を過《す》ぐる諸仏《しょぶつ》の説《と》く所《ところ》なり。五地《ごじ》の菩薩摩訶薩《ぼさつまかさつ》を護《まも》らんがための故《ゆえ》なり。若《も》し此《こ》の陀羅尼呪《だらにじゅ》を誦持《じゅじ》するあらば、諸《もろもろ》の怖畏《ふい》・悪獣《あくじゅう》・悪鬼《あくき》・人《にん》・非人等《ひにんとう》の怨賊《おんぞく》・災横《さいおう》、及《およ》び諸《もろもろ》の苦悩《くのう》を脱《だつ》し、五障《ごしょう》を解脱《げだつ》し、五地《ごじ》を念《ねん》ずることを忘《わす》れじ。

善男子《ぜんなんし》、菩薩摩訶薩《ぼさつまかさつ》、第六地《だいろくじ》に於《おい》て陀羅尼《だらに》を得《う》。円満智《えんまんち》と名《なづ》く。

⑥「怛姪他《たにやた》。毘徒哩《びとり》・毘徒哩《びとり》。摩哩儞《まりに》。迦里《かり》・迦里《かり》。毘度漢底《びどかんち》。嚕嚕《ろろ》・嚕嚕《ろろ》。主嚕《しゅろ》・主嚕《しゅろ》。杜嚕婆《とろば》・杜嚕婆《とろば》。捨《しゃ》・捨《しゃ》・捨設者《しゃせつしゃ》。婆哩灑《ばりしゃ》。莎悉底《さしっち》。薩婆薩埵喃《さつばさったなん》。悉甸覩《しつでんと》。曼覩囉鉢陀儞《まんとらはだに》。莎訶《そわか》。」

善男子《ぜんなんし》、此《こ》の陀羅尼《だらに》は是《こ》れ六恒河沙数《ろくごうがしゃしゅ》を過《す》ぐる諸仏《しょぶつ》の説《と》く所《ところ》なり。六地《ろくじ》の菩薩摩訶薩《ぼさつまかさつ》を護《まも》らんがための故《ゆえ》なり。若《も》し此《こ》の陀羅尼呪《だらにじゅ》を誦持《じゅじ》するあらば、諸《もろもろ》の怖畏《ふい》・悪獣《あくじゅう》・悪鬼《あくき》・人《にん》・非人等《ひにんとう》の怨賊《おんぞく》・災横《さいおう》、及《およ》び諸《もろもろ》の苦悩《くのう》を脱《だつ》し、五障《ごしょう》を解脱《げだつ》し、六地《ろくじ》を念《ねん》ずるを忘《わす》れじ。

善男子《ぜんなんし》、菩薩摩訶薩《ぼさつまかさつ》、第七地《だいしちじ》に於《お》て陀羅尼《だらに》を得《う》。法勝行《ほうしょうぎょう》と名《なつ》く。

⑦「怛姪他《たにやた》。勺訶《じゃくか》・勺訶嚕《じゃくかろ》。勺訶《じゃくか》・勺訶勺訶嚕《じゃくかじゃくかろ》。鞞陸枳《びろき》・鞞陸枳《びろき》。阿蜜栗多唬漢儞《あみりたこかんに》。勃里山儞《ほりさんに》。鞞嚕勅枳《びろちょくき》。婆嚕伐底《ばろばち》。鞞提呬枳《びていきき》。頻陀鞞哩儞《びんたびりに》。阿蜜哩底枳《あみりちき》。薄虎主愈《ばこしゅゆ》・薄虎主愈《ばこしゅゆ》。莎訶《そわか》。」

善男子《ぜんなんし》、此《こ》の陀羅尼《だらに》は是《こ》れ七恒河《しちごうが》沙数《しゃしゅ》を過《す》ぐる諸仏《しょぶつ》の説《と》く所《ところ》なり。七地《しちじ》の菩薩摩訶薩《ぼさつまかさつ》を護《まも》らんがための故《ゆえ》なり。若《も》し此《こ》の陀羅尼呪《だらにじゅ》を誦持《じゅじ》するあらば、諸《もろもろ》の怖畏《ふい》・悪獣《あくじゅう》・悪鬼《あっき》・人《にん》・非人等《ひにんとう》の怨《おん》賊《ぞく》・災横《さいおう》、及《およ》び諸《もろもろ》の苦悩《くのう》を脱《だっ》し、五障《ごしょう》を解脱《げだつ》し、七地《しちじ》を念《ねん》ずることを忘《わす》れじ。

善男子《ぜんなんし》、菩薩摩訶薩《ぼさつまかさつ》、第八地《だいはちじ》に於《お》て陀羅尼《だらに》を得《う》。無尽蔵《むじんぞう》と名《なつ》く。

⑧「怛姪他《たにやた》。室唎《しつり》・室唎《しつり》。室唎儞《しつりに》。蜜底《みち》・蜜底《みち》。羯哩《かり》・羯哩《かり》。醯嚕《けいろ》・醯嚕《けいろ》。主嚕《しゅろ》・主嚕《しゅろ》。畔陀《ばんだ》弭《に》。莎訶《そわか》。」

善男子《ぜんなんし》、此《こ》の陀羅尼《だらに》は是《こ》れ八恒河《はちごうが》沙数《しゃしゅ》を過《す》ぐる諸仏《しょぶつ》の説《と》く所《ところ》なり。八地《はちじ》の菩薩摩訶薩《ぼさつまかさつ》を護《まも》らんがための故《ゆえ》なり。若《も》し此《こ》の陀羅尼呪《だらにじゅ》を誦持《じゅじ》するあらば、諸《もろもろ》の怖畏《ふい》・悪獣《あくじゅう》・悪鬼《あっき》・人《にん》・非人等《ひにんとう》の怨《おん》賊《ぞく》・災横《さいおう》、及《およ》び諸《もろもろ》の苦悩《くのう》を脱《だっ》し、五障《ごしょう》を解脱《げだつ》し、八地《はちじ》を念《ねん》ずるを忘《わす》れじ。

善男子《ぜんなんし》、菩薩摩訶薩《ぼさつまかさつ》、第九地《だいくじ》に於《お》て陀羅尼《だらに》を得《う》。無量門《むりょうもん》と名《なつ》く。

⑨「怛姪他《たにやた》。訶哩《かり》。旃荼哩枳《せんだりき》。倶藍婆喇体《くらんばらてい》。覩刺死《とらし》。抜吒《ばった》・抜吒死《ばったし》。室唎《しり》・室唎《しり》。迦室哩《かしり》。迦《か》必室唎《びしり》。莎悉底《さしってい》。薩婆薩埵喃《さつばさつたなん》。莎訶《そわか》。」

善男子《ぜんなんし》、此《こ》の陀羅尼《だらに》は是《こ》れ九恒河《くごうが》沙数《しゃしゅ》を過《す》ぐる諸仏《しょぶつ》の説《と》く所《ところ》なり。九地《くじ》の菩薩摩訶薩《ぼさつまかさつ》を護《まも》らんがための故《ゆえ》なり。若《も》し此《こ》の陀羅尼呪《だらにじゅ》を誦持《じゅじ》するあらば、諸《もろもろ》の怖畏《ふい》・悪獣《あくじゅう》・悪鬼《あくき》・人《にん》・非人等《ひにんとう》の怨《おん》賊《ぞく》・災横《さいおう》、及《およ》び諸《もろもろ》の苦悩《くのう》を脱《だつ》し、五障《ごしょう》を解脱《げだつ》し、九地《くじ》を念《ねん》ずるを忘《わす》れじ。

善男子《ぜんなんし》、菩薩摩訶薩《ぼさつまかさつ》、第十地《だいじゅうじ》に於《おい》て陀羅尼《だらに》を得《う》。破金剛山《はこんごうせん》と名《なつ》く。

⑩「怛姪他《たにやた》。悉提《しってい》。蘇悉提《そしってい》。謨折儞《もさに》。木察儞《もくさつに》。毘木底《びもくち》。菴末麗《あんまれい》。毘末麗《びまれい》。涅末麗《ねまれい》。忙揭麗《ぼうぎゃれい》。呬《き》囒若揭鞞《らにゃぎゃべい》。曷喇怛娜揭鞞《あらたなぎゃべい》。三曼多跋姪嚟《さんまたばどれい》。薩婆頞他《さつばあんた》。娑憚儞《しゃたんに》。摩捺斯《まなし》。莫訶摩捺斯《まかまなし》。頞歩底《あんぶち》。頞窒歩底《あんちつぶち》。阿喇誓《あらせい》。毘喇誓《びらせい》。頞主底《あんしゅち》。菴蜜栗底《あんみりてい》。阿喇誓《あらせい》。毘喇誓《びらせい》。跋嚂謎《ばらんめい》。跋囉甜麼《ばらてんも》。莎嚟《されい》。哺喇儞《ふらに》。哺喇娜《ふらな》。曼奴喇剃《まんどらてい》。莎訶《そわか》。」

善男子《ぜんなんし》、此《こ》の陀羅尼灌頂吉祥句《だらにかんじょうきちじょうく》は是《こ》れ十恒河沙数《じゅうごうがしゃしゅ》を過《す》ぐる諸仏《しょぶつ》の説《と》く所《ところ》なり。十地《じゅうじ》の菩薩摩訶薩《ぼさつまかさつ》を護《まも》らんがための故《ゆえ》なり。若《も》し此《こ》の陀羅尼呪《だらにじゅ》を誦持《じゅじ》するあらば、諸《もろもろ》の怖畏《ふい》・悪獣《あくじゅう》・悪鬼《あくき》・人《にん》・非人等《ひにんとう》の怨賊《おんぞく》・災横《さいおう》、一切《いっさい》の毒害《どくがい》を脱《だつ》し、皆 悉《みなことごと》く除滅《じょめつ》し、五障《ごしょう》を解脱《げだつ》し、十地《じゅうじ》を念《ねん》ずることを忘《わす》れじ。』

爾《そ》の時《とき》に師子無礙光焔菩薩《ししむげこうえんぼさつ》、仏《ほとけ》の此《こ》の不可思議《ふかしぎ》の陀羅尼《だらに》を説《と》きたまうを聞《き》き已《おわ》りて、即《すなわ》ち座《ざ》より起《た》ちて、偏《ひとえ》に右肩《うけん》を袒《はだぬ》ぎ、右膝《うしつ》を地《じ》に著《つ》け、合掌恭敬《がっしょうくぎょう》して、仏足《ぶっそく》を頂礼《ちょうらい》し、頌《じゅ》を以《もっ》て仏《ほとけ》を讃《さん》じたてまつる。

『譬喩《ひゆ》なき甚深《じんじん》の無相《むそう》の法《ほう》を敬礼《きょうらい》す。衆生正知《しゅじょうしょうち》を失《しっ》するを唯仏《ただほとけ》能《よ》く済度《さいど》す。
如来《にょらい》の明慧眼《みょうえげん》は、一法《いっぽう》の相《そう》を見《み》ず。復《ま》た正法眼《しょうぼうげん》を以《もっ》て、普《あまね》く照《て》らすこと不思議《ふしぎ》なり。
一法《いっぽう》を生《しょう》ぜず、亦《ま》た一法《いっぽう》を滅《めっ》せず。斯《こ》の平等《びょうどう》の見《けん》に由《よ》り、無上処《むじょうしょ》に至《いた》ることを得《う》。
生死《しょうじ》を壊《え》せず、亦《ま》た涅槃《ねはん》に住《じゅう》せず。二辺《にへん》に著《じゃく》せず、是《こ》の故《ゆえ》に円寂《えんじゃく》を証《しょう》す。

浄不浄品《じょうふじょうほん》に於《おい》て、世尊《せそん》一味《いちみ》を知《し》る。分別《ふんべつ》せざるに由《よ》るが故《ゆえ》に、最清浄《さいしょうじょう》を獲得《ぎゃくとく》す。世尊《せそん》の無辺身《むへんしん》、一字《いちじ》を説《と》かざるも、諸《もろもろ》の弟子《でし》衆《しゅ》をして、法雨《ほうう》皆充満《みなじゅうまん》せしむ。仏衆生《ほとけしゅじょう》の相《そう》を観《かん》ずるに、一切種皆《いっさいしゅみな》なし。然《しか》も苦悩者《くのうしゃ》に於《おい》て、常《つね》に救護《くご》を興《おこ》す。苦《く》・楽《らく》・常《じょう》・無常《むじょう》・有我《うが》・無我《むが》等《とう》、一《いっ》ならず亦《ま》た異《い》ならず。生《しょう》ぜず亦《ま》た滅《めっ》せず。是《かく》の如《ごと》き衆多《しゅた》の義《ぎ》、説《と》くに随《したが》いて差別《しゃべつ》あり。譬《たと》えば空谷《くうこく》の響《ひびき》の如《ごと》し、唯《ただ》仏《ほとけ》能《よ》く了知《りょうち》す。法界分別《ほっかいふんべつ》なし、是《こ》の故《ゆえ》に異乗《いじょう》なし。衆生《しゅじょう》を度《ど》せんがための故《ゆえ》に、分別《ふんべつ》に三《さん》ありと説《と》く。』

爾《そ》の時《とき》に大自在梵天王《だいじざいぼんてんおう》、亦《ま》た座《ざ》より起《た》ちて、偏《ひとえ》に右肩《うけん》を袒《はだぬ》ぎ、右膝《うしつ》を地《じ》に著《つ》け、合掌恭敬《がっしょうくぎょう》して、仏足《ぶっそく》を頂礼《ちょうらい》し、仏《ほとけ》に白《もう》して言《いわ》く、『世尊《せそん》、此《こ》の金光明最勝王経《こんこうみょうさいしょうおうきょう》は、希有《けう》にして量《はか》り難《がた》し。初《しょ》・中《ちゅう》・後《ご》善《よ》く、文義《もんぎ》究竟《くきょう》し、皆能《みなよ》く一切《いっさい》の仏法《ぶっぽう》を成就《じょうじゅ》す。若《も》し受持《じゅじ》せば、是《こ》の人則《ひとすなわ》ち諸仏恩《しょぶつおん》を報《ほう》ずと為《な》す。』

仏《ほとけ》の言《のたま》わく、『善男子《ぜんなんし》、是《かく》の如《ごと》し、是《かく》の如《ごと》し。汝《なんじ》が所説《しょせつ》の如《ごと》し。善男子《ぜんなんし》、若《も》し是《こ》の経典《きょうてん》を聴聞《ちょうもん》するを得《え》ば、皆阿耨多羅三藐三菩提《みなあのくたらさんみやくさんぼだい》を退《たい》せじ。何《なに》を以《もっ》ての故《ゆえ》に。善男子《ぜんなんし》、是《こ》れ能《よ》く不退地《ふたいじ》の菩薩《ぼさつ》の殊勝《しゅしょう》の善根《ぜんごん》を成熟《じょうじゅく》す。是《こ》れ第一法印《だいいちほういん》、是《こ》れ衆経《しゅきょう》の王《おう》なるが故《ゆえ》に、応《まさ》に聴聞《ちょうもん》・受持《じゅじ》・読誦《どくじゅ》すべし。何《なに》を以《もっ》ての故《ゆえ》に。善男子《ぜんなんし》、若《も》し一切《いっさい》の衆生《しゅじょう》、未《いま》だ善根《ぜんごん》を種《う》えず、未《いま》だ善根《ぜんごん》を成熟《じょうじゅく》せず、未《いま》だ諸仏《しょぶつ》に親近《しんごん》せざる者《もの》は、是《こ》の微妙《みみょう》の法《ほう》を聴聞《ちょうもん》すること能《あた》わず。若《も》し善男子《ぜんなんし》・善女人《ぜんにょにん》、能《よ》く聴受《ちょうじゅ》する者《もの》は、一切《いっさい》の罪障《ざいしょう》、皆《みな》悉《ことごと》く除滅《じょめつ》し、最清浄《さいしょうじょう》を得《え》て、常《つね》に仏《ほとけ》を見《み》ることを得《う》、諸仏《しょぶつ》、及《およ》び善知識《ぜんちしき》、勝行《しょうぎょう》の人《ひと》を離《はな》れず、恒《つね》に妙法《みょうほう》を聞《き》き不退地《ふたいじ》に住《じゅう》し、是《かく》の如《ごと》き勝陀羅尼門《しょうだらにもん》を獲得《ぎゃくとく》し、尽《つ》くるなく減《げん》ずるなし。所謂海印出妙功徳陀羅尼《いわゆるかいいんしゅつみょうくどくだらに》、尽《つ》くるなく減《げん》ずるなし。通達衆生意行言語陀羅尼《つうだつしゅじょういぎょうごんごだらに》、尽《つ》くるなく減《げん》ずるなし。満月相光陀羅尼《まんがつそうこうだらに》、尽《つ》くるなく減《げん》ずるなし。日円無垢相光陀羅尼《にちえんむくそうこうだらに》、尽《つ》くるなく減《げん》ずるなし。能伏諸惑演功徳陀羅尼《のうぶくしょわくえんくどくだらに》、尽《つ》くるなく減《げん》ずるなし。破金剛山陀羅尼《はこんごうせんだらに》、尽《つ》くるなく減《げん》ずるなし。説不可説義因縁蔵陀羅尼《せつふかせつぎいんねんぞうだらに》、尽《つ》くるなく減《げん》ずるなし。通達実語法則音声陀羅尼《つうだつじつごほうそくおんじょうだらに》、尽《つ》くるなく減《げん》ずるなし。虚空無垢心行印陀羅尼《こくうむくしんぎょういんだらに》、尽《つ》くるなく減《げん》ずるなし。無辺仏身皆能顕現陀羅尼《むへんぶっしんかいのうけんげんだらに》、尽《つ》くるなく減《げん》ずるなし。

善男子《ぜんなんし》、是《かく》の如《ごと》き等《とう》の無尽無滅《むじんむげん》の諸陀羅尼門《しょだらにもん》の成就《じょうじゅう》を得《う》るが故《ゆえ》に、是《こ》の菩薩摩訶薩《ぼさつまかさつ》、能《よ》く十方《じっぽう》一切《いっさい》の仏土《ぶつど》に於《おい》て、仏身《ぶっしん》を化作《けさ》し、無上種種《むじょうしゅじゅ》の正法《しょうぼう》を演説《えんぜつ》し、法真如《ほうしんにょ》に於《おい》て動《どう》ぜず、住《じゅう》せず、来《き》たらず、去《さ》らず。善《よ》く能《よ》く一切衆生《いっさいしゅじょう》の善根《ぜんこん》を成熟《じょうじゅく》して、亦《ま》た一衆生《いちしゅじょう》の成熟《じょうじゅく》すべき者《もの》を見《み》ず。種《しゅ》種《じゅ》の諸法《しょほう》を説《と》くと雖《いえど》も、言詞《ごんじ》の中《なか》に於《おい》て、動《どう》ぜず、住《じゅう》せず、去《さ》らず、来《き》たらず。能《よ》く生滅《しょうめつ》に於《おい》て、無上滅《むじょうめつ》を証《しょう》す。何《なん》の因縁《いんねん》を以《もっ》て、諸《もろもろ》の行法《ぎょうぼう》は去来《こらい》あるなしと説《と》くや。一切《いっさい》の法体異《ほったいこと》なるなきに由《よ》るが故《ゆえ》なり。

是《こ》の法《ほう》を説《と》く時《とき》、三万億《さんまんおく》の菩薩摩訶薩《ぼさつまかさつ》、無生法忍《むしょうぼうにん》を得《え》、無量《むりょう》の諸菩薩《しょぼさつ》は菩提心《ぼだいしん》を退《たい》せず。無量《むりょう》無辺《むへん》の苾芻《びっしゅ》・苾芻尼《びっしゅに》、法眼浄《ほうげんじょう》を得《え》、無量《むりょう》の衆生《しゅじょう》、菩提心《ぼだいしん》を発《おこ》す。』

爾《そ》の時《とき》に世尊《せそん》、而《しか》して頌《じゅ》を説《と》きて曰《のたま》わく、

『勝法《しょうほう》は能《よ》く生死《しょうじ》の流《ながれ》に逆《さから》う。甚深微妙《じんじんみみょう》にして見《み》るを得《う》べきこと難《かた》し。有情《うじょう》は盲冥《もうみょう》にして貪《とん》欲覆《よくおお》い、見《み》ざるに由《よ》るが故《ゆえ》に衆苦《しゅく》を受《う》く。』

爾《そ》の時《とき》に大衆《だいしゅ》、倶《とも》に座《ざ》より起《た》ちて、仏足《ぶっそく》を頂礼《ちょうらい》し、而《しか》して仏《ほとけ》に白《もう》して言《いわ》く、『世尊《せそん》若《も》し所在《しょざい》の処《ところ》に、此《こ》の金光明最勝王経《こんこうみょうさいしょうおうきょう》を講宣《こうせん》し、読誦《どくじゅ》せば、我等《われら》大衆《だいしゅ》、皆《みな》悉《ことごと》く彼《かしこ》に往《ゆ》きて、為《ため》に聴衆《ちょうしゅ》と作《な》らん。是《こ》の説法師《せっぽうし》に利益《りやく》を得《え》て、安楽《あんらく》障《さわ》りなく、身意《しんい》泰然《たいねん》たらしめ、我等《われら》皆当《みなまさ》に心《こころ》を尽《つく》して供《く》養《よう》すべし。亦《ま》た聴衆《ちょうしゅ》をして、安隠快楽《あんのんけらく》に、所住《しょじゅう》の国土《こくど》に、諸《もろもろ》の怨賊《おんぞく》・恐怖《くふ》・厄難《やくなん》・飢饉《けきん》の苦《く》なく、人民熾盛《にんみんしじょう》ならしめん。此《こ》の法《ほう》を説《と》く処《ところ》、道場《どうじょう》の地《じ》、一切《いっさい》の諸天《しょてん》・人《にん》・非人等《ひにんとう》、一切《いっさい》の衆生《しゅじょう》、応《まさ》に履践《りせん》、及《およ》び汚穢《おえ》すべからず。何《なに》を以《もっ》ての故《ゆえ》に、説法《せっぽう》の処《ところ》、即《すなわ》ち是《こ》れ*制底《せいてい》なり。当《まさ》に香《こう》・花《け》・繒《そう》綵《さい》・幡蓋《ばんがい》を以《もっ》て供養《くよう》を為《な》すべし。我等《われら》常《つね》に守護《しゅご》を為《な》し、衰損《すいそん》を離《はな》れしめん。』

仏大衆《ほとけだいしゅ》に告《つ》げたまわく、『善男子《ぜんなんし》、汝等応当《なんじらまさ》に精勤《しょうごん》して、此《こ》の妙経典《みょうきょうてん》を修習《しゅじゅう》すべし。是《こ》れ則《すなわ》ち正法久《しょうぼうひさ》しく世《よ》に住《じゅう》せん。』

《宝須弥山》 余山より高く珍宝尽きることがないので十波羅蜜中、施に譬えている。**《大地》** 戒は諸善功徳の安穏住処であるために、地に譬えている。**《師子》** 師子に大威力等の三徳があるように発心して、三種忍を修することに譬えている。**《風輪那羅延力》** 那羅延力は大力を有する神で、仏・菩薩の堅固・大力を譬えている。風力の強烈な勇猛精進に譬えている。**《勤策》** 普通、精進という。**《四階道》** 離生喜楽、定生喜楽、離喜妙楽、捨念清浄の四禅を譬え、あるいは苦・集・滅・道の四諦を顕わす。**《四門》** 常・楽・我・浄の四徳に譬えている。**《日輪》** 智の自性に譬え、光等はその作用に譬えている。**《商主》** 商主に善巧方便があり宝を得ることを、廻向方便抜済方便によって生死道を度し、大菩提を獲ることに譬えている。**《浄月円満無翳》** 求菩提化衆生の願に、また自他障を除けば、無翳という。すなわち二利必ず真俗二諦の境において離障し、満足を得れば一切の境界等という。《**主兵宝**》転輪聖王の七種の宝の一つで、善謀勇猛の将軍に譬えている。《**虚空及転輪聖王**》有情智を成就すること虚空の受容することに平等無択なるがごとく、仏法智を成就することは転輪聖王の灌頂位を受けるがごとくに譬えている。《**灌頂位**》仏位を継ぐべき最高位の菩薩階級、いわゆる一生補処の位である。《**二辺**》常見と断見との二極端に偏執しないこと。《**心垢**》煩悩をいう。貪・瞋・癡の三毒であり、三垢ともいう。《**見修**》見惑と修惑。見惑とは邪に道理を分別計度して起こす我見・辺見等の妄惑をいい、修惑（思惑）とは世間の事物を思慮して起こす妄惑をいう。《**五明**》インドにおける学問の区分。1声明（古典・訓詁の学）2工巧明（工芸・技術・算暦等の学）3医方明（医学・禁呪・薬石の学）4因明（正邪を考定し真偽を詮考する理法を明かす論理学）5内明（自家の宗旨を明かすもの）。《**奢摩他**》śamatha 心を摂して対境にとどまらしめ、散乱を離れることをいう。《**毘鉢舎那**》Vipaśyanā 子細に事理を観察して誤りないことをいう。《**三種根性**》上・中・下、利・中・鈍の三根。《**黒白法**》善悪の二法のこと。悪法を遠離し、善法を摂受する。《**勝灌頂**》仏陀たるべき勝位が定まること。《**施等**》十波羅蜜のこと。《**十二妙行法輪**》苦・集・滅・道の四諦の法を三たび復演する。これを三転十二法輪という。《**四階道**》加行・無間・解脱・勝進を表わす。《**八功徳水**》八種の功徳を具えた水。『倶舎論』には、甘・冷・軟・軽・清浄・不臭・飲時不損喉・飲已不傷腹の八を出し、『称讃浄土経』には、澄浄・清冷・甘美・軽軟・潤沢・安和・除患・養根の八を掲げている。《**嗢鉢羅花**》青蓮華（utpala）《**拘物頭花**》白睡蓮（kumuda 白色にして月の昇る時咲く睡蓮）《**芬陀利花**》白蓮華（puṇḍarīka）《**転輪聖王**》世界統一の理想的帝王（cakravartin）《**初地**》歓喜地（pramuditā）《**二地**》離垢地（Vimalā）《**三地**》発光地（pabhākarī）《**四地**》焔慧地（Arciṣmatī）《**五地**》難勝地（Sudurjayā）《**六地**》現前地（Abhimukhī）《**七地**》遠行地（Dūraṃgamā）《**八地**》

不動地（Acalā）《九地》善慧地（Sādhumatī）《十地》法雲地（Dharmameghā）《味著》食味に執著すること。《生死》有漏果。《涅槃》無漏果。《観行流転》苦・集二諦の上に起こる無明。《麁相現前》滅・道二諦の上に起こる無明。《所知障礙》二障のことで、煩悩障と所知障をいう。前者は煩悩を人執の方面から見て涅槃の果を礙うることをいい、後者は法執の方面から見て菩提の果を障うることをいう。《五障》信・進・念・定・慧の五善根の障となる欺・怠・瞋・恨・怨をいう。《制底》Caitya 仏寺塔廟のこと。

この浄地陀羅尼品《じょうじだらにほん》は、十波羅蜜《じゅうはらみつ》の一つ一つを詳述すること、ならびに菩薩の十地を説くものである。つまり師子相無礙光焔菩薩《ししそうむげこうえんぼさつ》が仏に対して菩提心とは何か、いかにして菩提心を得るかという質問に対する解答の形式で述べられている。そして初地においては「依功徳力《えくどくりき》」という陀羅尼を、第二地では「善安楽住《ぜんあんらくじゅう》」という陀羅尼を、第三地では「難勝力《なんしょうりき》」第四地では「大利益《だいりやく》」第五地では「種種功徳荘厳《しゅじゅくどくしょうごん》」第六地では「円満智《えんまんち》」第七地では「法勝行《ほうしょうぎょう》」第八地では「無尽蔵《むじんぞう》」第九地では「無量門《むりょうもん》」第十地では「破金剛山《はこんごうせん》」という陀羅尼を説くので、浄地陀羅尼品とよばれる。したがって浄地とは菩薩地の意味である。この陀羅尼灌頂吉祥句《かんじょうきちじょうく》を誦持するならば、怖畏・悪獣・悪鬼・人・非人・災横・毒害を滅除するという陀羅尼の功徳を強調している。しかしてこの品の最後に、『金光明経』を宣説すれば所住の国土には怨賊・恐怖・厄難・飢饉の苦悩なしという結論で終っている。陀羅尼と『金光明経』との関係について深い説明があるわけではない。しかし『法華経』にも「陀羅尼品」があって、陀羅尼の功徳を述べているので、ある種の大乗経典の常套手段であり、深い意味があるとも思われない。

金光明最勝王經巻第五

大唐三藏沙門義浄奉　制譯

蓮華喩讃品　第七

㊅一六巻四二二中―四二三中

爾《そ》の時《とき》に仏《ほとけ》、菩提樹神善女天《ぼだいじゅしんぜんにょてん》に告《つ》げたまわく、『汝今応《なんじいままさ》に知《し》るべし、妙幢夜夢《みょうどうよるゆめ》に妙金鼓《みょうこんく》の大音《だいおん》声《じょう》を出《い》だして、仏《ほとけ》の功徳《くどく》、并《ならび》に懺悔《さんげ》の法《ほう》を讃《さん》ずるを見《み》る。此《こ》の因縁我汝等《いんねんわれなんじら》のために広《ひろ》く其《そ》の事《こと》を説《と》かん。応当《まさ》に諦聴《たいちょう》して善《よ》く之《これ》を思念《しねん》すべし。

過去《かこ》に王《おう》ありき。*金龍主《こんりゅうしゅ》と名《なづ》く。常《つね》に蓮華喩《れんげゆ》の讃《さん》を以《もっ》て、十方三世《じっぽうさんぜ》の諸仏《しょぶつ》を称歎《しょうたん》す。即《すなわ》ち大《だい》

衆《しゅ》のために其《そ》の讃《さん》を説《と》きたまう。曰《いわ》く、

過去《かこ》・未来《みらい》・現在《げんざい》の仏《ほとけ》、十方世界《じっぽうせかい》の中《なか》に安住《あんじゅう》したまう。我今至誠《われいましじょう》に稽首《けいしゅ》し礼《らい》して、一心《いっしん》に諸《もろもろ》の最勝《さいしょう》を讃歎《さんだん》す。

無上清浄《むじょうしょうじょう》の牟尼尊《むにそん》、身光照耀《しんこうしょうよう》して金色《こんじき》の如《ごと》し。一切《いっさい》の声中《しょうちゅう》最《もっと》も上《じょう》と為《な》す。大梵響《だいぼんきょう》は震雷《しんらい》の音《おと》の如《ごと》し。

髪彩《ほっさい》の喩《たとえ》は黒蜂王《こくほうおう》の若《ごと》し、宛転《えんてん》の旋文《せんもん》、紺青色《こんじょうしき》なり。歯《は》は白《しろ》くして斉密《せいみつ》なること珂雪《かせつ》の如《ごと》し、平正《びょうしょう》に顕現《けんげん》して光明《こうみょう》あり。

目《め》は浄《きよ》く、無垢《むく》にして、妙《みょう》に端厳《たんごん》なり。猶広大《なおこうだい》の青蓮葉《しょうれんよう》の如《ごと》し。舌相広長《ぜっそうこうちょう》にして極《きわ》めて柔軟《にゅうなん》なり、譬《たと》えば紅蓮《ぐれん》の水中《すいちゅう》より出《い》でたるが如《ごと》し。

眉間常《みけんつね》に白毫《びゃくごう》の光《ひかり》あり。右《みぎ》に旋《めぐ》りて宛転《えんてん》し、頗梨《はり》の色《いろ》あり、眉《まゆ》は細《ほそ》く纖長《せんちょう》にして初月《しょがつ》に類《るい》す、其《そ》の色光耀蜂王《いろこうようほうおう》に比《くら》ぶべし。

鼻《はな》は高《たか》く脩直《しゅじき》にして金鋋《こんじょう》の如《ごと》し。浄妙《じょうみょう》の光潤《ひかりうるお》いて相虧《そうか》くることなし。一切世間《いっさいせけん》の殊妙《しゅみょう》の香《こう》聞《き》く時《とき》悉《ことごと》く其《そ》の所在《しょざい》を知《し》る。

世尊《せそん》の最勝身《さいしょうしん》は金色《こんじき》なり。一一《いちいち》の毛端相殊《もうたんそうこと》ならず。紺青柔軟《こんじょうにゅうなん》にして右旋《うせん》の文《あや》あり。微妙《みみょう》の光《こう》彩喩《さいたとえ》を為《な》すこと難《がた》し。

初誕《しょたん》の身《しん》すら妙光明《みょうこうみょう》あり。普《あまね》く一切十方界《いっさいじっぽうかい》を照《て》らし、能《よ》く三有《さんう》の衆生《しゅじょう》の苦《く》を滅《めっ》し、彼《かれ》をして悉《ことごと》く安隠《あんのん》の楽《らく》を蒙《こうむ》らしむ。

地獄《じごく》・傍生《ぼうしょう》・鬼道《きどう》の中《なか》、阿蘇羅天《あそらてん》、及《およ》び人趣《にんしゅ》、彼《かれ》をして衆苦《しゅく》を除滅《じょめつ》せしめ、常《つね》に自然安隠《じねんあんのん》の楽《らく》を受《う》けしむ。

身色光明常《しんじきこうみょうつね》に普《あまね》く照《て》らし、譬《たと》えば鎔金《ようこん》の妙《たえ》にして比《ひ》なきが如《ごと》し。面貌《めんみょう》は円明《えんみょう》にして満月《まんがつ》の如《ごと》く、脣《くちびる》の色《いろ》は赤好《しゃくこう》にして*頻婆《びんば》に喩《たと》うべし。

行歩《ぎょうぶ》・威儀《いぎ》・師子《しし》に類《るい》し、身光明耀《しんこうみょうよう》にして初日《しょにち》に同《おな》じ、臂肘纖長《ひちゅうせんちょう》にして立《た》てば膝《ひざ》を過《す》ぐ。状《かたち》は下《した》に垂《た》ること*沙羅《しゃら》の枝《えだ》に等《ひと》し。

円光一尋《えんこういちじん》、照《て》らすこと辺《かぎ》りなし。赫奕《かくやく》として猶百千《なおひゃくせん》の日《ひ》の如《ごと》く、悉《ことごと》く能《よ》く遍《あまね》く諸仏刹《しょぶっせつ》に至《いた》り、縁《えん》の在《あ》る所《ところ》に随《したが》いて、群迷《ぐんめい》を覚《かく》す。

浄光明《じょうこうみょう》の網《もう》は倫比《りんぴ》なし、輝《ひかり》を流《なが》して百千界《ひゃくせんかい》に遍満《へんまん》す。普《あまね》く十方《じっぽう》を照《て》らして障礙《しょうげ》なし。一切《いっさい》の冥闇悉《みょうあんことごと》く皆除《みなのぞ》く。

善逝《ぜんぜい》の慈光《じこう》は能《よ》く楽《らく》を与《あた》え、妙色映徹《みょうじきえいてつ》して金山《こんせん》に等《ひと》し。光《ひかり》を流《なが》して悉《ことごと》く百千《ひゃくせん》の土《ど》に至《いた》り、衆《しゅ》生遇《じょうあ》う者《もの》は皆出離《みなしゅつり》す。

仏身《ぶっしん》は無量《むりょう》の福《ふく》を成就《じょうじゅ》し、一切《いっさい》の功徳共《くどくとも》に荘厳《しょうこん》し、三界《さんがい》を超越《ちょうおつ》して独《ひと》り尊《そん》と称《しょう》し、世間《せけん》の殊《しゅ》勝《しょう》にして与《とも》に等《ひと》しきものなし。

所有過去《あらゆるかこ》一切《いっさい》の仏《ほとけ》、数《しゅ》は大地《だいじ》の諸《もろもろ》の微塵《みじん》に同《おな》じ。未来《みらい》・現在十方《げんざいじっぽう》の尊《そん》、亦《ま》た大地微塵《だいじみじん》の如《ごと》き衆《しゅ》なり。

我至誠《われしじょう》の身語意《しんごい》を以《もっ》て稽首《けいしゅ》して、三世仏《さんぜぶつ》に帰依《きえ》したてまつり、無辺《むへん》の功徳海《くどくかい》を讃歎《さんだん》して、種《しゅ》種《じゅ》の香花《こうげ》皆《みな》供養《くよう》す。

設《たと》い、我《わ》が口中《くちゅう》に千舌《せんぜつ》あり、無量劫《むりょうこう》を経《へ》て、如来《にょらい》を讃《さん》ぜんも、世尊《せそん》の功徳《くどく》は思議《しぎ》すべからず。

最勝甚深《さいしょうじんじん》にして説《と》くべきこと難《かた》し。

仮令《たとい》、我《わ》が舌百千《ぜつひゃくせん》ありて、一仏《いちぶつ》の一功徳《いちくどく》を讃歎《さんだん》せんも、中《なか》に於《おい》て少分《しょうぶん》すら尚《なお》知《し》り難《がた》し。況《いわ》んや諸仏《しょぶつ》の徳辺際《とくへんざい》なきをや。

仮使《たとい》、大地《だいじ》、及《およ》び諸天《しょてん》、乃至有頂《ないしうちょう》を海水《かいすい》と為《な》さんに、毛端《もうたん》の滴《したたり》の数《しゅ》は知《し》るべきも、仏《ほとけ》の一功徳《いちくどく》甚《はなは》だ量《はか》り難《がた》し。

我至誠《われしじょう》の身語意《しんごい》を以《もっ》て、諸仏《しょぶつ》の徳《とく》の無辺《むへん》なるを礼讃《らいさん》したてまつる。所有勝福《あらゆるしょうふく》の果《か》、難思《なんし》たるを衆生《しゅじょう》に迴施《えせ》して、速《すみ》やかに成仏《じょうぶつ》せしめん。

彼《か》の王《おう》、如来《にょらい》を讃歎《さんだん》し已《おわ》り、倍《ますます》復た深心《じんしん》に弘願《ぐがん》を発《おこ》す。願《ねが》わくば我当《われまさ》に未来世《みらいせ》に於《おい》て、生《う》まれて無量無数劫《むりょうむしゅこう》に在《あ》って、
夢中常《むちゅうつね》に大金鼓《だいこんく》を見《み》、懺悔《さんげ》を顕説《けんぜつ》する音《こえ》を聞《き》くことを得《え》て、仏《ほとけ》の功徳《くどく》を讃《さん》ずるに蓮華《れんげ》もて喩《たと》えん。願《ねが》わくば無生《むしょう》を証《しょう》し、正覚《しょうがく》を成《じょう》ぜん。

諸仏《しょぶつ》の出世《しゅつせ》は時《とき》に一《ひと》たび現《げん》ず。百千劫《ひゃくせんこう》に於《おい》て甚《はなは》だ逢《あ》い難《がた》し。夜《よる》は夢《ゆめ》に常《つね》に妙鼓《みょうく》の音《ね》を聞《き》きて、昼《ひる》は則《すなわ》ち応《まさ》に随《したが》いて、懺悔《さんげ》せん。

我応当《われまさ》に円満《えんまん》して六度《ろくど》を修《しゅ》し、衆生《しゅじょう》を抜済《ばっさい》し、苦海《くかい》を出《い》でしも、然《しか》る後《のち》に無上覚《むじょうがく》を成《じょう》ずるを得《え》、仏土清浄不思議《ぶつどしょうじょうふしぎ》にして、

妙金鼓《みょうこんく》を以《もっ》て如来《にょらい》に奉《たてまつ》り、并《ならび》に諸仏《しょぶつ》の実功徳《じっくどく》を讃《さん》じ、斯《こ》れに因《よ》りて当《まさ》に釈迦牟尼仏《しゃかむにぶつ》を見《み》て、*我《わ》が人中《にんちゅう》の尊《そん》を紹《つ》がんことを記《き》したまわん。

*金龍《こんりゅう》と*金光《こんこう》とは是《こ》れ我《わ》が子《こ》なり。過去《かこ》に曾《かつ》て善知識《ぜんちしき》と為《な》り、世世《せせ》願《ねが》わくば我《わ》が家《いえ》に生《う》まれて、共《とも》に無上菩提《むじょうぼだい》の記《き》を受《う》けん。

若《も》し衆生《しゅじょう》ありて、救護《くご》なく長夜輪迴《じょうやりんね》して衆苦《しゅく》を受《う》けんに、我来世《われらいせ》に於《おい》て帰依《きえ》と作《な》り、彼《かれ》をして常《つね》に安隠《あんのん》の楽《らく》を得《え》しめん。

三有《さんう》の衆苦《しゅく》、願《ねが》わくば除滅《じょめつ》し、悉《ことごと》く心《こころ》に随《したが》いて、安楽処《あんらくしょ》を得《え》、未来世《みらいせ》に於《おい》て、菩提《ぼだい》を修《しゅ》し、皆過《みなか》去成仏《こじょうぶつ》の者《もの》の如《ごと》くならん。

願《ねが》わくば此《こ》の金光懺悔《こんこうさんげ》の福《ふく》、永《なが》く苦海《くかい》を竭《つ》くして、罪消除《つみしょうじょ》し、業障《ごっしょう》・煩悩《ぼんのう》悉《ことごと》く皆亡《みなもう》じ、我《われ》をして速《すみ》やかに清浄《しょうじょう》の果《か》を招《まね》かしめん。

福智《ふくち》の大海《だいかい》は量辺《りょうかぎ》りなく、清浄《しょうじょう》に垢《く》を離《はな》れて深《ふか》くして底《そこ》なし、願《ねが》わくば我斯《われこ》の功徳海《くどくかい》を獲《え》て、速《すみ》やかに無上大菩提《むじょうだいぼだい》を成《じょう》ぜん。

此《こ》の金光明懺悔《こんこうみょうさんげ》の力《ちから》を以《もっ》て、当《まさ》に福徳《ふくとく》の浄光明《じょうこうみょう》を獲《う》べし。既《すで》に清浄《しょうじょう》の妙光明《みょうこうみょう》を得《え》て、常《つね》に智光《ちこう》を以《もっ》て、一切《いっさい》を照《て》らさん。

願《ねが》わくば我《わ》が身光《しんこう》、諸仏《しょぶつ》に等《ひと》しく、福徳《ふくとく》・智慧《ちえ》亦《ま》た復《ま》た然《しか》く、一切世界《いっさいせかい》に独《ひと》り尊《そん》と称《しょう》し、威力自在《いりきじざい》にして倫匹《りんぴつ》なく、

有漏《うろ》の苦海《くかい》願《ねが》わくば超越《ちょうおつ》し、無為《むい》の楽海《らくかい》願《ねが》わくば常《つね》に遊《あそ》び、現在《げんざい》の福海《ふくかい》願《ねが》わくば恒《つね》に盈《み》ち、

当来《とうらい》の智《ち》海願《かいねが》わくば円満《えんまん》せん。

願《ねが》わくば我《わ》が刹土《せつど》三界《さんがい》に超《こ》え、殊勝《しゅしょう》の功徳量辺《くどくりょうかぎ》りなく。諸《もろもろ》の有縁《うえん》の者《もの》悉《ことごと》く同生《どうしょう》して、皆速《みなすみ》やかに清浄智《しょうじょうち》を成《じょう》ずることを得《え》ん。

妙幢《みょうどう》、汝当《なんじまさ》に知《し》るべし。国王金龍主《こくおうこんりゅうしゅ》は曾《かつ》て是《かく》の如《ごと》き願《がん》を発《おこ》しき。彼《かれ》は即《すなわ》ち是《こ》れ汝《なんじ》が身《しん》なり。

往時《おうじ》二《に》子《し》あり、金龍《こんりゅう》、及《およ》び金光《こんこう》は*即《すなわ》ち銀相《こんそう》と銀光《こんこう》となり。当《まさ》に我《わ》が記《き》する所《ところ》を受《う》くべし。

大衆《だいしゅ》是《こ》の説《せつ》を聞《き》きて、皆菩《みなぼ》提心《だいしん》を発《おこ》す。願《ねが》わくば現在《げんざい》・未来《みらい》常《つね》に此《こ》れに依《よ》りて懺悔《さんげ》せん。


《金龍主》 Suvarṇabhujendra **《頻婆》** bimba（Momordica monadelpha）樹の果実、熟する時、赤色であるから美人の唇はしばしばこれと比較される。**《沙羅》** śāla（Vatical Robusta）龍悩香料に属する熱帯植物。**《記我当紹人中尊》** 成仏の授記を受けること。**《金龍》** Kanakendra **《金光》** Kanakaprabhāśvara **《即銀相銀光》** 授記品を見よ。

この蓮華喩讃品第七は、菩提樹神善女天に仏が告げる形式で、七言偈三十五は主として如来の三十二相を讃嘆する内容である。梵本では Kamalākara-tathagata-stava（蓮華池如来讃嘆）となっている。菩提樹神善女天は単に Kuladevatā（善天女）であるが、漢訳では菩提樹神という注解が入っている。漢訳の最後の五言三偈は梵本にはない、挿入された偈文である。すなわち妙幢菩薩と二子銀相と銀光は、授記品第二十三に出てくる説話で、ある時期にそれがここに挿入されたものであろう。

金勝陀羅尼品　第八

㊅一六巻四二三中―四二四上

爾《そ》の時世尊《ときせそん》、復《ま》た衆中《しゅちゅう》に於《おい》て、*善住菩薩摩訶薩《ぜんじゅうぼさつまかさつ》に告《つ》げたまわく、『善男子《ぜんなんし》、陀羅尼《だらに》あり、名《なつ》けて金勝《こんしょう》と曰《い》う。若《も》し善男子《ぜんなんし》・善女人《ぜんにょにん》ありて、親《した》しく過去《かこ》・未来《みらい》・現在《げんざい》の諸仏《しょぶつ》を見《み》て、恭敬供養《くぎょうくよう》せんことを欲《ほっ》せば、応当《まさ》に此《こ》の陀羅尼《だらに》を受持《じゅじ》すべし。何《なに》を以《もっ》ての故《ゆえ》に、此《こ》の陀羅尼《だらに》は、乃《すなわ》ち是《こ》れ過《か》・現《げん》・未来《みらい》の諸仏《しょぶつ》の母《はは》なればなり。是《こ》の故《ゆえ》に当《まさ》に知《し》るべし、此《こ》の陀羅尼《だらに》を持《じ》する者《もの》は、大福徳《だいふくとく》を具《ぐ》し、已《すで》に過去無量《かこむりょう》の仏所《ぶっしょ》に於《おい》て、諸《もろもろ》の善本《ぜんぽん》を植《う》えて、今受持《いまじゅじ》することを得《え》たり。戒《かい》に於《おい》て清浄《しょうじょう》にして毀《こぼ》たず、欠《か》かず、障礙《しょうげ》あることなし。決定《けつじょう》して能《よ》く甚深《じんじん》の法門《ほうもん》に入《い》る。』

世尊即《せそんすなわ》ち為《ため》に持呪《じじゅ》の法《ほう》を説《と》きたまう、『先《ま》ず諸仏《しょぶつ》、及《およ》び菩薩《ぼさつ》の名《な》を称《しょう》し、至心《ししん》に礼敬《らいきょう》して、然《しか》して後《のち》に呪《じゅ》を誦《じゅ》せよ。

「南謨《なも》十方一切諸仏《じっぽういっさいしょぶつ》。南謨《なも》諸大菩薩摩訶薩《しょだいぼさつまかさつ》。南謨《なも》声聞縁覚一切賢聖《しょうもんえんがくいっさいけんじょう》。南謨《なも》釈迦牟尼仏《しゃかむにぶつ》。南謨《なも》東方不動仏《とうほうふどうぶつ》。南謨《なも》南方宝幢仏《なんぽうほうどうぶつ》。南謨《なも》西方阿弥陀仏《さいほうあみだぶつ》。南謨《なも》北方天鼓音王仏《ほっぽうてんくおんおうぶつ》。南謨《なも》上方広衆徳仏《じょうほうこうしゅとくぶつ》。南謨《なも》下方明徳仏《げほうみょうとくぶつ》。南謨《なも》宝蔵仏《ほうぞうぶつ》。南謨《なも》普光仏《ふこうぶつ》。南謨《なも》普明仏《ふみょうぶつ》。南謨《なも》香積王仏《こうしゃくおうぶつ》。南謨《なも》蓮花勝仏《れんげしょうぶつ》。南謨《なも》王等見仏《おうとうけんぶつ》。南謨《なも》宝髻仏《ほうけいぶつ》。南謨《なも》宝上仏《ほうじょうぶつ》。南謨《なも》宝光仏《ほうこうぶつ》。南謨《なも》無垢光明仏《むくこうみょうぶつ》。南謨《なも》弁才荘厳思惟仏《べんざいしょうごんしゆいぶつ》。南謨《なも》浄月光称相王仏《じょうがっこうしょうそうおうぶつ》。南謨《なも》華厳光仏《けごんこうぶつ》。南謨《なも》光明王仏《こうみょうおうぶつ》。南謨《なも》善光無垢称王仏《ぜんこうむくしょうおうぶつ》。南謨《なも》観察無畏自《かんさつむいじ》在仏《ざいぶつ》。南謨《なも》無畏名称仏《むいみょうしょうぶつ》。南謨《なも》最勝王仏《さいしょうおうぶつ》。南謨《なも》宝相仏《ほうそうぶつ》。南謨《なも》観自在菩薩摩訶薩《かんじざいぼさつまかさつ》。南謨《なも》地蔵菩薩摩訶薩《じぞうぼさつまかさつ》。南謨《なも》虚空蔵菩薩摩訶薩《こくうぞうぼさつまかさつ》。南謨《なも》妙吉祥菩薩摩訶薩《みょうきちじょうぼさつまかさつ》。南謨《なも》金剛手菩薩摩訶薩《こんごうしゅぼさつまかさつ》。南謨《なも》普賢菩薩摩訶薩《ふげんぼさつまかさつ》。南謨《なも》無尽意菩薩摩訶薩《むじんにぼさつまかさつ》。南謨《なも》大勢至菩薩摩訶薩《だいせいしぼさつまかさつ》。南謨《なも》慈氏菩薩摩訶薩《じしぼさつまかさつ》。南謨《なも》善《ぜん》思菩薩摩訶薩《しぼさつまかさつ》。」

陀羅尼《だらに》に曰《いわ》く、

⑪「南謨《なも》。曷喇怛娜《あらたな》。怛喇夜也《とらやや》。怛姪他《たにやた》。君睇《くんてい》。君睇《くんてい》。矩折嚟《くしゃれい》。矩折嚟《くしゃれい》。壹窒哩《いちつり》。蜜窒哩《みちつり》。莎訶《そわか》。」』

仏《ほとけ》、善住菩薩《ぜんじゅうぼさつ》に告《つ》げたまわく、『此《こ》の陀羅尼《だらに》は是《こ》れ三世《せんぜ》諸仏《しょぶつ》の母《はは》なり。若《も》し善男子《ぜんなんし》・善女人《ぜんにょにん》ありて、此《こ》の呪《じゅ》を持《じ》せば、能《よ》く無量無辺《むりょうむへん》の福徳《ふくとく》の聚《じゅ》を生《しょう》ぜん。即《すなわ》ち是《こ》れ無数《むしゅ》の諸仏《しょぶつ》を供養《くよう》し、恭敬《くぎょう》し、尊重《そんじゅう》し、讃歎《さんだん》するなり。是《かく》の如《ごと》き諸仏《しょぶつ》、皆此《みなこ》の人《ひと》に阿耨多羅三藐三菩提《あのくたらさんみゃくさんぼだい》の記《き》を授《さず》けん。善住《ぜんじゅう》、若《も》し人《ひと》ありて能《よ》く此《こ》の呪《じゅ》を持《じ》せば、其《そ》の欲《ほっ》する所《ところ》に随《したが》い衣《え》・食《じき》・財宝《ざいほう》・多聞《たもん》・聡慧《そうえ》・無病《むびょう》・長寿《ちょうじゅ》・福《ふく》を獲《う》ること甚《はなは》だ多《おお》く、願求《がんぐ》する所《ところ》に随《したが》いて、意《い》を遂《と》げざるなし。善住《ぜんじゅう》、是《こ》の呪《じゅ》を持《じ》せば、乃《ない》至《し》未《いま》だ無上菩提《むじょうぼだい》を証《しょう》せざるに、常《つね》に金城山菩薩《こんじょうせんぼさつ》・慈氏菩薩《じしぼさつ》・大海菩薩《だいかいぼさつ》・観自在菩薩《かんじざいぼさつ》・妙吉祥菩薩《みょうきちじょうぼさつ》・*大氷伽羅菩薩等《だいひょうがらぼさつとう》と共《とも》に居止《こし》し、諸《もろもろ》の菩薩《ぼさつ》のために摂護《しょうご》せらる。善住《ぜんじゅう》、当《まさ》に知《し》るべし、此《こ》の呪《じゅ》を持《じ》する時《とき》は、是《かく》の如《ごと》き法《ほう》を作《な》すべし。

先《ま》ず応《まさ》に誦持《じゅじ》して、一万八遍《いちまんはっぺん》を満《まん》じて前方便《ぜんほうべん》と為《な》すべし。次《つぎ》に闇室《あんしつ》に於《おい》て、道場《どうじょう》を荘厳《しょうごん》し、黒《こく》月一日《がついちにち》清浄《しょうじょう》に洗浴《せんよく》して鮮潔《せんけつ》の衣《ころも》を著《じゃく》し、焼香《しょうこう》・散花《さんげ》・種種《しゅじゅ》の供養《くよう》と、并《ならび》に諸《もろもろ》の飲食《おんじき》もて道場《どうじょう》の中《なか》に入《い》り、先《ま》ず当《まさ》に前《さき》に説《と》く所《ところ》の如《ごと》く、諸仏菩薩《しょぶつぼさつ》を称礼《しょうらい》すべし。至心慇重《ししんおんじゅう》に先罪《せんざい》を悔《く》い已《おわ》り、右膝《うしつ》を地《じ》に著《つ》けて、前呪《ぜんじゅ》を誦《じゅ》し、一千八遍《いっせんはっぺん》を満《まん》ずべし。端座思惟《たんざしゆい》して、其《そ》の所願《しょがん》を念《ねが》い、日《ひ》未《いま》だ出《い》でざる時《とき》、道場《どうじょう》の中《なか》に於《おい》て、*浄黒食《じょうこくじき》を食《く》え。日《ひ》唯《た》だに一食《いちじき》、十五日《じゅうごにち》に至《いた》り、方《まさ》に道場《どうじょう》を出《い》でよ。能《よ》く此《こ》の人《ひと》をして、福徳《ふくとく》・威力不可思議《いりきふかしぎ》に、願求《がんぐ》する所《ところ》に随《したが》いて、円満《えんまん》せざるなからしめん。若《も》し意《い》を遂《と》げずんば、重《かさ》ねて道場《どうじょう》に入《い》れ。既《すで》に心《こころ》に称《かな》い已《おわ》らば、常《つね》に持《じ》して忘《わす》るること莫《なか》れ。』

《善住》 Supratisthitaか。**《大氷伽羅》** Mahāpiṅgalaの訳。**《黒月一日》** 月の欠け始めた一日、大陰暦の下半第一日。**《浄黒食》** 黒食の食物。

金勝陀羅尼品第八は短い章であり、かつ梵本には欠けている。慧沼の疏には Hiraṇyavatidhāraṇī（黄金を有する陀羅尼）という梵名を出している。この品では陀羅尼をいかに唱えるかという具体的な方法を説いていることが主題になっている。すなわちまず十方一切諸仏・諸大菩薩摩訶薩・声聞縁覚の一切賢聖を礼敬し、次に釈迦牟尼仏をはじめとし、東方不動仏・南方宝幢仏・西方阿弥陀仏・北方天鼓音王仏・上方広衆徳仏・下方明徳仏の六方仏、そして宝蔵仏以下の十九仏、ならびに観自在菩薩摩訶薩以下十の菩薩を礼敬した後に、陀羅尼を誦持する。

まず一万八遍を誦することを前方便として行なう。次に暗室において、道場を飾り、月の欠け始めた日から十五日間道場に入り、焼香と散華と種々の供養と飲食を持って、先の諸仏菩薩を礼拝し、懺悔をして、前呪一千八遍を誦す。道場においては、日の出の前に一日一食の浄黒食を喰うと定めている。この行法は密教の修法を想像させる内容であることに注目すべきである。密教の修法では本尊との入我我入の観法を行ない、かつ密印（ムドラー）を結ぶことが不可欠となっている。『金光明経』が密教部の大蔵経に入れられていることにも関係があるかもしれない。

重顕空性品　第九

(大)一六巻四二四上―四二五上

爾《そ》の時《とき》に世尊《せそん》、此《こ》の呪《じゅ》を説《と》き已《おわ》り、菩薩摩訶薩《ぼさつまかさつ》・人《にん》・天《てん》・大衆《だいしゅ》を利益《りやく》し、甚深真実《じんじんしんじつ》の第一義《だいいちぎ》を悟解《ごげ》するを得《え》しめんと欲《ほっ》するがための故《ゆえ》に、重《かさ》ねて空性《くうしょう》を明《あき》らかにし、頌《じゅ》を説《と》きて曰《のたま》わく、

我已《われすで》に余《よ》の甚深《じんじん》の経《きょう》に於《おい》て、広《ひろ》く真空微妙《しんくうみみょう》の法《ほう》を説《と》きぬ。今《いま》復た此《こ》の経王《きょうおう》の内《うち》に於《おい》て、略《りゃく》して空法《くうほう》の不思議《ふしぎ》を説《と》かん。

諸《もろもろ》の広大甚深《こうだいじんじん》の法《ほう》に於《おい》て、有情無智《うじょうむち》にして解《げ》すること能《あた》わず。故《ゆえ》に我斯《われここ》に於《おい》て重《かさ》ねて敷演《ふえん》し、空法《くうほう》に於《おい》て開悟《かいご》するを得《え》しめん。

大悲《だいひ》もて有情《うじょう》を哀愍《あいみん》するが故《ゆえ》に、善方便《ぜんほうべん》の勝因縁《しょういんねん》を以《もっ》て、我今此《われいまこ》の大衆《だいしゅ》の中《なか》に於《おい》て、演説《えんぜつ》して彼《かれ》をして空《くう》の義《ぎ》を明《あき》らかにせしむ。

当《まさ》に知《し》るべし、此《こ》の身《しん》は空聚《くうじゅ》の如《ごと》し、*六賊依止《ろくぞくえし》して相知《あいし》らず。*六塵《ろくじん》の諸賊別《しょぞくべつ》に根《こん》に依《よ》れり、各相知《おのおのあいし》らず、亦《ま》た是《かく》の如《ごと》し。

*眼根《げんこん》は常《つね》に色処《しきしょ》を観《かん》じ、耳根《にこん》は声《こえ》を聴《き》いて断絶《だんぜつ》せず、鼻根《びこん》は恒《つね》に香境《こうきょう》を嗅《か》ぐ、舌根《ぜっこん》は鎮《とこしなえ》に美味《みみ》を嘗《な》め、

身根《しんこん》は軽軟《きょうなん》の触《そく》を受《う》け、意根《いこん》は法《ほう》を了《りょう》じて厭《あ》くことを知《し》らず。此等《これら》の六根《ろっこん》、事《じ》に随《したが》いて起《おこ》る。

各《おのおの》自境《じきょう》に於《おい》て分別《ふんべつ》を生《しょう》ず。

識《しき》は幻化《げんけ》の如《ごと》く、真実《しんじつ》に非《あら》ず。根処《こんしょ》に依止《えし》して妄《みだ》りに貪《むさぼ》り求《もと》む。人《ひと》の空聚《くうじゅ》の中《なか》に奔走《ほんそう》するが如《ごと》し。六識《ろくしき》の根《こん》に依《よ》るも亦《ま》た是《かく》の如《ごと》し。

心《こころ》遍《あまね》く馳求《ちぐ》して随処《ずいしょ》に転《てん》ず。根《こん》に託《たく》し境《きょう》を縁《えん》じて諸事《しょじ》を了《りょう》す。*常《つね》に色《しき》・声《しょう》・香《こう》・味《み》・触《そく》を愛《あい》し、法《ほう》に於《おい》て尋思《じんし》し、暫《しばら》くも停《とど》まることなし。

縁《えん》に随《したが》いて六根《ろっこん》に遍行《へんぎょう》す、鳥《とり》の空《そら》を飛《と》ぶに障礙《しょうげ》なきが如《ごと》し。此《こ》の根《こん》を藉《か》りて、依処《えしょ》を作《な》し方《まさ》に能《よ》く外境《げきょう》を了別《りょうべつ》す。

*此《こ》の身《しん》は知《ち》なく、作者《さしゃ》なし、体堅固《たいけんこ》ならず。縁《えん》に託《たく》して成《な》る。皆虚妄分別《みなこもうふんべつ》より生《しょう》ず。譬《たと》えば機関《きかん》の業《ごう》に由《よ》り転《てん》ずるが如《ごと》し。

地《ち》・水《すい》・火《か》・風共《ふうとも》に身《しん》を成《じょう》す。彼《か》の因縁《いんねん》に随《したが》って異果《いか》を招《まね》く。同《おな》じく一処《いっしょ》に在《あ》りて相違《そうい》して害《がい》す、四《し》の毒蛇《どくじゃ》の一篋《いっきょう》に居《お》るが如《ごと》し。

此《こ》の四大蛇《しだいじゃ》の性《しょう》各《おのおの》異《こと》なり、一処《いっしょ》に居《お》ると雖《いえど》も昇沈《しょうちん》あり。*或《ある》いは上《うえ》に或《ある》いは下《した》に、身《しん》に遍《へん》ず。斯等《これら》終《つい》に滅法《めっぽう》に帰《き》す。

此《こ》の四種《ししゅ》の毒蛇《どくじゃ》の中《なか》に於《おい》て、地《じ》・水《すい》の二蛇《にじゃ》は多《おお》く沈下《じんげ》し、風《ふう》・火《か》の二蛇《にじゃ》は性軽《しょうかろ》く挙《あが》る。此《こ》れに由《よ》り乖違《かいい》すれば、衆病生《しゅびょうしょう》ず。

心識《しんしき》は此《こ》の身《しん》に依止《えし》し、種種《しゅじゅ》の善悪《ぜんあく》の業《ごう》を造作《ぞうさ》し、当《まさ》に人天三悪趣《にんでんさんあくしゅ》に往《ゆ》きて、其《そ》の業力《ごうりき》に随《したが》いて身形《しんぎょう》を受《う》くべし。

諸《もろもろ》の疾病《しつびょう》に遭《あ》いて、身死《しんし》するの後《のち》、大小《だいしょう》の便利《べんり》悉《ことごと》く盈《み》ち流《なが》れ、膿爛虫蛆《のうらんちゅうそ》楽《たの》しむべからず。棄《す》てて屍林《しりん》に在《あ》りて朽木《くちき》の如《ごと》し。

*汝等《なんじらまさ》当に法《ほう》を観《かん》ずる是《かく》の如《ごと》くなるべし。云何《いかん》が我《が》・衆生《しゅじょう》ありと執《しゅう》する。一切《いっさい》の諸法《しょほう》は尽《ことごと》く無常《むじょう》なり、悉《ことごと》く無明《むみょう》の縁力《えんりき》より起《おこ》る。

*彼《か》の諸《もろもろ》の大種《だいしゅ》咸《ことごと》く虚妄《こもう》なり。本実有《もとじつう》に非《あら》ず。体無生《たいむじょう》なり。故《ゆえ》に*大種《だいしゅ》の性《しょう》は皆空《みなくう》と説《と》く。此《こ》の浮虚《ふこ》にして実有《じつう》に非《あら》ざることを知《し》る。

*無明《むみょう》の自性《じしょう》は本《もとこ》是れ無《む》なり。衆縁《しゅえん》の力《ちから》を藉《か》りて和合《わごう》して有《あ》り。一切《いっさい》の時《とき》に於《おい》て正慧《しょうえ》を失《しっ》せしむ。故《ゆえ》に我彼《われかれ》を説《と》きて、無明《むみょう》と為《な》す。

行《ぎょう》・識《しき》を縁《えん》として名色《みょうしき》あり。六処《ろくしょ》、及《およ》び触受《そくじゅ》随《したが》いて生《しょう》ず。愛《あい》・取《しゅ》・有《う》の縁《えん》、老《ろう》・死《し》を生《しょう》ず。

憂悲《うひ》苦悩《くのう》恒《つね》に随逐《ずいちく》す。

衆苦《しゅく》悪業《あくごう》常《つね》に纏迫《てんぱく》し、生死輪廻《しょうじりんね》息《や》む時《とき》なし。本来有《ほんらいう》に非《あら》ず、体是《たいこ》れ空《くう》なり。理《り》の如《ごと》く分別《ふんべつ》を生《しょう》ぜざるに由《よ》る。

*我一切《われいっさい》の諸《もろもろ》の煩悩《ぼんのう》を断《だん》じ、常《つね》に正智《しょうち》を以《もっ》て、現前《げんぜん》に行《ぎょう》じ、五蘊《ごうん》の宅《たく》は悉《ことごと》く皆空《みなくう》なりと了《りょう》じ、求《もと》めて菩提真実処《ぼだいしんじつしょ》を証《しょう》す。

*我甘露《われかんろ》の大城門《だいじょうもん》を開《ひら》き、甘露微妙《かんろみみょう》の器《き》を示現《じげん》す。既《すで》に甘露真実《かんろしんじつ》の味《み》を得《え》て、常《つね》に甘露《かんろ》を以《もっ》て群生《ぐんじょう》に施《ほど》す。

*我最勝《われさいしょう》の大法鼓《だいほうく》を撃《う》ち、我最勝《われさいしょう》の大法螺《だいほら》を吹《ふ》き、我最勝《われさいしょう》の大明灯《だいみょうとう》を然《もや》し、我最勝《われさいしょう》の大法雨《だいほうう》を

降《ふら》し、

煩悩《ぼんのう》の諸《もろもろ》の怨結《おんけつ》を降伏《ごうぶく》し、無上《むじょう》の大法幢《だいほうどう》を建立《こんりゅう》す。生死《しょうじ》の海《うみ》に於《おい》て群迷《ぐんめい》を済《すく》う。我当《われまさ》に三悪《さんあく》趣《しゅ》を関閉《かんぺい》すべし。

煩悩《ぼんのう》の熾火《しか》衆生《しゅじょう》を焼《や》き、救護《くご》あるなく、依止《えし》なし。清涼《しょうりょう》の甘露《かんろ》彼《かれ》を充足《じゅうそく》し、身心《しんじん》の熱悩《ねつのう》、普《あまね》く皆除《みなのぞ》く。

是《こ》れ我《わ》が無量劫《むりょうこう》に於《おい》て、諸《もろもろ》の如来《にょらい》を恭敬供養《くぎょうくよう》せるに由《よ》れり。堅《かた》く禁戒《ごんかい》を持《じ》し、菩提《ぼだい》に趣《おもむ》き、求《もと》めて法身安楽処《ほっしんあんらくしょ》を証《しょう》し、

他《た》に眼《げん》・耳《に》、及《およ》び手《しゅ》・足《そく》・妻《さい》・子《し》・僮《どう》・僕《ぼく》を施《ほどこ》し、心《こころ》に悋《おし》むなく、財宝《ざいほう》と七珍荘厳《しっちんしょうごん》の具《ぐ》、来《き》たり求《もと》むる者《もの》に随《したが》いて、咸《ことごと》く供給《くきゅう》し、

忍等《にんとう》の諸度《しょど》皆遍《みなあまね》く修《しゅ》し、十地円満《じゅうじえんまん》して正覚《しょうがく》を成《じょう》ず。故《ゆえ》に我一切智《われいっさいち》と称《しょう》することを得《え》、衆生《しゅじょう》の度量《どりょう》する者《もの》あるなし。

仮使《たとい》、三千大千界《さんぜんだいせんかい》の、此《こ》の土地《とち》に生長《しょうちょう》する物《もの》を尽《つく》し、所有叢林《あらゆるそうりん》・諸樹木《しょじゅもく》・稲《とう》・麻《ま》・竹《ちく》・葦《い》、及《およ》び技条《しじょう》、

此等《これら》の諸物皆伐《しょもつみなき》りて取《と》り、并《ならび》に悉《ことごと》く細末《さいまつ》にして、微塵《みじん》と作《な》し、随処《ずいしょ》に積集《しゃくじゅう》して量知《りょうし》り難《がた》く、乃至《ないし》虚《こ》空界《くうかい》に充満《じゅうまん》し、

一切十方《いっさいじっぽう》の諸刹土《しょせつど》、所有三千大千界《あらゆるさんぜんだいせんかい》の地土《じど》、皆悉《みなことごと》く末《まつ》にして塵《じん》と為《な》す、此《こ》の微塵《みじん》の量数《りょうかぞ》うべからず。

仮使《たとい》、一切衆生《いっさいしゅじょう》の智《ち》、此《こ》の智慧《ちえ》を以《もっ》て、一人《いちにん》に与《あた》え、是《かく》の如《ごと》き智者《ちしゃ》の量無辺《りょうむへん》にして、彼《か》の微《み》塵《じん》の数《しゅ》を知《し》る容《べ》けんも、

牟尼世尊《むにせそん》一念《いちねん》の智《ち》は、彼《か》の智人《ちにん》をして共《とも》に度量《どりょう》せしめんに、多*倶胝劫《たくていこう》の数《しゅ》の中《なか》に於《おい》て、其《そ》の少分《しょうぶん》すら算知《さんち》すること能《あた》わじ。』

時《とき》に諸《もろもろ》の大衆《だいしゅ》、仏《ほとけ》の此《こ》の甚深《じんじん》の空性《くうしょう》を説《と》きたまうを聞《き》きて、無量《むりょう》の衆生《しゅじょう》悉《ことごと》く能《よ》く四大《しだい》・五蘊《ごうん》・体性倶《たいしょうとも》に空《くう》にして、六根《ろっこん》・六境《ろっきょう》妄《みだり》に繋縛《けばく》を生《しょう》ずることを了達《りょうだつ》し、輪廻《りんね》を捨《す》てて、正《まさ》しく出離《しゅつり》を修《しゅ》せんことを願《ねが》い、深心《じんしん》に慶喜《きょうき》し、如説《にょぜつ》に奉持《ぶじ》しき。

《六賊》 眼・耳・鼻・舌・身・意の六根が罪業を生起して功徳善法を害するために譬える。本文の説明を見よ。 **《六塵》** 色・声・香・味・触・法のこと。 **《眼根常……了諸事》** 三頌半は十八空の中の内空。 **《常愛色声香味触……了於外境》** 一頌半は十八空の中の外空。 **《此身無知……如朽木》** 六頌は十八空の中の内外空。 **《或上或下》** 梵本によれば「二つは昇り、二つは下降している」とは、地・水・火・風の四大の中で、風大と火大とは昇り、地大と水大とは下降している、ということ。 **《汝等当観法……無明縁力起》** 一頌は十八空の中の畢竟空。 **《彼諸大種……非実有》** 一頌は十八空の中の無際空。 **《大種》** 四大のこと。「大」とは物質を構成する元素、または要素を意味している。 **《無明自性……恒随逐》** 二頌は十二因縁を説く。

無明 ┐
行 ┘ 過去二因

識・名色・六処・触・受――現在五果
愛・取・有――現在三因
生・老死――未来両果

《我断一切煩悩……真実処》 一頌は十八空の中の無散空。《我開甘露大城門……施群生》 一頌は十八空の中の本性空。《我撃最勝大法鼓……普皆除》 三頌は十八空の中の一切法空。以上十八空中八種を挙げる。

《俱胝》 koṭi（数の名）億のこと。

重顕空性品第九は梵本では単に空性（śūnyatā）となっている。漢訳の題名では空性を重ね顕わすという補注的な表現になっている。漢訳は七言三十三頌であり、一切皆空の甚深妙理を説き、六根・六識・四大・五蘊・十二因縁の空なるを説いているが、梵本では三十頌である。

この品の内容は『大品般若』に説く十八空をとりあげて、諸法皆空の理を宣説し、六度を具体的な方法として述べている。『金光明経』においては、般若経の思想の影響が強いことを知る。なおこの品では対告衆が登場しないという変則的な形式である。

依空満願品　第十

㊅一六巻四二五上―四二六下

爾《そ》の時《とき》に如意《によい》宝光耀《ほうこうよう》天女《てんによ》、大衆《だいしゅ》の中《なか》に於《おい》て深法《じんぼう》を説《と》くを聞《き》き、歓喜踊躍《かんぎゆやく》し、座《ざ》より起《た》ちて、偏《ひとえ》に右肩《うけん》を袒《はだぬ》ぎ、右膝《うしつ》を地《じ》に著《つ》け、合掌恭敬《がっしょうくぎょう》し、仏《ほとけ》に白《もう》して言《い》わく、『世尊《せそん》、唯願《ただねが》わくば、為《ため》に甚深《じんじん》の理《り》に於《おい》て、修行《しゅぎょう》の法《ほう》を説《と》きたまえ』と。而《しか》も頌《じゅ》を説《と》きて曰《いわ》く、

『我世界《われせかい》を照《て》らす、*両足《りょうそく》の最勝尊《さいしょうそん》に問《と》いたてまつる。菩薩正行《ぼさつしょうぎょう》の法《ほう》、唯願《ただねが》わくば慈《じ》もて聴許《ちょうこ》したまえ。』

仏《ほとけ》の言《のたま》わく、『善女天《ぜんによてん》、若《も》し疑惑《ぎわく》あらば、汝《なんじ》が意《こころ》に随《したが》いて問《と》え。吾当《われまさ》に分別《ふんべつ》して説《と》くべし。』

是《こ》の時《とき》に天女《てんによ》、世尊《せそん》に請《こ》うて曰《いわ》く、

『云何《いかん》が諸菩薩《しょぼさつ》、菩提《ぼだい》の正行《しょうぎょう》を行《ぎょう》じ、生死涅槃《しょうじねはん》を離《はな》れん。自他《じた》を饒益《にょうやく》するが故《ゆえ》に。』

仏告《ほとけつ》げたまわく、『善女天《ぜんによてん》、法界《ほっかい》に依《よ》りて、菩提《ぼだい》の法《ほう》を行《ぎょう》じ、平等《びょうどう》の行《ぎょう》を修《しゅ》す。云何《いかん》が法界《ほっかい》に依《よ》りて、菩提《ぼだい》の法《ほう》を行《ぎょう》じ、平等《びょうどう》の行《ぎょう》を修《しゅ》する。謂《いわ》く、五蘊《ごうん》に於《おい》て、能《よ》く法界《ほっかい》を現《げん》ず、法界即《ほっかいすなわ》ち是《こ》れ五蘊《ごうん》。五蘊《ごうん》は不可説《ふかせつ》なり。非五蘊《ひごうん》も亦《ま》た不可説《ふかせつ》なり。何《なに》を以《もっ》ての故《ゆえ》に、若《も》し法界是《ほっかいこ》れ五蘊《ごうん》なれば即《すなわ》ち是《こ》れ断見《だんけん》なり。若《も》し五蘊《ごうん》を離《はな》るれば即《すなわ》ち是《こ》れ常見《じょうけん》なり。二相《にそう》を離《はな》れ、二辺《にへん》に著《じゃく》せず、不可《ふか》見《けん》にして、所見《しょけん》を過《す》ぐ。名《みょう》なく相《そう》なし。是《こ》れ則《すなわ》ち名《なつ》けて法界《ほっかい》を説《と》くと為《な》す。

善女天《ぜんにょてん》、云何《いかん》が五蘊《ごうん》能《よ》く法界《ほっかい》を現《げん》ずるや。是《かく》の如《ごと》きの五蘊《ごうん》は、因縁《いんねん》より生《しょう》ぜず。何《なに》を以《もっ》ての故《ゆえ》に、若《も》し因縁《いんねん》より生《しょう》ぜば已生《いしょう》なるが故《ゆえ》なり。生《しょう》は未生《みしょう》のための故《ゆえ》に生《しょう》ず。若《も》し已生《いしょう》ならば、生者《しょうじゃ》何《なん》ぞ因縁《いんねん》を用《もち》いん。若《も》し未生《みしょう》ならば、生者《しょうじゃ》は生《しょう》ずることを得《う》べからず。何《なに》を以《もっ》ての故《ゆえ》に、未生《みしょう》の諸法《しょほう》は、即《すなわ》ち是《こ》れ非有《ひう》なり。名《みょう》なく相《そう》なく、校量譬喩《きょうりょうひゆ》の能《よ》く及《およ》ぶ所《ところ》に非《あら》ず。是《こ》れ因縁《いんねん》の所生《しょしょう》に非《あら》ざるが故《ゆえ》に。善女天《ぜんにょてん》、譬《たと》えば鼓声《くしょう》の木《き》に依《よ》り、皮《かわ》に依《よ》り、及《およ》び*桴手等《ふしゅとう》の故《ゆえ》に、声《こえ》を出《い》だすことを得《う》るが如《ごと》し。是《かく》の如《ごと》く、鼓声《くしょう》の過去《かこ》亦《ま》た空《くう》、未来《みらい》亦《ま》た空《くう》、現在《げんざい》も亦《ま》た空《くう》なり。何《なに》を以《もっ》ての故《ゆえ》に、是《こ》れ鼓音声《くおんじょう》は木《き》より生《しょう》ぜず、皮《かわ》より生《しょう》ぜず、及《およ》び桴手《ふしゅ》より生《しょう》ぜず、三世《さんぜ》に於《お》いて生《しょう》ぜず、是《こ》れ則《すなわ》ち不生《ふしょう》なり。若《も》し生《しょう》ずべからざれば、則《すなわ》ち滅《めっ》すべからず。若《も》し滅《めっ》すべからざれば、従来《じゅうらい》する所《ところ》なし。若《も》し従来《じゅうらい》する所《ところ》なくば、亦《ま》た去《さ》る所《ところ》なし。若《も》し去《さ》る所《ところ》なくば、則《すなわ》ち常《じょう》に非《あら》ず、断《だん》に非《あら》ず。若《も》し常《じょう》に非《あら》ず、断《だん》に非《あら》ざれば、則《すなわ》ち一《いち》ならず、異《い》ならず。何《なに》を以《もっ》ての故《ゆえ》に、此《こ》れ若《も》し是《こ》れ一《いち》ならば、則《すなわ》ち法界《ほっかい》に異《こと》ならず。若《も》し是《かく》く如《ごと》くば、凡夫《ぼんぶ》の人《にん》、応《まさ》に真諦《しんたい》を見《み》、無上安楽涅槃《むじょうあんらくねはん》を得《う》べし。既《すで》に是《かく》の如《ごと》くならず。故《ゆえ》に知《し》る一《いっ》にあらず。若《も》し異《い》なりと言《い》わば、一切諸仏菩薩《いっさいしょぶつぼさつ》の行相《ぎょうそう》は、即《すなわ》ち是《こ》れ執《しゅう》著《じゃく》にして、未《いま》だ煩悩《ぼんのう》の繋縛《けばく》を解脱《げだつ》することを得《え》ず。即《すなわ》ち阿耨多羅三藐三菩提《あのくたらさんみゃくさんぼだい》を証《しょう》せず、何《なに》を以《もっ》ての故《ゆえ》に、一切《いっさい》の聖人《しょうにん》、行《ぎょう》と非行《ひぎょう》とに於《おい》て、同真実性《どうしんじっしょう》なり。是《こ》の故《ゆえ》に異《い》ならず。故《ゆえ》に知《し》る五蘊《ごうん》有に非《あら》ず、無《む》に非《あら》ず、因縁《いんねん》より生《しょう》ぜず。因縁《いんねん》なくして生《しょう》ずるに非《あら》ず。*是《こ》れ聖《しょう》の知《し》る所《ところ》、余《よ》の境《きょう》に非《あら》ざるが故《ゆえ》に、亦《ま》た言説《ごんぜつ》の能《よ》く及《およ》ぶ所《ところ》に非《あら》ず。名《みょう》なく、相《そう》なく、因《いん》なく、縁《えん》なく、亦《ま》た譬喩《ひゆ》なし。始終寂静《しじゅうじゃくじょう》にして、本来自《ほんらいおのず》から空《くう》なり。是《こ》の故《ゆえ》に五蘊《ごうん》よく法界《ほっかい》を現《げん》ず。

善女天《ぜんにょてん》、若《も》し善男子《ぜんなんし》・善女人《ぜんにょにん》、阿耨多羅三藐三菩提《あのくたらさんみやくさんぼだい》を求《もと》めんと欲《ほっ》せば、真《しん》に異《こと》なり、俗《ぞく》に異《こと》なり、思量《しりょう》すべきこと難《かた》し。凡聖《ぼんしょう》の境《きょう》に於《おい》て、体《たい》、一異《いちい》に非《あら》ず。*俗《ぞく》を捨《す》てず真《しん》を離《はな》れず。法界《ほっかい》に依《よ》り、菩提《ぼだい》の行《ぎょう》を行《ぎょう》ず。』

爾《そ》の時《とき》に世尊《せそん》、是《こ》の語《ご》を作《な》し已《おわ》る時《とき》、善女天《ぜんにょてん》、踊躍歓喜《ゆやくかんぎ》し、即《すなわ》ち座《ざ》より起《た》ちて、偏《ひとえ》に右肩《うけん》を袒《はだぬ》ぎ、右膝《うしつ》を地《じ》に著《つ》け、合掌恭敬《がっしょうくぎょう》し、一心《いっしん》に頂礼《ちょうらい》し、仏《ほとけ》に白《もう》して言《いわ》く、『世尊《せそん》、上《かみ》の所説《しょせつ》の如《ごと》き、菩提《ぼだい》の正行《しょうぎょう》、我今当《われいままさ》に学《がく》すべし。』と。是《こ》の時《とき》、*索訶世界主大梵天王《さくかせかいしゅだいぼんてんおう》、大衆《だいしゅ》の中《なか》に於《おい》て、如意宝光耀善女天《にょいほうこうようぜんにょてん》に問《と》うて曰《いわ》く、『此《こ》の菩提行《ぼだいぎょう》、修行《しゅぎょう》すべきこと難《かた》し。汝今云何《なんじいまいかん》が、菩提行《ぼだいぎょう》に於《おい》て、自在《じざい》を得《え》たる。』と。爾《そ》の時《とき》、善女天《ぜんにょてん》、梵王《ぼんおう》に答《こた》えて曰《いわ》く、『大梵王《だいぼんおう》、仏《ほとけ》の説《と》く所《ところ》の如《ごと》きは、実《じつ》に是《こ》れ甚深《じんじん》なり。一切《いっさい》の異生《いしょう》、其《そ》の義《ぎ》を解《げ》せず。是《こ》の聖境界《しょうきょうがい》は微妙《みみょう》にして知《し》り難《がた》し。若《も》し我《われ》をして今《いま》、此《こ》の法《ほう》に於《おい》て安楽住《あんらくじゅう》を得《え》しめ、是《こ》れ実語《じつご》ならば、願《ねが》わくば一切五濁悪世《いっさいごじょくあくせ》の無量無数無辺《むりょうむしゅむへん》の衆生《しゅじょう》をして、皆金色三十二相《みなこんじきさんじゅうにそう》を得《え》て、男《なん》に非《あら》ず、女《にょ》に非《あら》ず、宝蓮花《ほうれんげ》に坐《ざ》し、無量《むりょう》の楽《らく》を受《う》け、天《てん》の妙花《みょうけ》を雨《あめふ》らし、諸天《しょてん》の音楽《おんがく》は鼓《う》たざるに自《おのず》から鳴《な》り、一切《いっさい》の供養皆悉《くようみなことごと》く具足《ぐそく》せん。』時《とき》に善女《ぜんにょ》天《てん》、是《こ》の語《ご》を説《と》き已《おわ》れば、一切五濁悪世《いっさいごじょくあくせ》の所有衆生《あらゆるしゅじょう》、皆悉《みなことごと》く金色《こんじき》にして、大人《だいにん》の相《そう》を具《ぐ》し、男《なん》に非《あら》ず、女《にょ》に非《あら》ず。宝蓮花《ほうれんげ》に坐《ざ》して、無量《むりょう》の楽《らく》を受《う》くること、猶《なお》*他化自在天宮《たけじざいてんぐう》の如《ごと》く、諸《もろもろ》の悪《あく》道《どう》なく、宝樹行列《ほうじゅぎょうれつ》し、七宝《しっぽう》の蓮花《れんげ》世界《せかい》に遍満《へんまん》し、又《また》、七宝上妙《しっぽうじょうみょう》の天花《てんげ》を雨《あめふ》らし、天《てん》の伎楽《ぎがく》を作《な》す。如意《にょい》宝光耀善女天《ほうこうようぜんにょてん》、即《すなわ》ち女身《にょしん》を転《てん》じて、梵天《ぼんてん》の身《しん》と作《な》る。

時《とき》に大梵王《だいぼんおう》、如意《にょい》宝光耀菩薩《ほうこうようぼさつ》に問《と》うて言《いわ》く、『仁者《なんじ》、如何《いかん》が菩提行《ぼだいぎょう》を行《ぎょう》ずる。』答《こた》えて言《いわ》く、

『梵王《ぼんおう》、水中《すいちゅう》の月《つき》の菩提行《ぼだいぎょう》を行《ぎょう》ずる若《ごと》く、我《われ》亦《ま》た菩提行《ぼだいぎょう》を行《ぎょう》ず。夢中菩提行《むちゅうぼだいぎょう》を行《ぎょう》ずる若《ごと》く、我《われ》亦《ま》た菩提行《ぼだいぎょう》を行《ぎょう》ず。陽焔菩提行《ようえんぼだいぎょう》を行《ぎょう》ずる若《ごと》く、我《われ》亦《ま》た菩提行《ぼだいぎょう》を行《ぎょう》ず。谷響菩提行《こくごうぼだいぎょう》を行《ぎょう》ずる若《ごと》く、我《われ》亦《ま》た菩提行《ぼだいぎょう》を行《ぎょう》ず。』

時《とき》に大梵王《だいぼんおう》、此《こ》の説《せつ》を聞《き》き已《おわ》り、菩薩《ぼさつ》に白《もう》して言《いわ》く、『仁何《なんじなん》の義《ぎ》に依《よ》りて此《こ》の語《こと》を説《と》く。』答《こた》えて言《いわ》く、『梵王《ぼんおう》、一法《いっぽう》として是《こ》れ実相《じっそう》あるものなし。但因縁《ただいんねん》に由《よ》りて成《じょう》ずることを得《う》るが故《ゆえ》なり。』梵王言《ぼんおういわ》く、『若《も》し是《かく》の如《ごと》くならば、諸《もろもろ》の凡夫《ぼんぶ》人皆《にんみな》悉《ことごと》く応《まさ》に阿耨多羅三藐三菩提《あのくたらさんみゃくさんぼだい》を得《う》べし。』答《こた》えて言《いわ》く、『仁何《なんじなん》の意《い》を以《もっ》て是《こ》の説《せつ》を作《な》すや。*愚癡人異《ぐちにんい》に智慧人異《ちえにんい》に、菩提異《ぼだいい》に非菩提異《ひぼだいい》に、解脱《げだつ》異《い》に非解脱異《ひげだつい》なり。

梵王《ぼんおう》、是《かく》の如《ごと》き諸法《しょほう》は、平等《びょうどう》にして異《い》なし。此《こ》の法《ほう》の異《い》に於《おい》て、真如《しんにょ》は異《こと》ならず、中間《ちゅうげん》に執《しゅう》著《じゃく》すべきものあるなし、増《ぞう》なく減《げん》なし。梵王《ぼんおう》、譬《たと》えば幻師《げんし》、及《およ》び幻《げん》の弟子《でし》、善《よ》く幻術《げんじゅつ》を解《げ》し、四《し》衢《く》の道《どう》に於《おい》て、諸《もろもろ》の沙土草木《しゃどそうもく》の葉《は》等《とう》を取《と》り聚《あつ》めて一処《いっしょ》に在《あ》り、諸《もろもろ》の幻術《げんじゅつ》を作《な》し、人《ひと》をして象衆《ぞうしゅ》・馬衆《めしゅ》・車兵《しゃひょう》等《とう》の衆《しゅ》、七宝《しっぽう》の聚《じゅ》、種種《しゅじゅ》の倉庫《そうく》を観《み》せしむ如《ごと》し。若《も》し衆生《しゅじょう》ありて、愚癡無智《ぐちむち》にして思《し》惟《ゆい》すること能《あた》わず、幻本《げんぽん》を知《し》らず、若《も》しは見《み》、若《も》しは聞《き》きて、是《こ》の思惟《しゆい》を作《な》さん、我《わ》が見聞《けんもん》する所《ところ》の象馬《ぞうめ》等《とう》の衆《しゅ》、此《こ》れは是《こ》れ実有《じつう》にして、余《よ》は皆虚妄《みなこもう》なりと。後《のち》に於《おい》て更《さら》に審察思惟《しんさつしゆい》せず。有智《うち》の人《ひと》は則《すなわ》ち是《かく》の如《ごと》くならず、幻本《げんぽん》を了《りょう》ず、若《も》しは見《み》、若《も》しは聞《き》きて是《かく》の如《ごと》き念《ねん》を作《な》さん。我《わ》が見《み》る所《ところ》の象馬《ぞうめ》等《とう》の衆《しゅ》の如《ごと》き、是《こ》れ真実《しんじつ》に非《あら》ず、唯幻事《ただげんじ》の人《ひと》の眼耳《げんに》を惑《まど》わすありて、妄《みだり》に象等《ぞうとう》、及《およ》び諸《もろもろ》の倉庫《そうく》と謂《い》う。名《みょう》ありて実《じつ》なし。我《わ》が見聞《けんもん》の如《ごと》きは執《しゅう》して実《じつ》と為《な》さず、後時《こじ》に思惟《しゆい》して其《そ》の虚妄《こもう》なるを知《し》る。是《こ》の故《ゆえ》に智者《ちしゃ》は一切《いっさい》の法皆実体《ほうみなじったい》なしと了《りょう》じ、但世《ただせ》俗《ぞく》に随《したが》いて、見《み》るが如《ごと》く聞《き》くが如《ごと》く、其《そ》の事《じ》を表宣《ひょうせん》す。諦理《たいり》を思惟《しゆい》するは則《すなわ》ち是《かく》の如《ごと》くならず、復《ま》た仮説《けせつ》に由《よ》りて実義《じつぎ》を顕《あら》わすが故《ゆえ》に。梵王《ぼんおう》、愚癡《ぐち》の異生《いしょう》、未《いま》だ出世聖慧《しゅつせしょうえ》の眼《げん》を得《え》ず、未《いま》だ一切諸法《いっさいしょほう》、真如《しんにょ》の不可説《ふかせつ》を知《し》らざるが故《ゆえ》に。是《こ》の諸《もろもろ》の凡愚《ぼんぐ》、若《も》しは非行《ひぎょう》の法《ほう》を行《ぎょう》ずるを見《み》、若《も》しは聞《き》きて、是《かく》の如《ごと》く思惟《しゆい》して、便《すなわ》ち執著《しゅうじゃく》を生《しょう》じ、謂《い》うて以《もっ》て実《じつ》と為《な》す。第一義《だいいちぎ》に於《お》いて諸法《しょほう》の真如《しんにょ》は是《こ》れ不可説《ふかせつ》なることを了知《りょうち》すること能《あた》わず。是《こ》の諸《もろもろ》の聖人《しょうにん》は、若《も》しは非行《ひぎょう》の法《ほう》を行《ぎょう》ずるを見《み》、若《も》しは聞《き》きて、其《そ》の力能《りきのう》に随《したが》いて執著《しゅうじゃく》を生《しょう》じて以《もっ》て実有《じつう》と為《な》さず。一切実《いっさいじつ》なく行法実《ぎょうぼうじつ》なく、非行《ひぎょう》の法《ほう》は但妄思量《ただもうしりょう》なり。行《ぎょう》と非行《ひぎょう》との相《そう》は、唯名字《ただみょうじ》ありて実体《じったい》あることなしと了知《りょうち》す。是《こ》の諸《もろもろ》の聖人《しょうにん》、世俗《せぞく》に随《したが》いて説《と》く。他《た》をして真実義《しんじつぎ》を知《し》らしめんと欲《ほっ》するためなり。是《かく》の如《ごと》く、梵王《ぼんおう》、是《こ》の諸《もろもろ》の聖人《しょうにん》、聖智見《しょうちけん》を以《もっ》て法《ほう》の真《しん》如不可説《にょふかせつ》を了《りょう》ずるが故《ゆえ》に、行《ぎょう》と非行《ひぎょう》の法《ほう》、亦《ま》た復《ま》た是《かく》の如《ごと》し。他《た》をして証知《しょうち》せしめんが故《ゆえ》に、種《しゅ》種世《じゅせ》俗《ぞく》の名言《みょうごん》を説《と》く。』

時《とき》に大梵王《だいぼんおう》、如意宝光耀菩薩《にょいほうこうようぼさつ》に問《と》うて言《いわ》く、『幾《いくばく》の衆生《しゅじょう》ありて、能《よ》く是《かく》の如《ごと》き甚深《じんじん》の正法《しょうぼう》を解《げ》する。』答《こた》えて言《いわ》く、『梵王《ぼんおう》、衆幻人《しゅげんにん》の心《しん》、心数法《しんじゅほう》あり、能《よ》く是《かく》の如《ごと》き甚深《じんじん》の正法《しょうぼう》を解《げ》す。』梵王《ぼんおう》曰《いわ》く、『此《こ》の幻化人《げんけにん》の体是《たいこ》れ有《う》に非《あら》ず、此《こ》の心数《しんじゅ》、何《なに》よりして生《しょう》ぜる。』答《こた》えて曰《いわ》く、『若《も》し法界《ほっかい》の有《う》ならず無《む》ならざるを知《し》らば、是《かく》の如《ごと》きの衆生《しゅじょう》、能《よ》く深義《じんぎ》を解《げ》す。』

爾《そ》の時《とき》に梵王《ぼんおう》、仏《ほとけ》に白《もう》して言《いわ》く、『世尊《せそん》、是《こ》の如意宝光耀菩薩《にょいほうこうようぼさつ》は思議《しぎ》すべからず、是《かく》の如《ごと》き甚《じん》深《じん》の義《ぎ》に通達《つうだつ》す。』仏言《ほとけのたま》わく、『是《かく》の如《ごと》し、是《かく》の如《ごと》し。梵王《ぼんおう》、汝《なんじ》が言《い》う所《ところ》の如《ごと》し。此《こ》の如意宝光《にょいほうこう》耀《よう》、已《すで》に汝等《なんじら》を教《おし》えて発心《ほっしん》せしめ、無生忍法《むしょうにんぼう》を修学《しゅがく》せしむ。』是《こ》の時《とき》に大梵天王《だいぼんてんおう》、諸《もろもろ》の梵衆《ぼんしゅ》と座《ざ》より起《た》ちて、偏《ひとえ》に右肩《うけん》を袒《はだぬ》ぎ、合掌恭敬《がっしょうくぎょう》して、如意宝光耀菩薩《にょいほうこうようぼさつ》の足《あし》を頂礼《ちょうらい》し、是《かく》の如《ごと》き言《ごん》を作《な》す、『希有《けう》なり、希有《けう》なり。我等《われら》今日幸《こんにちさいわ》いに大士《だいし》に遇《あ》い、正法《しょうぼう》を聞《き》くことを得《え》たり。』

爾《そ》の時世尊《ときせそん》、梵王《ぼんおう》に告《つ》げて言《のたま》わく、『是《こ》の如意宝光耀《にょいほうこうよう》、未来《みらい》の世《よ》に於《おい》て、当《まさ》に仏《ほとけ》と作《な》るを得《う》べし。宝焔吉祥蔵如来《ほうえんきちじょうぞうにょらい》・応《おう》・正遍知《しょうへんち》・明行円満《みょうぎょうえんまん》・善逝《ぜんぜい》・世間解《せけんげ》・無上士《むじょうし》・調御丈夫《じょうごじょうぶ》・天人師《てんにんし》・仏《ぶつ》・世尊《せそん》と号《ごう》せん。』

是《こ》の品《ほん》を説《と》く時《とき》、三千億《さんぜんおく》の菩薩《ぼさつ》あり。阿耨多羅三藐三菩提《あのくたらさんみゃくさんぼだい》に於《おい》て、不退転《ふたいてん》を得《え》たり。八千億《はっせんおく》の天子《てんし》、無量無数《むりょうむしゅ》の国王《こくおう》・臣民《しんみん》・塵《じん》を遠《とおざ》かり垢《く》を離《はな》れて、法眼浄《ほうげんじょう》を得《え》たり。

爾《そ》の時会中《ときえちゅう》に五十億《ごじゅうおく》の苾芻《びっしゅ》あり、菩薩《ぼさつ》の行《ぎょう》を行《ぎょう》じて菩提心《ぼだいしん》を退《たい》せんと欲《ほっ》しぬ。如意宝光耀菩薩《にょいほうこうようぼさつ》の是《こ》の法《ほう》を説《と》くを聞《き》く時《とき》、皆堅固《みなけんご》不可思議《ふかしぎ》を得《え》、上願《じょうがん》を満足《まんぞく》し、更《さら》に復《ま》た菩提《ぼだい》の心《こころ》を発起《ほっき》し、各《おのおの》自《みずか》ら衣《え》を脱《だっ》して菩薩《ぼさつ》に供養《くよう》し、重《かさ》ねて無上勝進《むじょうしょうしん》の心《こころ》を発《おこ》し、是《かく》の如《ごと》き願《がん》を作《な》す、「願《ねが》わくば我等《われら》が功徳《くどく》、善根《ぜんごん》悉《ことごと》く皆退《みなたい》せざらしめて阿耨多羅三藐三菩提《あのくたらさんみゃくさんぼだい》に迴向《えこう》せん」と。『梵王《ぼんおう》、是《こ》の諸《もろもろ》の苾芻《びっしゅ》、此《こ》の功徳《くどく》に依《よ》りて説《せつ》の如《ごと》く修行《しゅぎょう》し、九十大劫《くじゅうだいこう》を過《す》ぎて、当《まさ》に解悟《げご》を得《え》、生死《しょうじ》を出離《しゅつり》すべし。』

爾《そ》の時世尊《ときせそん》、即《すなわ》ち為《ため》に記《き》を授《さず》けたまわう、『汝諸《なんじもろもろ》の苾芻《びっしゅ》、三十阿僧祇劫《さんじゅうあそうぎこう》を過《す》ぎて、当《まさ》に作仏《さぶつ》を得《う》べし。劫《こう》を難勝光王《なんしょうこうおう》と名《な》つけ、国《くに》を無垢光《むくこう》と名《な》つけん。同時《どうじ》に皆阿《みなあ》耨多羅《のくたら》三藐三菩提《さんみゃくさんぼだい》を得《え》て、皆《みな》同一号《どういつごう》に願荘厳間飾王《がんしょうごんけんじきおう》と名《な》つけ、十号具足《じゅうごうぐそく》せん。

梵王《ぼんおう》、是《こ》の金光明微妙《こんこうみょうみみょう》の経典《きょうてん》は、若《も》し正《ただ》しく聞持《もんじ》せば大威力《だいいりき》あり、仮使人《たといひと》ありて、百千大劫《ひゃくせんだいこう》に於《おい》て六波羅蜜《ろくはらみつ》を行《ぎょう》ぜんも、方便《ほうべん》あるなし。若《も》し善男子《ぜんなんし》・善女人《ぜんにょにん》ありて、是《か》の如《ごと》き金光明経《こんこうみょうきょう》を書写《しょしゃ》し、半月半月《はんがつはんがつ》に専心《せんしん》に読誦《どくじゅ》せば、是《こ》の功徳聚《くどくじゅ》は、前《まえ》の功徳《くどく》に於《おい》て百分一《ひゃくぶんいち》に及《およ》ばず、乃至《ないし》算数譬喩《さんじゅひゆ》の及《およ》ぶ能《あた》わざる所《ところ》なり。梵王《ぼんおう》、是《こ》の故《ゆえ》に我今汝《われいまなんじ》をして、修学《しゅがく》し、憶念《おくねん》し、受持《じゅじ》し、他《た》のために広《こう》説《せつ》せしむ。何《なに》を以《もっ》ての故《ゆえ》に、我往昔《われおうじゃく》に於《おい》て菩薩《ぼさつ》の道《どう》を行《ぎょう》ぜる時《とき》、猶勇士《なおゆうし》の戦陣《せんじん》に入《い》るが如《ごと》し。身《しん》命《みょう》を惜《おし》まず、是《か》くの如《ごと》く微妙《みみょう》の経王《きょうおう》を流通《るずう》し、受持《じゅじ》し、読誦《どくじゅ》し、他《た》のために解説《げせつ》す。梵王《ぼんおう》、譬《たと》えば転輪聖王《てんりんじょうおう》の若《も》し王世《おうよ》に在《あ》らば七宝滅《しっぽうめつ》せず。王若《おうも》し命終《みょうじゅう》すれば、所有七宝自《あらゆるしっぽうじ》然《ねん》に滅尽《めつじん》するが如《ごと》し。梵王《ぼんおう》、是《こ》の金光明微妙《こんこうみょうみみょう》の経王《きょうおう》、若《も》し世《よ》に現在《げんざい》せば、無上《むじょう》の法宝《ほうぼう》悉《ことごと》く皆滅《みなめつ》せず。若《も》し是《こ》の経《きょう》なくんば随処《ずいしょ》に隠没《おんもつ》せん。是《こ》の故《ゆえ》に応当《まさ》に此《こ》の経王《きょうおう》に於《おい》て、専心《せんしん》に聴聞《ちょうもん》し、受持《じゅじ》し、読誦《どくじゅ》し、他《た》のために解説《げせつ》し、勧《すす》めて書写《しょしゃ》せしめ、精進波羅蜜《しょうじんはらみつ》を行《ぎょう》じ、身命《しんみょう》を惜《おし》まず、疲労《ひろう》を憚《はばか》らざれば、功徳《くどく》の中《なか》に勝《すぐ》れん。我《わ》が諸《もろもろ》の弟子《でし》、応当《まさ》に是《か》くの如《ごと》く精勤修学《しょうごんしゅがく》すべし。』

爾《そ》の時大梵天王《ときだいぼんてんおう》、無量《むりょう》の梵衆《ぼんしゅ》・帝釈《たいしゃく》・四王《しおう》、及《およ》び諸《もろもろ》の薬叉《やくしゃ》と倶《とも》に、座《ざ》より起《た》ちて、偏《ひとえ》に右肩《うけん》を袒《はだぬ》ぎ、右膝《うしつ》を地《じ》に著《つ》け、合掌恭敬《がっしょうくぎょう》し、而《しか》して仏《ほとけ》に白《もう》して言《いわ》く、『我等皆願《われらみなねが》わくば、是《こ》の金光明微《こんこうみょうみ》妙《みょう》の経典《きょうてん》を守護流通《しゅごるずう》せん。及《およ》び説法《せっぽう》の師《し》、若《も》し諸難《しょなん》あらば我当《われまさ》に除遣《じょけん》し、衆善《しゅぜん》を具《ぐ》せしめ、色力《しきりき》充足《じゅうそく》し、弁才無礙《べんざいむげ》にして、身意泰然《しんいたいねん》ならしめん。時会《じえ》に聴《き》く者《もの》は皆安楽《みなあんらく》を受《う》けしめん。所在《しょざい》の国《こく》土《ど》に若《も》し飢饉《けきん》・怨賊《おんぞく》・非人《ひにん》に悩害《のうがい》せらるる者《もの》あらば、我等天衆皆擁護《われらてんしゅみなようご》を為《な》し、其《そ》の人民《にんみん》をして、安隠豊楽《あんのんぶらく》にして諸《もろもろ》の枉横《おうおう》なからしめん。皆是《みなこ》れ我等天衆《われらてんしゅ》の力《ちから》なり。若《も》し是《こ》の経典《きょうてん》を供養《くよう》する者《もの》あらば、我等《われら》亦《ま》た当《まさ》に恭敬《くぎょう》し供養《くよう》すること、仏《ほとけ》の如《ごと》くして異《こと》ならざるべし。』

爾《そ》の時仏《ときほとけ》、大梵天王《だいぼんてんおう》、及《およ》び諸《もろもろ》の梵衆《ぼんしゅ》、乃至《ないし》四王《しおう》・諸《もろもろ》の薬叉等《やくしやとう》に告《つ》げたまわく、『善哉《よいかな》、善哉《よいかな》。汝等甚深《なんじらじんじん》の妙法《みようほう》を聞《き》くことを得《え》たり。復《ま》た能《よ》く此《こ》の微妙《みみよう》の経王《きようおう》に於《おい》て、発心擁護《ほっしんようご》し、及《およ》び経《きよう》を持《じ》する者《もの》は、当《まさ》に無辺殊勝《むへんしゆしよう》の福《ふく》を獲《え》て、速《すみ》やかに無上正等菩提《むじようしようとうぼだい》を成《じよう》ずべし。』

時《とき》に梵王等《ぼんおうとう》も仏語《ぶつご》を聞《き》き已《おわ》り、歓喜《かんぎ》し頂受《ちようじゅ》せり。

《両足》 仏の尊号。仏は直立二足を有する有情の中、尊貴第一であるから。**《桴手》** ばち。**《是聖所知……言説之所能及》** 『法華経』方便品に「是法非㆔思量分別之所㆓能解㆒唯有諸仏之能知之」とあり、この文の引用に近い。**《不捨於俗不離於真》** 仏教思想の要旨、実にここにあり、深く味わうべし。**《索訶》** Sahā 普通の娑婆世界のこと。**《他化自在天》** 他化天、第六天ともいい、欲界六天の第六。この天に生まれたものは他の化作した欲境を自在に受用して楽を受けるのでこの名がある。**《愚癡人異……非解脱異》** 三種の相待をあげて一切平等であることを示す。すなわち賢愚・迷悟・繫縛解脱である。みな実相の上の仮相であることを明かしている。

この依空満願品は梵本にない一章である。如意宝光耀天女が仏に対して、生死涅槃を離れて問う形式で始められている。すなわち菩薩は法界によりて平等の行を修すものであり、五蘊と法界との不即不離を説くも、しかも聖の知る所であり、言説の及ばざる所とする表現は『法華経』に出る「唯仏与仏乃能究尽」の言葉に通ずる。しかして「俗を捨てず真を離れず」という積極的な思想は『法華経』の諸法実相をさらに一歩進めたものである。真と俗との問題は対立する価値判断とみられるが、その反面、理想と現実の調和を計らんとするものである。しかも品末には、『金光明経』の守護流通すれば、国土に飢饉・怨賊・非人の悩害なく、天衆の擁護によりてその人民は安隠豊楽にして枉横なきことを述べ、かつ速やかに無上正等菩提を成就すると結んでいる。仏教である以上、国土安隠だけの利益ではなく、無上等正覚を得ることを述べなければならぬことは当然のことであろう。前章で空性を説き、さらにその思想を発展せしめるとともに、また次に四天王品を説く経典構成上の伏線となっている。

四天王観察人天品　第十一

㊅一六巻四二六下—四二七中

爾《そ》の時《とき》に多聞天王《たもんてんのう》、持国天王《じこくてんのう》、増長天王《ぞうじょうてんのう》、広目天王《こうもくてんのう》、倶《とも》に座《ざ》より起《た》ちて、偏《ひとえ》に右肩《うけん》を袒《はだぬ》ぎ、右《う》膝《しつ》を地《じ》に著《つ》け、合掌《がっしょう》して仏《ほとけ》に向《むか》い、仏足《ぶっそく》を礼《らい》し已《おわ》り、白《もう》して言《いわ》く、『世尊《せそん》、是《こ》の金光明最勝王経《こんこうみょうさいしょうおうきょう》は、一切諸仏《いっさいしょぶつ》の常《つね》に念《ねん》じ観察《かんさつ》するところ、一切菩薩《いっさいぼさつ》の恭敬《くぎょう》する所《ところ》、一切天《いっさいてん》・龍《りゅう》の常《つね》に供養《くよう》する所《ところ》、及《およ》び諸《もろもろ》の天衆《てんしゅ》の常《つね》に歓喜《かんぎ》を生《しょう》ずるところ、一切《いっさい》*護世《こせ》の称揚讃歎《しょうようさんだん》するところ、声聞《しょうもん》・独覚《どっかく》の皆共《みなとも》に受持《じゅじ》するところなり。悉《ことごと》く能《よ》く明《あき》らかに諸天《しょてん》の宮殿《ぐうでん》を照《て》らし、能《よ》く一切《いっさい》の衆生《しゅじょう》に殊勝《しゅしょう》の安《あん》楽《らく》を与《あた》え、地獄《じごく》・餓鬼《がき》・傍生《ぼうしょう》・諸趣《しょしゅ》の苦悩《くのう》を止息《しそく》し、一切《いっさい》の怖畏《ふい》、悉《ことごと》く能《よ》く除殄《じょてん》し、所有怨敵《あらゆるおんてき》尋いで即《すなわ》ち退散《たいさん》し、飢饉《けきん》の悪時《あくじ》は皆豊稔《みなぶねん》ならしめ、疾疫病苦皆蠲愈《しつえきびょうくみなけんゆ》せしめ、一切《いっさい》の災変《さいへん》、百千《ひゃくせん》の苦《く》悩《のう》咸《み》な悉《ことごと》く消滅《しょうめつ》せん。世尊《せそん》、是《こ》の金光明最勝王経《こんこうみょうさいしょうおうきょう》は、能《よ》く是《かく》の如《ごと》く我等《われら》を安隠《あんのん》にし、利楽《りらく》し、饒益《にょうやく》す。唯願《ただねが》わくば世尊《せそん》、大衆《だいしゅ》の中《なか》に於《おい》て広《ひろ》く為《ため》に宣説《せんせつ》し、我等四王《われらしおう》、并《ならび》に諸《もろもろ》の眷属《けんぞく》、此《こ》の甘《かん》露《ろ》無上《むじょう》の法味《ほうみ》を聞《き》いて、気力充実《きりきじゅうじつ》し、威光《いこう》を増益《ぞうやく》し、精進勇猛神通倍勝《しょうじんゆうみょうじんずうますますすぐ》れん。

世尊《せそん》、我等《われら》、四王正法《しおうしょうぼう》を修行《しゅぎょう》し常《つね》に正法《しょうぼう》を説《と》き、法《ほう》を以《もっ》て世《よ》を化《け》せん。我等《われら》彼《か》の天《てん》・龍《りゅう》・薬叉《やくしゃ》・健闥婆《けんだつば》・阿蘇羅《あそら》・掲路荼《かろだ》・倶槃荼《くはんだ》・緊那羅《きんなら》・莫呼羅伽《まごらが》、及《およ》び諸《もろもろ》の人王《にんおう》をして、常《つね》に正法《しょうぼう》を以《もっ》て世《よ》を化《け》せしめん。諸悪《しょあく》を遮去《しゃこ》し、所有鬼神《あらゆるきじん》、人《ひと》の精気《しょうけ》を吸《す》うもの、慈悲《じひ》なき者《もの》、悉《ことごと》く遠《とお》く去《さ》らしめん。世尊《せそん》、我等《われら》四王《しおう》二十八部《にじゅうはちぶ》の薬叉大将《やくしゃたいしょう》、并《ならび》に無量百千《むりょうひゃくせん》の薬叉《やくしゃ》と与《とも》に、浄天眼《じょうてんげん》の世人《せにん》に過《す》ぐるを以《もっ》て観察《かんさつ》し、此《こ》の贍部洲《せんぶしゅう》を擁護《ようご》せん。世尊《せそん》、此《こ》の因縁《いんねん》を以《もっ》て、我等《われら》諸王《しょおう》を護世者《ごせしゃ》と名《なづ》く。

又復《またま》た此《こ》の洲中《しゅうちゅう》に於《おい》て若《も》し国王《こくおう》あり。他《た》の怨賊《おんぞく》に常《つね》に来《き》たり侵擾《しんじょう》せられ、及《およ》び多《おお》くの飢饉疾疫《けきんしつえき》流行《るぎょう》し、無量百千《むりょうひゃくせん》の災厄《さいやく》の事《こと》あらんに、世尊《せそん》、我等《われら》四王《しおう》、此《こ》の金光明最勝王経《こんこうみょうさいしょうおうきょう》に於《おい》て、恭敬供養《くぎょうくよう》し、若《も》し苾芻法師《びっしゅほっし》ありて、受持《じゅじ》し、読誦《どくじゅ》せば、我等《われら》四王《しおう》、共《とも》に往《ゆ》きて覚悟《かくご》し、其《そ》の人《ひと》を勧請《かんじょう》せん。時《とき》に彼《か》の法師《ほっし》、我《わ》が神通覚悟《じんずうかくご》の力《ちから》に由《よ》るが故《ゆえ》に、彼《か》の国界《こくかい》に往《ゆ》きて是《こ》の金光明微妙《こんこうみょうみみょう》の経典《きょうてん》を広宣流布《こうせんるふ》せん。経《きょう》の力《ちから》に由《よ》るが故《ゆえ》に、彼《か》の無量百千《むりょうひゃくせん》の衰悩災厄《すいのうさいやく》の事《こと》をして、悉《ことごと》く皆除遣《みなじょけん》せしめん。世尊《せそん》、若《も》し諸《もろもろ》の人王《にんおう》、其《そ》の国内《こくない》に於《おい》て是《こ》の経《きょう》を持《じ》する苾芻法師《びっしゅほっし》あり。彼《か》の国《くに》に至《いた》る時《とき》、当《まさ》に知《し》るべし、此《こ》の経《きょう》、亦《ま》た其《そ》の国《くに》に至《いた》らん。世尊《せそん》、時《とき》に彼《か》の国王《こくおう》、応《まさ》に法師《ほっし》の処《ところ》に往《ゆ》きて其《そ》の所説《しょせつ》を聴《き》くべし。聞《き》き已《おわ》りて歓喜《かんぎ》し、彼《か》の法師《ほっし》に於《おい》て恭敬《くぎょう》し供養《くよう》し、深心《じんしん》に擁護《ようご》し、憂悩《うのう》なからしめ、此《こ》の経《きょう》を演説《えんぜつ》し、一切《いっさい》を利益《りやく》せん。世尊《せそん》、是《こ》の縁《えん》を以《もっ》ての故《ゆえ》に、我等《われら》四王《しおう》、皆共《みなとも》に一心《いっしん》に、是《こ》の人王《にんおう》、及《およ》び国《くに》の人民《にんみん》を護《まも》り、災患《さいげん》を離《はな》れて常《つね》に安隠《あんのん》を得《え》しめん。世尊《せそん》、若《も》し苾芻《びっしゅ》・苾芻尼《びっしゅに》・鄔波索迦《うばさくか》・鄔波斯迦《うばしか》の是《こ》の経《きょう》を持《じ》する者《もの》あらん時《とき》に、彼《か》の人王《にんおう》其《そ》の須《もと》むる所《ところ》に随《したが》いて、供給供養《くきゅうくよう》し乏少《ぼうしょう》なからしめば、我等《われら》四王《しおう》、彼《か》の国人《こくにん》をして、悉《ことごと》く皆安隠《みなあんのん》にして災患《さいげん》を遠離《おんり》せしめん。世尊《せそん》、若《も》し是《こ》の経典《きょうてん》を受持《じゅじ》し、読誦《どくじゅ》する者《もの》あらんに、人王此《にんおうこ》れに於《おい》て供養《くよう》し、恭敬《くぎょう》し、尊重《そんじゅう》し、讃歎《さんだん》せば、我等《われら》当《まさ》に彼《か》の王《おう》をして、諸王《しょおう》の中《なか》に於《おい》て、恭敬《くぎょう》し、尊重《そんじゅう》して、最第一《さいだいいち》と為《な》し、諸《もろもろ》の余《よ》の国王《こくおう》に共《とも》に称歎《しょうたん》せしめん。』

大衆《だいしゅ》聞《き》き已《おわ》りて、歓喜《かんぎ》し受持《じゅじ》しき。

《**護世**》 Lokapāla 世を護るもの。

この四天王観察人天品第十一は、梵本にては次の四天王護国品とともに「四天王品」として一品として構成されている。内容的には漢訳本のように二品に分ける必然的な理由は見当らない。この品も次の品もともに四天王が、『金光明経』を恭敬供養し、または受持・読誦するときには、国を護り、国王および人民をして安隠ならしめることを強調しているものである。

四天王は梵天・帝釈とともに仏法の守護神として信仰され、護世四王ともいわれる。『長阿含第十二大会経』や『増一阿含経』第九などの小乗経典にも散説される。須弥山の中腹に住し、東は持国天（Dhṛtarāṣṭra）、南に増長天（Virūḍhaka）、西は広目天（Virūpākṣa）、北は多聞天（Vaiśravaṇa）である。

金光明最勝王經卷第六

大唐三藏沙門義淨奉　制譯

四天王護国品　第十二

(大)一六巻四二七中—下

爾《そ》の時《とき》世《せ》尊《そん》、四《し》天王《てんのう》の金光明経《こんこうみようきよう》を恭敬《くぎよう》し、供養《くよう》し、及《およ》び能《よ》く諸《もろもろ》の持経者《じきようしや》を擁護《ようご》することを聞《き》きたまい、讃《さん》じて言《のたま》わく、『善哉《よいかな》、善哉《よいかな》。汝等《なんじら》四《し》王《おう》、已《すで》に過去《かこ》無量百千万億《むりようひやくせんまんおく》の仏《ほとけ》の所《ところ》に於《おい》て、恭敬《くぎよう》し、供養《くよう》し、尊重《そんじゆう》し、讃歎《さんだん》して諸《もろもろ》の善根《ぜんごん》を植《う》え、正法《しようぼう》を修行《しゆぎよう》し、常《つね》に正法《しようぼう》を説《と》き、法《ほう》を以《もつ》て世《よ》を化《け》す。汝等長夜《なんじらじようや》に、諸《もろもろ》の衆生《しゆじよう》に於《おい》て常《つね》に利益《りやく》を思《おも》い、大慈心《だいじしん》を起《おこ》し、安楽《あんらく》を与《あた》えんことを願《ねが》う。

是《こ》の因縁《いんねん》を以《もっ》て、能《よ》く汝等《なんじら》をして現《げん》に勝報《しょうほう》を受《う》けしむ。若《も》し人王《にんおう》ありて、此《こ》の金光明最勝《こんこうみょうさいしょう》の経《きょう》典《てん》を恭敬《くぎょう》し供養《くよう》せば、汝等応《なんじらまさ》に勤《つと》めて守護《しゅご》を加《くわ》え安隠《あんのん》を得《え》しむべし。汝諸《なんじもろもろ》の四王《しおう》、及《およ》び余《よ》の眷《けん》属《ぞく》、無量無数百千《むりょうむしゅひゃくせん》の薬叉《やくしゃ》、是《こ》の経《きょう》を護《まも》る者《もの》は、即《すなわ》ち是《こ》れ去《こ》・来《らい》・現在《げんざい》の諸仏《しょぶつ》の正法《しょうぼう》を護持《ごじ》するなり。汝等四《なんじらし》王《おう》、及《およ》び余《よ》の天衆《てんしゅ》、并《ならび》に諸《もろもろ》の薬叉《やくしゃ》が阿蘇羅《あそら》と共《とも》に闘戦《とうせん》する時《とき》、常《つね》に勝利《しょうり》を得《え》ん。汝《なんじ》等若《らも》し能《よ》く是《こ》の経《きょう》を護持《ごじ》せば、経力《きょうりき》に由《よ》るが故《ゆえ》に、能《よ》く衆《しゅ》の苦《く》・怨賊《おんぞく》・飢《け》饉《きん》、及《およ》び諸《もろもろ》の疾疫《しつえき》を除《のぞ》かん。是《こ》の故《ゆえ》に汝等若《なんじらも》し四衆《ししゅ》、此《こ》の経王《きょうおう》を受持《じゅじ》し読誦《どくじゅ》する者《もの》を見《み》ては、亦《ま》た応《まさ》に勤心《ごんしん》に共《とも》に守護《しゅご》を加《くわ》えて、為《ため》に衰悩《すいのう》を除《のぞ》き、安楽《あんらく》を施与《せよ》すべし。』

爾《そ》の時《とき》に四天王《してんのう》、即《すなわ》ち座《ざ》より起《た》ちて、偏《ひとえ》に右肩《うけん》を袒《はだぬ》ぎ、右膝《うしつ》を地《じ》に著《つ》け、合掌恭敬《がっしょうくぎょう》して、仏《ほとけ》に白《もう》して言《いわ》く、『世尊《せそん》、此《こ》の金光明最勝経王《こんこうみょうさいしょうきょうおう》の、未来世《みらいせ》に於《お》いて、若《も》し国土《こくど》ありて城邑《じょうおう》・*聚落《じゅらく》・山《せん》・林《りん》・曠野《こうや》、所至《しょし》の処《ところ》に随《したが》い流布《るふ》する時《とき》、若《も》し彼《か》の国王《こくおう》、此《こ》の経典《きょうてん》に於《お》いて至心《ししん》に聴受《ちょうじゅ》し、称歎《しょうたん》し、供養《くよう》し、并《ならび》に復《ま》た是《こ》の経《きょう》を受持《じゅじ》する四部《しぶ》の衆《しゅ》に供給《くきゅう》して、深心《じんしん》に擁護《ようご》し衰悩《すいのう》を離《はな》れしめんに、是《こ》の因縁《いんねん》を以《もっ》て、我彼《われか》の王《おう》、及《およ》び諸人衆《しょにんしゅ》を護《まも》り、皆安隠《みなあんのん》にして憂苦《うく》を遠離《おんり》し、寿命《じゅみょう》を増益《ぞうやく》し、威《い》徳具足《とくぐそく》せしめん。世尊《せそん》、若《も》し彼《か》の国王《こくおう》・四衆《ししゅ》が、経《きょう》を受持《じゅじ》する者《もの》を見《み》ば、恭敬《くぎょう》し、守護《しゅご》すること猶父母《なおぶも》の如《ごと》く、一切《いっさい》の須《もと》むる所《ところ》、悉《ことごと》く皆供給《みなくきゅう》せんに、我等四王常《われらしおうつね》に為《ため》に守護《しゅご》し、諸《もろもろ》の有情《うじょう》をして尊敬《そんきょう》せざるなからしめん。是《こ》の故《ゆえ》に我等《われら》、并《ならび》に無量《むりょう》の薬叉諸神《やくしゃしょじん》と与《とも》に、此《こ》の経王《きょうおう》の流布《るふ》する処《ところ》に随《したが》いて、身《み》を潜《ひそ》めて擁護《ようご》し、留難《るなん》なからしめん。亦《ま》た当《まさ》に是《こ》の経《きょう》を聴《き》かん人《ひと》、諸《もろもろ》の国王等《こくおうとう》を護《ご》念《ねん》して、其《そ》の衰患《すいげん》を除《のぞ》きて、悉《ことごと》く安隠《あんのん》ならしめ、他方《たほう》の怨賊《おんぞく》は皆退散《みなたいさん》せしめん。若《も》し人王《にんおう》ありて是《こ》の経《きょう》を聴《き》かん時《とき》に、隣国《りんこく》の怨敵《おんてき》、是《かく》の如《ごと》きの念《ねん》を興《おこ》さん、当《まさ》に四兵《しひょう》を具《ぐ》して彼《か》の国土《こくど》を壊《やぶ》るべしと。世尊《せそん》、是《こ》の経王《きょうおう》の威《い》神力《じんりき》を以《もっ》ての故《ゆえ》に、是《こ》の時《とき》、隣敵《りんてき》、更《さら》に異怨《いおん》あり来《き》たりて、其《そ》の境界《きょうがい》を侵《おか》し擾《みだ》し、諸《もろもろ》の災変《さいへん》多《おお》く疫病《えきびょう》流行《るぎょう》せん。時《とき》に王見《おうみ》已《おわ》りて、即《すなわ》ち四兵《しひょう》を厳《おこそ》かにし、彼《か》の国《くに》に発向《ほっこう》し、討伐《とうばつ》を為《な》さんと欲《ほっ》す。我等《われら》爾《そ》の時《とき》に、当《まさ》に眷属《けんぞく》無量《むりょう》無辺《むへん》の薬叉《やくしゃ》諸神《しょじん》と各自《かくじ》に形《かたち》を隠《かく》し、為《ため》に護助《ごじょ》を作《な》し、彼《か》の怨敵《おんてき》をして、自然《じねん》に降伏《こうぶく》して、尚《なお》敢《あ》えて其《そ》の国界《こくかい》に来至《らいし》せざらしめん。豈《あに》復《ま》た兵戈《ひょうか》もて相伐《あいう》つことを得《え》んや。』

《聚落》　村落と同じ。

この四天王護国品は、『金光明経』を読誦するときに、四天王がどのように国土を守護するかを説明したものである。先の滅業障品第五においては『金光明経』の種々の利益ありと説き、第一に善根の増長と業障の滅除を説き、次に国土の四種の福利を説き、一には国王病なく、二には寿命長遠、三には怨敵なく兵衆勇健なること、四には安隠豊楽を挙げ、その理由として四天王が守護するためであると述べている。この言葉を受けている本章では、業障滅除を省いて四天王による国土の守護を強調したものである。したがって宗教としての精神的な問題は後退し、呪術的な現世利益のみが前面に出てきた。しかしこの事が『金光明経』が護国経典として重要視され、特に中国や日本では、それぞれの社会に大きな影響を及ぼした。日本では用明天皇二年（五八七）聖徳太子が四天王像を作り、物部守屋との戦勝を祈念し、後にこれが大阪四天王寺の創建の発端となったこと、さらに聖武天皇の勅願による国分寺の創建、特に国分僧寺を金光明四天王護国之寺（これに対して国分尼寺を法華滅罪之寺）と称し、後に天平勝宝年中（七四九）に至り、大和の東大寺を総国分寺と定めたという歴史的事実がある。また護国三部経の一つとして『法華経』『仁王般若経』とともに奈良・平安朝を通じてしばしば宮中の法会において読誦されていた。このような歴史的事実は『金光明経』四天王品を背景として王権と宗教とが結びついた結果にほかならない。

経典の本文は世尊が四天王の『金光明経』の恭敬供養、および持経者を擁護することを聞きたまうことから始まる。そしてもし人王ありてこの『金光明経』を恭敬供養するときは「汝等四天王は守護を加え、安隠を得せしむべし」具体的には諸苦・怨賊・飢饉、および疾疫を除き、安楽を施与すべしと説いている。この世尊のお言葉に対して、国土におけるいかなる場所であっても『金光明経』が流布し、受持されるならば四天王は必ず国王と人民を護り、憂苦を遠離し、寿命を増益し、安隠ならしめんと誓い、もし隣国の怨敵が国土を侵攻するならば四天王と夜叉諸神とはそれぞれ形を隠して、援助し、降伏させるという敵国降伏という表現をしている。そしてそれに続く仏の言葉として汝等四天王がこの経典を擁護するのは、自分が無上等正覚を得て、この法を説くものであり、間違いはないという意味の言葉を付け加え、さらに、具体的な説明を与えている。

(大)一六巻四二七下―四二八中

爾《そ》の時《とき》仏《ほとけ》、四天王《してんのう》に告《つ》げたまわく、『善哉《よいかな》、善哉《よいかな》。汝等四王《なんじらしおう》、乃《すなわ》ち能《よ》く是《かく》の如《ごと》き経典《きようてん》を擁護《ようご》す。我《われ》過去《かこ》百千倶胝那庾多劫《ひやくせんくていなゆたこう》に於《おい》て、諸《もろもろ》の苦行《くぎよう》を修《しゆ》し、阿耨多羅三藐三菩提《あのくたらさんみやくさんぼだい》を得《え》て、一切智《いつさいち》を証《しよう》し、今《いま》是《こ》の法《ほう》を説《と》く。若《も》し人王《にんおう》ありて是《こ》の経《きよう》を受持《じゆじ》し、恭敬《くぎよう》し、供養《くよう》する者《もの》は、為《ため》に衰患《すいげん》を消《しよう》して其《そ》れをして安隠《あんのん》ならしめん、亦《ま》た復《ま》た城邑《じようおう》・聚落《じゆらく》を擁護《ようご》し、乃至《ないし》怨賊《おんぞく》悉《ことごと》く退散《たいさん》せしめ、亦《ま》た一切《いつさい》瞻部洲内《せんぶしゆうない》の所有諸王《あらゆるしよおう》をして、永《なが》く衰悩闘諍《すいのうとうじよう》の事《こと》なからしめん。

四王当《しおうまさ》に知《し》るべし。此《こ》の瞻部洲《せんぶしゆう》の八万四千《はちまんしせん》の城邑《じようおう》・聚落《じゆらく》、八万四千《はちまんしせん》の諸《もろもろ》の人王等《にんおうとう》、各其《おのおのそ》の国《くに》に於《おい》て、諸《もろもろ》の快楽《けらく》を受《う》け、皆自在《みなじざい》を得《え》、所有財宝豊足《あらゆるざいほうぶそく》し受用《じゆゆう》し、相侵《あいおか》し奪《うば》わず、彼《か》の宿因《しゆくいん》に随《したが》いて其《そ》の報《ほう》を受《う》け、悪念《あくねん》を起《おこ》して他国《たこく》を貪求《とんぐ》せず、咸《ことごと》く少欲利楽《しようよくりらく》の心《しん》を生《しよう》じ、闘戦繋縛等《とうせんけばくとう》の苦《く》あることなし。其《そ》の土《ど》の人民《にんみん》は自然《じねん》に楽《らく》を受《う》け、上下和穆《じようげわぼく》すること猶水乳《なおすいにゆう》のごとく、情相愛重《じようあいあいじゆう》し、歓《かん》喜遊戯《ぎゆげ》し、慈悲謙譲《じひけんじよう》にして善根《ぜんごん》を増長《ぞうじよう》せん、是《こ》の因縁《いんねん》を以《もつ》て、此《こ》の瞻部洲安隠豊楽《せんぶしゆうあんのんぶらく》に、人民熾盛《にんみんしじよう》に、大地沃壌《だいじよくじよう》し、寒暑調和《かんしよじようわ》し、時《とき》は序《じよ》に乖《そむ》かず、日月星宿常度《にちがつしようしゆくじようど》虧《か》くことなく、風雨《ふうう》時《とき》に随《したが》いて諸《もろもろ》の災横《さいおう》を離《はな》れ、資産財宝《しさんざいほう》、皆《みな》悉《ことごと》く豊盈《ふよう》し、心《こころ》に慳鄙《けんび》なく、常《つね》に慧施《えせ》を行《ぎよう》じ十善業《じゆうぜんごう》を具《ぐ》せん。若《も》し人命《ひとみよう》終《じゆう》せば、多《おお》くは天上《てんじよう》に生《しよう》じて、天衆《てんしゆ》を増益《ぞうやく》せん。

大王《だいおう》、若《も》し未来世《みらいせ》に諸《もろもろ》の人王《にんおう》ありて是《こ》の経《きよう》を聴受《ちようじゆ》し、恭敬《くぎよう》し、供養《くよう》し、并《ならび》に経《きよう》を受持《じゆじ》せば、四《し》部《ぶ》の衆尊重《しゆそんじゆう》し称讃《しようさん》せん。復《ま》た汝等《なんじら》、及《およ》び諸《もろもろ》の眷属無量百千《けんぞくむりようひやくせん》の諸《もろもろ》の薬叉衆《やくしやしゆ》を安楽《あんらく》にし饒益《にようやく》せんと欲《ほつ》す。是《こ》の故《ゆえ》に彼《か》の王常《おうつね》に当《まさ》に是《こ》の妙経王《みようきようおう》を聴受《ちようじゆ》すべし。此《こ》れを聞《き》くことを得《う》るに由《よ》り、正法《しようぼう》の水《すい》・甘露《かんろ》の上味《じようみ》、汝等《なんじら》の身心《しんしん》の勢力《せいりき》を増益《ぞうやく》して、精進《しようじん》・勇猛《ゆうみよう》・福徳《ふくとく》・威光《いこう》、悉《ことごと》く充満《じゆうまん》せしめん。

是《こ》の人王《にんおう》、若《も》し能《よ》く至心《ししん》に、是《こ》の経《きょう》を聴受《ちょうじゅ》せば、則《すなわ》ち広大希有《こうだいけう》の供養《くよう》もて、我《わ》が釈迦牟尼応正等《しゃかむにおうしょうとう》覚《がく》を供養《くよう》すと為《な》す。若《も》し我《われ》を供養《くよう》せば、則《すなわ》ち是《こ》れ過去《かこ》・未来《みらい》・現在《げんざい》の百千倶胝那庾多《ひゃくせんくていなゆた》の仏《ほとけ》を供養《くよう》するなり。若《も》し能《よ》く三世《さんぜ》の諸仏《しょぶつ》を供養《くよう》せば、則《すなわ》ち無量不可思議《むりょうふかしぎ》の功徳《くどく》の聚《じゅ》を得《え》ん。是《こ》の因縁《いんねん》を以《もっ》て、汝等《なんじら》応当《まさ》に彼《か》の王《おう》の后妃《こうひ》眷属《けんぞく》を擁護《ようご》して、衰悩《すいのう》なからしむべし。及《およ》び宮宅《ぐうたく》の神《しん》は常《つね》に安楽《あんらく》を受《う》け、功徳《くどく》思《おも》い難《がた》し。是《こ》の諸《もろもろ》の国土《こくど》の所有人民《あらゆるにんみん》、亦《ま》た種種《しゅじゅ》の五欲《ごよく》の楽《らく》を受《う》け、一切《いっさい》の悪事《あくじ》は皆消《みなしょう》殄《でん》せん。』

この文章では呪術的な表現は見られず、この経典の功徳により諸国の人王は相侵し奪うことなく、悪念による他国を貪求せず、闘戦の苦悩なし。したがって人民は上下和穆すること水乳のごとくにして、歓喜遊戯し善根増長する。さらに人民熾盛にして大地沃壌し、寒暑調和し、風雨順時にして横死の災害を離れ、十善業に励む。もし人寿を全うするときには天上に生まれると説く、さらに我れ釈迦牟尼を供養することは三世の諸仏を供養することになる。さらに三世の諸仏を供養せば、無量の功徳を得ると仏教の精神主義と正しき自然の運行の調和を説いている。

(大)一六巻四二八中—四二九上

爾《そ》の時四天王《ときしてんのう》、仏《ほとけ》に白《もう》して言《いわ》く、『世尊《せそん》、未来世《みらいせ》に於《おい》て若《も》し人王《にんおう》ありて、是《か》の如《こと》き金光明経《こんこうみょうきょう》を楽《ねが》い聴《き》き、自身《じしん》と后妃《こうひ》・王子《おうじ》、乃至《ないし》内宮《ないぐう》の諸婇女等《しょさいにょとう》を擁護《ようご》せんと欲《ほっ》せんがためにせば、城邑《じょうおう》・宮《ぐう》殿《でん》、皆第一《みなだいいち》・不可思議《ふかしぎ》・最上《さいじょう》の歓喜《かんぎ》と寂静《じゃくじょう》と安楽《あんらく》とを得《え》て、現世《げんせ》の中《なか》に於《お》ては、王位尊高《おういそんこう》に、自《じ》在《ざい》に昌盛《しょうじょう》に常《つね》に増長《ぞうじょう》を得《え》しめん。復《ま》た無量無辺《むりょうむへん》にして難思《なんし》の福聚《ふくじゅ》を摂受《しょうじゅ》せんと欲《ほっ》しなば、自国土《じこくど》に於《お》て怨敵《おんてき》、及《およ》び諸《もろもろ》の憂悩災厄《うのうさいやく》の事《こと》なからしめん。

世尊《せそん》、是《か》の如《ごと》く人王《にんおう》は放逸《ほういつ》にして心散乱《こころさんらん》せしむべからず。当《まさ》に恭敬《くぎょう》を生《しょう》じ、至誠慇重《しじょうおんじゅう》に是《か》の如《ごと》き最勝《さいしょう》の経王《きょうおう》を聴受《ちょうじゅ》すべし。之《これ》を聴《き》かんと欲《ほっ》する時《とき》、先《ま》ず当《まさ》に最上《さいじょう》の宮室《ぐうしつ》、王《おう》の愛重《あいじゅう》する所《ところ》の顕《げん》敞《しょう》の処《ところ》を荘厳《しょうごん》して、香水《こうすい》を地《じ》に灑《そそ》ぎ、衆《もろもろ》の名花《みょうけ》を散《さん》じ、師子《しし》殊勝《しゅしょう》の法座《ほうざ》を安置《あんち》し、諸《もろもろ》の珍宝《ちんぼう》を以《もっ》て挍飾《きょうじき》と為《な》し、種種《しゅじゅ》の宝蓋《ほうがい》・幢《どう》・幡《ばん》を張《は》り施《ほどこ》し、無価《むげ》の香《こう》を焼《た》き、諸《もろもろ》の音楽《おんがく》を奏《そう》すべし。其《そ》の王《おう》、爾《そ》の時《とき》に当《まさ》に浄《きよ》く澡浴《そうよく》し、香《こう》を以《もっ》て身《み》に塗《ぬ》り、新浄《しんじょう》の衣《ころも》、及《およ》び諸《もろもろ》の瓔珞《ようらく》を著《じゃく》し、小卑座《しょうひざ》に坐《ざ》し、高挙《こうこ》を生《しょう》ぜず、自在《じざい》の位《くらい》を捨《す》て、諸《もろもろ》の憍慢《きょうまん》を離《はな》れ、端心正念《たんしんしょうねん》に、是《こ》の経王《きょうおう》を聴《き》き、法師《ほっし》の所《ところ》に於《お》て大師《だいし》の想《そう》を起《おこ》すべし。復《ま》た宮内《ぐうない》の后妃《こうひ》・王子《おうじ》・婇女《さいにょ》・眷属《けんぞく》に於《お》て、慈愍《じみん》の心《こころ》を生《しょう》じ、喜悦《きえつ》して相視《あいみ》、*和顔軟語《わげんなんご》し、自身《じしん》の心《こころ》に於《お》て、大喜充遍《だいきじゅうへん》して、是《か》の如《ごと》き念《ねん》を作《な》すべし、「我今《われいま》、難思《なんし》・殊《しゅ》勝《しょう》・広大《こうだい》の利益《りやく》を獲得《ぎゃくとく》す」と。此《こ》の経王《きょうおう》に於《お》て盛《さかん》に供養《くよう》を興《おこ》し、既《すで》に敷設《ふせつ》し已《おわ》りて、法師《ほっし》の至《いた》るを見《み》て、当《まさ》に虔敬渇仰《けんぎょうかつごう》の心《こころ》を起《おこ》すべし。』

爾《そ》の時仏《ときほとけ》、四天王《してんのう》に告《つ》げたまわく、『是《か》の如《ごと》くにして法師《ほっし》を迎《むか》えざるべからず。時《とき》に彼《か》の人王《にんおう》、応《まさ》に純浄鮮潔《じゅんじょうせんけつ》の衣《ころも》を著《じゃく》し、種種《しゅじゅ》の瓔珞《ようらく》もて厳飾《ごんじき》と為《な》し、自《みずか》ら白蓋《びゃくがい》、及《およ》び香花《こうけ》を持《じ》し、軍儀《ぐんぎ》を備《そな》え整《ととの》え、盛《さかん》に音楽《おんがく》を陳《の》べ、歩《ぶ》して城闕《じょうけつ》を出《い》で、彼《か》の法師《ほっし》を迎《むか》え、想《そう》を運《めぐ》らして、虔敬《けんきょう》に吉祥《きちじょう》の事《こと》を為《な》すべし。

四王《しおう》、何《なん》の因縁《いんねん》を以《もつ》て彼《か》の人王《にんおう》をして、親《みずか》ら是《かく》の如《ごと》き恭敬供養《くぎようくよう》を作《な》さしむるや。彼《か》の人王《にんおう》の足《あし》を挙《あ》げ足《あし》を下《くだ》す。歩歩《ぶぶ》即《すなわ》ち是《こ》れ百千万億那庾多《ひやくせんまんおくなゆた》の諸仏世尊《しよぶつせそん》を恭敬《くぎよう》し、供養《くよう》し、承事《しようじ》し、尊重《そんじゆう》するに由《よ》る。復《ま》た是《かく》の如《ごと》き劫数《こうしゆ》の生死《しようじ》の苦《く》を超越《ちようおつ》することを得《え》、復《ま》た来世《らいせ》是《かく》の如《ごと》き劫数《こうしゆ》に於《おい》て当《まさ》に輪《りん》王殊勝《のうしゆしよう》の尊位《そんい》を受《う》くべし。其《そ》の歩歩《ぶぶ》に随《したが》いて、亦《ま》た現世《げんせ》に於《おい》て福徳増長《ふくとくぞうじよう》し、自在《じざい》に王《おう》と為《な》り、感《かん》応思《のうおも》い難《がた》く、衆《しゆ》に欽重《こんじゆう》せられ、当《まさ》に無量百千億劫《むりようひやくせんおくこう》に於《おい》て、人天《にんでん》に七宝《しつぽう》の宮殿《ぐうでん》を受用《じゆゆう》し、所在《しよざい》の生《しよう》処《じよ》に、常《つね》に王《おう》と為《な》ることを得《え》、寿命《じゆみよう》を増益《ぞうやく》し、言詞弁了《ごんじべんあきら》かに、人天信受《にんでんしんじゆ》し畏懼《いく》する所《ところ》なし、大名《だいみよう》称《しよう》あり、咸《ことごと》く共《とも》に瞻仰《せんごう》し、天上人中《てんじようにんちゆう》に勝妙《しようみよう》の楽《らく》を受《う》け、大力勢《だいりきせい》を獲《え》、大威徳《だいいとく》あり。身相奇妙《しんそうきみよう》に、端厳比《たんごんひ》なく、天人《てんにん》の師《し》に値《あ》い、善知識《ぜんちしき》に遇《あ》い、無量《むりよう》の福聚《ふくじゆ》を成就《じようじゆ》し具足《ぐそく》すべし。

四王《しおう》、当《まさ》に知《し》るべし。彼《か》の諸《もろもろ》の人王是《にんおうかく》の如《ごと》き等《とう》の種種無量《しゆじゆむりよう》の功徳利益《くどくりやく》を見《み》るが故《ゆえ》に、応《まさ》に自《みずか》ら往《ゆ》きて法師《ほつし》を奉迎《ぶごう》すること、若《も》しは一踰繕那《いちゆぜんな》、乃至百千《ないしひやくせん》*踰繕那《ゆぜんな》なるべし。説法《せつぽう》の師《し》に於《おい》ては応《まさ》に仏想《ぶつそう》を生《しよう》ずべし。還《かえ》って城《しろ》に至《いた》り已《おわ》り、是《かく》の如《ごと》き念《ねん》を作《な》すべし、今日釈迦《こんにちしやか》牟《む》尼《に》如来応正等覚《によらいおうしようとうがく》、我《わ》が宮中《ぐうちゆう》に入《い》り、我《わ》が供養《くよう》を受《う》け、我《わ》がために説法《せつぽう》したまうなりと。

我法《われほう》を聞《き》き已《おわ》らば即《すなわ》ち阿耨多羅三藐三菩提《あのくたらさんみやくさんぼだい》に於《おい》て、復《ま》た退転《たいてん》せず。即《すなわ》ち是《こ》れ百千万億那庾多《ひやくせんまんおくなゆた》の諸仏世尊《しよぶつせそん》に値遇《ちぐう》するなり。我今日《われこんにち》に於《おい》て、即《すなわ》ち是《こ》の種種広大《しゆじゆこうだい》・殊勝《しゆしよう》・上妙《じようみよう》の楽具《がくぐ》もて、過去《かこ》・未来《みらい》・現在《げんざい》の諸仏《しよぶつ》を供養《くよう》す。我今日《われこんにち》に於《おい》て、即《すなわ》ち是《こ》れ永《なが》く*琰摩王界《えんまおうかい》・地獄《じごく》・餓鬼《がき》・傍生《ぼうしよう》の苦《く》を抜《ぬ》き、便《すなわ》ち為《ため》に已《すで》に、無量百千万億《むりようひやくせんまんおく》の転輪聖王《てんりんじようおう》・釈《しやく》・梵天主《ぼんてんしゆ》の善根《ぜんごん》の種子《しゆうじ》を種《う》え、当《まさ》に無量百《むりようひやく》千万億《せんまんおく》の衆生《しゆじよう》をして、生死《しようじ》の苦《く》を出《い》で涅槃《ねはん》の楽《らく》を得《え》、無量無辺不可思議《むりようむへんふかしぎ》の福徳《ふくとく》の聚《じゆ》を積集《しやくじゆう》すべしと。後宮《こぐう》の眷属《けんぞく》、及《およ》び諸《もろもろ》の人民《にんみん》皆《みな》安隠《あんのん》を蒙《こうむ》り、国土清泰《こくどしょうたい》にして諸《もろもろ》の災厄《さいやく》・毒害《どくがい》・悪人《あくにん》なく、他方《たほう》の怨敵《おんてき》、来《き》たりて侵《おか》し擾《みだ》さず、憂患《うげん》を遠離《おんり》せん。四王当《しおうまさ》に知《し》るべし。時《とき》に彼《か》の人王《にんおう》、応《まさ》に是《かく》の如《ごと》くに正法《しょうぼう》を尊重《そんじゅう》すべし。亦《ま》た是《こ》の妙経典《みょうきょうてん》を受持《じゅじ》する、苾芻《びっしゅ》・苾芻尼《びっしゅに》・鄔波索迦《うばさくか》・鄔波斯迦《うばしか》に於《お》いて、供養《くよう》し、恭敬《くぎょう》し、尊重《そんじゅう》し、讃歎《さんだん》し、獲《う》る所《ところ》の善根《ぜんごん》、先《ま》ず勝福《しょうふく》を以《もっ》て、汝等《なんじら》、及《およ》び諸《もろもろ》の眷属《けんぞく》に施与《せよ》すべし。彼《か》の人王《にんおう》、大福徳《だいふくとく》、善業《ぜんごう》の因縁《いんねん》あり。現世《ぜんせ》の中《なか》に於《お》いて大自在《だいじざい》を得《え》、威光《いこう》を増益《ぞうやく》し、吉祥《きちじょう》の妙相《みょうそう》、皆悉《みなことごと》く荘厳《しょうごん》し、一切《いっさい》の怨敵《おんてき》、能《よ》く正《しょう》法《ぼう》を以《もっ》て之《これ》を摧伏《さいぶく》せん。』

《和顔軟語》 柔和な顔色を持ち、言葉やわらかにものいうこと。和顔愛語と同義語である。**《踰繕那》** yojana 距離の一単位、約九哩に等しい。**《琰摩王界》** yamaloka 閻魔王の世界。

四天王が仏に申し上げた内容が語られている。すなわち国土のみならず、国王自身および后妃王子・内宮の婇女等を擁護せんとすれば、『金光明経』の聴聞の功徳により、みな最上の歓喜と寂静と安楽を得、みずからの国土において怨敵、および諸の災厄をなからしめる。さらに聴聞の場合に法師を迎える具体的な心がけと準備を説く。すなわち、心散乱せず、恭敬を生じて聴聞すべきであり、法師の座する場所は香水をそそぎ、名華をまき、宝蓋や幡などを張り、無価の香を焼かねばならぬ、また王自身も身を浄め、新しい浄衣を著し、粗末な座に坐して、憍慢心を離れ、端正至心にあらねばならぬ。さらに宮内の后妃・王子・婇女等には慈愍の心を生じ、おたがいに和顔軟語し、それぞれが自身に大いなる喜びが充満するように心がけねばならぬと。

そして仏は四天王に対して、さらに重ねて無量の功徳があることを説く。

(大)一六巻四二九上―下

爾《そ》の時四天王《ときしてんのう》、仏《ほとけ》に白《もう》して言《いわ》く、『世尊《せそん》、若《も》し人王《にんおう》ありて能《よ》く是《かく》の如《ごと》きを作《な》し、正法《しょうぼう》を恭敬《くぎょう》して、此《こ》の経王《きょうおう》を聴《き》き、并《ならび》に四衆持経《ししゅじきょう》の人《ひと》に於《おい》て、恭敬《くぎょう》し、供養《くよう》し、尊重《そんじゅう》し、讃歎《さんだん》せん時《とき》、彼《か》の人《にん》王我等《おうわれら》に歓喜《かんぎ》を生《しょう》ぜしめんがための故《ゆえ》に、当《まさ》に一辺《いっぺん》に在《あ》りて法座《ほうざ》に近《ちか》く、香水《こうすい》を地《じ》に灑《そそ》ぎ、衆《もろもろ》の名花《みょうけ》を散《さん》じ、処所《しょしょ》を安置《あんち》し四王《しおう》の座《ざ》を設《もう》くべし。我彼《われか》の王《おう》と共《とも》に正法《しょうぼう》を聴《き》かん。其《そ》の王《おう》の所有《あらゆる》自利《じり》の善根《ぜんごん》、亦《ま》た福分《ふくぶん》を以《もつ》て施《ほどこ》して我等《われら》に及《およ》ばん。世尊《せそん》、時《とき》に彼《か》の人王《にんおう》、説法者《せっぽうしゃ》を請《こ》いて座《ざ》に昇《のぼ》らしむる時《とき》、便《すなわ》ち我等《われら》のために衆《もろもろ》の名香《みょうこう》を焼《た》きて是《こ》の経《きょう》を供養《くよう》せん。世尊《せそん》、時《とき》に彼《か》の香煙一念《こうえんいちねん》の頃《あいだ》に於《おい》て虚空《こくう》に上昇《じょうしょう》し、即《すなわ》ち我等諸天《われらしょてん》の宮殿《ぐうでん》に至《いた》り、虚空《こくう》の中《なか》に於《おい》て変《へん》じて香蓋《こうがい》と成《な》らん。我等《われら》天衆彼《てんしゅか》の妙香《みょうこう》を聞《き》くに、香《こう》に金光《こんこう》ありて我等《われら》居《お》る所《ところ》の宮殿《ぐうでん》、乃至《ないし》梵宮《ぼんぐう》、及《およ》び帝釈《たいしゃく》・大弁才天《だいべんざいてん》・大《だい》吉祥天《きちじょうてん》・*堅牢地神《けんろうじしん》・正了知大将《しょうりょうちだいしょう》・二十八部《にじゅうはちぶ》の諸《もろもろ》の薬叉神《やくしゃしん》・大自在天《だいじざいてん》・*金剛密主《こんごうみつしゅ》・*宝賢大将《ほうけんだいしょう》・*訶梨底母《かりていも》・五百《ごひゃく》の眷属《けんぞく》・*無悩池龍王《むのうちりゅうおう》・大海龍王《だいかいりゅうおう》の居《お》る所《ところ》の処《ところ》を照曜《しょうよう》せん。世尊《せそん》、是《かく》の如《ごと》き等《とう》の衆《しゅ》、自《みずか》らの宮殿《ぐうでん》に於《おい》て、彼《か》の香煙《こうえん》の一刹那《いちせつな》の頃《あいだ》に変《へん》じて香蓋《こうがい》と成《な》るを見《み》、香《こう》の芬馥《ふんぷく》たるを聞《き》き、色《しき》の光明《こうみょう》遍《あまね》く一切諸天《いっさいしょてん》の神宮《じんぐう》に至《いた》るを覩《み》ん。』

仏《ほとけ》、四《し》天王《てんのう》に告《つ》げたまわく、『是《こ》れ香《こう》の光明《こうみよう》但《た》だに此《こ》の宮殿《ぐうでん》に至《いた》り、変《へん》じて香蓋《こうがい》と成《な》りて大光《だいこう》明《みよう》を放《はな》つのみに非《あら》ず、彼《か》の人王手《にんおうて》に香炉《こうろ》を執《と》り、衆《もろもろ》の名香《みようこう》を焼《た》き、経《きよう》を供養《くよう》するに由《よ》りて、時《とき》に其《そ》の香煙《こうえん》の気《け》、一念《いちねん》の頃《あいだ》に於《おい》て、遍《あまね》く三千大千世界《さんぜんだいせんせかい》の百億《ひやくおく》の日月《にちがつ》、百億《ひやくおく》の妙高山王《みようこうせんおう》、百億《ひやくおく》の四洲《ししゆう》に至《いた》り、此《こ》の三千大千世界《さんぜんだいせんせかい》の一切《いつさい》の天《てん》・龍《りゆう》・薬叉《やくしや》・健闥婆《けんだつば》・阿蘇羅《あそら》・掲路荼《かろだ》・緊那羅《きんなら》・莫呼洛伽《まこらが》の天宮《てんぐう》の所《ところ》に至《いた》り、虚空《こくう》の中《なか》に於《おい》て、充満《じゆうまん》して住《じゆう》し、種種《しゆじゆ》の香煙変《こうえんへん》じて雲蓋《うんがい》と成《な》る。其《そ》の蓋金色《がいこんじき》にして普《あまね》く天宮《てんぐう》を照《て》らさん。是《かく》の如《ごと》く三千大千世界《さんぜんだいせんせかい》の所有種種《あらゆるしゆじゆ》の香雲《こううん》と香蓋《こうがい》とは、皆是《みなこ》れ金光明《こんこうみよう》最勝王経《さいしようおうきよう》の威神《いじん》の力《ちから》なり。

是《こ》の諸《もろもろ》の人王《にんおう》、手《て》に香炉《こうろ》を持《も》ちて経《きよう》を供養《くよう》する時《とき》、種種《しゆじゆ》の香気《こうけ》は但《た》だに此《こ》の三千大千世界《さんぜんだいせんせかい》に遍《あまね》きのみに非《あら》ず、一念《いちねん》の頃《あいだ》に於《おい》て、亦《ま》た十方無量無辺恒河沙等《じつぽうむりようむへんごうがしやとう》の百千万億《ひやくせんまんおく》の諸仏《しよぶつ》の国土《こくど》に遍《あまね》く、諸《しよ》仏《ぶつ》の上《うえ》の虚空《こくう》の中《なか》に於《おい》て、変《へん》じて香蓋《こうがい》と成《な》り、金色《こんじき》にして普《あまね》く照《て》らさんこと亦《ま》た復《ま》た是《かく》の如《ごと》し。時《とき》に彼《か》の諸仏《しよぶつ》、此《こ》の妙香《みようこう》を聞《き》き、斯《こ》の雲蓋《うんがい》、及《およ》び金色《こんじき》とを覩《み》て、十方界《じつぽうかい》に於《おい》て恒河沙等《ごうがしやとう》の諸仏世《しよぶつせ》尊《そん》、神変《じんぺん》を現《げん》じ已《おわ》り、彼《か》の諸《もろもろ》の世尊《せそん》、悉《ことごと》く共《とも》に観察《かんさつ》し、異口同音《いくどうおん》に法師《ほつし》を讃《さん》じて曰《い》わん、「善哉《よいかな》、善哉《よいかな》。汝大丈夫《なんじだいじようぶ》、能《よ》く広《ひろ》く是《かく》の如《ごと》き甚深微妙《じんじんみみよう》の経典《きようてん》を流布《るふ》す。則《すなわ》ち無量無辺不可思議《むりようむへんふかしぎ》の福徳《ふくとく》の聚《じゆ》を成就《じようじゆ》すと為《な》す」と。

若《も》し是《かく》の如《ごと》きの経《きよう》を聴聞《ちようもん》することあらば、獲《う》る所《ところ》の功徳《くどく》其《そ》の量《りよう》甚《はなは》だ多《おお》し。何《いか》に況《いわ》んや書写《しよしや》し、受持《じゆじ》し、読誦《どくじゆ》し、他《た》のために敷演《ふえん》し、説《せつ》の如《ごと》く修行《しゆぎよう》せんをや。何《なに》を以《もつ》ての故《ゆえ》に、善男子《ぜんなんし》、若《も》し衆《しゆ》生《じよう》ありて此《こ》の金光明最勝王経《こんこうみようさいしようおうきよう》を聞《き》く者《もの》は、即《すなわ》ち阿耨多羅三藐三菩提《あのくたらさんみやくさんぼだい》に於《おい》て、復《ま》た退転《たいてん》せず。

爾《そ》の時《とき》十方《じっぽう》に百千倶胝那庾多《ひゃくせんくていなゆた》、無量無数恒河沙等《むりょうむしゅごうがしゃとう》の諸仏刹土《しょぶつせつど》あり。彼《か》の刹土《せつど》の一切《いっさい》の如来《にょらい》、異《い》口同音《くどうおん》に法座《ほうざ》の上《うえ》に於《おい》て彼《か》の法師《ほっし》を讃《さん》じて言《い》わん、「善哉《よいかな》、善哉《よいかな》。善男子《ぜんなんし》、汝来世《なんじらいせ》に於《おい》て、精勤《しょうごん》の力《ちから》を以《もっ》て当《まさ》に無量百千《むりょうひゃくせん》の苦行《くぎょう》を修《しゅ》し、資糧《しりょう》を具足《ぐそく》し、諸《もろもろ》の聖衆《しょうしゅ》に超《こ》え、三界《さんがい》を出過《しゅつか》して最勝尊《さいしょうそん》と為《な》るべし、当《まさ》に菩提樹王《ぼだいじゅおう》の下《もと》に坐《ざ》して、殊勝《しゅしょう》に荘厳《しょうごん》し、能《よ》く三千大千世界《さんぜんだいせんせかい》の有縁《うえん》の衆生《しゅじょう》を救《すく》い、善《よ》く能《よ》く畏《おそ》るべき形儀《ぎょうぎ》の諸《もろもろ》の魔軍《まぐん》の衆《しゅ》を摧伏《さいぶく》し、諸法《しょほう》の最勝《さいしょう》・清浄《しょうじょう》・甚深《じんじん》・無上《むじょう》の正等菩提《しょうとうぼだい》を覚了《かくりょう》すべし。善男子《ぜんなんし》、汝当《なんじまさ》に金剛《こんごう》の座《ざ》に坐《ざ》して、無上諸仏《むじょうしょぶつ》の讃《さん》ずる所《ところ》の*十二妙行《じゅうにみょうぎょう》、甚深《じんじん》の法輪《ほうりん》を転《てん》ずべし。能《よ》く無上最大《むじょうさいだい》の法鼓《ほうく》を撃《う》ち、能《よ》く無上極妙《むじょうごくみょう》の法螺《ほら》を吹《ふ》き、能《よ》く無上殊勝《むじょうしゅしょう》の法幢《ほうどう》を建《た》て、能《よ》く無上極明《むじょうごくみょう》の法炬《ほうこ》を然《もや》し、能《よ》く無上甘露《むじょうかんろ》の法雨《ほうう》を降《ふ》らし、能《よ》く無量《むりょう》の煩悩怨結《ぼんのうおんけつ》を断《だん》じ、能《よ》く無量百千万億那庾多《むりょうひゃくせんまんおくなゆた》の有情《うじょう》をして、涯《かぎ》りなき畏《おそ》るべき大海《だいかい》を渡《わた》り、生死際《しょうじかぎ》りなき輪廻《りんね》を解脱《げだつ》し、無量百千万億那庾多《むりょうひゃくせんまんおくなゆた》の仏《ほとけ》に値遇《ちぐう》せしむ』と。

爾《そ》の時四天王《ときしてんのう》、復《ま》た仏《ほとけ》に白《もう》して言《いわ》く、『世尊《せそん》、是《こ》の金光明最勝王経《こんこうみょうさいしょうおうきょう》は、能《よ》く未来《みらい》・現在《げんざい》に於《おい》て、是《かく》の如《ごと》きの無量《むりょう》の功徳《くどく》を成就《じょうじゅ》す。是《こ》の故《ゆえ》に人王《にんおう》、若《も》し是《こ》の微妙《みみょう》の経典《きょうてん》を聞《き》くことを得《え》ば、即《すなわ》ち是《こ》れ已《すで》に、百千万億無量《ひゃくせんまんおくむりょう》の仏《ほとけ》の所《ところ》に於《おい》て、諸《もろもろ》の善根《ぜんごん》を種《う》えたるなり。我当《われまさ》に彼《か》の人王《にんおう》に於《おい》て護《ご》念《ねん》すべし。復《ま》た無量《むりょう》の福徳利《ふくとくり》を見《み》るが故《ゆえ》に、我等四王《われらしおう》、及《およ》び余《よ》の眷属無量百千万億《けんぞくむりょうひゃくせんまんおく》の諸神《しょじん》、自《おの》が宮殿《ぐうでん》に於《おい》て、是《こ》の種種《しゅじゅ》の香煙雲蓋《こうえんうんがい》の神変《じんぺん》を見《み》る時《とき》、我当《われまさ》に隠蔽《おんぺい》して其《そ》の身《み》を現《あら》わさず、法《ほう》を聴《き》くがための故《ゆえ》に、当《まさ》に是《こ》の王《おう》、清浄厳飾所止《しょうじょうごんじきしょし》の宮殿講法《ぐうでんこうほう》の処《ところ》に至《いた》るべし。是《かく》の如《ごと》く、乃至《ないし》梵宮《ぼんぐう》・帝《たい》釈《しゃく》・大弁才天《だいべんざいてん》・大吉祥天《だいきちじょうてん》・堅牢地神《けんろうじしん》・正了知大将《しょうりょうちだいしょう》・二十八部《にじゅうはちぶ》の諸《もろもろ》の薬叉神《やくしゃじん》・大自在天《だいじざいてん》・金剛密主《こんごうみっしゅ》

・宝賢大将《ほうけんだいしょう》・訶利底母《かりていも》・五百《ごひやく》の眷属《けんぞく》・無熱悩池龍王《むねつのうちりゆうおう》・大海龍王《だいかいりゆうおう》・無量百千万億那庾多《むりようひやくせんまんおくなゆた》の諸天薬叉《しょてんやくしゃ》、是《かく》の如《ごと》き等《とう》の衆《しゅ》、聴法《ちょうぼう》のための故《ゆえ》に皆身《みなしん》を現《げん》ぜず。彼《か》の人王殊勝《にんおうしゅしょう》の宮殿《ぐうでん》、荘厳《しょうごん》の高座《こうざ》説法《せつぽう》の所《ところ》に至《いた》らん。世尊《せそん》、我等《われら》四王《しおう》、及《およ》び余《よ》の眷属《けんぞく》の薬叉諸神《やくしゃしょじん》、皆当《みなまさ》に一心《いつしん》に彼《か》の人王《にんおう》と共《とも》に善知識《ぜんちしき》と為《な》らん。是《こ》の無上大法《むじょうだいほう》の施主《せしゅ》、甘露味《かんろみ》を以《もつ》て我《われ》を充足《じゅうそく》するに因《よ》り、是《こ》の故《ゆえ》に我等《われら》是《こ》の王《おう》を擁護《ようご》し、其《そ》の衰患《すいげん》を除《のぞ》き、安隠《あんのん》を得《え》しめ、及《およ》び其《そ》の宮殿《ぐうでん》・城邑《じょうおう》・国土《こくど》の諸《もろもろ》の悪災《あくさい》は、変《へん》じて悉《ことごと》く消滅《しょうめつ》せしめん。』

《堅牢地神》 Dṛḍhā 《正了知大将》 Saṃjñāya 《金剛密主》 Vajrapāṇi 《宝賢大将》 Maṇibhadra 《訶利底母》 Hārītī 《無熱悩池龍王》 Anavatapta-mahānāgarāja 《十二妙行甚深法輪》 梵本によれば「十二の輻のある無上の法輪をまわす」とあり、すなわち「十二因縁の法を説くこと」をいうのである。

『金光明経』を受持・読誦・解説するときには、いろいろな神変が現われることを文学的表現で説いている。また身を現ぜずして聞法することもある。そして四天王の眷属や薬叉の諸神も人王とともに善知識となる。しかもこの王を擁護し、国土の悪災を消除せしめ、諸の衰患を除き、国王を安隠ならしめることを重ねて力説している。

㊅一六巻四二九下―四三〇下

爾《そ》の時《とき》四《し》天王《てんのう》、倶《とも》に共《とも》に合掌《がつしよう》して、仏《ほとけ》に白《もう》して言《いわ》く、『世尊《せそん》、若《も》し人王《にんおう》ありて、其《そ》の国土《こくど》に於《おい》て此《こ》の経《きょう》ありと雖《いえど》も、未《いま》だ嘗《かつ》て流布《るふ》せず、心《こころ》に捨離《しゃり》を生《しょう》じ、聴聞《ちょうもん》することを楽《ねが》わず、亦《ま》た供養《くよう》し、尊重《そんじゅう》し、讃歎《さんだん》せず。四部《しぶ》の衆《しゅ》、持経《じきょう》の人《ひと》を見《み》て、亦《ま》た復《ま》た能《よ》く尊重《そんじゅう》し供養《くよう》せず。遂《つい》に我等《われら》、及《およ》び余《よ》の眷属無量《けんぞくむりょう》の諸天《しょてん》をして、此《こ》の甚深《じんじん》の妙法《みょうほう》を聞《き》くを得《え》ず、甘露味《かんろみ》に背《そむ》き、正法《しょうぼう》の流《なが》れを失《うしな》い、威光《いこう》、及《およ》び勢力《せいりき》あることなく、悪趣《あくしゅ》を増長《ぞうじょう》し、人天《にんでん》を損減《そんげん》し、生死《しょうじ》の河《かわ》に墜《お》ち、涅槃《ねはん》の路《みち》に乖《そむ》かしむ。世尊《せそん》、我等《われら》四王《しおう》、并《ならび》に諸《もろもろ》の眷属《けんぞく》、及《およ》び薬叉衆等《やくしゃしゅとう》、斯《かく》の如《ごと》きの事《こと》を見《み》て、其《そ》の国土《こくど》を捨《す》てて擁護《ようご》の心《こころ》なし。但《た》だに我等《われら》が是《こ》の王《おう》を捨棄《しゃき》するのみならず、亦《ま》た無量《むりょう》の国土《こくど》を守護《しゅご》する諸大善《しょだいぜん》神《じん》あるも、悉《ことごと》く皆捨《みなす》て去《さ》らん。既《すで》に捨《す》て離《はな》れ已《おわ》らば、其《そ》の国当《くにまさ》に種種《しゅじゅ》の災禍《さいか》ありて国位《こくい》をも喪失《そうしつ》すべし。一切《いっさい》の人衆《にんしゅ》に皆善心《みなぜんしん》なく、唯繋縛殺害《ただけばくせつがい》ありて瞋《いか》り争《あらそ》い、互《たが》いに相讒諂《あいざんてん》し、抂無辜《おうむこ》に及《およ》び、疾疫流行《しつえきるぎょう》す。*彗星《すいしょう》数《しばし》ば出《い》で、両日並《りょうにちなら》び現《あら》われ、薄蝕恒《はくしょくつね》なく、黒白《こくびゃく》の二虹《にく》は不祥《ふじょう》の相《そう》を表《あら》わし、星流《ほしなが》れ地動《じうご》き、井内《せいない》に声《こえ》を発《ほっ》し、暴雨悪風《ぼううあくふう》時節《じせつ》に依《よ》らず。常《つね》に飢饉《けきん》に遭《あ》い、苗実《みょうじつ》は成《な》らず。多《おお》く他方《たほう》の怨賊《おんぞく》の侵掠《しんりゃく》あり。国内《こくない》の人民《にんみん》、諸《もろもろ》の苦悩《くのう》を受《う》け、土地《とち》に楽《たの》しむべき処《ところ》あることなし。世尊《せそん》、我四王《われしおう》、及《およ》び無量百千《むりょうひゃくせん》の天神《てんじん》、并《ならび》に国土《こくど》を護《まも》る諸《もろもろ》の旧善神《くぜんじん》、遠《とお》く離《はな》れ去《さ》る時《とき》、是《かく》の如《ごと》き等《とう》の無量《むりょう》百千《ひゃくせん》の災怪《さいけ》と悪事《あくじ》とを生《しょう》ぜん。

世尊《せそん》、若《も》し人王《にんおう》ありて国土《こくど》を護《まも》り、常《つね》に快楽《けらく》を受《う》けんと欲《ほっ》し、衆生《しゅじょう》をして咸《ことごと》く安隠《あんのん》を蒙《こうむ》らしめんと欲《ほっ》し、一切《いっさい》の外敵《げてき》を摧伏《さいぶく》するを得《え》て、自《じ》の国境《こっきょう》に於《おい》て永《なが》く昌盛《しょうじょう》を得《え》せしめんと欲《ほっ》し、正教《しょうきょう》を世間《せけん》に流布《るふ》せしめ、苦悩悪法皆除滅《くのうあくほうみなじょめつ》せしめんと欲《ほっ》せば、世尊《せそん》、是《こ》の諸《もろもろ》の国王必《こくおうかなら》ず当《まさ》に是《こ》の妙《みょう》経王《きょうおう》を聴受《ちょうじゅ》すべし。亦《ま》た応《まさ》に経《きょう》を読誦《どくじゅ》し受持《じゅじ》する者《もの》を恭敬《くぎょう》し供養《くよう》すべし。我等《われら》、及《およ》び余《よ》の無量《むりょう》の天衆《てんしゅ》、是《こ》の法《ほう》を聴《き》く善根《ぜんごん》の威力《いりき》を以《もっ》て、無上《むじょう》の甘露《かんろ》の法味《ほうみ》を服《ぶく》するを得《え》て、我等《われら》の所有眷属《あらゆるけんぞく》を増《ぞう》益《やく》し、并《ならび》に余《よ》の天神皆勝利《てんじんみなしょうり》を得《え》ん。何《なに》を以《もっ》ての故《ゆえ》に、是《こ》の人王《にんおう》、至心《ししん》に是《こ》の経典《きょうてん》を聴受《ちょうじゅ》するが故《ゆえ》なり。

世尊《せそん》、*大梵天《だいぼんてん》の如《ごと》き、諸《もろもろ》の有情《うじょう》に於《おい》て常《つね》に為《ため》に世出世《せしゅつせ》の論《ろん》を宣説《せんぜつ》す。帝釈《たいしゃく》復《ま》た種種《しゅじゅ》の諸論《しょろん》を説《と》き、*五通《ごつう》の神仙《しんせん》も亦《ま》た諸論《しょろん》を説《と》く。世尊《せそん》、梵天《ぼんてん》・帝釈《たいしゃく》・五通《ごつう》の仙人《せんにん》、百千倶胝那庾多《ひゃくせんくていなゆた》の無量《むりょう》の諸論《しょろん》ありと雖《いえど》も、然《しか》も仏世尊《ぶつせそん》、慈悲哀愍《じひあいみん》し、人天衆《にんでんしゅ》のために金光明微妙《こんこうみょうみみょう》の経典《きょうてん》を説《と》きたまう。前《まえ》の所説《しょせつ》に比《ひ》するに彼《かれ》に勝《まさ》ること百千倶胝那庾多倍《ひゃくせんくていなゆたばい》にして、喩《たとえ》と為《な》すべからず。何《なに》を以《もっ》ての故《ゆえ》に、此《こ》れに由《よ》りて能《よ》く諸《もろもろ》の贍部洲《せんぶしゅう》の所有王等《あらゆるおうとう》をして正法《しょうぼう》もて世《よ》を化《け》し、能《よ》く衆生《しゅじょう》に安楽《あんらく》の事《じ》を与《あた》えしめ、自身《じしん》、及《およ》び諸《もろもろ》の眷属《けんぞく》を護《まも》りて苦悩《くのう》なからしむるがためなり。又《また》、他方怨賊《たほうおんぞく》の侵害《しんがい》なく、所有《あらゆる》諸悪悉《しょあくことごと》く皆遠《みなとお》く去《さ》り、亦《ま》た国土《こくど》の災厄《さいやく》をして屏除《びょうじょ》せしめ、化《け》するに正法《しょうぼう》を以《もっ》てして諍訟《じょうしょう》あることなし。是《こ》の故《ゆえ》に人王《にんおう》、各其《おのおのその》の国土《こくど》に於《おい》て当《まさ》に法炬《ほうこ》を然《もや》し、明《あき》らかに照《て》らすこと辺《かぎ》りなく、天《てん》衆《しゅ》、并《ならび》に諸《もろもろ》の眷属《けんぞく》を増益《ぞうやく》すべし。

世尊《せそん》、我等《われら》四王《しおう》、無量《むりょう》の天神薬叉《てんじんやくしゃ》の衆《しゅ》、贍部洲内《せんぶしゅうない》の所有天神《あらゆるてんじん》、是《こ》の因縁《いんねん》を以《もっ》て、無上甘露《むじょうかんろ》の法《ほう》味《み》を服《ぶく》するを得《え》、大威徳勢力光明《だいいとくせいりきこうみょう》を獲《え》て具足《ぐそく》せざるなし。一切《いっさい》の衆生皆安隠《しゅじょうみなあんのん》を得《え》、復《ま》た来世無量《らいせむりょう》百千不可思議那庾多劫《ひゃくせんふかしぎなゆたこう》に於《おい》て、常《つね》に快楽《けらく》を受《う》け、復《ま》た無量《むりょう》の諸仏《しょぶつ》に値遇《ちぐう》することを得《え》て、諸《もろもろ》の善《ぜん》根《こん》を種《う》え、然《しか》る後《のち》に阿耨多羅三藐三菩提《あのくたらさんみゃくさんぼだい》を証得《しょうとく》せん。是《かく》の如《ごと》き無量無辺《むりょうむへん》の勝利《しょうり》は皆是《みなこ》れ如来応正《にょらいおうしょう》等覚《とうがく》、大慈悲《だいじひ》を以《もっ》て諸《もろもろ》の梵衆《ぼんしゅ》に過《す》ぎ、大智慧《だいちえ》を以《もっ》て帝釈《たいしゃく》に踰《こ》え、諸《もろもろ》の苦行《くぎょう》を修《しゅ》すること五通仙《ごつうせん》に勝《まさ》り、百千万億那庾多倍《ひやくせんまんおくなゆたばい》にして称計《しようけ》すべからず、諸《もろもろ》の衆生《しゆじよう》のために、是《かく》の如《ごと》き微妙《みみよう》の経典《きようてん》を演説《えんぜつ》し、贍部洲一切《せんぶしゆういつさい》の国主《こくしゆ》、及《およ》び諸《もろもろ》の人衆《にんしゆ》をして、世間《せけん》の*所有法式《あらゆるほつしき》、国《くに》を治《おさ》める人《ひと》を化《け》し、勧導《かんどう》の事《こと》を明了《みようりよう》ならしむ。此《こ》の経王流通《きようおうるずう》の力《ちから》に由《よ》るが故《ゆえ》に、普《あまね》く安楽《あんらく》を得《う》。此《こ》れ等《ら》の福利《ふくり》は、皆《みな》是《こ》れ釈《しや》迦大師《かだいし》此《こ》の経典《きようてん》に於《おい》て、広《ひろ》く流通《るずう》を為《な》す慈悲力《じひりき》の故《ゆえ》なり。世尊《せそん》、是《こ》の因縁《いんねん》を以《もつ》て、諸《もろもろ》の人王等《にんおうとう》、皆《みな》応《まさ》に此《こ》の妙経王《みようきようおう》を受持《じゆじ》し、供養《くよう》し、恭敬《くぎよう》し、尊重《そんじゆう》し、讃歎《さんだん》すべし。何《なに》を以《もつ》ての故《ゆえ》に、是《かく》の如《ごと》き等《とう》の不可思議殊勝《ふかしぎしゆしよう》の功徳《くどく》ありて、一切《いつさい》を利益《りやく》すればなり。是《こ》の故《ゆえ》に名《なづ》けて最勝経王《さいしようきようおう》と曰《い》う。』

爾《そ》の時世尊《ときせそん》、復《ま》た四天王《してんのう》に告《つ》げたまわく、『汝等四王《なんじらしおう》、及《およ》び余《よ》の眷属《けんぞく》、無量百千倶胝那庾多《むりようひやくせんくていなゆた》の諸天大衆《しよてんだいしゆ》、彼《か》の人王《にんおう》を見《み》て、若《も》し能《よ》く至心《ししん》に是《こ》の経典《きようてん》を聴《き》き、供養《くよう》し、尊重《そんじゆう》し、讃歎《さんだん》せば、応当《まさ》に擁護《ようご》して其《そ》の衰患《すいげん》を除《のぞ》くべし。能《よ》く汝等《なんじら》をして亦《ま》た安楽《あんらく》を受《う》けしめん。若《も》し四部《しぶ》の衆《しゆ》、能《よ》く広《ひろ》く是《こ》の経王《きようおう》を流布《るふ》せば、人天《にんでん》の中《なか》に於《おい》て、広《ひろ》く仏事《ぶつじ》を作《な》し、普《あまね》く能《よ》く無量《むりよう》の衆生《しゆじよう》を利益《りやく》せん。是《かく》の如《ごと》きの人《ひと》を汝等四王《なんじらしおう》、常《つね》に当《まさ》に擁護《ようご》すべし。是《かく》の如《ごと》きの四衆《ししゆ》、他縁《たえん》をして共《とも》に相侵擾《あいしんじよう》せしむる勿《なか》れ。彼《かれ》をして身心寂静安楽《しんしんじやくじようあんらく》ならしめ、此《こ》の経王《きようおう》を広宣流布《こうせんるふ》して断絶《だんぜつ》せざらしめ、有情《うじよう》を利益《りやく》して未来際《みらいさい》を尽《つく》さしめよ。』

《**彗星**》　ほうき星のこと。　《**大梵天**》　Brahmendra　《**五通**》　pañcābhijñā　五神通、㈠天眼、㈡天耳、㈢他心智、㈣神作智、㈤宿命通の五種をいう。　《**所有法式**》　梵本によれば「王の義務・王の論典・王の行為が生ずるものとなり、それによってこれらの衆生は幸福となるでしょう。」とある。

四天王が仏に告げるのに、この『金光明経』が流布せず、人王が聴聞することを願わず、しかもこの経典を尊重讃歎せぬときは、四天王も無量の天神も、護国の諸の旧善神も擁護の心を失い、その国土に種々の災禍が起こり、人王は国位をも失うことになる。すなわち人びとの心は善心を失い、疾疫が流行し、流星は飛び、月蝕は起こり、地震は起こる。暴風雨も起こり、風雨が順時でなくなる。したがって穀物は不作となり、饑饉が起こり、怨賊の侵掠あり、人民は多くの苦悩を受ける、だから国土を護り、人民を安隠に生活せしめ、外敵を摧破するには、国王はこの『金光明経』を受持し供養すべきである。繰り返して四天王が仏に申し上げる。ここに諸天神と並列的に護国の旧善神と挙げているが、護国の旧善神とは具体的に何を指すか研究すべき余地がある。

これに対して、仏は四天王にその通りである。この経典が流布する国土には、汝ら四天王は常に国土を擁護すべきものであると護国経典としての『金光明経』の功徳を力説している。

(大)一六巻四三〇下—四三二上

爾《そ》の時《とき》多聞天《たもんてん》、座《ざ》より起《た》ちて、仏《ほとけ》に白《もう》して言《いわ》く、『世尊《せそん》、我《われ》に如意宝珠陀羅尼《にょいほうじゅだらに》の法《ほう》あり、若《も》し衆生《しゅじょう》ありて、受持《じゅじ》を楽《ねが》う者《もの》は功徳無量《くどくむりょう》ならん。我常《われつね》に擁護《ようご》して彼《か》の衆生《しゅじょう》をして苦《く》を離《はな》れ楽《らく》を得《え》て、能《よ》く福智《ふくち》二《に》種《しゅ》の資糧《しりょう》を成《じょう》ぜしめん。受持《じゅじ》せんと欲《ほっ》する者《もの》は先《ま》ず当《まさ》に此《こ》の護身《ごしん》の呪《じゅ》を誦《じゅ》すべし。』即《すなわ》ち呪《じゅ》を説《と》いて曰《いわ》く、

⑫『南謨《なも》薜室囉末拏也《べいしらまぬや》。莫訶曷羅闍也《まかあらじゃや》。怛姪他《たにゃた》。囉《ら》、囉《ら》、囉《ら》、囉《ら》、矩怒《くぬ》、矩怒《くぬ》。区怒《くぬ》、区怒《くぬ》。

寠《る》怒《ぬ》、寠《る》怒《ぬ》。颯《さつ》縛《ば》、颯《さつ》縛《ば》。羯《きや》囉《ら》、羯《きや》囉《ら》、莫《ま》訶《か》毘《び》羯《きや》喇《ら》麼《ま》、莫《ま》訶《か》毘《び》羯《きや》喇《ら》麼《ま》。莫《ま》訶《か》曷《あ》囉《ら》社《じや》。曷《あ》咯《らき》叉《しや》、曷《あ》咯《らき》叉《しや》覩《と》。漫《まん》。薩《さつ》婆《ば》薩《さつ》埵《た》難《なん》。者《じや》。莎《そわ》訶《か》。』

『世《せ》尊《そん》、此《こ》の呪《じゆ》を誦《じゆ》せん者《もの》は、当《まさ》に白線《びやくせん》を以《もつ》て之《これ》を呪《じゆ》すること、七遍《しちへん》し、一遍《いつぺん》に一結《いつけつ》して之《これ》を肘後《ちゆうこ》に繋《つな》ぐべし、其《そ》の事《じ》必《かなら》ず成《な》らん。応《まさ》に諸香《しよこう》を取《と》るべし。所謂《いわゆる》、安息《あんそく》・栴檀《せんだん》・龍脳《りゆうのう》・蘇合《そごう》・多《た》掲《が》羅《ら》・薫陸《くんりく》なり。皆須《みなすべか》らく等分《とうぶん》に一処《いつしよ》に和合《わごう》すべし。手《て》に香炉《こうろ》を執《と》り、香《こう》を焼《た》きて供養《くよう》し、清浄《しようじよう》に澡浴《そうよく》して、鮮潔《せんけつ》の衣《え》を著《じやく》し、一静室《いちじようしつ》に於《おい》て神呪《じんしゆ》を誦《じゆ》して、我《わ》が薜室羅末拏天王《べいしらまぬてんのう》を請《しよう》ずべし。』

即《すなわ》ち呪《じゆ》を説《と》いて曰《いわ》く、

⑬ 『南《な》謨《も》薜《べい》室《し》囉《ら》末《ま》拏《ぬ》也《や》。南《な》謨《も》檀《だん》那《な》馱《だ》也《や》。檀《たん》泥《に》説《せつ》囉《ら》也《や》。阿《あ》掲《きや》擔《しや》。阿《あ》鉢《は》唎《ら》弭《み》多《た》。檀《だん》泥《に》説《せつ》囉《ら》。鉢《は》囉《ら》麼《ま》。迦《か》留《る》尼《に》迦《か》。薩《さつ》婆《ば》薩《さつ》埵《た》。呬《き》哆《た》振《しん》哆《た》。麼《ま》麼《ま》檀《だん》那《な》。末《ま》奴《ど》鉢《は》喇《り》拽《えい》。擔《しや》砕《さい》闇《あん》。摩《ま》掲《ぎや》擔《しや》。莎《そわ》訶《か》。』

『此《こ》の呪《じゆ》を誦《じゆ》すること一七遍《いちしちへん》を満《まん》じ已《おわ》りて、次《つぎ》に本呪《ほんじゆ》を誦《じゆ》せよ。呪《じゆ》を誦《じゆ》せんと欲《ほつ》する時《とき》、先《ま》ず当《まさ》に三宝《さんぼう》、及《およ》び薜室羅末拏大王《べいしらまぬだいおう》を称 名 敬礼《しようみようきようらい》すべし。能《よ》く財物《ざいもつ》を施《ほどこ》し、諸《もろもろ》の衆生《しゆじよう》の求《もと》むる所《ところ》の願《がん》を満《み》たして、悉《ことごと》く能《よ》く成就《じようじゆ》せしめて、其《そ》れに安楽《あんらく》を与《あた》えしめん。是《かく》の如《ごと》く礼《らい》し已《おわ》りて、次《つぎ》に薜室羅《べいしら》末拏王《まぬおう》、如意末尼宝心神呪《によいまにほうしんじんしゆ》を誦《じゆ》せよ。能《よ》く衆生《しゆじよう》の意《い》に随《したが》いて安楽《あんらく》を施《ほどこ》さん。』

爾《そ》の時《とき》多聞天王《たもんてんおう》、即《すなわ》ち仏前《ぶつぜん》に於《おい》て、如意末尼宝心呪《によいまにほうしんじゆ》を説《と》いて曰《いわ》く、

⑭ 『南《な》謨《も》曷《あ》喇《ら》怛《たん》娜《のう》怛《と》喇《ら》夜《や》也《や》。南《な》謨《も》薜《べい》室《し》囉《ら》末《ま》拏《ぬ》也《や》。莫《ま》訶《か》囉《ら》闍《じや》也《や》。怛《た》姪《にや》他《た》。四《し》弭《み》、四《し》弭《み》。蘇《そ》母《も》、蘇《そ》母《も》。栴《せん》荼《だ》、栴《せん》荼《だ》。折《しや》囉《ら》、折《しや》囉《ら》。薩《さ》囉《ら》、薩《さ》囉《ら》。羯《きや》囉《ら》、羯《きや》囉《ら》。枳《き》哩《り》、枳《き》哩《り》。矩《く》嚕《ろ》、矩《く》嚕《ろ》。母《も》嚕《ろ》、母《も》嚕《ろ》。主《しゆ》嚕《ろ》、主《しゆ》嚕《ろ》。娑《さ》大《だい》也《や》。頞《あん》貪《どん》。我名某甲《わがなむこう》。昵《に》店《てん》。頞《あん》他《た》。達《た》達《だ》覩《と》。莎《そわ》訶《か》。南《な》謨《も》薜《べい》室《し》囉《ら》末《ま》拏《ぬ》

也《や》。莎訶《そわか》。檀那駄也《だんなだや》。莎訶《そわか》。曼奴喇他《まどらた》。鉢唎脯喇迦也《はりほりかや》。莎訶《そわか》。』

『呪《じゅ》を受持《じゅじ》する時《とき》、先《ま》ず千遍《せんべん》を誦《じゅ》せよ。然《しか》して後《のち》、浄室《じょうしつ》の中《なか》に於《お》いて、*瞿摩《くま》を地《じ》に塗《ぬ》りて、小《しょう》壇場《だんじょう》を作《つく》り、時《とき》に随《したが》いて飲食《おんじき》し、一心《いっしん》に供養《くよう》し、常《つね》に妙香《みょうこう》を然《もや》して烟《けむり》をして絶《た》えざらしめ、前《まえ》の心呪《しんじゅ》を誦《じゅ》し昼夜《ちゅうや》に心《こころ》に繫《つな》げ、唯自《ただじ》耳《に》にのみ聞《き》きて、他《た》をして解《げ》せしむる勿《なか》れ。』

時《とき》に薜室囉末拏王子《べいしらまぬおうじ》あり、其《そ》の名《な》を*禅膩師《ぜんにし》と名《なづ》く、童子形《どうじぎょう》を現《げん》じ来《き》たりて其《そ》の所《ところ》に至《いた》り、問《と》うて言《いわ》く、「何故《なにゆえ》に我《わ》が父《ちち》を喚《よ》ぶことを須《もち》うるや」と。即《すなわ》ち報《こた》えて言《いわ》く、「我供養三宝《われくようさんぼう》の事《じ》のために財物《ざいもつ》を須《もち》う、願《ねが》わくば当《まさ》に施与《せよ》すべし」と。時《とき》に禅膩師《ぜんにし》、是《こ》の語《ご》を聞《き》き已《おわ》り、即《すなわ》ち父《ちち》の所《ところ》に還《かえ》り、其《そ》の父《ちち》に白《もう》して言《いわ》く、「今善人《いまぜんにん》あり。至誠心《しじょうしん》を発《おこ》し、三宝《さんぼう》を供養《くよう》するも財物少乏《ざいもつしょうぼう》をもて斯《こ》の請召《しょうちょう》を為《な》す」と。其《そ》の父報《ちちこた》えて曰《いわ》く、「汝速《なんじすみ》やかに去《さ》りて、日日《にちにち》彼《かれ》に一百《いっぴゃく》*迦利沙波拏《かりしゃはぬ》を与《あた》うべし」と。其《そ》の持呪《じじゅ》の者《もの》、是《こ》の相《そう》を見已《みおわ》りて、事《じ》の成《な》るを得《う》るを知《し》り、当《まさ》に須《すべか》らく独《ひと》り浄室《じょうしつ》に処《しょ》し、香《こう》を焼《た》きて臥《ふ》し、床辺《しょうへん》に於《お》いて一香篋《いっこうきょう》を置《お》くべし。天暁《てんあかつき》に至《いた》る毎《ごと》に、其《そ》の篋中《きょうちゅう》を観《み》て、求《もと》むる所《ところ》の物《もの》を獲《え》よ。物《もの》を得《う》る時毎《ときごと》に、当《まさ》に日《ひ》に即《すなわ》ち須《すべか》らく三宝《さんぼう》に香花飲食《こうけおんじき》を供養《くよう》し、兼《かね》て貧乏《びんぼう》に施《ほどこ》し、皆罄尽《みなけいじん》せしむべし。停留《ちゅうる》することを得《え》ざれ。諸《もろもろ》の有情《うじょう》に於《お》いて慈悲《じひ》の念《ねん》を起《おこ》し、瞋誑諂害《しんおうてんがい》の心《こころ》を生《しょう》ずること勿《なか》れ。若《も》し瞋《しん》を起《おこ》さば即《すなわ》ち神験《しんけん》を失《しっ》せん。常《つね》に心《こころ》を護《まも》るべし。瞋恚《しんに》せしむること勿《なか》れ。

又《また》、此《こ》の呪《じゅ》を持《じ》する者《もの》は毎日《まいにち》の中《なか》に於《お》いて、我《わ》が多聞天王《たもんてんおう》、及《およ》び男女《なんにょ》の眷属《けんぞく》を憶《おも》い、称揚讃歎《しょうようさんだん》し、恒《つね》に十善《じゅうぜん》を以《もっ》て共《とも》に相資助《あいしじょ》し、彼《か》の天等《てんとう》をして、福力明《ふくりきみょう》を増《ま》し、衆善普《しゅぜんあまね》く臻《いた》り、菩提処《ぼだいしょ》を証《しょう》せしめん。彼《か》の諸《もろもろ》の天衆《てんしゅ》是《こ》の事《こと》を見已《みおわ》りて、皆大《みなおお》いに歓喜《かんぎ》し、共《とも》に来《き》たりて持呪《じじゅ》の人《ひと》を擁衛《ようえい》せん。又《また》、呪《じゅ》を持《じ》する者《もの》は寿命長遠《じゅみょうじょうおん》にして無量歳《むりょうさい》を経《へ》、永《なが》く三途《さんず》を離《はな》れて、常《つね》に災厄《さいやく》なからん。亦《ま》た如意宝《にょいほう》珠《じゅ》、及《およ》び伏蔵《ふくぞう》を獲《え》せしめ、神通自在《じんずうじざい》にして、所願皆成《しょがんみなじょう》ぜん。若《も》し官栄《かんえい》を求《もと》めば、意《こころ》に称《かな》わざるなし。亦《ま》た一切禽獣《いっさいきんじゅう》の語《こ》を解《げ》せん。

世尊《せそん》、若《も》し呪《じゅ》を持《じ》する時《とき》、我《わ》が自身《じしん》の現《げん》ずるを見《み》るを得《え》んと欲《ほっ》せば、月《つき》の八日《はちにち》、或《ある》いは十五日《じゅうごにち》に於《おい》て、白氎《びゃくじょう》の上《うえ》に於《おい》て、仏《ほとけ》の形像《ぎょうぞう》を画《えが》き、当《まさ》に木膠《もくこう》を用《もち》いて、雑彩荘厳《ぞうさいしょうこん》すべし。其《そ》の像《ぞう》を画《えが》かん人《ひと》は、為《ため》に八戒《はちかい》を受《う》けよ。仏《ほとけ》の左辺《さへん》に於《おい》て、吉祥天女《きちじょうてんにょ》の像《ぞう》を作《つく》り、仏《ほとけ》の右辺《うへん》に於《おい》て、我《わ》が多聞《たもん》天《てん》の像《ぞう》を作《つく》り、并《ならび》に男女眷属《なんにょけんぞく》の類《るい》を画《えが》き、座処《ざしょ》に安置《あんち》し、咸《ことごと》く如法《にょほう》ならしめ、花彩《けさい》を布列《ふれつ》し、衆《もろもろ》の名香《みょうこう》を焼《た》き、灯《とう》を然《も》やして明《みょう》を続《つづ》くること、昼夜《ちゅうやや》歇むなく、上妙《じょうみょう》の飲食《おんじき》と種種《しゅじゅ》の珍奇《ちんき》と、殷《おん》重《じゅう》の心《こころ》を発《おこ》して、時《とき》に随《したが》い供養《くよう》せよ。神呪《じんしゅ》を受持《じゅじ》して軽心《きょうしん》なることを得《え》ざれ。我《われ》を請召《しょうちょう》せん時《とき》は、応《まさ》に此《こ》の呪《じゅ》を誦《じゅ》すべし。』

⑮ 『南謨《なも》室唎《しり》健那也《けんなや》。勃陀也《ぼだや》。南謨《なも》薜室囉《べいしら》末拏也《まぬや》。薬叉囉《やくしやら》闍也《じやや》。莫訶囉闍《もからじや》。阿地囉闍也《あじらじやや》。南麼《なも》室唎耶裔《しりやえい》。莫訶提弊裔《もかでいべいえい》。怛姪他《たにやた》。怛囉《たら》、怛囉《たら》。咄嚕《とろ》、咄嚕《とろ》。末囉《ばら》、末囉《ばら》。窣纞吐《そすと》、窣纞吐《そすと》。漢娜《かんな》、漢娜《かんな》。末尼羯諾迦《まにかなか》。跋折囉《はざら》薜琉璃也《べいるりや》。目底《もくち》迦楞《かりょう》訖㗚《きり》多《た》。設唎囉裔《せつりらえい》。蒲薩婆《ぶさつば》薩埵《さつた》呬哆迦《きたか》摩《ま》。薜室囉《べいしら》末拏《まぬ》。室唎夜《しりや》提鼻《でいび》。跋囉婆也《ばらばや》。翳呬《えいき》、翳呬《えいき》。麼毘藍婆《まびらんば》。瞿㗚拏《ぐりぬ》、瞿㗚拏《ぐりぬ》。袜喇娑《まらさ》、袜喇娑《まらさ》。達馱呬《ただき》。麼麼《まま》。阿目迦《あもくか》那末写《なましや》。遠哩《おんり》設那《しやな》迦末写《かましや》。達哩《たり》設南《しやなん》。麼麼《まま》。末那《まな》。鉢喇曷羅《はらから》大也《だいや》。莎訶《そわか》。』

『世尊《せそん》、我《われ》若《も》し此《こ》の誦呪《じゅじゅ》の人《ひと》を見《み》、復《ま》た是《かく》の如《ごと》く盛《さかん》に供養《くよう》を興《おこ》すを見《み》ば、即《すなわ》ち慈愛歓喜《じあいかんぎ》の心《こころ》を生《しよう》じ、我即《われすなわ》ち身《しん》を変《へん》じて小児《しように》の形《かたち》と作《な》り、或《ある》いは老人《ろうにん》・苾芻《びつしゆ》の像《すがた》と作《な》り、手《て》に如意末尼《によいまに》宝珠《ほうじゆ》を持《じ》し、并《ならび》に金嚢《こんのう》を持《も》ちて道場《どうじよう》の内《うち》に入《い》り、身《しん》に恭敬《くぎよう》を現《げん》じ、口《くち》に仏名《ぶつみよう》を称《とな》え、持呪者《じじゆしや》に語《かた》りて曰《いわ》く、「汝《なんじ》が求《もと》むる所《ところ》に随《したが》いて皆願《みながん》の如《ごと》くならしめん。或《ある》いは林藪《りんそう》に隠《かく》れ、或《ある》いは宝珠《ほうじゆ》を造《つく》り、或《ある》いは衆人《しゆにん》の愛寵《あいちよう》を欲《ほつ》し、或《ある》いは金銀等《こんごんとう》の物《もの》を求《もと》め、諸呪《しよじゆ》を持《じ》せんと欲《ほつ》せんに、皆験《みなしるし》あらしめん。或《ある》いは神通寿命《じんずうじゆみよう》の長遠《じようおん》、及《およ》び勝妙《しようみよう》の楽《らく》を欲《ほつ》せんに心《こころ》に称《かな》わざることなけん。我今且《われいましば》らく是《かく》の如《ごと》き事《こと》を説《と》くも、若《も》し更《さら》に余《よ》を求《もと》めば、皆所願《みなしよがん》に随《したが》いて、悉《ことごと》く宝蔵《ほうぞう》の無尽《むじん》と功徳《くどく》の無窮《むぐう》とを成就《じようじゆ》することを得《え》ん。仮使日月《たといにちがつ》は地《じ》に墜堕《ついだ》し、或《ある》いは大地時《だいじとき》ありて移転《いてん》すべきも、我《わ》が此《こ》の実語《じつご》は終《つい》に虚然《こねん》ならず、常《つね》に安隠《あんのん》を得《え》て、心《こころ》に随《したが》いて快楽《けらく》ならん。世尊《せそん》、若《も》し人《ひと》ありて、能《よ》く是《こ》の経王《きようおう》を受持《じゆじ》し、読誦《どくじゆ》する者《もの》は、此《こ》の呪《じゆ》を誦《じゆ》する時《とき》、疲労《ひろう》を仮《か》らず、法速《ほうすみ》やかに成就《じようじゆ》せん。世尊《せそん》、我今彼《われいまか》の貧窮《びんぐう》・困厄《こんやく》・苦悩《くのう》の衆生《しゆじよう》のために、此《こ》の神呪《じんしゆ》を説《と》き、大利《だいり》を獲《え》て、皆富楽《みなふらく》自在《じざい》にして患《うれい》なからしめん。乃至《ないし》形《かたち》を尽《つく》して、我当《われまさ》に是《こ》の人《ひと》を擁護《ようご》随逐《ずいちく》し、為《ため》に災厄《さいやく》を除《のぞ》くべし。亦《ま》た復《ま》た此《こ》の金光明《こんこうみよう》最勝《さいしよう》王経《おうきよう》を持《じ》して之《これ》を流通《るずう》せしむる者《もの》、及《およ》び持呪《じじゆ》の人《ひと》は、百歩《ひやくぶ》の内《うち》に於《おい》て、光明照燭《こうみようしようそく》し、我《わ》が所有千《あらゆるせん》の薬叉神《やくしやしん》亦《ま》た常《つね》に侍《じ》し衛《まも》り随《したが》い、駆使《くし》せんと欲《ほつ》せば、心《こころ》に遂《と》げざるなけん。我実語《われじつご》を説《と》く、虚誑《こおう》あることなし、唯仏証知《ただほとけしようち》したまえ。』

《瞿摩》 gomaya の音写。牛糞。インドにおいてヴェーダ以来、牛を神聖視した結果、その糞を清浄なものとし、祭壇にこれを塗って清浄ならしめる風習にしたがったもの。**《禅膩師》** 梵本にこの部分存せず。

《迦利沙波拏》 kārṣāpaṇa インド銭貨、またその重量の名。貝歯といい、金・銀・銅・鉄等の銭ともいう。1 karṣa の量の貨幣は金貨は 16 māṣā, 銀貨は 16 paṇa, 銅貨は 80 raktikā, または 1 paṇa, に相当する。

《伏蔵》 土中に埋伏している宝蔵をいう。

そのときに四天王の一王である多聞天が仏に次のように述べた。自分に如意宝珠陀羅尼の法があり、これを受持する者は福徳と智慧の二つの資糧を成就するといい、多聞天の呪を説き、七遍の誦出の後に、安息・栴檀・龍悩・蘇合・多掲羅・薫陸の諸香を等分に和合して香を焼き、清浄の衣を着けた後に、さらに陀羅尼を七遍誦出すれば、衆生の所願がみな成就すると説く。さらに多聞天は仏前において如意末尼宝心呪を説き、これを千回唱えた後に、牝牛の糞ゴーマヤと呼ぶものを地上に塗って、小さい祭壇を作り、他人にわからぬように静かに心呪を誦出することを述べる。

その時に薜室囉末拏大王、つまり多聞天の王子である禅膩師という童形のものが現われ、何故に我が父多聞天に祈るのかと質問する。そのときに財物のために祈ると答えれば、その王子はただちに父王の許に帰り、そのことを報告し、必ず所願のように求むるものを得ることができる。ただし人びとに慈悲の心を起こすべし。正しくない心を起こすときには、そのような神験は消失すると誡める。

多聞天の最後の言葉として、持呪の功徳により財宝のみならず、長寿を得、災厄を除き、一切の鳥や獣の言葉を解することができると説く。

(大)一六巻四三二上—四三二下

時《とき》に多聞天王《たもんてんおう》、此《こ》の呪《じゅ》を説《と》き已《おわ》るや、仏言《ほとけのたま》わく、『善哉《よいかな》、大王《だいおう》、汝《なんじょ》能く一切衆生《いっさいしゅじょう》の貧窮《びんぐう》の苦《く》網《もう》を破裂《はれつ》し、富楽《ふらく》を得《え》しめ、是《こ》の神呪《じんしゅ》を説《と》き、復《ま》た此《こ》の経《きょう》をして広《ひろ》く世《よ》に行《おこ》なわれしむ。』

時《とき》に四天王《してんのう》、倶《とも》に坐《ざ》より起《た》ち、偏《ひとえ》に一肩《いっけん》を袒《はだぬ》ぎ、双足《そうそく》を頂礼《ちょうらい》し、右膝《うしつ》を地《じ》に著《つ》け、合掌恭敬《がっしょうくぎょう》し、妙伽他《みょうかだ》を以《もっ》て仏《ほとけ》の功徳《くどく》を讃《さん》ずらく、

『仏面《ぶつめん》は猶浄満月《なおじょうまんがつ》の如《ごと》し、亦《ま》た千日《せんにち》の光明《こうみょう》を放《はな》つが如《ごと》し。目《め》は浄《きよ》く脩広《しゅこう》なる青蓮《しょうれん》の若《ごと》し、歯《は》は白《しろ》く斉密《さいみつ》にして猶珂雪《なおかせつ》のごとし。

仏徳無辺《ぶっとくむへん》にして大海《だいかい》の如《ごと》く、無限《むげん》の妙宝其《みょうほうそ》の中《なか》に積《つ》む。智慧《ちえ》の徳水《とくすい》は鎮《しずま》りて恒《つね》に盈《み》ち、百千《ひやくせん》の勝定咸《しょうじょうことごと》く充満《じゅうまん》す。

足下《そくげ》の輪相皆厳飾《りんそうみなごんじき》し、轂輞千輻悉《こくもうせんぷくことごと》く斉平《さいひょう》に、手足《しゅそく》の縵網遍《まんもうあまね》く荘厳《しょうごん》し、猶鵝王《なおがおう》の相具足《そうぐそく》するが如《ごと》し。

仏身《ぶっしん》の光曜金山《こうようこんせん》に等《ひと》しく、清浄殊特《しょうじょうしゅとく》にして、倫匹《りんひつ》なく、亦《ま》た妙高《みょうこう》の功徳満《くどくみ》つるが如《ごと》し。故《ゆえ》に我仏山王《われぶっせんおう》を稽首《けいしゅ》したてまつる。

相好《そうごう》は空《くう》の如《ごと》く測《はか》るべからず、千月《せんがつ》の光明《こうみょう》を放《はな》つにも逾《こ》えて、皆焔《みなえん》と幻《げん》との如《ごと》く、不思議《ふしぎ》なり。故《ゆえ》に我心無著《われしんむじゃく》を稽首《けいしゅ》したてまつる。』

爾《そ》の時四天王《ときしてんのう》、仏《ほとけ》を讃歎《さんだん》し已《おわ》るや、世尊《せそん》亦《ま》た伽他《かだ》を以《もっ》て之《これ》に答《こた》えて曰《のたま》わく、

『此《こ》の金光明最勝《こんこうみょうさいしょう》の経《きょう》は、無上十力《むじょうじゅうりき》の説《と》く所《ところ》なり。汝等《なんじらし》四王常《おうつね》に擁衛《ようえい》して、応《まさ》に勇猛不退《ゆうみょうふたい》の

心《こころ》を生《しょう》ずべし。

此《こ》の妙《たえ》なる経宝《きょうぼう》は極《きわ》めて甚深《じんじん》なり。能《よ》く一切《いっさい》の有情《うじょう》に楽《らく》を与《あた》う。彼《か》の有情安楽《うじょうあんらく》なるに由《よ》るが故《ゆえ》に、常《つね》に贍部洲《せんぶしゅう》に流通《るずう》することを得《う》。

此《こ》の大千世界《だいせんせかい》の中《なか》に於《お》ける、所有一切《あらゆるいっさい》の有情《うじょう》の類《たぐい》、餓鬼《がき》と傍生《ぼうしょう》と、及《およ》び地獄《じごく》と、是《かく》の如《ごと》き苦《く》趣《しゅ》は悉《ことごと》く皆除《みなのぞ》き、
此《こ》の南洲《なんしゅう》に住《じゅう》する諸《もろもろ》の国王《こくおう》、及《およ》び余《よ》の一切《いっさい》の有情《うじょう》の類《たぐい》、経《きょう》の威力《いりき》に由《よ》り常《つね》に歓喜《かんぎ》し、皆擁護《みなようご》を蒙《こうむ》りて安寧《あんねい》を得《え》ん。

亦《ま》た此《こ》の中《なか》の諸《もろもろ》の有情《うじょう》をして、衆《もろもろ》の病苦《びょうく》を除《のぞ》き賊盗《ぞくとう》なからしめん、此《こ》の国土《こくど》、経《きょう》を弘《ひろ》むるに頼《よ》るが故《ゆえ》に、安隠豊楽《あんのんぶらく》にして違悩《いのう》なからん。

若《も》し人《ひと》此《こ》の経王《きょうおう》を聴受《ちょうじゅ》し、尊貴《そんき》、及《およ》び財利《ざいり》を求《もと》めんと欲《ほっ》せば、国土豊楽《こくどぶらく》にして違諍《いじょう》なく、心《こころ》に随《したが》いて所願《しょがん》 悉《ことごと》く皆従《みなしたが》い、
能《よ》く他方《たほう》の賊《ぞく》をして退散《たいさん》せしめ、自国界《じこくかい》に於《おい》て常《つね》に安隠《あんのん》ならん、此《こ》の最勝経王《さいしょうきょうおう》の力《ちから》に由《よ》りて、諸《もろもろ》の苦悩《くのう》を離《はな》れて憂怖《うふ》なからん。

宝樹王《ほうじゅうおう》の宅内《たくない》に在《あ》るが如《ごと》く、能《よ》く一切《いっさい》の諸《もろもろ》の楽具《らくぐ》を生《しょう》ず、最勝経王《さいしょうきょうおう》も亦《ま》た復《ま》た然《しか》り、能《よ》く人《にん》王《おう》に勝功徳《しょうくどく》を与《あた》う。

譬《たと》えば澄潔《ちょうけつ》清冷《しょうりょう》の水《みず》の、能《よ》く飢渇《けかつ》諸《もろもろ》の熱悩《ねつのう》を除《のぞ》くが如《ごと》し、最勝経王《さいしょうきょうおう》も亦《ま》た復《ま》た然《しか》り、楽《ぎょう》福者《ふくしゃ》をして心満足《こころまんぞく》せしむ。

人《ひと》の室《しつ》に妙宝《みょうほう》の篋《はこ》あれば、受用《じゅゆう》する所《ところ》に随《したが》いて悉《ことごと》く心《こころ》に従《したが》うが如《ごと》し、最勝経王《さいしょうきょうおう》も亦《ま》た復《ま》た然《しか》り、福徳心《ふくとくこころ》に随《したが》いて乏《か》くる所《ところ》なし。

汝等天主《なんじらてんしゅ》、及《およ》び天衆《てんしゅ》、応当《まさ》に此《こ》の経王《きょうおう》を供養《くよう》すべし、若《も》し能《よ》く教《きょう》に依《よ》りて経《きょう》を奉持《ぶじ》せば、智《ち》慧《え》威《い》神《じん》皆《みな》具足《ぐそく》し、

現法十方《げんぼうじっぽう》の一切《いっさい》の仏《ほとけ》、咸《ことごと》く共《とも》に此《こ》の経王《きょうおう》を護念《ごねん》し、読誦《どくじゅ》、及《およ》び受持《じゅじ》するものあるを見《み》たまいて、善哉《よいかな》甚《はなは》だ希有《けう》なりと称歎《しょうたん》せん。

若《も》し人《ひと》あり能《よ》く此《こ》の経《きょう》を聴《き》きて、身心踊躍《しんしんゆやく》して歓喜《かんぎ》を生《しょう》ぜば、常《つね》に百千《ひゃくせん》の薬叉衆《やくしゃしゅ》ありて、所《しょ》住《じゅう》の処《ところ》に随《したが》いて斯《こ》の人《ひと》を護《まも》らん。

此《こ》の世界《せかい》に於《お》ける諸《もろもろ》の天衆《てんしゅ》、其《そ》の数無量《しゅむりょう》にして不思議《ふしぎ》なり。悉《ことごと》く共《とも》に此《こ》の経王《きょうおう》を聴受《ちょうじゅ》し、歓《かん》喜《ぎ》護持《ごじ》して退転《たいてん》なからん。

若《も》し人《ひと》此《こ》の経王《きょうおう》を聴受《ちょうじゅ》せば、威徳勇猛《いとくゆうみょう》常《つね》に自在《じざい》に、一切《いっさい》の人天衆《にんでんしゅ》を増益《ぞうやく》して、衰悩《すいのう》を離《はな》れて光明《こうみょう》を益《ま》さしめん。』

爾《そ》の時《とき》四《し》天王《てんのう》、是《こ》の頌《じゅ》を聞《き》き已《おわ》りて、歓喜踊躍《かんぎゆやく》し、仏《ほとけ》に白《もう》して言《いわ》く、『世尊《せそん》、我昔《われむかし》より来《このかた》、未《いま》だ曾《かつ》て是《かく》の如《ごと》き甚深微妙《じんじんみみょう》の音《おと》を聞《き》くを得《え》ざりし』と。心《こころ》に悲喜《ひき》を生《しょう》じ、涕涙《たいるい》交《こもごも》流《なが》れ、挙心戦動《こしんせんどう》して不思議《ふしぎ》希有《けう》の事《こと》を証《しょう》し、天《てん》の曼陀羅花《まんだらけ》・摩訶《まか》曼陀羅花《まんだらけ》を以《もっ》て、仏《ほとけ》の上《うえ》に散《さん》ず、是《こ》の殊勝《しゅしょう》の供《く》養《よう》を作《な》し已《おわ》り、仏《ほとけ》に白《もう》して言《いわ》く、『世尊《せそん》、我等《われら》四王《しおう》、各《おのおの》五百《ごひゃく》の薬叉《やくしゃ》の眷属《けんぞく》あり。常《つね》に当《まさ》に処処《しょしょ》に是《こ》の経《きょう》、及《およ》び説法《せっぽう》の師《し》を擁護《ようご》し、智光明《ちこうみょう》を以《もっ》て助衛《じょえい》を為《な》すべし。此《こ》の経《きょう》の所有句義《あらゆるくぎ》において忘失《もうしつ》

の処《ところ》あらば、我皆彼《われみなかれ》をして憶念《おくねん》して忘《わす》れざらしめ、并《ならび》に陀羅尼《だらに》殊勝《しゅしょう》の法門《ほうもん》を与《あた》えて、具足《ぐそく》することを得《え》しめん。復《ま》た此《こ》の最勝経王所在《さいしょうきょうおうしょざい》の処《ところ》をして、諸《もろもろ》の衆生《しゅじょう》のために、広宣流布《こうせんるふ》して速《すみ》やかに隠没《おんもつ》せざらしめん。』

爾《そ》の時世尊《ときせそん》、大衆《だいしゅ》の中《なか》に於《おい》て、是《こ》の法《ほう》を説《と》きたまう時《とき》、無量《むりょう》の衆生皆大智聡叡弁才《しゅじょうみなだいちそうえいべんざい》を得《う》、無量《むりょう》なる福徳《ふくとく》の聚《じゅ》を摂受《しょうじゅ》し、諸《もろもろ》の憂悩《うのう》を離《はな》れ、喜楽《きらく》の心《こころ》を発《おこ》し、善《よ》く衆論《しゅろん》を明《あき》らかにし、出離《しゅつり》の道《どう》に登《のぼ》り、復《ま》た退転《たいてん》せず、速《すみ》やかに菩提《ぼだい》を証《しょう》しき。

この多聞天の言葉が終わると、仏はこの神呪とこの経典を広く世に行なわれるようにせよとの教えを説く。そして最後に四天王が偈頌によって仏の三十二相を持つ化身を讃え、さらに報身仏から法身仏を讃歎する五つの偈を説く。これに対して仏は十五偈をもって、この経典の受持をすすめ、その功徳を重ねて明らかにし、かつ速やかに菩提を証得すると結論している。

なお「偏祖一肩頂礼双足」という表現は珍らしい。梵本の直訳に近いものである。普通は「偏祖右肩頂礼仏足」である。

金光明最勝王經卷第七

大唐三藏沙門義淨奉　制譯

無染著陀羅尼品　第十三

㊅一六巻四三二下—四三三中

爾《そ》の時《とき》世尊《せそん》、具寿舎利子《ぐじゅしゃりし》に告《つ》げたまわく、『今法門《いまほうもん》あり、無染著陀羅尼《むぜんじゃくだらに》と名《なつ》く。是《こ》れ諸菩薩《しょぼさつ》の修行《しゅぎょう》する所《ところ》の法《ほう》なり、過去菩薩《かこぼさつ》の受持《じゅじ》する所《ところ》なり、是《こ》れ菩薩《ぼさつ》の母《はは》なり。』

是《こ》の語《ご》を説《と》き已《おわ》るや、具寿舎利子《ぐじゅしゃりし》、仏《ほとけ》に白《もう》して言《いわ》く、『世尊《せそん》、陀羅尼《だらに》とは是《こ》れ何《なん》の句義《くぎ》ぞや。世尊《せそん》、陀羅尼《だらに》とは方処《ほうしょ》に非《あら》ず、非方処《ひほうしょ》に非《あら》ず。』

是《こ》の語《ご》を作《な》し已《おわ》るや、仏《ほとけ》、舎利子《しゃりし》に告《つ》げたまわく、『善哉《よいかな》、善哉《よいかな》。舎利子《しゃりし》よ、汝大乗《なんじだいじょう》に於《おい》て已《すで》に能《よ》く発趣《ほっしゅ》し、大乗《だいじょう》を信解《しんげ》し、大乗《だいじょう》を尊重《そんじゅう》す。汝《なんじ》が説《と》く所《ところ》の如《ごと》く陀羅尼《だらに》は方処《ほうしょ》に非《あら》ず、非方処《ひほうしょ》に非《あら》ず。法《ほう》に非《あら》ず、非法《ひほう》に非《あら》ず。過去《かこ》に非《あら》ず、未来《みらい》に非《あら》ず、現在《げんざい》に非《あら》ず。事《じ》に非《あら》ず、非事《ひじ》に非《あら》ず。縁《えん》に非《あら》ず、非縁《ひえん》に非《あら》ず。行《ぎょう》に非《あら》ず、非行《ひぎょう》に非《あら》ず。法生《ほうしょう》ずるあるなく、亦《ま》た法滅《ほうめつ》するなし。然《しか》も諸《しょ》菩薩《ぼさつ》を利益《りやく》せんがための故《ゆえ》に、是《かく》の如《ごと》きの説《せつ》を作《な》し、此《こ》の陀羅尼《だらに》に於《おい》て、功用《くゆう》・正道《しょうどう》・理趣《りしゅ》・勢力《せいりき》・安立《あんりゅう》す。即《すなわ》ち是《こ》れ諸仏《しょぶつ》の功徳《くどく》、諸仏《しょぶつ》の禁戒《ごんかい》、諸仏《しょぶつ》の所学《しょがく》、諸仏《しょぶつ》の秘意《ひい》、諸仏《しょぶつ》の生処《しょうしょ》なり。故《ゆえ》に無染著陀羅尼最妙《むぜんじゃくだらにさいみょう》の法門《ほうもん》と名《なつ》く。』

是《こ》の語《ご》を作《な》し已《おわ》りたまうや、舎利子《しゃりし》、仏《ほとけ》に白《もう》して言《いわ》く、『世尊《せそん》、唯願《ただねが》わくば善逝《ぜんぜい》、我《わ》がために此《こ》の陀羅尼《だらに》の法《ほう》を説《と》きたまえ。若《も》し諸《もろもろ》の菩薩《ぼさつ》能《よ》く安住《あんじゅう》するものは、無上菩提《むじょうぼだい》に於《おい》て復《ま》た退転《たいてん》せず、正願《しょうがん》を成就《じょうじゅ》し、無所依《むしょえ》を得《え》、自性弁才《じしょうべんざい》あり、希有《けう》の事《じ》を獲《え》て、聖道《しょうどう》に安住《あんじゅう》す。皆此《みなこ》の陀羅尼《だらに》を得《う》るに由《よ》る故《ゆえ》なり。』

仏《ほとけ》、舎利子《しゃりし》に告《つ》げたまわく、『善哉《よいかな》、善哉《よいかな》。是《かく》の如《ごと》し、是《かく》の如《ごと》し。汝《なんじ》の所説《しょせつ》の如《ごと》し。若《も》し菩薩《ぼさつ》ありて此《こ》の陀羅尼《だらに》を得《う》るものは、応《まさ》に知《し》るべし。是《こ》の人《ひと》、仏《ほとけ》と異《こと》なることなし。若《も》し此《こ》の菩薩《ぼさつ》を供養《くよう》し、尊重《そんじゅう》し、承事《しょうじ》し、供給《くきゅう》するあらば、応《まさ》に知《し》るべし、即《すなわ》ち是《こ》れ仏《ほとけ》を供養《くよう》するなり。舎利子《しゃりし》、若《も》し余人《よにん》ありて、此《こ》の陀羅尼《だらに》を聞《き》き、受持《じゅじ》し、読誦《どくじゅ》し、信解《しんげ》を生《しょう》ずるものは、亦《ま》た応《まさ》に是《かく》の如《ごと》く恭敬供養《くぎょうくよう》すること、仏《ほとけ》と異《こと》なることなかるべし。是《こ》の因縁《いんねん》を以《もっ》て無上果《むじょうか》を獲《え》ん。』

爾《そ》の時《とき》に世尊《せそん》、即《すなわ》ち為《ため》に陀羅尼《だらに》を演説《えんぜつ》して曰《のたま》わく、

⑯『怛姪他《たにやた》。珊陀喇儞《さんだらに》。嗢多喇儞《うんたらに》。蘇三鉢囉底瑟恥哆《そさんはらちしつちた》。蘇那麼《そなま》。蘇鉢喇底瑟恥哆《そはらちしつちた》。鼻逝也《びせいや》。跋《ば》羅《ら》。薩底也《さつていや》。鉢喇底慎若《はらちしんじゃ》。蘇阿嚧訶《そあろか》。慎若那末底《しんじゃなまち》。嗢波弾儞《うんはたんに》、阿伐那末儞《あはなまに》。阿毘師弾儞《あびしたんに》。阿《あ》鞞毘耶訶羅《びびやから》。輸婆伐底《しゅばばち》。蘇尼室唎多《そにしつりた》。薄虎《ばこ》。郡社《ぐんじゃ》。阿毘婆駄《あびばだ》。莎訶《そわか》。』

仏《ほとけ》、舎利子《しゃりし》に告《つ》げたまわく、『此《こ》の無染著陀羅尼《むぜんじゃくだらに》の句《く》は、若《も》し菩薩《ぼさつ》ありて、能《よ》く善《よ》く安住《あんじゅう》し、能《よ》く正《ただ》しく受持《じゅじ》せば、当《まさ》に知《し》るべし、是《こ》の人《ひと》、若《も》しくは一劫《いちこう》、若《も》しくは百劫《ひゃくこう》、若《も》しくは千劫《せんこう》、若《も》しくは百千劫《ひゃくせんこう》に於《おい》て、発《おこ》す所《ところ》の正願《しょうがん》、窮尽《ぐうじん》あることなく、身《み》、亦《ま》た刀《とう》・杖《じょう》・毒薬《どくやく》・水《すい》・火《か》・猛《みょう》獣《じゅう》に損害《そんがい》せられじ。何《なに》を以《もっ》ての故《ゆえ》に、舎利子《しゃりし》、此《こ》の無染著陀羅尼《むぜんじゃくだらに》は、是《こ》れ過去《かこ》諸仏《しょぶつ》の母《はは》なり。未《み》来諸仏《らいしょぶつ》の母《はは》なり。現在諸仏《げんざいしょぶつ》の母《はは》なればなり。

舎利子《しゃりし》よ、若《も》し復《ま》た人《ひと》ありて、十《じゅう》*阿《あ》僧企耶《そうぎや》三千大千世《さんぜんだいせんせ》界《かい》の中《なか》に満《み》ちたる七宝《しっぽう》を以《もっ》て、諸仏《しょぶつ》に奉施《ぶせ》し、及《およ》び上妙《じょうみょう》の衣服《えぶく》、飲食《おんじき》を以《もっ》て、種種《しゅじゅ》に供養《くよう》して、無数劫《むしゅこう》を経《へ》んに、若《も》し復《ま》た人《ひと》ありて、此《こ》の陀羅尼《だらに》の乃至《ないし》一句《いっく》を能《よ》く受持《じゅじ》するものは、生《しょう》ずる所《ところ》の福《ふく》、倍《ばい》して彼《かれ》より多《おお》し。何《なに》を以《もっ》ての故《ゆえ》に、舎利子《しゃりし》、此《こ》の無染著陀羅尼《むぜんじゃくだらに》甚深《じんじん》の法門《ほうもん》は、是《こ》れ諸仏《しょぶつ》の母《はは》なるが故《ゆえ》なり。』

時《とき》に具寿舎利子《ぐじゅしゃりし》、及《およ》び諸《もろもろ》の大衆《だいしゅ》は、是《こ》の法《ほう》を聞《き》き已《おわ》りて、皆大《みなおお》いに歓喜《かんぎ》し、咸《ことごと》く受持《じゅじ》を願《ねが》う。

《阿僧企耶》 asaṃkhya 無数の。数え難いほどの数。

この無染著陀羅尼品《むぜんじゃくだらにほん》は梵本ならびに四巻本に欠けるもので、『金光明経』の経典構成史の上からみれば、後に挿入されたものと推定される。無染著陀羅尼品という題名が示すように神呪として陀羅尼の意味を重視したものである。大乗経典の一つである『法華経』の陀羅尼品を連想せしむるものがある。

この無染著陀羅尼は「諸菩薩の修行する法門であり、菩薩の母である」という仏の舎利弗に対する言葉に始まる。「菩薩の母」という表現は般若経典に出る般若は仏母であるという思想を発展させたものである。しかも舎利弗は陀羅尼とは方処《ほうしょ》と非方処を超越した神呪であるということを世尊に申し上げたところ、世尊はさらに空間を超越するのみならず時間も、存在も、実践も超越した霊妙なものであると説き、これこそ諸仏の功徳《くどく》であり、禁戒《ごんかい》であり、学処《がくしょ》であり、諸仏の秘意《ひい》であり、生処《しょうしょ》であると力説する。これに対して舎利弗は、陀羅尼の六種の利益を挙げている。すなわち、(1)菩薩の修行位を退転なく進む不退転。(2)十種の大願を成就する正願。(3)無所依を得ること。(4)四無礙弁を得る自性弁才。(5)衆生済度につき希有《けう》なること。(6)菩薩の十地に入る聖道安住である。そして最後にこの無染著陀羅尼は諸仏の母であることを世尊は説く。

如意宝珠品　第十四

(大)一六巻四三三中—四三四中

爾《そ》の時世《ときせ》尊《そん》、大衆《だいしゅ》の中《なか》に於《お》いて、阿難陀《あなんだ》に告《つ》げて曰《のたま》わく、『汝等当《なんじらまさ》に知《し》るべし、陀羅尼《だらに》あり、如《にょ》意宝珠《いほうじゅ》と名《なつ》く。一切《いっさい》の災厄《さいやく》を遠離《おんり》し、亦《ま》た能《よ》く諸《もろもろ》の悪雷電《あくらいでん》を遮止《しゃし》す。過去《かこ》の如来応正等覚《にょらいおうしょうとうがく》の共《とも》に宣説《せんぜつ》する所《ところ》なり。我今時《われいまとき》に此《こ》の経中《きょうちゅう》に於《お》いて、亦《ま》た汝等大衆《なんじらだいしゅ》のために宣説《せんぜつ》し、能《よ》く人天《にんでん》に於《お》いて大利《だいり》益《やく》を為《な》し、世間《せけん》を哀愍《あいみん》し、一切《いっさい》を擁護《ようご》し、安楽《あんらく》を得《え》しめん。』

時《とき》に諸《もろもろ》の大衆《だいしゅ》、及《およ》び阿難陀《あなんだ》、仏《ほとけ》の語《ご》を聞《き》き已《おわ》りて、各各至誠《おのおのしじょう》に、世尊《せそん》を瞻仰《せんごう》し、神呪《じんしゅ》を聴受《ちょうじゅ》す。

仏言《ほとけのたま》わく、『汝等諦聴《なんじらたいちょう》せよ。此《こ》の東方《とうほう》に於《お》いて光明電王《こうみょうでんおう》あり、*阿掲多《あがた》と名《なつ》く。南方《なんぽう》に光明電王《こうみょうでんおう》あり、*設羝嚕《しゃとろ》と名《なつ》く。西方《さいほう》に光明電王《こうみょうでんおう》あり、*主多光《しゅたこう》と名《なつ》く。北方《ほっぽう》に光明電王《こうみょうでんおう》あり、*蘇多末尼《そたまに》と名《なつ》く。若《も》し善男子《ぜんなんし》・善女人《ぜんにょにん》ありて、是《かく》の如《ごと》き電王《でんおう》の名字《みょうじ》を聞《き》くことを得《え》、及《およ》び方処《ほうしょ》を知《し》るものあらば、此《こ》の人《ひと》、即《すなわ》ち一切怖畏《いっさいふい》の事《こと》を遠離《おんり》せん。及《およ》び諸《もろもろ》の災横悉《さいおうことごと》く皆消殄《みなしょうてん》せん。若《も》し住処《じゅうしょ》に於《お》いて、此《こ》の四方電王《しほうでんおう》の名《な》を書《しょ》するものは、所住《しょじゅう》の処《ところ》に於《お》いて雷電《らいでん》の怖《おそ》れなく、亦《ま》た災厄《さいやく》なく、及《およ》び諸《もろもろ》の障悩《しょうのう》、非時《ひじ》の枉死《おうし》、悉《ことごと》く皆遠離《みなおんり》せん。』

爾《そ》の時世《ときせ》尊《そん》、即《すなわ》ち呪《じゅ》を説《と》きて曰《のたま》わく、

⑰『怛姪他《たにやた》。儞弭儞《にみに》。弭儞弭《みにみ》。尼民達哩《にみんだり》。窒哩盧迦《ちりろか》。盧羯儞《ろかに》。窒哩輸攞波儞《ちりしゅらはに》。曷咯叉《あらくしゃ》。曷咯叉《あらくしゃ》。

我某甲《われむこう》、及《およ》び此《こ》の住処《じゅうしょ》。一切《いっさい》の恐怖《くふ》、所有苦悩《あらゆるくのう》・雷電《らいでん》・霹靂《びゃくりゃく》、乃至枉死《ないしおうし》 悉《ことごと》く皆遠離《みなおんり》せん。
莎訶《そわか》。』

爾《そ》の時《とき》、観自在菩薩摩訶薩《かんじざいぼさつまかさつ》、大衆《だいしゅ》の中《なか》に在《あ》りて、即《すなわ》ち座《ざ》より起《た》ちて、偏《ひとえ》に右肩《うけん》を袒《はだぬ》ぎ、合掌恭敬《がっしょうくぎょう》して、仏《ほとけ》に白《もう》して言《いわ》く、『世尊《せそん》、我今《われいま》亦た仏《ほとけ》の前《まえ》に於《おい》て、略《りゃく》して如意宝珠神呪《にょいほうじゅじんしゅ》を説《と》かん。諸《もろもろ》の人天《にんでん》に於《おい》て、大利益《だいりやく》を為《な》し、世間《せけん》を哀愍《あいみん》し、一切《いっさい》を擁護《ようご》し、安楽《あんらく》を得《え》しめ、大威力《だいいりき》ありて、求《もと》むる所《ところ》、願《がん》の如《ごと》くならん。』即《すなわ》ち呪《じゅ》を説《と》きて曰《いわ》く、

⑱『怛姪他《たにやた》。喝帝《かてい》。毘喝帝《びかてい》。儞喝帝《にがてい》。鉢喇窒体雞《はらちたいけい》。鉢喇底蜜窒囇《はらちみちれい》。戍提《しゅでい》。目羝《もくち》。毘末麗《びまれい》。鉢喇《はら》婆莎囇《ばしゃれい》。安荼囇《あんだれい》。般荼囇《はんだれい》。税帝《ぜいてい》。般荼囉婆死儞《はんだらばしに》。曷囇《かれい》。羯荼囇《かだれい》。劫畢麗《こうひれい》。氷掲羅悪綺《ひょうからあき》。達地《だじ》目企《もくき》。曷咯叉《あらくしゃ》。曷咯叉《あらくしゃ》。

我某甲《われむこう》、及《およ》び此《こ》の住処《じゅうしょ》、一切《いっさい》の恐怖《くふ》、所有苦悩《あらゆるくのう》、乃至枉死《ないしおうし》 悉《ことごと》く皆遠離《みなおんり》せん。願《ねが》わくば我《われ》罪悪《ざいあく》の事《こと》を見《み》ること莫《な》く、常《つね》に聖観自在菩薩大悲威光《しょうかんじざいぼさつだいひいこう》に護念蒙《ごねんこうむ》られん。莎訶《そわか》。』

爾《そ》の時《とき》に*執金剛秘密主菩薩《しゅうこんごうひみつしゅぼさつ》、即《すなわ》ち座《ざ》より起《た》ちて、合掌恭敬《がっしょうくぎょう》し、仏《ほとけ》に白《もう》して言《いわ》く、『世尊《せそん》、我今《われいま》亦《ま》た陀羅尼呪《だらにじゅ》の、名《なっ》けて無勝《むしょう》と曰《い》うを説《と》かん。諸《もろもろ》の人天《にんでん》に於《おい》て、大利益《だいりやく》を為《な》し、世間《せけん》を哀愍《あいみん》し、一切《いっさい》を擁護《ようご》し、大威力《だいいりき》ありて、求《もと》むる所《ところ》、願《がん》の如《ごと》くならん。』即《すなわ》ち呪《じゅ》を説《と》いて曰《いわ》く、

⑲『「怛姪他《たにやた》。母儞《もに》。母儞《もに》。母尼囇《もにれい》。末底《まち》。末底《まち》。蘇末底《そまち》。莫訶末底《まかまち》。呵呵呵《かかか》。磨婆《まば》。以那悉《いなし》底帝波跛《ちていはば》。跋折攞波儞《はざらばに》。悪甜姪嘌荼《あてんちりだ》。莎訶《そわか》。」

世尊《せそん》、我《わ》が此《こ》の神呪《じんしゅ》を名《なっ》けて無勝擁護《むしょうようご》と曰《い》う。若《も》し男女《なんにょ》ありて、一心《いっしん》に受持《じゅじ》し、書写《しょしゃ》し、読誦《どくじゅ》

し、憶念《おくねん》して忘《わす》れざれば、我昼夜《われちゅうや》に於《おい》て、常《つね》に是《こ》の人《ひと》を護《まも》り、一切《いっさい》の恐怖《くふ》、乃至枉死《ないしおうし》に於《おい》て、悉《ことごと》く皆遠離《みなおんり》せん。』

爾《そ》の時《とき》に索訶世界主梵天王《さくかせかいしゅぼんてんのう》、即《すなわ》ち座《ざ》より起《た》ちて、合掌恭敬《がっしょうくぎょう》し、仏《ほとけ》に白《もう》して言《いわ》く、『世尊《せそん》、我亦《われま》た陀羅尼微妙《だらにみみょう》の法門《ほうもん》あり、諸《もろもろ》の人天《にんでん》に於《おい》て、大利益《だいりやく》を為《な》し、世間《せけん》を哀愍《あいみん》し、一切《いっさい》を擁護《ようご》し、大威《だいい》力《りき》ありて、求《もと》むる所《ところ》、願《がん》の如《ごと》くならん。』即《すなわ》ち呪《じゅ》を説《と》いて曰《いわ》く、

⑳ 『「怛姪他《たにやた》。醯里《ひり》。弭里《みり》。地里《じり》。莎訶《そわか》。跋囉甜魔布囇《ばらてんまふれい》。跋囉甜麼末尼《ばらてんままに》。跋羅甜麼掲鞞《ばらてんまかべい》。補渋《ほじゅう》跛僧悉怛囇《ばそうしたれい》。莎訶《そわか》。」

世尊《せそん》、我《わ》が此《こ》の神呪《じんしゅ》を名《なづ》けて梵治《ぼんじ》と曰《い》う。悉《ことごと》く能《よ》く擁護《ようご》す。是《こ》の呪《じゅ》を持《じ》するものは、憂悩《うのう》を離《はな》れしめ、及《およ》び諸《もろもろ》の罪業《ざいごう》、乃至枉死《ないしおうし》悉《ことごと》く皆遠離《みなおんり》せん。』

爾《そ》の時《とき》に帝釈天主《たいしゃくてんしゅ》、即《すなわ》ち座《ざ》より起《た》ちて、合掌恭敬《がっしょうくぎょう》して、仏《ほとけ》に白《もう》して言《いわ》く、『世尊《せそん》、我亦《われま》た陀羅《だら》尼《に》あり、*跋折羅扇儞《はざらせんに》と名《なづ》く。是《こ》の大神呪《だいじんしゅ》は、能《よ》く一切《いっさい》の恐怖《くふ》と厄難《やくなん》とを除《のぞ》く。乃至枉死《ないしおうし》悉《ことごと》く皆《みな》遠離《おんり》し、苦《く》を抜《ぬ》き楽《らく》を与《あた》え、人天《にんでん》を利益《りやく》せん。』即《すなわ》ち呪《じゅ》を説《と》いて曰《いわ》く、

㉑ 『怛姪他《たにやた》。毘儞《びに》。婆喇儞《ばりに》。畔陀麼弾滞《ばんだまたんてい》。磨膩儞掇儞《まににちに》。瞿哩《ぐり》。揵陀哩《けんだり》。旃荼哩《せんだり》。摩登耆《まとうぎ》。卜羯《ぶつきや》死《し》。薩囉跋喇鞞《さらばらび》。呬娜末住《きなまじゅう》。答磨《とうま》。嗢多喇儞《うんたらに》。莫呼剌儞《まこらに》。達剌儞計《だらにけ》。斫羯囉婆枳《きやきやらばき》。捨伐哩《しやばり》。奢伐哩《しやばり》。莎訶《そわか》。』

爾《そ》の時《とき》、多聞天王《たもんてんのう》、持国天王《じこくてんのう》、増長天王《ぞうじょうてんのう》、広目天王《こうもくてんのう》、倶《とも》に座《ざ》より起《た》ちて、合掌恭敬《がっしょうくぎょう》して、仏《ほとけ》に白《もう》して言《いわ》く、『世尊《せそん》、我今亦《われいまま》た神呪《じんじゅ》あり。施一切衆生無畏《せいっさいしゅじょうむい》と名《なづ》く。諸《もろもろ》の苦悩《くのう》に於《おい》て、常《つね》に擁護《ようご》を

為《な》し、安楽《あんらく》を得《え》しめ、寿命《じゅみょう》を増益《ぞうやく》し、諸《もろもろ》の患苦《げんく》なく、乃至《ないし》枉死《おうし》悉《ことごと》く皆遠離《みなおんり》せん。』即《すなわ》ち呪《じゅ》を説《と》きて曰《いわ》く、

㉒『怛姪他《たにゃた》。補渋閉《ほしゅべい》、蘇補渋閉《そほしゅべい》。度麼鉢喇呵囉《どまはらはれい》。阿囄耶鉢喇設悉帝《ありやはらしっちてい》。扇帝《せんてい》。涅目帝《ねもくてい》。忙揭例《ぼうきやれい》。窣覩帝《そとてい》。悉哆鼻帝《したびてい》。莎訶《そわか》。』

爾《そ》の時《とき》、復《ま》た諸《もろもろ》の大龍王《だいりゅうおう》あり。所謂《いわゆる》、末那斯龍王《まなしりゅうおう》、電光龍王《でんこうりゅうおう》、無熱池龍王《むねっちりゅうおう》、電舌龍王《でんぜつりゅうおう》、妙光《みょうこう》龍王《りゅうおう》なり。倶《とも》に座《ざ》より起《た》ちて、合掌恭敬《がっしょうくぎょう》し、仏《ほとけ》に白《もう》して言《いわ》く、『世尊《せそん》、我亦《われま》た如意宝珠陀羅尼《にょいほうじゅだらに》あり、能《よ》く悪電《あくでん》を遮《さえ》ぎり、諸《もろもろ》の恐怖《くふ》を除《のぞ》き、能《よ》く人天《にんでん》に於《おい》て、大利益《だいりやく》を為《な》し、世間《せけん》を哀愍《あいみん》し、一切《いっさい》を擁護《ようご》し、大威力《だいいりき》ありて、求《もと》むる所《ところ》、願《がん》の如《ごと》く、乃至《ないし》枉死《おうし》悉《ことごと》く皆遠離《みなおんり》し、一切《いっさい》の毒薬皆止息《どくやくみなしそく》せしめ、一切造作《いっさいぞうさ》の蠱道《こどう》・呪術《じゅじゅつ》・不吉祥《ふきちじょう》の事《こと》、悉《ことごと》く除滅《じょめつ》せしむ。我今此《われいまこ》の神呪《じんしゅ》を以《もっ》て、世尊《せそん》に献《けん》じ奉《たてまつ》る。唯願《ただねが》わくば、哀愍《あいみん》し、慈悲《じひ》もて納受《のうじゅ》したまえ。当《まさ》に我等《われら》をして此《こ》の龍趣《りゅうしゅ》を離《はな》れしめ、永《なが》く慳貪《けんどん》を捨《す》てしむべし。何《なに》を以《もっ》ての故《ゆえ》に、此《こ》の慳貪《けんどん》に由《よ》りて、生死《しょうじ》の中《なか》に於《おい》て、諸《もろもろ》の苦悩《くのう》を受《う》くればなり。我等願《われらねが》わくば慳貪《けんどん》の種子《しゅじ》を断《だん》ぜん。』即《すなわ》ち呪《じゅ》を説《と》いて曰《いわ》く、

㉓『怛姪他《たにゃた》。阿折囉《あしゃれい》。阿末囉《あまれい》。阿蜜㗚帝《あみりてい》。悪叉裔《あしゃえい》。阿弊裔《あへいえい》。奔尼鉢唎耶法帝《ほんにはりやほうてい》。薩婆波跛《さつばはしゃ》。鉢唎《はり》苫摩尼裔《せんまにえい》。莎訶《そわか》。阿離裔《ありえい》。般豆《はんず》。蘇波尼裔《そはにえい》。莎訶《そわか》。』

『世尊《せそん》、若《も》し善男子《ぜんなんし》・善女人《ぜんにょにん》ありて、口《くち》の中《なか》に此《こ》の陀羅尼明呪《だらにみょうじゅ》を説《と》き、或《ある》いは経巻《きょうがん》に書《しょ》して、受持《じゅじ》し、読誦《どくじゅ》し、恭敬《くぎょう》し、供養《くよう》せば、終《つい》に雷電《らいでん》、霹靂《びゃくりゃく》、及《およ》び諸《もろもろ》の恐怖《くふ》、苦悩《くのう》、憂患《うげん》なく、乃至《ないし》枉《おう》死《し》悉《ことごと》く皆遠離《みなおんり》し、所有毒薬《あらゆるどくやく》・*蠱魅《こみ》・*厭禱《えんとう》、人《ひと》を害《がい》する虎《とら》・狼《おおかみ》・師子《しし》・毒蛇《どくじゃ》の類《るい》、乃至《ないし》蚊虻《ぶんもう》も

悉《ことごと》く害《がい》を為《な》さじ。』

爾《そ》の時《とき》、世尊《せそん》、普《あまね》く大衆《だいしゅ》に告《つ》げたまわく、『善哉《よいかな》、善哉《よいかな》。此等《これら》の神呪《じんじゅ》皆《みな》大力《だいりき》あり、能《よ》く衆生《しゅじょう》の心《こころ》に随《したが》いて、求《もと》むる所《ところ》の事《こと》、悉《ことごと》く円満《えんまん》ならしめ、大利益《だいりやく》を為《な》す。至心《ししん》ならざるを除《のぞ》く。汝等《なんじら》疑《うたが》うこと勿《なか》れ。』

時《とき》に諸《もろもろ》の大衆《だいしゅ》、仏語《ぶつご》を聞《き》き已《お》わりて、歓喜《かんぎ》信受《しんじゅ》しぬ。

《阿揭多》 Āgata か、『消除一切閃電障難随求如意陀羅尼経』によれば、「阿伽曩宋言無厚」(Aghana) とある。**《設羝嚕》** Śatru か、同じく「舎多嚕宋言順流」(Śatadru) とある。**《主多光》** Cyutaprabha か、同じく「放光明」(Cyutaprabha) とある。**《蘇多末尼》** Sutamani か、同じく「燥那麽尼宋言百生樹」(Sandāmani) とある。**《執金剛秘密主菩薩》** Vajrapāṇi **《跋折羅扇儞》** Vajraśani **《蠱魅》** まどわし、だますこと。**《厭禱》** 祈禱すること。

この如意《にょい》宝珠品《ほうじゅほん》も梵本ならびに四巻本に欠く。無染著陀羅尼品は精神的意味での陀羅尼の重要性を説くものであったが、ここでは陀羅尼の現世《げんぜ》利益《りやく》を強調する。したがってきわめて呪術性が強い。またこの品ではまず阿難陀に対して如意宝珠陀羅尼の功徳を説き、一切の恐怖や雷電などの気象異常を達し、横死《おうし》を免れることを説いている。ついで観世音菩薩が仏に対して、再び陀羅尼の神呪を説き、さらに執金剛秘密主菩薩《しゅうこんごうひみつしゅぼさつ》が無勝陀羅尼《むしょうだらに》を説き、第四番目には娑婆世界主梵天主《ぼんてんしゅ》が梵治《ぼんじ》陀羅尼を説き、第五番目に四天王が施一切衆生無畏《せいっさいしゅじょうむい》陀羅尼を説く。この場合には安楽を得、寿命の増益を得る功徳があるという。さらに第六番目に諸大龍王《しょだいりゅうおう》が再び如意宝珠陀羅尼によって、諸の恐怖を除き、横死を免れ、また一切の毒薬の止息《しそく》が生じ、しかも永く慳貪《けんどん》を捨てることを説いている。

大弁才天女品　第十五之一

(大)一六巻四三四中―四三五下

爾《そ》の時《とき》、*大弁才天女《だいべんざいてんにょ》、大衆《だいしゅ》の中《なか》に於《おい》て、即《すなわ》ち座《ざ》より起《た》ちて、仏足《ぶっそく》を頂礼《ちょうらい》し、仏《ほとけ》に白《もう》して言《いわ》く、『世尊《せそん》、若《も》し法師《ほっし》あり、是《こ》の金光明最勝王経《こんこうみょうさいしょうおうきょう》を説《と》く者《もの》は、我当《われまさ》に其《そ》の智慧《ちえ》を益《ま》し、言説《ごんぜつ》の弁《べん》を具足荘厳《ぐそくしょうごん》すべし、若《も》し彼《か》の法師《ほっし》、此《こ》の経《きょう》の中《なか》に於《おい》て、文字句義《もんじくぎ》を忘失《もうしつ》する所《ところ》あらば、皆憶持《みなおくじ》して、能《よ》く善《よ》く開悟《かいご》せしめ、復《ま》た陀羅尼《だらに》、総持《そうじ》の無礙《むげ》を与《あた》えん。又《また》、此《こ》の金光明最勝王経《こんこうみょうさいしょうおうきょう》は、彼《か》の有《う》情《じょう》の已《すで》に百千仏《ひゃくせんぶつ》の所《ところ》に於《おい》て、諸《もろもろ》の善根《ぜんごん》を種《う》えて、常《つね》に受持《じゅじ》すべきもののために、贍部洲《せんぶしゅう》に於《おい》て、広《ひろ》く行《おこ》なわれ流布《るふ》して、速《すみ》やかに隠没《おんもつ》せざらしめん、復《ま》た無量《むりょう》の有情《うじょう》、是《こ》の経典《きょうてん》を聞《き》くものをして、皆不可思議《みなふかしぎ》の捷利《しょうり》の弁才《べんざい》と無尽《むじん》の大慧《だいえ》とを得《え》しめ、善《よ》く衆論《しゅろん》、及《およ》び諸《もろもろ》の技術《ぎじゅつ》を解《げ》せしめん。能《よ》く生死《しょうじ》を出《い》でて、速《すみ》やかに無上正等菩提《むじょうしょうとうぼだい》に趣《おもむ》かしめん。現世《げんせ》の中《なか》に於《おい》て、寿命《じゅみょう》を増益《ぞうやく》し、資《し》身《しん》の具《ぐ》、悉《ことごと》く円満《えんまん》ならしめん。

世尊《せそん》、我当《われまさ》に彼《か》の持経法師《じきょうほっし》、及《およ》び余《よ》の有情《うじょう》の此《こ》の経典《きょうてん》に於《おい》て、楽《ねが》いて聴聞《ちょうもん》するもののために、其《そ》の呪薬洗浴《じゅやくせんよく》の法《ほう》を説《と》かん。彼《か》の人《ひと》の所有悪星災変《あらゆるあくしょうさいへん》、初生時《しょしょうじ》に与《あた》えし星属《しょうぞく》の相違《そうい》、疫病《しつびょう》の苦《く》、闘《とう》諍《じょう》・戦陣《せんじん》・悪夢《あくむ》・鬼《き》神《じん》・蠱《こ》毒《どく》・厭魅《えんみ》・呪術《じゅじゅつ》・起《き》屍《し》、是《かく》の如《ごと》きの諸悪《しょあく》の障難《しょうなん》を為《な》すもの、悉《ことごと》く除滅《じょめつ》せしめん。諸《もろもろ》の有智《うち》のもの、応《まさ》に是《かく》の如《ごと》き洗浴《せんよく》の法《ほう》を作《な》すべし。

当《まさ》に香薬三十二味《こうやくさんじゅうにみ》を取《と》るべし、所謂《いわゆる》、

*菖蒲《しょうぶ》（跋者《はしゃ》）　*牛黄《ごおう》（瞿盧折那《くろしな》）　*苜蓿香《もくしゅくこう》（塞畢力迦《さいひつりか》）　*麝香《じゃこう》（莫迦婆《まかば》
伽《か》）　*雄黄《ゆうおう》（末捺眵羅《まなしら》）　*合昏樹《ごうこんじゅ》（尸利灑《しりしゃ》）　*白及《びゃくぎゅう》（因陀羅喝悉哆《いんだらきゃしった》）　*芎藭《くぐ》（闍莫《じゃま》
迦《か》）　*苟杞根《くここん》（苫弭《せんみ》）　*松脂《しょうじ》（室利薜瑟得迦《しりべいしっとく》）　*桂皮《けいひ》（咄者《とっしゃ》）　*香附子《こうふし》（目窣《もくそつ》
哆《た》）　*沈香《じんこう》（悪揭嚕《あくぎゃら》）　*栴檀《せんだん》（栴檀那《せんだんな》）　*零凌香《れいりょうこう》（多揭羅《たぎゃら》）　*丁子《ちょうじ》（索瞿《さくぐ》
者《しゃ》）　*欝金《うこん》（荼矩麼《だくま》）　*婆律膏《ばりっこう》（揭羅婆《ぎゃらば》）　*葦香《いこう》（捺刺柁《ならだ》）　*竹黄《ちくおう》（鶻路戦《こつろせん》
娜《な》）　*細豆蔻《さいずく》（蘇泣迷羅《そきゅうめいら》）　*甘松《かんしょう》（苫弭哆《せんみた》）　*藿香《かくこう》（鉢怛羅《はたんら》）　*茅根香《ぼうこんこう》（嗢尸《うんし》
羅《ら》）　*叱呫《しっし》（薩洛計《さつらくけい》）　*艾納《がいのう》（世黎也《せれいや》）　*安息香《あんそくこう》（窶具攞《くぐら》）　*芥子《けし》（薩利殺《さつりさつ》
跛《ば》）　*馬芹《めきん》（葉婆儞《しょうばに》）　*龍花鬚《りょうげしゅ》（那伽雞薩羅《なかけいさつら》）　*白膠《びゃくこう》（薩折羅娑《さつしゃらさ》）　*青木《しょうもく》（矩瑟《くしつ》
侘《た》）

皆等分《みなとうぶん》。

*布灑星《ふしようしよう》の日《ひ》を以《もっ》て、一処《いっしょ》に擣《つ》き篩《ふる》いて、其《そ》の香末《こうまつ》を取《と》れ、当《まさ》に此《こ》の呪《じゅ》を以《もっ》て、呪《じゅ》すること*一《いっ》百八遍《びやくはちへん》すべし。呪《じゅ》に曰《いわ》く、

㉔「怛姪他《たにやた》。蘇訖栗帝《そくりてい》。訖栗帝《きりてい》。訖栗計《きりけい》。劫摩怛里《こうまたり》。繕怒羯囒滞《せんどきやらてい》。郝羯喇滞《きやからてい》。因達囉闍利膩《いんだらしやりに》。鑠羯囒滞《しやきやらてい》。鉢設姪囇《はらにれい》。阿伐底《あはち》。羯細計娜《きやしけいな》。矩覩《くど》。矩覩《くど》。脚迦鼻麗《きやかびれい》。劫鼻囇《こうびれい》。劫鼻囇《こうびれい》。劫毘羅《こうびら》末底《まち》。尸羅末底《しらまち》。删底度囉末底哩《さんちどらまちり》。波伐矩《ははぐ》。畔稚囇《はんちれい》。室囇室囇《しれいしれい》。薩底悉体羝《さちしっていれい》。莎訶《そわか》。」

若《も》し如法《によほう》に洗浴《せんよく》せんことを楽《ねが》う時《とき》は、応《まさ》に壇場《だんじょう》の方《ほう》、*八肘《はっちゅう》なるを作《つく》るべし。寂静安隠《じやくじようあんのん》の処《ところ》に於《おい》て、求《もと》むる所《ところ》の事《こと》を念《ねん》じ、心《しん》を離《はな》れざるべし。

応《まさ》に*牛糞《ごふん》を塗《ぬ》りて其《そ》の壇《だん》を作《つく》り、上《うえ》に於《おい》て普《あまね》く諸《もろもろ》の花彩《けさい》を散《さん》ずべし。当《まさ》に浄潔《じようけつ》の金銀《こんごん》の器《うつわ》を以《もっ》て、美味《みみ》并《ならび》に乳蜜《にゆうみつ》を盛《も》り満《み》つべし。

彼《か》の壇場《だんじよう》に於《おい》て、四門《しもん》の所《ところ》、四人守護《しにんしゆご》すること、法《ほう》、常《つね》の如《ごと》く、四童子《しどうじ》をして身《み》を好厳《こうごん》せしめ、各《おのおの》一角《いつかく》に於《おい》て、瓶水《びようすい》を持《じ》せしめよ。

此《ここ》に於《おい》て、常《つね》に安息香《あんそくこう》を焼《た》き、五音《ごおん》の楽声《らくしよう》絶《た》えず、*幡蓋荘厳《ばんがいしようごん》し、*繒綵《そうさい》を懸《か》けて、壇場《だんじよう》の四《し》辺《へん》に安在《あんざい》し、

復《ま》た場内《じようない》に於《おい》て、明鏡《みようきよう》と利刀《りとう》とを兼《か》ねて箭《せん》と各《おのおの》四《し》枚《まい》を置《お》き、壇《だん》の中心《ちゆうしん》に於《おい》て、大盆《だいぼん》を埋《うず》め、応《まさ》に漏版《ろばん》を以《もっ》て其《そ》の上《うえ》に安《お》くべし。

前《まえ》の香秣《こうまつ》を用《もち》いて湯《とう》に和《わ》すを以《もっ》て、亦《ま》た復《ま》た壇内《だんない》に安在《あんざい》すべし。既《すで》に斯《か》くの如《ごと》く布置《ふち》を作《な》し已《おわ》

り、然《しか》して後《のち》に呪《じゅ》を誦《じゅ》して、其《そ》の壇《だん》を結《むす》べ。
結界《けっかい》の呪《じゅ》に曰《いわ》く、
㉕「怛姪他《たにゃた》。頞喇計《あんらけい》。娜也泥《なやでい》。呬麗《きれい》。弭麗《みれい》。祇麗《ぎれい》。企企麗《ききれい》。莎訶《そわか》。」
是《かく》の如《ごと》く結界《けっかい》し已《おわ》りて、方《まさ》に壇《だん》の内《なか》に入《い》り、水《みず》を呪《じゅ》すること三七遍《さんしちへん》。四方《しほう》に散灑《さんしゃ》し、次《つぎ》に香湯《こうとう》を呪《じゅ》し、一百八遍《いっぴゃくはちへん》を満《まん》ずべし。四辺《しへん》に幔障《まんしょう》を安《あん》じ、然《しか》る後《のち》に、身《み》を洗浴《せんよく》す。水《すい》を呪《じゅ》し、湯《とう》を呪《じゅ》せよ。呪《じゅ》に曰《いわ》く、
㉖「怛姪他《たにゃた》。索掲智《そがち》。毘掲智《びがち》。毘掲荼《びがだ》。伐底《ばち》。莎訶《そわか》。」
若《も》し洗浴《せんよく》し訖《おわ》らば、其《そ》の洗浴《せんよく》の湯《とう》、及《およ》び壇場中《だんじょうちゅう》の供養《くよう》の飲食《おんじき》は、河池《かち》の内《うち》に棄《す》て、余《よ》は皆収《みなおさ》め摂《せっ》せよ。是《かく》の如《ごと》く浴《よく》し已《おわ》りて、方《まさ》に浄衣《じょうえ》を著《じゃく》し、既《すで》に壇場《だんじょう》より出《い》で、浄室《じょうしつ》の内《うち》に入《い》り、呪師《じゅし》は其《そ》れをして、弘誓願《ぐぜいがん》を発《おこ》すことを教《おし》え、永《なが》く衆悪《しゅあく》を断《だん》じ、常《つね》に諸善《しょぜん》を修《しゅ》せしめ、諸《もろもろ》の有情《うじょう》に於《おい》て、大悲心《だいひしん》を興《おこ》さしむべし。是《こ》の因縁《いんねん》を以《もっ》て、当《まさ》に無量随心《むりょうずいしん》の福報《ふくほう》を獲《う》べし。』
復《ま》た頌《じゅ》を説《と》いて曰《いわ》く、
『「若《も》し病苦《びょうく》の諸《もろもろ》の衆生《しゅじょう》ありて、種種《しゅじゅ》の方薬《ほうやく》もて治《じ》するに差《い》えずとも、若《も》し是《かく》の如《ごと》きの洗浴《せんよく》法《ほう》に依《よ》り、并《ならび》に復《ま》た斯《こ》の経典《きょうてん》を読誦《どくじゅ》して、
常《つね》に日夜《にちや》に於《おい》て念散《ねんさん》ぜず、専想慇懃《せんそうおんごん》に信心《しんじん》を生《しょう》ぜば、所有《しょう》の患苦《げんく》尽《ことごと》く消除《しょうじょ》し、貧窮《びんぐ》を解脱《げだつ》し、財宝足《ざいほうた》り、
四方《しほう》の星辰《しょうしん》、及《およ》び日月《にちがつ》、威神《いじん》もて擁護《ようご》し、延年《えんねん》を得《え》て、吉祥安隠《きちじょうあんのん》にして福徳増《ふくとくま》し、災変厄難《さいへんやくなん》

皆除《みなのぞ》き遣《や》らん。」

次《つぎ》に護身《ごしん》の呪《じゅ》を誦《じゅ》すること三七遍《さんしちへん》せよ。呪《じゅ》に曰《いわ》く、

㉗「怛姪他《たにやた》。三謎《さんめい》。毘三謎《びさんめい》。莎訶《そわか》。索掲滞《ぞがてい》。毘掲滞《びがてい》。莎訶《そわか》。毘掲荼《びがだ》。伐底《ばち》。莎訶《そわか》。娑掲囉《さがら》。三《さん》歩多也《ぶたや》。莎訶《そわか》。塞建陀《そけんだ》。摩多也《またや》。莎訶《そわか》。尼攞建佗也《にらけんだや》。莎訶《そわか》。阿鉢囉市哆《あばらした》。毘唎耶也《びりやや》。莎訶《そわか》。呬摩槃哆《きまはんた》。三歩多也《さんぶたや》。莎訶《そわか》。阿儞蜜攞薄怛囉也《あにみらばたらや》。莎訶《そわか》。南謨薄伽伐都《なもばがばと》。跋囉蚶摩写《ばらかんましゃ》。莎訶《そわか》。南謨薩囉酸底《なもさらさんち》。莫訶提鼻裔《まかでいびえい》。莎訶《そわか》。悉甸都《しつでんと》。漫《まん》。曼怛囉鉢柁《まんたらはだ》。莎訶《そわか》。怛喇都《たらと》。仳姪哆《びてた》。跋囉《ばら》蚶摩奴末覩《かんまぬまと》。莎訶《そわか》。」』

《**大弁才天女**》 Sarasvatī mahādevī 《**菖蒲**》 vacā (Acorus Calamus) 《**牛黄**》 gorocanā (Kuhbezoar) 《**苜蓿香**》 śephālikā (Trigonella corniculata) 《**麝香**》 mahābhāgā (Moschus) 《**雄黄**》 manaḥśilā (Realgar) 《**合昏樹**》 śirīṣa (Acacia Seeressa Roxb) 《**白及**》 indrahasta 《**芎藭**》 śyāmāka (derived or made from (the wood of) Cathar Tocarpus Fistula) 《**苟杞根**》 śamī (Prosopis spicigera) 《**松脂**》 śrīveṣṭaka (the resin of the Pinus Longiforia) 《**桂皮**》 tvaca (Cinnamomum Zeylanicum) 《**香附子**》 musta (Cyperus Potundus) 《**沈香**》 aguru (Amyris Agallocha) 《**栴檀**》 candana (Sandel) 《**零凌香**》 tagara (Tabernaemontana Coronaria) 《**丁子**》 śallakī (Boswellia Thurifera) 《**鬱金**》 Kuṅkuma (Crocus sativus) 《**婆律膏**》 gālava (Symplocos racemosa) 《**葦香**》 nalada (Nardostachys Jatamansi) 《**竹黄**》 Kharacchada (Bambusa arundinacea) 《**細豆蔻**》 sūkṣmailā (Elettaria Cardamomum) 《**甘松**》 (jam-mi-ta)? 《**藿香**》 patra (Laurus Cassia Nees=Cinnamomun Cassia Blume) 《**茅根香**》 uśīra (the fragrant root of the plant Andrpogon Muricatus)《叱脂》śallakī (Boswellia thurifera)《艾納》śaileya (Anethum graveolens)《安息香》guggulurasa (Balsamodendron Africanum Arnott)《芥子》sarṣapa (Sanfkorn)《馬芹》ṣophaghni or ṣoṣani?《龍花鬚》nāgakeśara (Mesua Roxburghii Wight)《白膠》sarjarasa (Vatica robusta Steud)《青木》kuṣṭha (Aplotaxis auriculata)《布灑星》プシュヤ宿 (Puṣya) 鬼宿。インドでは佳日とする。大聖釈尊の出家・成道みなこの日と伝える。《一百八遍》梵本によれば、śatadhā (百回) である。《八肘》肘の端より中指の端に至る長さ（一肘）で、八肘とは一肘の八倍の長さである。《牛糞》インドでは牛は神聖な獣であったので、牛糞はインド祭式において床に塗って飾りとしたりして用いられた。《幡蓋》梵本によれば、chatra（傘蓋）dhvaja（旗）patāka（幢幡）によって荘厳す、とある。《繒綵》仏殿にかける絹の天蓋。

この大弁才天女品《だいべんざいてんにょほん》は梵本にもあるが、漢訳本の方がかなり増広されたらしく、散文の文章も長く、韻文の偈文の数も多い。

その内容は大弁才天女が主役となって、教説が進んで行く。すなわちこの『金光明経』を説くものは言説《ごんぜつ》の才が具足し、文字《もんじ》句義《くぎ》の忘失《もうしつ》なく、寿命が増益《ぞうやく》し、資具《しぐ》が欠くることなしという大弁才天女の言葉で始まる。多くの有情たちが百千の仏所において善根を種《う》え、この経を受持することを説く漢訳の文章は、梵本は千仏となっている。これは懺悔品《さんげほん》の最終偈も同様であるが、漢語では百千つまり多くの仏の前で懺悔すべきことが説かれるのに対して、梵本では千仏の前での懺悔を説く。その具体的な方法は明らかに説明されていないが、仏名を唱えながら懺悔、または経を読誦したと思われる。

仏名経と懺悔とが結び付く基となったものかとみられる。
そして次に経典では洗浴の作法を説く。まず三十二種の香を、吉辰《きっしん》の日に一処にてつき、その香末《こうまつ》を作ることから始まる。如法の洗浴法を行なうものは寂静の場所に四角の壇を作り、牛糞《ごふん》を塗って壇を作り、金銀の器に美味なる供物と乳蜜《にゅうみつ》を盛る。四門には四人の守護する四童子におのおの一角に水瓶《すいびょう》を持せしめる。また場内には明鏡と利刀と箭とをおのおの四つ飾り、壇の中心には大盆を埋める。このように完全に布置し終ったのちに、結界の神呪を誦える。その壇の内においては、水を呪すること三七、二十一遍の後に四方に散じ、次に香湯《こうとう》を呪し一百八遍、四方に慢幕《まんまく》をはりめぐらしてから、行者の身を洗浴する。洗浴の湯水、および壇上の飲食はすべて、河または池に棄てる。洗浴の後は壇場を出て、浄室《じょうしつ》に入り、弘誓願《ぐぜいがん》をおこし大悲心をおこしてから、『金光明経』を読誦する。そうすれば医薬でも治《なお》らぬ病もなおり、または貧困《ひんこん》を離れて財宝を得ることもできる。あるいは延寿も可能になり、福徳が増して災厄が除かれる。読誦の後に護身の呪を二十一遍唱えよと教示している。

(大)一六巻四三五下―四三七上

爾《そ》の時《とき》、大弁才天女《だいべんざいてんにょ》、洗浴法壇場《せんよくほうだんじょう》の呪《じゅ》を説《と》き已《おわ》り、前《すす》みて仏足《ぶっそく》を礼《らい》し、仏《ほとけ》に白《もう》して言《いわ》く、『世尊《せそん》、若《も》し苾芻《びっしゅ》・苾芻尼《びっしゅに》・鄔波索迦《うばさくか》・鄔波斯迦《うばしか》ありて、是《こ》の妙経王《みょうきょうおう》を受持《じゅじ》し、読誦《どくじゅ》し、書写《しょしゃ》し、流布《るふ》し、如説《にょぜつ》に行《ぎょう》ぜん者《もの》は、若《も》しは城邑《じょうおう》・聚落《じゅらく》・曠野《こうや》・山林《せんりん》、僧尼《そうに》の住処《じゅうしょ》に在《あ》らんに、我是《われこ》の人《ひと》のために、諸《もろもろ》の眷属《けんぞく》を将《ひき》いて、天《てん》の伎楽《ぎがく》を作《な》し、其《そ》の所《ところ》に来詣《らいけい》して、擁護《ようご》を為《な》し、諸《もろもろ》の病苦《びょうく》・流星《るしょう》

・変怪《へんげ》・疫疾《えきしつ》・闘諍《とうじょう》・王法《おうぼう》の拘《とら》うる所《ところ》、悪夢《あくむ》・悪神《あくじん》、障礙《しょうげ》を為《な》す者《もの》、蠱道《こどう》、厭術《えんじゅつ》悉《ことごと》く皆除《みなのぞ》き殄《つ》くし、是《こ》れ等《ら》持経《じきょう》の人《ひと》、苾芻等《びっしゅとう》の衆《しゅ》、及《およ》び諸《もろもろ》の聴者《ちょうじゃ》を饒益《にょうやく》して、皆速《みなすみ》やかに生死《しょうじ》の大海《だいかい》を渡《わた》りて、菩提《ぼだい》を退《たい》せざらしめん。」

爾《そ》の時世尊《ときせそん》、是《こ》の説《せつ》を聞《き》き已《おわ》りて、弁才天女《べんざいてんにょ》を讃《さん》じて言《のたま》わく、『善哉《よいかな》、善哉《よいかな》。天女《てんにょ》、汝能《なんじょ》く無《む》量無辺《りょうむへん》の有情《うじょう》を安楽利益《あんらくりやく》し、此《こ》の神呪《じんじゅ》、及《およ》び香水《こうすい》の以《もっ》て壇場《だんじょう》の法式《ほっしき》を説《と》く。果報難思《かほうなんし》なり。汝当《なんじまさ》に最勝経王《さいしょうきょうおう》を擁護《ようご》して、隠没《おんもつ》せしむる勿《な》く、常《つね》に流通《るずう》することを得《え》しむべし。』

爾《そ》の時《とき》に大弁才天女《だいべんざいてんにょ》、仏足《ぶっそく》を礼《らい》し已《おわ》りて、本座《ほんざ》に還復《げんふく》しぬ。

爾《そ》の時《とき》に法師《ほっし》授記《じゅき》憍陳如婆羅門《きょうじんにょばらもん》、仏《ほとけ》の威力《いりき》を承《う》けて、大衆《だいしゅ》の前《まえ》に於《おい》て、弁才天女《べんざいてんにょ》を讃請《さんしょう》して曰《いわ》く、

『聡明勇進《そうみょうゆうしん》なり。弁才天《べんざいてん》、人天《にんでん》の供養《くよう》悉《ことごと》く応《まさ》に受《う》くべし。名《な》は世間《せけん》に聞《きこ》えて遍《あまね》く充満《じゅうまん》す。

能《よ》く一切衆生《いっさいしゅじょう》の願《がん》を与《あた》う。

高山《こうせん》の頂《いただき》なる勝住処《しょうじゅうしょ》に依《よ》り、茅《かや》を葺《ふ》きて室《しつ》と為《な》し、中《なか》に在《あ》りて居《こ》す、恒《つね》に軟草《なんそう》を結《むす》びて以《もっ》て衣《ころも》と為《な》し、在処常《ざいしょつね》に一足《いっそく》を翹《あ》ぐ。

諸天《しょてん》、大衆皆来集《だいしゅみならいじゅう》し、咸《ことごと》く同《おな》じく一心《いっしん》に讃請《さんしょう》を伸《の》ぶ、唯願《ただねが》わくば智慧《ちえ》弁才天《べんざいてん》、妙言辞《みょうごんじ》を以《もっ》て一切《いっさい》に施《ほどこ》せ。』

㉘ 爾《そ》の時弁才天女《ときべんざいてんにょ》、即便《すなわ》ち請《しょう》を受《う》けて、為《ため》に呪《じゅ》を説《と》いて曰《いわ》く、

『怛姪他《たにやた》。慕囇只囇《ぼれいしれい》。阿伐帝《あばてい》。阿伐吒伐底《あばたはち》。馨遇隷《きょうぐれい》。名具隷《みょうぐれい》。名具羅伐底《みょうぐらばち》。鴦具師《おうぐし》。末唎只《まりし》。

三末底《さんまち》。毘三末底《びさんまち》。悪近唎莫近唎《あくこんりまごんり》。怛囉只《たらし》。怛囉者伐底《たらしゃばち》。質質哩《しっしつり》。室里蜜里《しつりみり》。末難地《まなんち》。曇末《どんま》唎只《りし》。八囉拏畢唎裔《はちらぬひつりえい》。盧迦逝瑟跇盧迦失囇瑟耶《ろかせいしっせろかしつらしつや》。盧迦畢唎裔《ろかひつりえい》。悉駄跋唎帝《しつだばりてい》。毘麼目企《びまもくき》。輸只《しゅし》折唎《しゃり》。阿鉢唎底喝帝《あばりちがてい》。阿鉢唎底喝哆勃地《あばりちがたぼじ》。南母只《なむし》。南母只《なむし》。莫訶提鼻《まかだいび》。鉢唎底近唎昏拏《ぼりちこんりこんぬ》。南《な》摩塞迦囉《まさいから》。我某甲《われむこう》　勃地達哩奢哂《ぼじだりしゃき》。勃地阿鉢唎底喝哆《ぼじあばりちかた》。婆跋覩《ばばっと》。市婆謎《しばめい》。毘輸姪覩《びゆにゃと》。舎悉怛《しゃしった》囉輸路迦《らしゅろか》。曼怛囉畢得迦《まんたらひっとしか》。迦婢耶地数《かびやじしゅ》。怛姪他《たにやた》。莫訶鉢喇婆鼻《まかばらばび》。哂里《きり》。蜜里哂蜜里《みりきみり》。毘折喇《びじゃら》覩《と》。謎勃地《めいぼじ》。我某甲《われむこう》　勃地輸提《ぼじしゅでい》。薄伽伐点提毘焰《ぼがばてんだいびえん》。薩羅酸点《さつらさんてん》。羯囉滞《ぎゃらたい》。雞由囇《けいゆら》。雞由羅末底《けいゆらまち》。哂里蜜里《きりみり》。哂里蜜里《きりみり》。阿婆訶耶弭《あばかやに》。莫訶提鼻《まかだいび》。勃陀薩帝娜《ぼださっていな》。達摩薩帝娜《だるまさっていな》。僧伽薩帝娜《そうがさっていな》。因達《いんだ》囉薩帝娜《らさっていな》。跋嘍拏薩帝娜《ばるぬさっていな》。裔《えい》。盧雞《ろけい》。薩底婆地娜《さっちばじな》。羝釤《ていさん》。薩帝娜《さっていな》。薩底伐者泥娜《さっちばしゃでいな》。阿婆訶耶《あばかや》弭《に》。莫訶提鼻《まかだいび》。哂里蜜里《きりみり》。哂里蜜里《きりみり》。毘折喇覩《びじゃらと》。我某甲《われむこう》　勃地《ぼじ》。南謨薄伽伐底《なもばがばち》。莫訶提鼻《まかだいび》。薩囉酸底《さつらさんち》。悉甸覩《しってんと》。曼怛囉鉢陀弥《まんたらばだみ》。莎訶《そわか》。』

爾《そ》の時弁才天女《ときべんざいてんにょ》、是《こ》の呪《じゅ》を説《と》き已《おわ》りて、婆羅門《ばらもん》に告《つ》げて言《いわ》く、『善哉《よいかな》、大士《だいし》、能《よ》く衆生《しゅじょう》のために、妙弁才《みょうべんざい》、及《およ》び諸《もろもろ》の珍宝《ちんぼう》、神通《じんずう》・智慧《ちえ》を求《もと》め、広《ひろ》く一切《いっさい》を利《り》して、速《すみ》やかに菩提《ぼだい》を証《しょう》せしむ。是《かく》の如《ごと》く応《まさ》に受持《じゅじ》の法式《ほっしき》を知《し》るべし。』即《すなわ》ち頌《じゅ》を説《と》いて曰《いわ》く、

『先《ま》ず此《こ》の陀羅尼《だらに》を誦《じゅ》して、純熟《じゅんじゅく》して謬失《びょうしつ》なからしむべし。三宝《さんぼう》と諸《もろもろ》の天衆《てんしゅ》とに帰敬《ききょう》して、加護《かご》を請《こ》い求《もと》め願《ねが》わくば心《こころ》に随《したが》わんと。諸仏《しょぶつ》、及《およ》び法宝《ほうぼう》と、菩薩《ぼさつ》と、独覚《どっかく》と、声聞《しょうもん》とを礼敬《らいきょう》し、次《つぎ》に梵王《ぼんおう》、并《ならび》に帝釈《たいしゃく》、及《およ》び護世者《ごせしゃ》の四天王《してんのう》とを礼《らい》せよ。

一切《いっさい》常《つね》に梵行《ぼんぎょう》を修《しゅ》せん人《ひと》は、悉《ことごと》く至誠慇重《しじょうおんじゅう》に敬《きょう》すべし、寂静《じゃくじょう》の蘭若処《らんにゃしょ》に於《おい》て、大声《だいしょう》に前《まえ》の呪讚《じゅさん》の法《ほう》を誦《じゅ》すべし。応《まさ》に仏像《ぶつぞう》と天龍《てんりゅう》の前《まえ》に在《あ》りて、其《そ》の所有《しょう》に随《したが》いて供養《くよう》を修《しゅ》すべし。彼《か》の一切衆生《いっさいしゅじょう》の類《るい》に於《おい》て、慈悲哀愍《じひあいみん》の心《こころ》を発起《ほっき》すべし。世尊妙相紫金《せそんみょうそうしこん》の身《み》を、想《そう》を繫《か》けて正念《しょうねん》に心乱《こころみだ》るるなかれ、世尊護念《せそんごねん》して教法《きょうぼう》を説《と》き、彼《かれ》の根機《こんき》に随《したが》いて定《じょう》を習《なら》わしむ。其《そ》の句義《くぎ》に於《おい》て善《よ》く思惟《しゆい》し、復《ま》た空性《くうしょう》に依《よ》りて修習《しゅじゅう》し、応《まさ》に世尊《せそん》の形像《ぎょうぞう》の前《まえ》に在《あ》りて、一心《いっしん》正念《しょうねん》に安座《あんざ》すべし。即《すなわ》ち妙智三摩地《みょうちさんまじ》を得《え》て、并《ならび》に最勝《さいしょう》の陀羅尼《だらに》を獲《え》ん。如来《にょらい》の金口《こんく》は説法《せっぽう》を演《の》べたまい、妙響《みょうこう》諸《もろもろ》の人天《にんでん》を調伏《ちょうぶく》す。舌相《ぜっそう》は縁《えん》に随《したが》いて希奇《けき》を現《げん》じ、広長《こうちょう》にして能《よ》く三千界《さんぜんかい》を覆《おお》う。是《か》くの如《ごと》き諸仏《しょぶつ》の妙音声《みょうおんじょう》、至誠《しじょう》に憶念《おくねん》して心《こころ》に畏《おそ》るるなかれ。諸仏皆弘願《しょぶつみなぐがん》を発《おこ》したまえるに由《よ》りて、此《こ》の舌相《ぜっそう》の不思議《ふしぎ》を得《え》たまえり。諸法《しょほう》は皆有《みなう》に非《あら》ずと宣説《せんぜつ》し、譬《たと》えば虚空《こくう》の著《じゃく》する所《ところ》なきが如《ごと》し。諸仏《しょぶつ》の音声《おんじょう》と、及《およ》び舌相《ぜっそう》と、繫念《けねん》し、思量《しりょう》して円満《えんまん》ならんことを願《ねが》え。若《も》し弁才天《べんざいてん》を供養《くよう》するを見《み》、或《あ》るいは弟子《でし》の師《し》の教《おしえ》に随《したが》いて、此《こ》の秘法《ひほう》を授《さず》けて修学《しゅがく》せしむるを見《み》て、尊重《そんじゅう》せば心《こころ》に随《したが》いて皆成《みなじょう》ずることを得《え》ん。若《も》し人《ひと》最《さい》上智《じょうち》を得《え》んと欲せば、応当《まさ》に一心《いっしん》に此《こ》の法《ほう》を持《じ》すべし。

福智《ふくち》と諸《もろもろ》の功徳《くどく》とを増長《ぞうじょう》し、必定《ひつじょう》して成就《じょうじゅ》す、疑《うたが》いを生《しょう》ずる勿《なか》れ。若《も》し財《ざい》を求《もと》めんものは多財《ざい》を得《え》、名称《みょうしょう》を求《もと》むるものは名称《みょうしょう》を獲《え》、

出離《しゅつり》を求《もと》むるものは解脱《げだつ》を得《え》ん、必定《ひつじょう》して成就《じょうじゅ》す、疑《うたが》いを生《しょう》ずる勿《なか》れ。無量無辺《むりょうむへん》の諸《もろもろ》の功徳《くどく》、

其《そ》の内心《ないしん》の所願《しょがん》に随《したが》いて、

若《も》し能《よ》く是《かく》の如《ごと》く依行《えぎょう》する者《もの》は、必《かなら》ず成就《じょうじゅ》を得《え》ん、疑《うたが》いを生《しょう》ずる勿《なか》れ。浄処《じょうしょ》に於《お》いて浄衣《じょうえ》を著《じゃく》すべし。応《まさ》に壇場《だんじょう》を作《つく》り大小《だいしょう》に随《したが》うべし。

四浄瓶《しじょうびょう》を以《もっ》て美味《みみ》を盛《も》り、香花《こうげ》の供養《くよう》、時《とき》に随《したが》うべし。諸《もろもろ》の繒綵《そうさい》と、并《ならび》に幡蓋《ばんがい》を懸《か》け、塗香《ずこう》と抹香《まっこう》もて遍《あまね》く厳飾《ごんじき》し、

仏《ほとけ》、及《およ》び弁才天《べんざいてん》に供養《くよう》し、天身《てんしん》を見《み》んことを求《もと》めば皆願《みながん》を遂《と》げん。応《まさ》に三七日《さんしちにち》、前《まえ》の呪《じゅ》を誦《じゅ》して、大弁天神《だいべんてんじん》の前《まえ》に対《たい》すべし。若《も》し其《そ》れ此《こ》の天神《てんじん》を見《み》ずんば、応《まさ》に更《さら》に心《こころ》を用《もち》いて九日《くにち》を経《ふ》べし。

後夜《こや》の中《なか》に於《お》いて猶《なお》見《み》ずんば、更《さら》に清浄勝妙《しょうじょうしょうみょう》の処《ところ》を求《もと》めて、如法《にょほう》に応《まさ》に弁才天《べんざいてん》を画《えが》き、供《く》養《よう》し、誦持《じゅじ》し、心《こころ》に捨《す》つるなかるべし。

昼夜《ちゅうや》に懈怠《けだい》を生《しょう》ぜず、自利《じり》し利他《りた》して窮尽《ぐうじん》することなく。獲《う》る所《ところ》の果報《かほう》を群生《ぐんじょう》に施《ほどこ》せば、求《もと》むる所《ところ》の願《がん》に於《お》いて皆成就《みなじょうじゅ》せん。

若《も》し意《い》を遂《と》げずんば、三月《さんがつ》、六月《ろくがつ》、九月《くがつ》、或《ある》いは一年《いちねん》を経《へ》て、慇懃《おんごん》に求《もと》め請《こ》いて心移《こころうつ》らざれ

ば、天眼《てんげん》と他心《たしん》と皆悉《みなことごと》く得《え》ん。』

大弁才天女がこの洗浴法を呪した後に、仏に対して、この『金光明経』を受持・読誦・書写し、如説に行ずるものを、大弁才天女とその眷属《けんぞく》が擁護して、もろもろの病苦《びょうく》・変怪《へんげ》・闘諍《とうじょう》・天災地変《てんさいちへん》などを除いて、みな速やかに生死の大海を渡り菩提に至らしめんと申し上げる。

しかもここに説明されている洗浴法は詳細な説明は省略されているが、密教経典の宗教儀礼を連想させる。したがって、単に経典を読誦・書写するにとどまらず、如説に行ずるという言葉は具体的にどんなことを意味するのか明らかではないが、普通の大乗経典に説かれる如説修行《にょぜつしゅぎょう》とは違った言葉のひびきが感じられる。『金光明経』が密教部の経典として取り扱っているチベット大蔵経の分類もこのような『金光明経』の説示内容と関係があるのではなかろうかと思われる。

さらに大弁才天女が再び神呪を説く訳である。そしてその呪を説き終り、婆羅門に次のように受持の法を偈頌にて説く。すなわちまず諸仏とその法宝《ほうぼう》を礼拝《らいはい》し、菩薩と独覚と声聞衆を礼敬し、次に梵天ならびに帝釈および四天王を礼し、呪讃の法を誦すべしと説く。さらに仏像と天龍の像の前において供養を修し、正念に心乱るることなく、彼の機根《きこん》に従って定《じょう》を習わしむ、特に空性によって修習し、妙智三摩地《みょうちさんまじ》を得て、最勝の陀羅尼を得ると、諸仏の供養と陀羅尼を讃嘆する。その後に、もし弁才天を供養する場合には、この秘法の修習によって所願がことごとく成就する。もし三七日の間、供養しこの呪を誦しても弁才天を見ることができぬ場合にはさらに九日間修習し、それでも弁才天を見ることができぬときは、如法に弁才天を画《えが》くことを教えている。その所願の成就が求められぬときには三ケ月、または六ケ月、九ケ月、あるいは一ケ年という風に三ケ月ずつその修行を続けよと説いている。

（大）一六巻四三七上—下

爾《そ》の時《とき》憍陳如《きょうじんにょ》婆羅門《ばらもん》、是《こ》の説《せつ》を聞《き》き已《おわ》りて、歓喜《かんぎ》し、踊躍《ゆやく》し、未曾有《みぞう》なりと歎《たん》じ、諸《もろもろ》の大衆《だいしゅ》に告《つ》げて、是《かく》の如《ごと》きの言《ごん》を作《な》す、『汝等人天一切《なんじらにんでんいっさい》の大衆《だいしゅ》よ、是《かく》の如《ごと》く当《まさ》に知《し》るべし。皆一心《みないっしん》に聴《き》け。我今更《われいまさら》に世諦《せたい》の法《ほう》に依《よ》りて、彼《か》の勝妙《しょうみょう》の弁才天女《べんざいてんにょ》を讃《さん》ぜんと欲《ほっ》す。』即《すなわ》ち頌《じゅ》を説《と》いて曰《いわ》く、

『世界《せかい》の中《なか》に於《お》いて自在《じざい》を得《え》たる天女《てんにょ》＊那羅延《ならえん》を敬礼《きょうらい》す、我今彼《われいまか》の尊者《そんじゃ》を讃歎《さんだん》する、皆往昔《みなおうじゃく》の仙人《せんにん》の説《せつ》の如《ごと》くならん。

吉祥成就《きちじょうじょうじゅ》し心安隠《こころあんのん》に、聡明《そうみょう》に慙愧《ざんき》ありて名聞《みょうもん》あり、母《はは》と為《な》りて能《よ》く世間《せけん》を生《しょう》じ、勇猛《ゆうみょう》にして常《つね》に大精進《だいしょうじん》を行《ぎょう》ず。

軍陣《ぐんじん》の処《ところ》に於《お》いて戦《たたか》いて恒《つね》に勝《か》ち、長養《じょうよう》し、調伏《ちょうぶく》して心慈忍《こころじにん》なり。現《げん》じて、＊閻羅《えんら》の長姉《ちょうし》と為《な》りて、常《つね》に青色《しょうしき》の野蚕衣《やさんえ》を著《じゃく》す。

好醜《こうしゅう》の容儀《ようぎ》皆具有《みなぐう》し、眼目《げんもく》能《よ》く見《み》るものをして怖《おそ》れしむ、無量《むりょう》の勝行世間《しょうぎょうせけん》に超《こ》え、帰信《きしん》の人《ひと》咸《ことごと》く摂受《しょうじゅ》す。

或《ある》いは山巌《せんがん》の深険《じんけん》なる処《ところ》に在《あ》り、或《ある》いは坎窟《かんくつ》、及《およ》び河辺《かへん》に居《お》り、或《ある》いは大樹《だいじゅ》諸《もろもろ》の叢林《そうりん》に在《あ》り、天女多《てんにょおお》くは此《こ》の中《なか》に依《よ》りて住《じゅう》す。

仮使《たとい》、山林野人《せんりんやにん》の輩《はい》も、亦《ま》た常《つね》に天女《てんにょ》を供養《くよう》す、孔雀《くじゃく》の羽《はね》を以《もっ》て幢旗《どうき》を作《つく》り、一切《いっさい》の時《とき》に於《おい》て常《つね》に世《よ》を護《まも》る。

師子《しし》・虎《とら》・狼《おおかみ》、恒《つね》に囲繞《いにょう》し、牛《ご》・羊《よう》・雞等《けいとう》亦《ま》た相依《あいよ》る、大鈴鐸《だいりょうたく》を振《ふる》いて音声《おんじょう》を出《い》だし、*頻《びん》陀山《だせん》の衆《しゅ》も皆響《みなひびき》を聞《き》く。

或《ある》いは三戟《さんげき》を執《と》りて頭《こうべ》に髻《もとどり》を円《まる》くし、左右《さゆう》に恒《つね》に日月《にちがつ》の旗《はた》を持《も》つ、黒月《こくがつ》の九日《くにち》と十一日《じゅういちにち》、此《こ》の時《とき》の中《なか》に於《おい》て当《まさ》に供養《くよう》すべし。

或《ある》いは*婆蘇大天《ばそだいてん》の妹《いもうと》と現《げん》じて、闘戦《とうせん》あるを見《み》て心常《こころつね》に愍《あわ》れむ、一切《いっさい》の有情《うじょう》の中《なか》を観察《かんさつ》するに、天女《てんにょ》は最勝《さいしょう》にして過《す》ぐるものなし。

権《かり》に*牧牛《ぼくご》の歓喜女《かんぎにょ》と現《げん》じ、天《てん》と戦《たたか》う時《とき》、常《つね》に勝《か》つことを得《う》、能《よ》く久《ひさ》しく世間《せけん》に安住《あんじゅう》し、亦《ま》た*和忍《わにん》、及《およ》び暴悪《ぼうあく》と為《な》る。

大婆羅門《だいばらもん》*四明《しみょう》の法《ほう》、幻化《げんけ》の呪等《じゅとう》悉《ことごと》く皆通《みなつう》じ、天仙《てんせん》の中《なか》に於《おい》て自在《じざい》を得《え》、能《よ》く種子《しゅじ》、及《およ》び大地《だいじ》と為《な》る。

諸《もろもろ》の天女等《てんにょとう》の集会《しゅうえ》する時《とき》には、大海《だいかい》の潮《うしお》の如《ごと》くに必《かなら》ず来応《らいおう》す、諸《もろもろ》の龍神《りゅうじん》、薬叉衆《やくしゃしゅ》に於《おい》て、或《ある》いは上首《じょうしゅ》と為《な》りて能《よ》く調伏《ちょうぶく》す。

諸女《しょにょ》の中《なか》に於《おい》て最《もっと》も梵行《ぼんぎょう》あり、言《ごん》を出《い》だすこと猶世間《なおせけん》の主《しゅ》の如《ごと》し、王《おう》の位処《いしょ》に於《おい》ても蓮華《れんげ》の如《ごと》く、若《も》し河津《かしん》に在《あ》れば橋栰《きょうばつ》に喩《たと》えん。

面貌《めんみょう》は猶盛満月《なおじょうまんがつ》の如《ごと》く、多聞《たもん》を具足《ぐそく》し依処《えしょ》と作《な》り、弁才勝《べんざいすぐ》れて出《い》ずる高峯《こうぶ》の若《ごと》し、念《ねん》ずるものには皆与《みなとも》に洲渚《しゅうしょ》と為《な》る。

阿《あ》蘇《そ》羅《ら》等《とう》の諸《もろもろ》の天衆《てんしゅ》、咸《ことごと》く共《とも》に其《そ》の功徳《くどく》を称讃《しょうさん》す、乃至《ないし》千眼帝釈主《せんげんたいしゃくしゅ》も、慇重《おんじゅう》の心《こころ》を以《もっ》て而《しか》も観察《かんさつ》す。

衆生若《しゅじょうも》し希求《けぐ》の事《こと》あれば、悉《ことごと》く能《よ》く彼《かれ》をして速《すみ》やかに成《じょう》ずることを得《え》しめ、亦《ま》た聡弁《そうべん》にして聞持《もんじ》を具《ぐ》せしめ、大地《だいち》を持《じ》する中《なか》に第一為《だいいちた》り。

此《こ》の十方世界《じっぽうせかい》の中《なか》に於《お》いて、大燈明《だいとうみょう》の如《ごと》く常《つね》に普《あまね》く照《て》らし、乃至《ないし》神鬼《じんき》、諸《もろもろ》の禽獣《きんじゅう》にも、咸《ことごと》く皆《みな》彼《かれ》の求《もと》むる所《ところ》の心《こころ》を遂《と》げしむ。

諸女《しょにょ》の中《なか》に於《お》いて山峯《せんぶ》の若《ごと》し、昔《むかし》の仙人《せんにん》の久《ひさ》しく世《よ》に住《じゅう》したるに同《おな》じ、少女天《しょうにょてん》の如《ごと》く常《つね》に欲《よく》を離《はな》れ、実語《じつご》は猶《なお》し大世主《だいせしゅ》の如《ごと》し。

普《あまね》く世間《せけん》の差別《しゃべつ》の類《るい》、乃至欲界《ないしよくかい》諸《もろもろ》の天宮《てんぐう》を見《み》るに、唯天女《ただてんにょ》の独《ひと》り尊《そん》と称《しょう》するあり。有情《うじょう》の能《よ》く勝《すぐ》るものを見《み》ず。

若《も》し戦陣恐怖《せんじんくふ》の処《ところ》に於《お》いて、或《あ》いは火坑《かきょう》の中《なか》に堕在《だざい》するを見《み》、河津《かしん》の険難《けんなん》と賊盗《ぞくとう》の時《とき》、悉《ことごと》く能《よ》く彼《かれ》をして恐怖《くふ》を除《のぞ》かしむ。

或《あ》いは王法《おうぼう》に枷縛《かばく》せられ、或《あ》いは怨讐《おんしゅう》のために殺害《せつがい》を行《ぎょう》せらるる、若《も》し能《よ》く専注《せんちゅう》に心移《こころうつ》らざれば、決定《けつじょう》して諸《もろもろ》の憂苦《うく》を解脱《げだつ》せん。

善悪《ぜんあく》の人《ひと》に於《お》いて皆擁護《みなようご》し、慈悲愍念《じひみんねん》して常《つね》に現前《げんぜん》す、是《こ》の故《ゆえ》に我至誠心《われしじょうしん》を以《もっ》て、大天女《だいてんにょ》に稽《けい》首《しゅ》し帰依《きえ》す。』

爾《そ》の時《とき》に婆羅門《ばらもん》、復《ま》た呪讃《じゅさん》を以《もっ》て、天女《てんにょ》を讃《さん》じて曰《いわ》く、

『世間《せけん》の尊《そん》を敬礼《きょうらい》し敬礼《きょうらい》す。諸母《しょも》の中《なか》に於《おい》て最《もっと》も勝《すぐ》れたり。三種《さんしゅ》の世間《せけん》咸《ことごと》く供養《くよう》し、面貌《めんみょう》容儀《ようぎ》、人観《ひとみ》んことを楽《ねが》う。

種種《しゅじゅ》の妙徳《みょうとく》を以《もっ》て身《み》を厳《かざ》り、目《め》は脩広《しゅこう》の青蓮葉《しょうれんよう》の如《ごと》し、福智《ふくち》と光明《こうみょう》と名称《みょうしょう》との満《み》ちたること、譬《たと》えば無価《むげ》の末尼珠《まにじゅ》の如《ごと》し。

我今最勝者《われいまさいしょうしゃ》を讃歎《さんだん》す、悉《ことごと》く能《よ》く所求《しょぐ》の心《こころ》を成弁《じょうべん》せよ、真実《しんじつ》の功徳《くどく》は妙《たえ》にして吉祥《きちじょう》なり、譬《たと》えば蓮花《れんげ》の極《きわ》めて清浄《しょうじょう》なるが如《ごと》し。

身色《しんじき》の端厳《たんごん》は皆見《みなみ》んことを楽《ねが》い、衆相希有《しゅそうけう》にして不思議《ふしぎ》なり、能《よ》く無垢《むく》の智《ち》光明《こうみょう》を放《はな》つ。諸《しょ》念《ねん》の中《なか》に於《おい》て最勝《さいしょう》たり。

猶師子《なおしし》の獣《けもの》の中《なか》の上《じょう》たるが如《ごと》し、常《つね》に八臂《はっぴ》を以《もっ》て自《みずか》ら荘厳《しょうごん》し、各《おのおの》弓《く》と箭《せん》と刀《とう》と矟《ほう》と斧《ふ》と、長杵《ちょうしょ》と鉄輪《てつりん》と、并《ならび》に羂索《けんさく》とを持《じ》す。

端正《たんじょう》にして観《み》るを楽《ねが》う満月《まんがつ》の如《ごと》し、言詞《ごんじ》は滞《とどこお》るなく和音《わおん》を出《い》だす、若《も》し衆生《しゅじょう》ありて心《こころ》に願求《がんぐ》せば、善士《ぜんし》は念《ねん》に随《したが》いて円満《えんまん》ならしむ。

帝釈《たいしゃく》と諸天《しょてん》と咸《ことごと》く供養《くよう》し、皆共《みなとも》に帰依《きえ》すべしと称讃《しょうさん》す。衆徳《しゅとく》能《よ》く生《しょう》ずること不思議《ふしぎ》なり、一《いっ》切時《さいじ》の中《なか》に恭敬《くぎょう》を起《おこ》せ。

莎訶《そわか》。

若《も》し弁才天《べんざいてん》を祈請《きしょう》せんと欲《ほっ》せば、此《こ》の呪讃《じゅさん》の言詞《ごんじ》の句《く》に依《よ》りて、晨朝《しんちょう》に清浄《しょうじょう》至誠《しじょう》にて誦《じゅ》せ

よ、求《もと》むる所《ところ》の事《こと》に於《おい》て悉《ことごと》く心《こころ》に随《したが》わん。』
爾《そ》の時《とき》に仏《ほとけ》、婆羅門《ばらもん》に告《つ》げたまわく、『善哉《よいかな》、善哉《よいかな》。汝《なんじょ》能く是《かく》の如《ごと》く衆生《しゅじょう》を利楽《りらく》し、安楽《あんらく》を施《せ》与《よ》す。彼《か》の天女《てんにょ》を讃《さん》じて加護《かご》を請《こ》い求《もと》めば、福《ふく》を獲《う》ること辺《かぎ》りなからん。』

《那羅延》 Nārāyaṇī **《閻羅》** ヤマ（Yama）天。**《頻陀山》** Vindhya...Madhyadeśa と Deccan 地方との境をなしつつ東西に走る山脈の名で、鬼神、特に夜叉神の集まる所と信じられている。**《婆蘇大天》** Vāsudeva **《牧牛》** 野牛でない、牧場でかわれている牛。**《和忍及暴悪》** 和忍とはおだやかでしんぼう強い、暴悪とは荒々しく怒りの感情を持つ意味である。具体的には吉祥天と突伽女神を示す。**《四明法》** 四ヴェーダのこと。

この大弁才天女品の最後の一節は、憍陳如婆羅門がこの説を聞き、歓喜し、踊躍《ゆやく》して、勝妙なる弁才天女を讃嘆する偈文二十二頌である。この偈頌はマハーバーラタのドゥルガー女神の讃文と類似するといわれる。したがってナーラヤニー天女を敬礼することから始まり、ヤマ天の妹の話とか、クリシュナの父として有名なヴァースデーヴァの神とか、ゴーヴィンダの話などインド神話の説話が引かれている。しかし仏教経典である以上、最後には仏が婆羅門に告げる一文でしめくくっている。すなわち弁才天女を讃嘆し、加護を求めるならば、福を得ることかぎりなしという仏の言葉が出てくる。

さて、大弁才天女品にマハーバーラタのドゥルガー女神の韻文が引用された理由は、ドゥルガー（Durgā）女神の別名として Sarasvatī（弁才天）が考えられていたことによるものである。

金光明最勝經王卷第八

大唐三藏沙門義淨奉　制譯

大弁才天女品　第十五之二

(大)一六巻四三七下—四三八下

爾《そ》の時《とき》、憍陳如婆羅門《きょうじんにょばらもん》、上《かみ》の讃歎《さんだん》、及《およ》び呪讃《じゅさん》の法《ほう》を説《と》き、弁才天女《べんざいてんにょ》を讃《さん》じ已《おわ》り、諸《もろもろ》の大衆《だいしゅ》に告《つ》ぐ、『仁等《なんじら》若《も》し弁才天女《べんざいてんにょ》の哀愍加護《あいみんかご》を請《こ》いて、現世《げんせ》の中《なか》に於《おい》て、無礙《むげ》の弁《べん》と聡明大智巧妙《そうみょうだいちぎょうみょう》の言辞《ごんじ》、博綜《はくそう》の奇才《きさい》、論議《ろんぎ》の文飾《もんじき》を得《え》て、意《こころ》に随《したが》いて成就《じょうじゅ》し、疑滞《ぎたい》なからんと欲《ほっ》する者《もの》は、応当《まさ》に是《かく》の如《ごと》く至誠殷重《しじょうおんじゅう》に請召《しょうちょう》して言《い》うべし、

「南謨《なも》仏陀《ぶつだ》也《や》。南謨《なも》達摩《だま》也《や》。南謨《なも》僧伽《そうが》也《や》。南謨《なも》諸菩薩衆《しょぼさつしゅ》・独覚《どっかく》・声聞《しょうもん》・一切賢聖《いっさいけんじょう》。」

「過去現在十方《かこげんざいじっぽう》の諸仏《しょぶつ》、悉《ことごと》く皆已《みなすで》に真実《しんじつ》の語《ご》を習《なら》い、能《よ》く随順《ずいじゅん》して機《き》に当《あた》るの実語《じつご》を説《と》く、虚誑《こおう》の語《ご》なし。已《すで》に無量倶胝大劫《むりょうくていだいこう》に於《お》いて、常《つね》に実語《じつご》を説《と》き、実語《じつご》ある者《もの》は、悉《ことごと》く皆随喜《みなずいき》せり。不妄語《ふもうご》を以《もっ》ての故《ゆえ》に、広長舌《こうちょうぜつ》を出《い》だし、能《よ》く面《めん》を覆《おお》い、贍部洲《せんぶしゅう》、及《およ》び四天下《してんげ》を覆《おお》い、能《よ》く一千二千三千《いっせんにせんさんぜん》世界《せかい》を覆《おお》い、普《あまね》く十方世界《じっぽうせかい》を覆《おお》い、円満《えんまん》、周遍《しゅうへん》にして、不可思議《ふかしぎ》なり、能《よ》く一切煩悩《いっさいぼんのう》の炎熱《えんねつ》を除《のぞ》く。

敬礼《きょうらい》し敬礼《きょうらい》す。一切諸仏《いっさいしょぶつ》、是《かく》の如《ごと》き舌相《ぜっそう》、願《ねが》わくば我某甲《われむこう》、皆微妙《みなみみょう》の弁才《べんざい》を成就《じょうじゅ》するを得《え》ん、至《し》心《しん》に帰命敬礼《きみょうきょうらい》す。

諸仏《しょぶつ》の妙弁才《みょうべんざい》、諸大菩薩《しょだいぼさつ》妙弁才《みょうべんざい》、独覚聖者《どっかくしょうじゃ》の妙弁才《みょうべんざい》、*四向四果《しこうしか》の妙弁才《みょうべんざい》、
*四聖諦語《ししょうたいご》の妙弁才《みょうべんざい》、正行正見《しょうぎょうしょうけん》の妙弁才《みょうべんざい》、梵衆諸仙《ぼんしゅしょせん》の妙弁才《みょうべんざい》、大天《だいてん》*烏摩《うま》妙弁才《みょうべんざい》、
*塞建陀天妙弁才《そけんだてんみょうべんざい》、*摩那斯王妙弁才《まなしおうみょうべんざい》、*聡明夜天妙弁才《そうみょうやてんみょうべんざい》、四大天王妙弁才《しだいてんのうみょうべんざい》、
善住天子妙弁才《ぜんじゅうてんしみょうべんざい》、金剛密主妙弁才《こんごうみつしゅみょうべんざい》、*吠率怒天妙弁才《べいそつどてんみょうべんざい》、*毘摩天女妙弁才《びまてんにょみょうべんざい》、
*侍数天神妙弁才《じしゅてんじんみょうべんざい》、*室唎天女妙弁才《しりてんにょみょうべんざい》、*室則末多妙弁才《しっそくまたみょうべんざい》、*醯哩言訶妙弁才《けいりごんじみょうべんざい》、
諸母大母妙弁才《しょもだいもみょうべんざい》、*訶哩底母妙弁才《かりていもみょうべんざい》、諸薬叉神妙弁才《しょやくしゃじんみょうべんざい》、十方諸王妙弁才《じっぽうしょおうみょうべんざい》、
所有《しょう》の勝業我《しょうごうわれ》を資助《しじょ》し、無窮《むぐう》の妙弁才《みょうべんざい》を行《ぎょう》ぜしめよ。
欺誑《こおう》なきを敬礼《きょうらい》す、解脱者《げだつしゃ》を敬礼《きょうらい》す、離欲人《りよくにん》を敬礼《きょうらい》す、纒蓋《てんがい》を捨《す》てたるを敬礼《きょうらい》す。
心清浄《しんしょうじょう》を敬礼《きょうらい》す、光明者《こうみょうしゃ》を敬礼《きょうらい》す、真実語《しんじつご》を敬礼《きょうらい》す、塵習《じんじゅう》なきを敬礼《きょうらい》す。

勝義《しょうぎ》に住《じゅう》するを敬礼《きょうらい》す、大衆生《だいしゅじょう》を敬礼《きょうらい》す、弁才天《べんざいてん》を敬礼《きょうらい》す。我《わ》が辞《じ》をして無礙《むげ》ならしめよ。

願《ねが》わくば我《わ》が所求《しょぐ》の事《じ》、皆悉《みなことごと》く速《すみ》やかに成就《じょうじゅ》せん。病《やまい》なく常《つね》に安隠《あんのん》に、寿命延長《じゅみょうえんちょう》を得《え》ん。

善《よ》く諸《もろもろ》の明呪《みょうじゅ》を解《げ》し、菩提《ぼだい》の道《どう》を勤修《ごんしゅ》せん。広《ひろ》く群生《ぐんじょう》を饒益《にょうやく》し、心《こころ》に求《もと》むるの願《がん》、早《はや》く遂《と》げん。

我真実《われしんじつ》の語《ご》を説《と》く、我無誑《われむおう》の語《ご》を説《と》く。天女《てんにょ》の妙弁才《みょうべんざい》、我《われ》をして成就《じょうじゅ》を得《え》しめよ。

唯願《ただねが》わくば天女来《てんにょき》たり、我《わ》が語《ご》滞《とどこお》りなく、速《すみ》やかに身口《しんく》の内《うち》に入《い》りて、聡明弁才《そうみょうべんざい》を足《た》らしめよ。

願《ねが》わくば我《わ》が舌根《ぜっこん》をして、当《まさ》に如来《にょらい》の弁《べん》を得《え》しめよ。彼《か》の語《ご》の威力《いりき》に由《よ》りて、諸《もろもろ》の衆生《しゅじょう》を調伏《ちょうぶく》せん。

我《わ》が語《ご》を出《い》だす時《とき》、事《じ》に随《したが》い皆成就《みなじょうじゅ》し、聞《き》く者恭敬《ものくぎょう》を生《しょう》じ、所作《しょさ》*唐捐《とうえん》ならじ。

若《も》し我弁才《われべんざい》を求《もと》めて、事成就《じじょうじゅ》せずば、天女《てんにょ》の実語《じつご》、皆悉《みなことごと》く虚妄《こもう》を成《じょう》ぜん。

*無間《むけん》の罪《つみ》を作《つく》るあるも、仏語《ぶつご》もて調伏《ちょうぶく》せしめん。及《およ》び阿羅漢《あらかん》、所有報恩《あらゆるほうおん》の語《ご》、

舎利子《しゃりし》と目連《もくれん》、世尊衆《せそんしゅ》の第一《だいいち》、斯等真実《これらしんじつ》の語《ご》、願《ねが》わくば我皆成就《われみなじょうじゅ》せん。

我今皆仏《われいまみなほとけ》の、声聞衆《しょうもんしゅ》を召請《ちょうしょう》す。皆願《みなねが》わくば速《すみ》やかに来至《らいし》し、我《わ》が求《もと》むる心《こころ》を成就《じょうじゅ》したまえ。

求《もと》むる所《ところ》の真実語《しんじつご》、皆願《みなねが》わくば虚誑《こおう》ならん。上《かみ》は*色究竟《しききょう》より、及以《および》、浄居天《じょうこてん》、

大梵《だいぼん》、及《およ》び梵輔《ぼんぼ》、一切《いっさい》の梵王衆《ぼんおうしゅ》、乃至三千《ないしさんぜん》に遍《あまね》き、索訶世界《さくかせかい》の主《しゅ》、

并《ならび》に諸《もろもろ》の眷属《けんぞく》に及《およ》び、我今皆請召《われいまみなしょうちょう》す。唯願《ただねが》わくば慈悲《じひ》を降《くだ》し、哀愍《あいれん》し同《おな》じく摂受《しょうじゅ》せよ。

他化自在天《たけじざいてん》、及以《および》、楽変化《らくへんげ》、*慈氏《じし》の当《まさ》に成仏《じょうぶつ》すべき、覩史多天《としたてん》の衆《しゅ》、
夜摩《やま》の諸天衆《しょてんしゅ》、及《およ》び三十三天《さんじゅうさんてん》、四天王衆《してんのうしゅ》の天《てん》、一切《いっさい》の諸天衆《しょてんしゅ》、
地水火風《ちすいかふう》の神《しん》、*妙高山《みょうこうせん》に依《よ》りて住《じゅう》せるもの、*七海山《しちかいせん》の神衆《じんしゅ》、所有《あらゆる》諸《もろもろ》の眷属《けんぞく》、
満財《まんざい》、及《およ》び五頂《ごちょう》、日月《にちがつ》と諸《もろもろ》の星辰《しょうしん》、是《かく》の如《ごと》き諸天衆《しょてんしゅ》、世間《せけん》をして安隠《あんのん》ならしむ。
斯等《これら》の諸天神《しょてんじん》は、罪業《ざいごう》を作《な》すを楽《ねが》わず、鬼子母《きしも》、及《およ》び最小《さいしょう》の愛児《あいに》を敬礼《きょうらい》す。
龍天薬叉衆《りゅうてんやくしゃしゅ》、乾闥《けんだつ》と阿蘇羅《あそら》、及《およ》び緊那羅《きんなら》、莫呼洛伽《まこらが》等《とう》、
我世尊《われせそん》の力《ちから》を以《もっ》て、悉《ことごと》く皆請召《みなしょうちょう》を申《の》ぶ、願《ねが》わくば慈悲心《じひしん》を降《くだ》し、我《われ》に無礙弁《むげべん》を与《あた》えよ。
一切人天《いっさいにんでん》の衆《しゅ》、能《よ》く他心《たしん》を了《りょう》ずる者《もの》、皆願《みなねが》わくば神力《じんりき》を加《くわ》え、我《われ》に妙弁才《みょうべんざい》を与《あた》えよ。
乃至《ないし》虚空《こくう》を尽《つく》し、遍《あまね》く法界《ほっかい》を周《まわ》り、所有含生《あらゆるがんしょう》の類《るい》、我《われ》に妙弁才《みょうべんざい》を与《あた》えよ。」』

爾《そ》の時《とき》、弁才天女《べんざいてんにょ》、是《こ》の請《こい》を聞《き》き已《おわ》りて、婆羅門《ばらもん》に告《つ》げて言《いわ》く、『善哉《よいかな》、大士《だいし》、若《も》し男子女人《なんしにょにん》ありて、能《よ》く是《かく》の如《ごと》きの呪《じゅ》、及《およ》び呪讃《じゅさん》に依《よ》り、前《まえ》に説《と》く所《ところ》の受持《じゅじ》の法式《ほっしき》の如《ごと》く、三宝《さんぼう》に帰敬《ききょう》し、虔心正念《けんしんしょうねん》ならば、求《もと》むる所《ところ》の事《こと》に於《おい》て、皆唐捐《みなとうえん》ならじ、兼《かね》て復《ま》た此《こ》の金光明微妙《こんこうみょうみみょう》の経典《きょうてん》を受持《じゅじ》し、読誦《どくじゅ》せば、願求《がんぐ》する所《ところ》の者果《ものか》遂《すい》せざるなく、速《すみ》やかに成就《じょうじゅ》することを得《え》ん。不至心《ふししん》を除《のぞ》く。』時《とき》に婆羅門《ばらもん》、深心《じんしん》に歓喜《かんぎ》し合掌頂受《がっしょうちょうじゅ》しぬ。

爾《そ》の時《とき》、仏《ほとけ》、弁才天女《べんざいてんにょ》に告《つ》げたまわく、『善哉《よいかな》、善哉《よいかな》。善女天《ぜんにょてん》、汝《なんじょ》能《よ》く是《こ》の妙経王《みょうきょうおう》を流布《るふ》し、所有経《あらゆるきょう》を受持《じゅじ》する者《もの》を擁護《ようご》し、及《およ》び能《よ》く一切《いっさい》の衆生《しゅじょう》を利益《りやく》し、安楽《あんらく》を得《え》しめ、是《かく》の如《ごと》き法《ほう》を説《と》きて、弁才《べんざい》の不可思議《ふかしぎ》を施与《せよ》し、福《ふく》を得《う》ること量《かぎり》なく、諸《もろもろ》の発心《ほっしん》の者《もの》は速《すみ》やかに菩提《ぼだい》に趣《おもむ》かしめ

ん。』

《**四向四果**》 小乗の修行証果の階位で、預流向→預流果→一来向→一来果→不還向→不還果→阿羅漢向→阿羅漢果となってゆく。 《**四聖諦**》 苦諦・集諦・滅諦・道諦。 《**烏摩**》 Umā シヴァ神の妻の名。 《**塞建陀**》 Skanda 軍神。 《**摩那斯**》 Manasvin 《**聡明夜**》 Rātridevatā 《**吠率怒**》 Viṣṇu 《**毘摩**》 Bhīmā 《**侍数**》 Saṃkhyāyana? 《**室唎**》 Śrī 《**室則末多**》 Śiśumatā 《**醯哩言詞**》 Heli 《**訶哩底母**》 Hārītī 鬼子母神。 《**唐捐**》 むなしいこと。むなしく捨てること。 《**無間罪**》 五逆罪のこと。 《**色究竟**》 色界二十八の諸天衆。 《**慈氏**》 Maitreya 弥勒菩薩。 《**妙高山**》 須弥山。 《**七海山**》 須弥山周囲の七重の山と八功徳水を湛える七箇の海。

大弁才天女品第十五の二は、憍陳如婆羅門が呪讃の法を説き、弁才天女を讃歎する偈文が主となっている。真実語が雄弁の基であるということがその中心概念である。そしてインド神話に出る諸神の微妙なる弁才を讃歎するとともに、諸仏・諸菩薩、ならびに独覚、および声聞衆の妙弁才を讃歎する。その所願とするところは、わがことばをして無礙ならしめ、病なく安隠にして長寿を保ち、菩提を求める道を勤修し、衆生を利益することを目的としている。しかも仏教経典であることを強調するために、仏教で説く色界の二十八の諸天をはじめ、地水火風の四大の諸神、日月星辰の諸天など人天一切の諸天・諸神にも、われに妙弁才を与えんことを説く。そして最後に仏が弁才天女に対して、この経典を流布する者を擁護し、速やかに菩提に趣くことを教示して終る。

大吉祥天女品　第十六

(大)一六巻四三八下―四三九中

爾《そ》の時《とき》、*大吉祥天女《だいきちじょうてんにょ》、即《すなわ》ち座《ざ》より起《た》ち、前《すす》みて仏足《ぶっそく》を礼《らい》し、合掌恭敬《がっしょうくぎょう》し、仏《ほとけ》に白《もう》して言《いわ》く、『世尊《せそん》、我若《われも》し苾芻《びっしゅ》・苾芻尼《びっしゅに》・鄔波索迦《うばさくか》・鄔波斯迦《うばしか》ありて、受持《じゅじ》し読誦《どくじゅ》し、人《ひと》のために是《こ》の金光明最勝王経《こんこうみょうさいしょうおうきょう》を解説《げせつ》する者《もの》あるを見《み》ては、我当《われまさ》に専心《せんしん》に此《こ》れ等《ら》の法師《ほっし》を恭敬供養《くぎょうくよう》すべし。所謂飯食《いわゆるぼんじき》・衣服《えぶく》・臥具《がぐ》・医薬《いやく》、及《およ》び余《よ》の一切《いっさい》の須《もち》ゆる所《ところ》の資具《しぐ》、皆円満《みなえんまん》にして乏少《ぼうしょう》あるなからしめん。若《も》しは昼《ひる》、若《も》しは夜《よ》、此《こ》の経王所有《きょうおうしょう》の句義《くぎ》に於《おい》て、観察思量《かんさつしりょう》し、安楽《あんらく》に住《じゅう》し、此《こ》の経典《きょうでん》をして、瞻部洲《せんぶしゅう》に於《おい》て、広行流布《こうぎょうるふ》せしめ、彼《か》の有情已《うじょうすで》に無量百千仏《むりょうひゃくせんぶつ》の所《ところ》に於《おい》て、善根《ぜんこん》を種《う》えたる者《もの》のために、常《つね》に聞《き》くことを得《え》て、速《すみ》やかに隠没《おんもつ》せざらしめん。復《ま》た無量百千億劫《むりょうひゃくせんおくこう》に於《おい》て、当《まさ》に人天《にんでん》の種《しゅ》種《じゅ》の勝楽《しょうらく》を受《う》け、常《つね》に豊稔《ぶねん》を得《え》、永《なが》く飢饉《けきん》を除《のぞ》き、一切《いっさい》の有情《うじょう》、恒《つね》に安楽《あんらく》を受《う》けしむべし。亦《ま》た復《ま》た諸仏世尊《しょぶつせそん》に値遇《ちぐう》し、未来世《みらいせ》に於《おい》て速《すみ》やかに無上大菩提果《むじょうだいぼだいか》を証《しょう》して、永《なが》く三塗輪廻《さんずりんね》の苦難《くなん》を絶《た》たん。

世尊《せそん》、我過去《われかこ》を念《おも》うに、*琉璃《るり》金山宝花《こんせんほうけ》光照吉祥功徳海《こうしょうきちじょうくどくかい》如来《にょらい》応正等覚《おうしょうとうがく》十号具足《じゅうごうぐそく》したまうあり。我彼《われか》の所《ところ》に於《おい》て諸《もろもろ》の善根《ぜんこん》を種《う》えぬ。彼《か》の如来《にょらい》の慈悲《じひ》愍念《みんねん》の威神力《いじんりき》に由《よ》るが故《ゆえ》に、我《われ》をして今日所《こんにちしょ》念処《ねんしょ》に随《したが》い、所現《しょげん》の方《ほう》に随《したが》い、所至《しょし》の国《くに》に随《したが》い、能《よ》く無量百千万億《むりょうひゃくせんまんおく》の衆生《しゅじょう》をして諸《もろもろ》の快楽《けらく》を受《う》けしむ。乃至《ないし》須《もち》ゆる所《ところ》の衣服《えぶく》・飲食《おんじき》・資生《ししよう》の具《ぐ》・金《こん》・銀《ごん》・琉璃《るり》・車渠《しやこ》・馬瑙《めのう》・珊瑚《さんご》・虎珀《こはく》・真珠等《しんじゆとう》の宝《たから》、悉《ことごと》く充足《じゆうそく》せしむ。

若《も》し復《ま》た人《ひと》ありて、至心《ししん》に是《こ》の金光明最勝王経《こんこうみようさいしようおうきよう》を読誦《どくじゆ》せば、亦《ま》た当《まさ》に日日《にちにち》衆《もろもろ》の名香《みようこう》を焼《た》き、及《およ》び諸《もろもろ》の妙花《みようげ》もて、我《わ》がために彼《か》の琉璃金山宝花光照吉祥功徳海如来応正等覚《るりこんせんほうけこうしようきちじようくどくかいによらいおうしようとうがく》を供養《くよう》すべし。復《ま》た当《まさ》に毎日三時《まいにちさんじ》の中《なか》に於《おい》て、我名《わがな》を称念《しようねん》すべし。別《べつ》に香花《こうけ》、及《およ》び諸《もろもろ》の美食《みじき》を以《もつ》て、我《われ》を供養《くよう》せば、亦《ま》た当《まさ》に此《こ》の妙経王《みようきようおう》を聴受《ちようじゆ》して、是《かく》の如《ごと》きの福《ふく》を得《う》べし。』而《しか》も頌《じゆ》を説《と》いて曰《いわ》く、

『是《かく》の如《ごと》く能《よ》く経《きよう》を持《たも》つに由《よ》るが故《ゆえ》に、自身《じしん》と眷属《けんぞく》は諸衰《しよすい》を離《はな》れ、所須《しよしゆ》の衣食乏《えじきとぼ》しき時《とき》なし、
威光寿命窮尽《いこうじゆみようぐうじん》し難《がた》し。
能《よ》く地味《じみ》をして常《つね》に増長《ぞうじよう》せしむ、諸天《しよてん》は雨《あめ》を降《ふ》らして時節《じせつ》に随《したが》い、諸天衆《しよてんしゆ》をして咸《ことごと》く歓悦《かんえつ》せしむ、及以《およびい》、園林穀果《おんりんこくか》の神《かみ》、
叢林果樹《そうりんかじゆ》並《なら》びに滋栄《じよう》し、所有苗稼《あらゆるびようけ》咸《ことごと》く成就《じようじゆ》し、珍財《ちんざい》を欲求《よくぐ》すれば皆願《みながん》を満《まん》じ、所念者《しよねんじや》に随《したが》いて其《そ》の心《こころ》を遂《と》げさしむ。』

仏《ほとけ》、大吉祥天女《だいきちじようてんによ》に告《つ》げたまわく、『善哉《よいかな》、善哉《よいかな》。汝《なんじよ》能く是《かく》の如《ごと》く昔因《しやくいん》を憶念《おくねん》し、報恩供養《ほうおんくよう》、無《む》辺《へん》の衆生《しゆじよう》を利益《りやく》し安楽《あんらく》ならしめ、是《こ》の経《きよう》を流布《るふ》す。功徳《くどく》尽くるなけん。』

《大吉祥天女》 Śrī-mahādevī **《琉璃金山宝花光照吉祥功徳海如来》** Ratnakusumaguṇasāgaravaiḍūryakanakagirisuvarṇakāñcanaprabhāsaśrītathāgata

この大吉祥天女品は、大吉祥天女（Śrī-mahādevī）が仏に対して次のように申し上げることから始まる。すなわちこの『金光明経』を解説・流布するものがあらば、衣食住と医薬などの生活資具を窮乏すことなからしめ、また常に豊稔にして、永く飢饉を除き、未来世において無上大菩提を証せし人の誓願である。その誓願は、その過去世において瑠璃金山宝華光照吉祥功徳海如来のところで、もろもろの善根を種《う》え、かの如来の威神力によって、われをして、無量の衆生の生活の資具、ないし金・銀・瑠璃・硨磲・碼碯・珊瑚・琥珀・真珠等の宝を充足せしめると説いている。このことばに対して仏が、善哉、善哉、この経の功徳尽きることなしと印可している。この吉祥天女はインド神話の Lakṣmī の異名として知られ、ビシュヌの女神で愛欲の神の母であり、福祥をつかさどる女神とされていた。そしてこの女神は帝釈、ビシュヌ神の諸神とともに仏教に混入せられた。次の第十七品にも吉祥天女が説かれている。

大吉祥天女増長財物品　第十七

㊀一六巻四三九中―四四〇上

爾《そ》の時《とき》、大吉祥天女《だいきちじょうてんにょ》、復《ま》た仏《ほとけ》に白《もう》して言《いわ》く、『世尊《せそん》、北方《ほっぽう》*薜室羅末拏《べいしらまぬ》天王《てんのう》の城《しろ》を有財《うざい》と名《なつ》く。城《しろ》を去《さ》ること遠《とお》からずして園《その》あり、名《なつ》けて妙華福光《みょうけふくこう》と曰《い》う。中《なか》に勝殿《しょうでん》あり、七宝《しっぽう》の所成《しょじょう》なり。世尊《せそん》、我常《われつね》に彼《かしこ》に住《じゅう》す。若《も》し復《ま》た人《ひと》ありて、五穀《ごこく》日日《にちにち》に増多《ぞうた》し、倉庫《そうく》盈溢《よういつ》せんと欲求《よくぐ》する者《もの》あらば、応当《まさ》に敬信《きょうしん》の心《こころ》を発起《ほっき》して、一室《いっしつ》を浄治《じょうじ》し、*瞿摩《くま》を地《じ》に塗《ぬ》るべし。応《まさ》に我《わ》が像《ぞう》を画《えが》き種種《しゅじゅ》の瓔珞《ようらく》もて周匝荘厳《しゅそうしょうごん》すべし。当《まさ》に身《み》を洗浴《せんよく》して、浄《きよ》き衣服《えぶく》を著《じゃく》し、塗《ぬ》るに名香《みょうこう》を以《もっ》てし、浄室《じょうしつ》の内《うち》に入《い》り、心《こころ》を発《おこ》し、我《わ》がために、毎日三時《まいにちさんじ》に彼《か》の仏名《ぶつみょう》、及《およ》び此《こ》の経《きょう》の名号《みょうごう》を称《しょう》して、礼敬《らいきょう》を申《の》ぶべし、「琉璃《るり》金山宝花光照吉祥功徳海如来《こんせんほうけこうしょうきちじょうくどくかいにょらい》に南謨《なも》し、諸《もろもろ》の香花《こうけ》、及《およ》び種種甘美《しゅじゅかんみ》の飲食《おんじき》を以《もっ》て、至心《ししん》に奉献《ぶこん》し、亦《ま》た香花《こうけ》、及《およ》び諸《もろもろ》の飲食《おんじき》を以《もっ》て、我《わ》が像《ぞう》に供養《くよう》し、復《ま》た飲食《おんじき》を持《じ》して余方《よほう》に敬擲《きょうじゃく》し、諸《もろもろ》の神等《じんとう》に施《ほどこ》し、実言《じっごん》もて大吉祥天《だいきちじょうてん》を邀《むか》え請《しょう》じ、所求《しょぐ》の願《がん》を発《おこ》し、若《も》し言《い》う所《ところ》の如《ごと》く是《こ》れ虚《むな》しからずんば、我《わ》が請《こ》う所《ところ》に於《おい》て、空爾《くうに》ならしむること勿《なか》れ」と。時《とき》に吉祥天女《きちじょうてんにょ》、是《こ》の事《こと》を知《し》り已《おわ》り、便《すなわ》ち愍念《みんねん》を生《しょう》じ、其《そ》の宅中《たくちゅう》の財穀《ざいこく》をして増長《ぞうじょう》せしめんとす。即《すなわ》ち当《まさ》に呪《じゅ》を誦《じゅ》して我《われ》を請召《しょうちょう》し、先《ま》ず仏名《ぶつみょう》、及《およ》び菩薩《ぼさつ》の名字《みょうじ》を称《しょう》し一心《いっしん》に敬礼《きょうらい》すべし。

「南謨《なも》一切十方三世諸仏《いっさいじっぽうさんぜしょぶつ》。南謨《なも》*宝髻仏《ほうけいぶつ》。南謨《なも》無垢光明宝幢仏《むくこうみょうほうどうぶつ》。南謨《なも》金幢光仏《こんどうこうぶつ》。南謨《なも》百金光《ひやくこんこう》蔵仏《ぞうぶつ》。南謨《なも》*金蓋宝積仏《こんがいほうしゃくぶつ》。南謨《なも》*金花光幢仏《こんけこうどうぶつ》。南謨《なも》*大燈光仏《だいとうこうぶつ》。南謨《なも》大宝幢仏《だいほうどうぶつ》。南謨《なも》東方不動《とうほうふどう》仏《ぶつ》。南謨《なも》南方宝幢仏《なんぼうほうどうぶつ》。南謨《なも》西方無量寿仏《さいほうむりょうじゅぶつ》。南謨《なも》北方天鼓音仏《ほっぽうてんくおんぶつ》。南謨《なも》*妙幢菩薩《みょうどうぼさつ》。南謨《なも》*金光菩《こんこうぼ》薩《さつ》。南謨《なも》*金蔵菩薩《こんぞうぼさつ》。南謨《なも》常啼菩薩《じょうたいぼさつ》。南謨《なも》*法上菩薩《ほうじょうぼさつ》。南謨《なも》善安菩薩《ぜんあんぼさつ》。」

是《かく》の如《ごと》く仏菩薩《ぶつぼさつ》を敬礼《きょうらい》し已《おわ》り、次《つぎ》に当《まさ》に呪《じゅ》を誦《じゅ》して、我《わ》が大吉祥天女《だいきちじょうてんにょ》を請召《しょうちょう》すべし。此《こ》の呪《じゅ》の力《ちから》に由《よ》りて、求《もと》むる所《ところ》の事《こと》、皆成就《みなじょうじゅ》することを得《え》ん。即《すなわ》ち呪《じゅ》を説《と》きて曰《いわ》く、

㉙ 「南謨室唎莫訶天女《なもしりまかてんにょ》。怛姪他《たにやた》。鉢唎脯啤拏折囇《はりほりぬされい》。三曼《さんまん》哆《た》。毘曇末泥《びどんまでい》。莫訶迦里也《まかかりや》。鉢唎底瑟佗鉢泥《はりちしったはでい》。薩婆頞他婆弾泥《さつばあんたばだんでい》。蘇鉢喇底脯囇《そはらちほれい》。痾耶娜達摩《あやだつだつま》多《た》。莫訶毘倶比帝《まかびぐびたい》。莫訶迷咄嚕《まかめいとろ》。鄔波僧呬羝《うばそうきち》。莫訶頡唎使《まかきりし》。蘇僧近里呬羝《そそうきんりきち》。三曼多頞他《さんまたあんた》。阿《あ》奴波喇泥《ぬはらでい》。莎訶《そわか》。」

世尊《せそん》、若《も》し人《ひと》あり、是《かく》の如《ごと》き神呪《じんじゅ》を誦持《じゅじ》し、我《われ》を請召《しょうちょう》せん時《とき》、我請《われこい》を聞《き》き已《おわ》り、即《すなわ》ち其《そ》の所《ところ》に至《いた》り、願《がん》をして遂《と》ぐるを得《え》しめん。世尊《せそん》、是《こ》の灌頂法《かんじょうほう》の句《く》、定成就《じょうじょうじゅ》の句《く》、真実《しんじつ》の句《く》、無虚誑《むこおう》の句《く》、是《こ》れ平等行《びょうどうぎょう》なり、諸《もろもろ》の衆生《しゅじょう》に於《おい》て、是《こ》れ正善根《しょうぜんこん》なり。若《も》し呪《じゅ》を受持《じゅじ》し読誦《どくじゅ》するあらん者《もの》は、応《まさ》に七日七夜《しちにちしちや》、*八支戒《はちしかい》を受《う》くべし。晨朝《じんちょう》の時《とき》に於《おい》て先《ま》ず*歯木《しもく》を嚼《か》み、浄《きよ》く澡漱《そうそう》し已《おわ》り、*晡後《ほご》に及《およ》びて、香花《こうけ》もて一切諸仏《いっさいしょぶつ》に供養《くよう》し、自《みずか》ら其《そ》の罪《つみ》を陳《の》べ、当《まさ》に己《おの》が身《み》、及《およ》び諸《もろもろ》の含識《がんじき》のために、迴《え》向発願《こうほつがん》し、希求《けぐ》する所《ところ》をして速《すみ》やかに成就《じょうじゅ》することを得《え》せしめよ。一室《いっしつ》を浄治《じょうち》し、或《ある》いは空閑《くうげん》の阿蘭若処《あらんにゃしょ》に在《あ》りて瞿摩《くま》を壇《だん》と為《な》し、栴檀香《せんだんこう》を焼《た》きて供養《くよう》を為《な》し、一勝座《いっしょうざ》を置《お》きて、幡蓋《ばんがい》もて荘厳《しょうごん》し、諸《もろもろ》の名花《みょうけ》を以《もっ》て壇内《だんない》に布列《ふれつ》せよ。応当《まさ》に至心《ししん》に前《まえ》の呪《じゅ》を誦持《じゅじ》して、我《わ》が至《いた》るを希望《けもう》すべし。

我《われ》、爾《そ》の時《とき》に於《お》いて、即便《すなわ》ち是《こ》の人《ひと》を護念《こねん》し、観察《かんさつ》し、来《き》たりて其《そ》の室《しつ》に入《い》り、座《ざ》に就《つ》きて坐《ざ》し、其《そ》の供養《くよう》を受《う》けん。是《こ》れより以後《のち》、当《まさ》に彼《か》の人《ひと》をして睡夢《すいむ》の中《なか》に於《お》いて我《われ》を見《み》るを得《え》しめん。求《もと》むる所《ところ》の事《こと》に随《したが》い、実《じつ》を以《もっ》て告知《こくち》せば、若《も》しは聚落《じゅらく》・空沢《くうたく》、及《およ》び僧《そう》の住処《じゅうしょ》に、求《もと》むる所《ところ》の者《もの》に随《したが》いて皆円満《みなえんまん》せしめ、金《こん》・銀《ごん》・財宝《ざいほう》・牛《ご》・羊《よう》・穀《こく》・麦《みゃく》・飲食《おんじき》・衣服《えぶく》、皆心《みなこころ》に随《したが》い諸《もろもろ》の快楽《けらく》を受《う》くを得《う》べし。既《すで》に是《か》くの如《ごと》き勝妙《しょうみょう》の果報《かほう》を得《え》ば、当《まさ》に上分《じょうぶん》を以《もっ》て三宝《さんぼう》に供養《くよう》し、及《およ》び我《われ》に施《ほどこ》し、広《ひろ》く法会《ほうえ》を修《しゅ》し、諸《もろもろ》の飲食《おんじき》を設《もう》け、香花《こうけ》を布列《ふれつ》すべし。既《すで》に供養《くよう》し已《お》われば、所有供養《あらゆるくよう》、之《これ》を貨《け》して直《あたい》を取《と》り、復《ま》た為《ため》に我《われ》に供養《くよう》せよ。我《われ》、当《まさ》に身《しん》を終《お》ゆるまで、常《つね》に此《こ》れに住《じゅう》して、是《こ》の人《ひと》を擁護《ようご》し、闕乏《けつぼう》なからしめん、希求《けぐ》する所《ところ》に随《したが》いて、悉《ことごと》く皆意《みなこころ》に称《かな》わん。亦《ま》た当《まさ》に時時《じじ》に貧乏《びんぼう》を給済《きゅうさい》すべし。応《まさ》に慳惜《けんじゃく》にして独《ひと》り己《おの》が身《み》のためにすべからず。常《つね》に是《こ》の経《きょう》を読《よ》みて、供養《くよう》して絶《た》えざらしめよ。当《まさ》に此《こ》の福《ふく》を以《もっ》て普《あまね》く一切《いっさい》に施《ほどこ》し、菩提《ぼだい》に迴向《えこう》し、願《ねが》わくば生死《しょうじ》を出《い》でて速《すみ》やかに解脱《げだつ》を得《う》べし。』

爾《そ》の時《とき》、世尊《せそん》、讃《さん》じて言《のたま》わく、『善哉《よいかな》、吉祥天女《きちじょうてんにょ》、汝《なんじょ》能く是《かく》の如《ごと》く此《こ》の経《きょう》を流布《るふ》し、不可思議《ふかしぎ》に、自他《じた》倶《とも》に益《やく》す。』

《薜室羅末拏》 Vaiśravaṇa 四天王の中、北方多聞天。毘沙門天のこと。《瞿摩》 gomaya 牛糞。《宝髻》 Ratnaśikhin 《金蓋宝積》 Suvarṇaratnākaracchatrakūṭa 《金花光幢》 Suvarṇapuṣpāñjaliraśmiketu 《大燈光》 Mahāpradīpa 《妙幢》 Ruciraketu 《金光》 Suvarṇaprabhottama 《金蔵》 Suvarṇagarbha

《法上》 Dharmodgata 《八支戒》 普通は八斎戒という。一日一夜を期して保つ戒法で、殺生、不与取、非梵行、妄語、飲酒、塗飾香鬘、舞歌観聴、眠坐高床と非時食の八戒。《歯木》 danta-kāṣṭha 歯を浄めるために嚙む木片。《晡後》 夕方の三、四時頃をいう。

この第十七品も大吉祥天女と仏との対話の形式をとって、瑠璃金山宝華光照吉祥功徳海如来に敬礼し、また香華・飲食をもって至心に奉献し、さらに大吉祥天女に供養し、請召をするならば、その者の宅中に財穀を増長せしめんと説く。さらに八仏と四方四仏の十二仏、ならびに六菩薩を敬礼し、次の神呪を誦することを説く。梵本では八仏ではなく、四仏と四方四仏の八仏である。その四方四仏は本経の如来寿量品第二に出る四方四仏と同じく、『金剛頂経』の四仏、すなわち東方阿閦・南方宝生・西方弥陀・北方不空成就と、『大日経』に出る、東方宝幢・南方開敷華王・西方弥陀・北方天鼓雷音という四方四仏とは違うものである。

さらに神呪を誦するものは、七日七夜行なうことを説き、晨朝には歯木を嚙み、浄く洗い、夕刻には香華を供養し、その罪過を懺悔し、衆生のために廻向発願する。つまり大乗仏教の宗教儀礼の一つの定型である、供養・懺悔・廻向発願を説いている。最後に独り己が身のために財物を使うことを誡め、貧乏を給済すべきことを教え、この福をあまねく一切に施し、菩提に廻向することを結論としている。

堅牢地神品　第十八

㊅一六巻四四〇上－四四一上

爾《そ》の時《とき》、*堅牢地神《けんろうじしん》、即《すなわ》ち衆中《しゆちゆう》に於《おい》て座《ざ》より起《た》ちて、合掌恭敬《がつしようくぎよう》して、仏《ほとけ》に白《もう》して言《いわ》く、『世尊《せそん》、是《こ》の金光明最勝王経《こんこうみようさいしようおうきよう》、若《も》しは現在世《げんざいせ》、若《も》しは未来世《みらいせ》、若《も》しは城邑《じようおう》・聚落《じゆらく》・王宮《おうぐう》・楼観《ろうかん》、及《およ》び阿《あ》蘭若《らんにや》・山《せん》・沢《たく》・空林《くうりん》に在《あ》りて、此《こ》の経王流布《きようおうるふ》の処《ところ》あらば、世尊《せそん》、我当《われまさ》に其《そ》の所《ところ》に往詣《おうけい》して、供養《くよう》し、恭敬《くぎよう》し、擁護《ようご》し、流通《るずう》すべし。若《も》し方処《ほうしよ》ありて、説法師《せつぼうし》のために、高座《こうざ》を敷置《ふち》し、経《きよう》を演説《えんぜつ》せば、我神力《われじんりき》を以《もつ》て本身《ほんしん》を現《げん》ぜずして、座《ざ》の所《ところ》に在《あ》りて、其《そ》の足《あし》を頂戴《ちようだい》し、我法《われほう》を聞《き》くことを得《え》て、深心歓喜《じんしんかんぎ》し、法味《ほうみ》を飡《じき》することを得《え》て、威光《いこう》を増益《ぞうやく》し、慶悦無量《きようえつむりよう》にして、自身既《じしんすで》に是《かく》の如《ごと》きの利益《りやく》を得《え》、亦《ま》た大地《だいじ》をして深《ふか》きこと十六万八千踰繕那《じゆうろくまんはつせんゆぜんな》ならしめて、金剛輪際《こんごうりんざい》に至《いた》り、其《そ》の地味《じみ》をして悉《ことごと》く皆増益《みなぞうやく》ならしめ、乃至四海《ないししかい》の所有土地《あらゆるとち》をして、亦《ま》た肥濃《ひのう》にして、田疇沃壌《でんちゆうようじよう》、常《つね》の日《ひ》に倍勝《ばいしよう》ならしめん。亦《ま》た復《ま》た此《こ》の贍部洲《せんぶしゆう》の中《なか》の江《ごう》・河《が》・池《ち》・沼《しよう》、所有諸樹《あらゆるしよじゆ》・薬草《やくそう》・叢林《そうりん》、種種《しゆじゆ》の花《け》・果《か》・根《こん》・茎《きよう》・枝《し》・葉《よう》、及《およ》び諸《もろもろ》の苗稼《みようけ》の形相愛《ぎようそうあい》すべく、衆《もろもろ》の楽《ねが》い観《み》る所《ところ》、色香具足《しきこうぐそく》して、皆受用《みなじゆゆう》するに堪《た》えしめん。若《も》し諸《もろもろ》の有情《うじよう》にして、是《かく》の如《ごと》きの勝飲食《しようおんじき》を受用《じゆゆう》し已《おわ》らば、長命《ちようみよう》し、色力諸根《しきりきしよこん》安隠《あんのん》にして、光暉《こうき》を増益《ぞうやく》し、諸《もろもろ》の痛悩《つうのう》なく、心慧勇健《しんえゆうけん》にして、堪能《かんのう》せざるなからん。又《また》、此《こ》の大地《だいじ》、凡《およ》そ須《ま》つ所《ところ》ある百千《ひやくせん》の事業《じごう》、悉《ことごと》く皆周《みなあまね》く備《そな》わらん。世尊《せそん》、是《こ》の因縁《いんねん》を以《もつ》て、諸《もろもろ》の贍部洲《せんぶしゆう》は安《あん》隠豊楽《のんぶらく》、人民熾盛《にんみんしじょう》にして諸《もろもろ》の衰悩《すいのう》なく、所有衆生《あらゆるしゅじょう》、皆安楽《みなあんらく》を受《う》けん。既《すで》に是《かく》の如《ごと》きの身心快楽《しんじんけらく》を受《う》け、此《こ》の経王《きょうおう》に於《おい》て、深《ふか》く愛敬《あいぎょう》を加《くわ》え、所在《しょざい》の処《ところ》、皆願《みなねが》わくば受持《じゅじ》供養《くよう》し、恭敬《くぎょう》し、尊重《そんじゅう》し、讃歎《さんだん》し、又復《またま》た彼《か》の説法《せっぽう》の大師《だいし》法座《ほうざ》の処《ところ》に於《おい》て、悉《ことごと》く皆彼《みなかしこ》に往《ゆ》き、諸《もろもろ》の衆生《しゅじょう》のために是《こ》の最勝《さいしょう》経王《きょうおう》を説《と》かんことを勧請《かんじょう》せん。何《なに》を以《もっ》ての故《ゆえ》に、世尊《せそん》、此《こ》の経《きょう》を説《と》くに由《よ》りて、我自身《われじしん》、并《ならび》に諸《もろもろ》の眷属《けんぞく》咸《ことごと》く利益《りやく》を蒙《こうむ》り、光暉《こうき》気力《けりき》、勇猛威勢《ゆうみょういせい》、顔容端正《げんようたんじょう》にして、倍常《ますますつね》に勝《まさ》ればなり。世《せ》尊《そん》、我堅牢地神《われけんろうじしん》、法味《ほうみ》を蒙《こうむ》り已《おわ》りて、贍部洲縦広七千踰繕那《せんぶしゅうじゅうこうしちせんゆぜんな》の地《じ》、皆悉《みなことごと》く沃壌《ようじょう》し、乃至《ないし》前《まえ》の如《ごと》く所有衆生《あらゆるしゅじょう》をして、皆安楽《みなあんらく》を受《う》けしめん。是《こ》の故《ゆえ》に、世尊《せそん》、時《とき》に彼《か》の衆生《しゅじょう》、我《わ》が恩《おん》を報《ほう》ぜんがために、応《まさ》に是《こ》の念《ねん》を作《な》すべし、我当《われまさ》に必定《ひつじょう》して是《こ》の経《きょう》を聴受《ちょうじゅ》し、恭敬供養《くぎょうくよう》し、尊重讃歎《そんじゅうさんだん》せんと。是《こ》の念《ねん》を作《な》し已《おわ》りて、即《すなわ》ち住処《じゅうしょ》より城邑《じょうおう》・聚落《じゅらく》・舎《しゃ》・宅《たく》・空地《くうじ》・法会《ほうえ》の所《ところ》に詣《もう》で、法師《ほっし》を頂礼《ちょうらい》し、是《こ》の経《きょう》を聴受《ちょうじゅ》す。既《すで》に聴受《ちょうじゅ》し已《おわ》りて、各本処《おのおのほんしょ》に還《かえ》り、心《こころ》に慶喜《きょうき》を生《しょう》じ、共《とも》に是《こ》の言《ごん》を作《な》さん、「我等《われら》、今甚深無上《いまじんじんむじょう》の妙法《みょうほう》を聞《き》くことを得《え》たり、即《すなわ》ち是《こ》れ不可思議《ふかしぎ》功徳《くどく》の聚《じゅ》を摂受《しょうじゅ》す、経力《きょうりき》に由《よ》るが故《ゆえ》に、我等《われら》当《まさ》に無量無辺百千倶胝那庾多《むりょうむへんひゃくせんくていなゆた》の仏《ほとけ》に値《あ》い、承事供養《しょうじくよう》したてまつりて、永《なが》く三《さん》塗極苦《ずごくく》の処《ところ》を離《はな》るべし。復《ま》た来世百千生中《らいせひゃくせんしょうちゅう》に於《おい》て、常《つね》に天上《てんじょう》に生《しょう》じ、及《およ》び人間《にんげん》に在《あ》りて諸《もろもろ》の勝楽《しょうらく》を受《う》けん」と。時《とき》に彼《か》の諸人《しょにん》、各本処《おのおのほんしょ》に還《かえ》り、諸《もろもろ》の人衆《にんしゅ》のために是《こ》の経王《きょうおう》を説《と》く。若《も》しは一喩《いちゆ》一品《いっぽん》、一《いち》の昔因縁《しゃくいんねん》、一如来《いちにょらい》の名《な》、一菩薩《いちぼさつ》の名《な》、一四句《いちしく》の頌《じゅ》、或《ある》いは復《ま》た一句《いっく》も、諸《もろもろ》の衆生《しゅじょう》のために是《こ》の経典《きょうでん》、乃至《ないし》首題名字《しゅだいみょうじ》を説《と》かば、世尊《せそん》、諸《もろもろ》の衆生《しゅじょう》の所住《しょじゅう》の処《ところ》に随《したが》いて、其《そ》の地《じ》悉《ことごと》く皆《みな》沃壌肥濃《ようじょうひのう》して、余《よ》の処《ところ》に過《す》ぎ、凡《およ》そ是《こ》の土地《とち》に生《しょう》ずる所《ところ》の物《もの》、悉《ことごと》く増長滋茂広大《ぞうじょうじもこうだい》なることを得《え》て、諸《もろもろ》の衆生《しゆじよう》をして快楽《けらく》を受《う》けしめ、珍財《ちんざい》を多饒《たによう》し、好《よ》く恵施《えせ》を生《しよう》じ、心常《こころつね》に堅固《けんご》にして、深《ふか》く三《さん》宝《ぼう》を信《しん》ぜしめん。』

是《こ》の語《ご》を作《な》し已《おわ》るや。爾《そ》の時《とき》、世尊《せそん》、堅牢地神《けんろうじしん》に告《つ》げて曰《のたま》わく、『若《も》し衆生《しゆじよう》ありて是《こ》の金光明《こんこうみよう》最勝経王《さいしようきようおう》、乃至《ないし》一句《いつく》を聞《き》かば、命終《みようじゆう》の後《のち》、当《まさ》に三十三天《さんじゆうさんてん》、及《およ》び余天《よてん》の処《ところ》に往生《おうじよう》を得《う》べし。若《も》し衆生《しゆじよう》ありて是《こ》の経王《きようおう》を供養《くよう》せんと欲《ほつ》するための故《ゆえ》に、宅宇《たくう》を荘厳《しようごん》し、乃至《ないし》一傘蓋《いちさんがい》を張《は》り、一繒幡《いちそうばん》を懸《か》くれば、是《こ》の因縁《いんねん》に由《よ》りて、六天《ろくてん》の上《うえ》に、念《ねん》の如《ごと》く生《しよう》を受《う》け、七宝《しつぽう》の妙宮《みようぐう》意《こころ》に随《したが》いて受用《じゆゆう》し、各各自然《おのおのじねん》に七千《しちせん》の天女《てんによ》ありて、共《とも》に相娯楽《あいごらく》して、日夜《にちや》常《つね》に不可思議殊勝《ふかしぎしゆしよう》の楽《たのしみ》を受《う》けん。』是《こ》の語《ご》を作《な》し已《おわ》るや、爾《そ》の時《とき》、堅牢地神《けんろうじしん》、仏《ほとけ》に白《もう》して言《いわ》く、『世尊《せそん》、是《こ》の因縁《いんねん》を以《もつ》て、若《も》し四衆《ししゆ》にして法座《ほうざ》に昇《のぼ》り、是《こ》の法《ほう》を説《と》くものある時《とき》、我《われ》当《まさ》に昼夜《ちゆうや》是《こ》の人《ひと》を擁護《ようご》し、自《みずか》ら其《そ》の身《み》を隠《かく》し、座所《ざしよ》に在《あ》りて其《そ》の足《あし》を頂戴《ちようだい》すべし。世尊《せそん》、是《かく》の如《ごと》きの経典《きようでん》は、彼《か》の衆生《しゆじよう》の已《すで》に百千仏所《ひやくせんぶつしよ》に於《おい》て善根《ぜんごん》を種《う》えたる者《もの》のために、贍部洲《せんぶしゆう》に於《おい》て流布《るふ》して滅《めつ》せず。是《こ》の諸《もろもろ》の衆生《しゆじよう》にして斯《こ》の経《きよう》を聴《き》く者《もの》は、未来《みらい》世《せ》無量百千倶胝那庾多劫《むりようひやくせんくていなゆたこう》、天上人中《てんじようにんちゆう》に於《おい》て、常《つね》に勝楽《しようらく》を受《う》け、諸仏《しよぶつ》に遇《あ》うことを得《え》て、速《すみ》やかに阿耨多羅三藐三菩提《あのくたらさんみやくさんぼだい》を成《じよう》じ、三塗生死《さんずしようじ》の苦《く》を歴《へ》じ。』

爾《そ》の時《とき》、堅牢地神《けんろうじしん》、仏《ほとけ》に白《もう》して言《いわ》く、『世尊《せそん》、我心呪《われしんじゆ》ありて、能《よ》く人天《にんでん》を利《り》し、一切《いつさい》を安楽《あんらく》にす。若《も》し男子女人《なんしによにん》、及《およ》び諸《もろもろ》の四衆《ししゆ》ありて、親《した》しく我《わ》が真身《しんじん》を見《み》んことを得《え》んと欲《ほつ》すれば、応当《まさ》に至心《ししん》に此《こ》の陀羅尼《だらに》を持《じ》すべし。其《そ》の所願《しよがん》に随《したが》いて、皆悉《みなことごと》く心《こころ》を遂《と》ぐべし。所謂《いわゆる》、資財《しざい》・珍宝《ちんぼう》・伏蔵《ふくぞう》なり。及《およ》び神通《じんずう》・長年《じようねん》・妙薬《みようやく》、并《ならび》に衆病《しゆびよう》を療《りよう》じ、怨敵《おんてき》を降伏《ごうぶく》し、諸《もろもろ》の異論《いろん》を制《せい》せんことを求《もと》むれば、当《まさ》に浄室《じょうしつ》に於《お》いて、道場《どうじょう》を安置《あんち》し、身《み》を洗浴《せんよく》し已《お》わりて、鮮潔《せんけつ》なる衣《ころも》を著《つ》け、草座《そうざ》の上《うえ》に踞《ご》すべし。舎利《しゃり》ある尊像《そんぞう》の前《まえ》に、或《ある》いは舎利《しゃり》ある制底《せいてい》の所《ところ》に於《お》いて、香《こう》を焼《た》き、花《け》を散《さん》じ、飲食《おんじき》を供《く》養《よう》し、白月《びゃくがつ》の八日《はちにち》、布灑星《ふしょうしょう》と合《あ》うときに於《お》いて、即《すなわ》ち此《こ》の請召《しょうちょう》の呪《じゅ》を誦《じゅ》すべし。

㉚「怛姪他《たにゃた》。只里《きり》・只里《きり》。主嚕《しゅろ》・主嚕《しゅろ》。句嚕《くろ》・句嚕《くろ》。拘柱《くちゅ》・拘柱《くちゅ》。覩柱《とちゅ》・覩柱《とちゅ》。縛訶《ばか》・縛訶《ばか》。伐捨《ぶしゃ》・伐捨《ぶしゃ》。莎訶《そわか》。」

世尊《せそん》、此《こ》の神呪《じんじゅ》、若《も》し四衆《ししゅ》ありて、一百八遍《いっぴゃくはちへん》を誦《じゅ》し、我《われ》を請召《しょうちょう》せば、我是《われこ》の人《ひと》のために、即《すなわ》ち来《き》たりて請《しょう》に赴《おもむ》かん。又復《またま》た世尊《せそん》、若《も》し衆生《しゅじょう》ありて、我《わ》が身《み》を現《げん》ずるを見《み》て、共《とも》に語《かた》るを得《え》んと欲《ほっ》すれば、亦《ま》た復《ま》た前《まえ》の如《ごと》く、法式《ほっしき》を安置《あんち》し、此《こ》の神呪《じんしゅ》を誦《じゅ》すべし。

㉛「怛姪他《たにゃた》。頞折泥《あんざでい》。頡力《くり》。刹泥《せってい》。室尸達哩《しっしだり》。訶《か》・訶《か》。呬《き》・呬《き》。区嚕《くろ》。伐囇《ばれい》。莎訶《そわか》。」

世尊《せそん》、若《も》し人《ひと》、此《こ》の呪《じゅ》を持《じ》する時《とき》、応《まさ》に一百八遍《いっぴゃくはちへん》を誦《じゅ》し、并《ならび》に前《まえ》の呪《じゅ》を誦《じゅ》すれば、我必《われかなら》ず身《み》を現《げん》じ、其《そ》の所願《しょがん》に随《したが》いて、悉《ことごと》く成就《じょうじゅ》することを得《え》て、終《つい》に虚然《こねん》ならざるべし。若《も》し此《こ》の呪《じゅ》を誦《じゅ》せんと欲《ほっ》する時《とき》には、先《ま》ず護身呪《ごしんじゅ》を誦《じゅ》すべし。曰《いわ》く、

㉜「怛姪他《たにゃた》。儞室里《にしり》。末捨羯擲《ましゃがっち》。捺擲矩擲《なちくち》。勃地《ぼち》。勃地囇《ぼちれい》。婢擲《ひち》・婢擲《ひち》。矩句擲《くくち》。佉婆只哩《きゃばしり》。莎訶《そわか》。」

世尊《せそん》、此《こ》の呪《じゅ》を誦《じゅ》する時《とき》、*五色《ごしき》の線《せん》を取《と》り、呪《じゅ》を誦《じゅ》すること二十一遍《にじゅういっぺん》、二十一結《にじゅういっけつ》を作《な》して、繋《か》けて左臂《さひ》の肘《ひじ》の後《あと》に在《お》き、即便《すなわ》ち護身《ごしん》せば懼《おそ》るる所《ところ》あることなけん。若《も》し至心《ししん》ありて、此《こ》の呪《じゅ》を誦《じゅ》すれば、所求《しょぐ》必《かなら》ず遂《と》げん、我妄語《われもうご》せず、我仏法僧《われぶっぽうそう》の宝《たから》を以《もっ》て、而《しか》して要契《ようけい》と為《な》し、是《こ》の実《まこと》な

ることを証知《しょうち》す。』
爾《そ》の時《とき》、世尊《せそん》、地神《じしん》に告《つ》げて曰《のたま》わく、『善哉《よいかな》、善哉《よいかな》。汝《なんじょ》能く是《こ》の実語《じつご》神呪《じんしゅ》を以《もっ》て、此《こ》の経王《きょうおう》、及《およ》び説法《せっぽう》する者《もの》を護《まも》る、是《こ》の因縁《いんねん》を以《もっ》て、汝《なんじ》をして無量《むりょう》の福報《ふくほう》を獲得《ぎゃくとく》せしめん。』

《堅牢地神》 Dṛḍhāpṛtivīdevatā　**《五色線》** 青（nīla）黄（pīta）赤（lohita）白（avadāta）黒（kṛṣṇa）を五色、五正色、五大色という。

この堅牢地神（Dṛḍhāpṛtivīdevatā）は女神であるが、大地をよく堅固ならしめるが故に、その名称がある。また仏法の流布するところにおいて仏法を守護すると考えられる。堅牢地祇とか、堅牢地天または大地神ともいわれる。その堅牢地神と仏との対話の形式となっているのは第十八品である。すなわち『金光明経』の流布するところに、本身を現ぜずして、その地味を増益せしめ、諸樹・薬草・叢林、種々の華・根・茎・枝葉が受用するに耐える。またそれを喰べる衆生たちは、諸根安隠にして長命となり、心慧が勝れる。さらにこの経の一品、あるいは一因縁譚、一如来、一菩薩の名号、ないし四句一偈の頌、もしくは経典の首題の名字を説くだけでもその土地は肥沃となり、その土地に生ずるものは滋茂し、その衆生は快楽を得、心常に堅固にして三宝を信仰すると説く。このことばに対して仏は堅牢地神に告げていう、この『金光明経』の一句でも聞くならば、命終の後に天に生まれることができると、この仏のことばに答えて、堅牢地神はわれに心呪があり、至心にこの陀羅尼を持すれば所願ことごとく満足する。すなわち財宝でも、長寿でも、療病でも、怨敵降伏でも、所求が成就すると述べ、請召の呪と神呪と護身の呪との三つの陀羅尼を説く。護身の呪を誦するときには、五色の線をとり、呪を誦すること二十一遍、そのつど結び目を作り合計二十一結の線を左臂の肘の後におけば護身となり怖畏はなくなると説いている。

なお前述の「四天王護国品第十二」の中で、四天王と諸天神と旧善神とが国を護ることを説いているが、その旧善神とは堅牢地神を指すものであろうと推察される節がある。

僧慎爾耶薬叉大将品　第十九

㊅一六巻四四一上―四四二上

爾《そ》の時《とき》、*僧慎爾耶薬叉大将《そうしんにややくしゃだいしょう》、并《ならび》に*二十八部薬叉諸神《にじゅうはちぶやくしゃしょじん》は大衆《だいしゅ》の中《なか》に於《おい》て、皆座《みなざ》より起《た》ちて、偏《ひと》えに右肩《うけん》を袒《はだぬ》ぎ、右膝《うしつ》を地《ち》に著《つ》け、合掌《がっしょう》し、仏《ほとけ》に向《むか》い白《もう》して言《いわ》く、『世尊《せそん》、此《こ》の金光明 最勝 経《こんこうみょうさいしょうきょう》王《おう》、若《も》しは現在世《げんざいせ》、及《およ》び未来世《みらいせ》に、所在宣揚流布《しょざいせんようるふ》の処《ところ》、若《も》しくは城邑《じょうおう》・聚落《じゅらく》、山《せん》・沢《たく》・空林《くうりん》、或《ある》いは王《おう》の宮殿《ぐうでん》、或《ある》いは僧《そう》の住処《じゅうしょ》に於《おい》て、世尊《せそん》、我僧慎爾耶薬叉大将《われそうしんにややくしゃだいしょう》、并《ならび》に二十八部薬叉諸神《にじゅうはちぶやくしゃしょじん》と倶《とも》に其《そ》の所《ところ》に詣《いた》りて、各《おのおの》自《みずか》ら形《かたち》を隠《かく》し、処《ところ》に随《したが》いて、彼《か》の説法師《せっぽうし》を擁護《ようご》し、衰悩《すいのう》を離《はな》れて常《つね》に安《あん》楽《らく》を受《う》けしめん。及《およ》び聴法《ちょうぼう》の者《もの》、若《も》しは男《なん》、若《も》しは女《にょ》、童男童女《どうなんどうにょ》にして、此《こ》の経中《きょうちゅう》に於《おい》て、乃至《ないし》一四句頌《いちしくじゅ》を受持《じゅじ》し、或《ある》いは一句《いっく》を持《じ》し、或《ある》いは此《こ》の経王《きょうおう》の首題名号《しゅだいみょうごう》、及《およ》び此《こ》の経中《きょうちゅう》の一如来《いちにょらい》の名《な》、一菩薩《いちぼさつ》の名《な》を発心称念《ほっしんしょうねん》して、恭敬《くぎょう》し供養《くよう》する者《もの》は、我当《われまさ》に救護摂受《くごしょうじゅ》して、災横《さいおう》なく、苦《く》を離《はな》れ楽《らく》を得《え》しむべし。世尊《せそん》、何《なに》が故《ゆえ》に我《われ》を正了知《しょうりょうち》と名《なづ》くる。此《こ》の因縁《いんねん》を是《こ》れ仏親《ほとけした》しく証《しょう》したまえ。我諸《われしょ》法《ほう》を知《し》り、我一切《われいっさい》の法《ほう》を暁《あき》らめ、所有一切法《あらゆるいっさいほう》に随《したが》い、所有一切《あらゆるいっさい》の法《ほう》の如《ごと》く、諸法《しょほう》の種類《しゅるい》・体《たい》・性《しょう》を差別《しゃべつ》せり。世尊《せそん》、是《かく》の如《ごと》きの諸法《しょほう》、我能《われよ》く了知《りょうち》す。我《われ》に難思《なんし》の智光《ちこう》あり、我《われ》に難思《なんし》の智炬《ちこ》あり、我《われ》に難思《なんし》の智行《ちぎょう》あり、我《われ》に難思《なんし》の智聚《ちじゅ》あり、我難思《われなんし》の智境《ちきょう》に於《おい》て能《よ》く通達《つうだつ》す。世尊《せそん》、我《わ》が如《ごと》き一《いっ》切《さい》の法《ほう》に於《おい》て、正知《しょうち》し、正暁《しょうぎょう》し、正覚《しょうがく》し、能《よ》く正観察《しょうかんさつ》す。世尊《せそん》、是《こ》の因縁《いんねん》を以《もっ》て、我薬叉大将《われやくしゃだいしょう》を正了知《しょうりょうち》と名《なづ》く。是《こ》の義《ぎ》を以《もっ》ての故《ゆえ》に、我《われよ》能く彼《か》の説法《せっぽう》の師《し》をして、言辞弁了《ごんじべんりょう》、具足荘厳《ぐそくしょうごん》せしめ、亦《ま》た精気《しょうき》をして毛孔《もうく》より入《い》らしめ、身力充足《しんりきじゅうそく》し、威光勇健《いこうゆうけん》にして、難思《なんし》の智光《ちこう》皆成就《みなじょうじゅ》することを得《え》て、正憶念《しょうおくねん》を得《え》、退屈《たいくつ》あることなく、彼《か》の身《み》を増益《ぞうやく》し、衰減《すいげん》なからしめ、諸根安楽《しょこんあんらく》にして常《つね》に歓喜《かんぎ》を生《しょう》ぜしむ。是《こ》の因縁《いんねん》を以《もっ》て彼《か》の有情《うじょう》、已《すで》に百千仏《ひゃくせんぶつ》の所《ところ》に於《おい》て諸《もろもろ》の善根《ぜんごん》を植《う》え、福業《ふくごう》を修《しゅ》したる者《もの》のために、贍部洲《せんぶしゅう》に於《おい》て広宣流布《こうせんるふ》し、速《すみ》やかに隠没《おんもつ》せず。彼《か》の諸《もろもろ》の有情《うじょう》、是《こ》の経《きょう》を聞《き》き已《おわ》りて、不可思議《ふかしぎ》大智《だいち》の光明《こうみょう》、及以《および》、無量福智《むりょうふくち》の聚《じゅ》を得《え》、未来世《みらいせ》に於《おい》て当《まさ》に無量《むりょう》の倶胝那庾多劫《くていなゆたこうふ》不可思量《かしりょう》の人天《にんでん》の勝楽《しょうらく》を受《う》け、常《つね》に諸仏《しょぶつ》と共《とも》に相値遇《あいちぐう》し、速《すみ》やかに無上正等菩提《むじょうしょうとうぼだい》を証《しょう》すべく、閻羅《えんら》の界三塗《かいさんず》の極苦《ごくく》を復《ま》た経過《きょうか》せじ。』

爾《そ》の時《とき》、正了知薬叉大将《しょうりょうちやくしゃだいしょう》、仏《ほとけ》に白《もう》して言《いわ》く、『世尊《せそん》、我《われ》に陀羅尼《だらに》あり、今仏前《いまぶつぜん》に対《たい》して親《した》しく自《みずか》ら陳説《ちんぜつ》す。諸《もろもろ》の有情《うじょう》を憐愍《れんみん》し、饒益《にょうやく》せんと欲《ほっ》するがための故《ゆえ》に』と。即《すなわ》ち呪《じゅ》を説《と》きて曰《いわ》く、

㉝『「南謨《なも》仏陀耶《ぶつだや》。南謨《なも》達摩耶《だるまや》。南謨《なも》僧伽耶《そうがや》。南謨《なも》跋囉蚶摩耶《ばらかんまや》。南謨《なも》因達囉耶《いんだらや》。南謨《なも》折咄喃《せっとなん》。莫《も》喝囉《かつら》闍喃《じゃなん》。怛姪他《たにゃた》。呬哩《きり》・呬哩《きり》。弭哩《みり》・弭哩《みり》。瞿哩《くり》。莫訶瞿哩《もかぐり》。健陀里《けんだり》。莫訶健陀里《もかけんだり》。達《だ》羅弭雉《らみし》。莫訶達羅弭雉《もかだらにし》。単茶《たんだ》。曲勧第《ごくかんだい》。訶《か》・訶《か》・訶《か》・訶《か》・訶《か》。呬《き》・呬《き》・呬《き》・呬《き》・呬《き》。呼《こ》・呼《こ》・呼《こ》・呼《こ》。漢魯曇謎《かんろどんめい》。瞿曇謎《くどんめい》。者《しゃ》・者《しゃ》・者《しゃ》・者《しゃ》。只《し》・只《し》・只《し》・只《し》。主《しゅ》・主《しゅ》・主《しゅ》・主《しゅ》。旃《せん》茶《だ》摂鉢攞《しょうはつら》。尸掲囉《しがら》。尸掲囉《しがら》。嗢底瑟佗呬《おんちしったき》。薄伽梵《ばがぼん》。僧慎爾耶《そうしんにや》。莎訶《そわか》。」

若《も》し復《ま》た人《ひと》ありて、此《こ》の明呪《みょうじゅ》に於《おい》て、能《よ》く受持《じゅじ》すれば、我当《われまさ》に資生《ししょう》の楽具《ぎょうぐ》、飲食衣服《おんじきえぶく》、花果珍《けかちん》異《い》を給与《きゅうよ》すべし。或《ある》いは男女《なんにょ》、童男童女《どうなんどうにょ》、金銀珍宝《こんごんちんぼう》、諸《もろもろ》の瓔珞《ようらく》の具《ぐ》を求《もと》むれば、我皆供給《われみなくきゅう》して願《がん》

求《ぐ》する所《ところ》に随《したが》いて、闕乏《けつぼう》なからしめん。此《こ》の明呪大威力《みょうじゅだいいりき》あり、若《も》し呪《じゅ》を誦《じゅ》する時《とき》には、我当《われまさ》に速《すみ》やかに其《そ》の所《ところ》に至《いた》りて障礙《しょうげ》なく、意《こころ》に随《したが》いて成就《じょうじゅ》せしむべし。若《も》し此《こ》の呪《じゅ》を持《じ》せん時《とき》には、応《まさ》に其《そ》の法《ほう》を知《し》るべし。先《ま》ず一鋪《いちふ》僧慎爾耶薬叉《そうしんにややくしゃ》の形像《ぎょうぞう》を画《が》すること高《たか》さ四五尺《しごしゃく》、手《て》に鉾鑹《ぼうさん》を執《と》る。此《こ》の像前《ぞうぜん》に四方壇《しほうだん》を作《つく》り、四満瓶《しまんびょう》の蜜水《みっすい》、或《ある》いは沙糖水《しゃとうすい》、塗香《ずこう》・末香《まっこう》・焼香《しょうこう》、及《およ》び諸《もろもろ》の花鬘《けまん》を安《あん》じ、又《また》、壇前《だんぜん》に地火爐《じかろ》を作《つく》り、中《なか》に炭火《たんか》を安《あん》じ、蘇摩芥子《そまけし》を以《もっ》て爐中《ろちゅう》に焼《た》き、口《くち》に前呪《ぜんじゅ》を誦《じゅ》すること一百八遍《いっぴゃくはちへん》、一遍《いっぺん》して一焼《いっしょう》せよ。乃至《ないし》我薬叉大将《われやくしゃだいしょう》自《みずか》ら来《き》たり、身《しん》を現《げん》じて呪人《じゅにん》に問《と》うて曰《い》わん、「爾何《なんじなん》の須《もと》むる所《ところ》ぞや」と。意《こころ》に求《もと》むる所《ところ》の者《もの》、即《すなわ》ち事《こと》を以《もっ》て答《こた》えよ。我即《われすなわ》ち言《ごん》に随《したが》い、求《もと》むる所《ところ》の事皆満足《ことみなまんぞく》せしめん。或《ある》いは金銀《こんごん》、及《およ》び諸《もろもろ》の伏蔵《ぶくぞう》を須《もと》め、或《ある》いは神仙《しんせん》となり、空《くう》に乗《じょう》じて去《さ》らんと欲《ほっ》し、或《ある》いは天眼通《てんげんずう》を求《もと》め、或《ある》いは他心《たしん》を知《し》る事《こと》、一切《いっさい》の有情《うじょう》に於《おい》て意《こころ》に随《したが》いて自在《じざい》に、煩《ぼん》悩《のう》を断《だん》じ速《すみ》やかに解脱《げだつ》を得《え》、皆成就《みなじょうじゅ》することを得《え》しめん。』

爾《そ》の時《とき》、世尊《せそん》、正了知薬叉大将《しょうりょうちやくしゃだいしょう》に告《つ》げて曰《のたま》わく、『善哉《よいかな》、善哉《よいかな》。汝《なんじょ》能く是《かく》の如《ごと》く一切《いっさい》の衆生《しゅじょう》を利益《りやく》し、此《こ》の神呪《じんじゅ》を説《と》き正法《しょうぼう》を擁護《ようご》す、福利無辺《ふくりむへん》なり。』

《僧慎爾耶》 Saṃjñāya（Saṃjñeya）正了知と訳す。　**《二十八部薬叉諸神》**『梵文孔雀明王経』によれば、東方四神、Dīrgha（1地呵）Sunetra（2修涅多羅）Pūrṇaka（3介那柯）Kapila（4迦毘羅）。南方四神、Siṃha（5僧伽）Upasiṃha（6優波僧伽）Śaṃkhila（7償起羅）Nanda（8旃陀那）。西方四神、Hari（9訶利）Harikeśa（10訶利枳舎）Pradhu（11波羅赴）Piṅgala（12氷伽羅）。北方四仏、Dharaṇa（13陀羅那）

Dharananda（14陀羅難陀）Udyogapāla（15欝庾波羅）Viṣṇu（16別伽那）。四維四神、Pañcika（17般止柯）Pañcālagaṇḍa（18般遮羅旃陀）Sātāgiri（19莎多祁梨）Haimavata（20醯遮婆多）。下方四神、Bhūma（21部摩）Subhūma（22脩部摩）Kāla（23柯羅）Upakāla（24優波柯羅）。上方四神、Sūrya（25修利）Soma（26蘇摩）Agni（27悪祁尼）Vāyu（28婆牖）。カッコ内の訳語は『孔雀王呪経』による。

僧慎爾耶薬叉大将（Saṃjñeya-mahāyakṣa と梵本ではなっている）は、漢訳から梵語を推定するとSañ-ciñjaya-mahāyakṣa と考えられる。夜叉は地上、または空中に住し、正法を守護する半人半神の鬼類とされている。毘沙門天の眷属と考えられ十方を守るために二十八部の薬叉神がいるとされる。すなわち東・南・西・北の四方、それに上方・下方にそれぞれ四薬叉、東北・東南・西南・西北の四維に四薬叉があり、僧慎爾耶薬叉大将を主とする。これらの薬叉諸神が仏に対して次のように申し上げている。すなわちこの『金光明経』の宣揚流布されるところには、これら薬叉衆が、形を隠して、説法師や聴法者を守護する。しかも何故に正了知＝サンジェーヤというかという理由をみずから明らかにしている。すなわち一切法を正知・正暁・正覚・正観察するので、正了知と名づくと説明している。そして明呪を誦することを勧める。明呪の威力によって障礙なく、意に従ってすべてが成就すると教え、その明呪を誦する作法を説いている。その作法とは、薬叉の四・五尺の形像を画き、その前に四方壇を作り、壇前に地火炉を設け、その中に炭火を入れ、蘇摩芥子を炉中に焼き神呪を一遍誦する毎に、一遍一焼することをなす。そうすれば所求皆満足せしめ、煩悩を転じて速やかに解脱を得ると説く、このような薬叉のことばに対して、仏は善哉、善哉と薬叉のことばに賛意を表している。

王法正論品　第二十

(大)一六巻四四二上—四四三中

爾《そ》の時《とき》、此《こ》の大地神女《だいじじんにょ》、名《なづ》けて堅牢《けんろう》と曰《い》う。大衆《だいしゅ》の中《なか》に於《お》いて、座《ざ》より起《た》ちて、仏足《ぶっそく》を頂礼《ちょうらい》し、合掌恭敬《がっしょうくぎょう》して、仏《ほとけ》に白《もう》して言《いわ》く、『世尊《せそん》、諸国《しょこく》の中《なか》に於《お》いて人王《にんおう》たる者《もの》、若《も》し正法《しょうぼう》なくば、国《くに》を治《おさ》め衆生《しゅじょう》を安養《あんよう》し、及以《および》自身《じしん》長《なが》く勝位《しょうい》に居《お》ること能《あた》わじ。唯願《ただねが》わくば世尊《せそん》、慈悲哀愍《じひあいみん》して、当《まさ》に我《わ》がために王法正論《おうぼうしょうろん》、治国《ちこく》の要《よう》を説《と》き、諸《もろもろ》の人王《にんおう》をして法《ほう》を聞《き》くことを得《え》、已《すで》に如説《にょぜつ》に修行《しゅぎょう》して正《ただ》しく世《よ》を化《け》し、能《よ》く勝位《しょうい》をして永《なが》く安寧《あんねい》を保《たも》たしめ、国内《こくない》の居人《こにん》をして咸《ことごと》く利益《りやく》を蒙《こうむ》らしめたまうべし。』

爾《そ》の時《とき》、世尊《せそん》、大衆《だいしゅ》の中《なか》に於《お》いて、堅牢地神《けんろうじしん》に告《つ》げて曰《のたま》わく、『汝当《なんじまさ》に諦聴《たいちょう》すべし。過去《かこ》に王《おう》あり、*力尊幢《りきそんどう》と名《なづ》く、其《そ》の王子《おうじ》あり、名《なづ》けて*妙幢《みょうどう》と曰《い》う、灌頂《かんじょう》の位《くらい》を受《う》けて未《いま》だ久《ひさ》しからざるの頃《ころ》、爾《そ》の時《とき》、父王《ぶおう》、妙幢《みょうどう》に告《つ》げて言《いわ》く、「王法正論《おうぼうしょうろん》あり、*天主教法《しんしゅきょうぼう》と名《なづ》く、我昔時《われむかし》に於《お》いて*灌頂《かんじょう》の位《くらい》を受《う》けて、而《しか》して国王《こくおう》と為《な》る、我《わ》が父王《ぶおう》を*智力尊幢《ちりきそんどう》と名《なづ》く、我《わ》がために是《こ》の王法正論《おうぼうしょうろん》を説《と》く。我此《われこ》の論《ろん》に依《よ》りて二万歳《にまんざい》に於《お》いて善《よ》く国土《こくど》を治《おさ》めぬ。我曾《われかつ》て憶《おく》せず、一念心《いちねんしん》を起《おこ》して非法《ひほう》を行《ぎょう》じぬ。汝今日《なんじこんにち》に於《お》いて亦《ま》た応《まさ》に是《かく》の如《ごと》きの非法《ひほう》を以《もっ》て、国《くに》を治《おさ》むること勿《なか》るべし。云何《いかん》が名《なづ》けて王《おう》法正論《ぼうしょうろん》と為《な》す。汝今《なんじいま》善《よ》く聴《き》け、当《まさ》に汝《なんじ》のために説《と》くべし。」爾《そ》の時《とき》、力尊幢王《りきそんどうおう》、即《すなわ》ち其《そ》の子《こ》のた

めに、妙伽他《みょうかだ》を以《もっ》て正論《しょうろん》を説《と》いて曰《いわ》く、

*「我王法論《われおうぼうろん》を説《と》きて、諸《もろもろ》の有情《うじょう》を利安《りあん》す、世間《せけん》の疑《うたがい》を断《だん》ぜんがために、衆《もろもろ》の過失《かしつ》を滅除《めつじょ》せん。

一切《いっさい》の諸天王《しょてんのう》、及以人中《およびにんちゅう》の王《おう》、当《まさ》に歓喜心《かんぎしん》を生《しょう》じ、合掌《がっしょう》して我《わ》が説《せつ》を聴《き》くべし。

*往昔《おうじゃく》諸《もろもろ》の天衆《てんしゅ》、集《あつ》まりて*金剛山《こんごうせん》に在《あ》り。四王座《しおうざ》より起《た》ちて、大梵《だいぼん》に請問《しょうもん》す。

梵主《ぼんしゅ》、最勝尊《さいしょうそん》、天中《てんちゅう》の大自在《だいじざい》、願《ねが》わくば我等《われら》を哀愍《あいみん》して、為《ため》に諸《もろもろ》の疑惑《ぎわく》を断《だん》ぜよ。

云何《いかん》が人世《にんせ》に処《しょ》して、名《なづ》けて天《てん》と為《な》すことを得《う》る、復《ま》た何《なん》の因縁《いんねん》を以《もっ》て、号名《ごうみょう》して天子《てんし》と曰《い》うや。

云何《いかん》が人間《にんげん》に生《うま》れて、独人主《ひとりにんしゅ》と為《な》ることを得《う》る、云何《いかん》が天上《てんじょう》に在《あ》りて、復《ま》た天王《てんのう》と作《な》ることを得《う》るやと。

是《かく》の如《ごと》く*護世間《ごせけん》、彼《か》の梵王《ぼんおう》に問《と》い已《おわ》る。爾《そ》の時《とき》、梵天主《ぼんてんしゅ》即便《すなわ》ち彼《かれ》のために説《と》く、

護世《ごせ》、汝当《なんじまさ》に知《し》るべし、有情《うじょう》を利《り》せんがための故《ゆえ》に、我《われ》に治国《ちこく》の法《ほう》を問《と》う。我説《われと》かん。応《まさ》に善《よ》く聴《き》くべし。

先《さき》の善業《ぜんごう》の力《ちから》に由《よ》りて、天《てん》に生《しょう》じて王《おう》と作《な》ることを得《う》。若《も》し人中《にんちゅう》に在《あ》りては、統領《とうりょう》して人主《にんしゅ》と為《な》る。

諸天共《しょてんとも》に加護《かご》し、然《しか》して後《のち》、母胎《もたい》に入《い》り、既《すで》に母胎《もたい》の中《なか》に至《いた》れば、諸天《しょてん》復《ま》た守護《しゅご》す。

*生《うま》れて人世《にんせ》に在《あ》りと雖《いえど》も、尊勝《そんしょう》の故《ゆえ》に天《てん》と名《なづ》く、諸天護持《しょてんごじ》するに由《よ》りて、亦《ま》た天子《てんし》と名《なづ》くることを得《う》。

三十三天《さんじゅうさんてん》の主《しゅ》、力《ちから》を分《わか》ちて人王《にんおう》を助《たす》け、及《およ》び一切《いっさい》の諸天《しょてん》も、亦《ま》た自在力《じざいりき》を資《たす》く。

　諸《もろもろ》の非《ひ》法悪業《ほうあくごう》を滅除《めつじょ》して、生《しょう》ぜざらしめ、有情《うじょう》を教《おし》えて善《ぜん》を修《しゅ》せしめ、天上《てんじょう》に生《しょう》ずることを得《え》しむ。

人及《にんおよ》び蘇《そ》羅《ら》衆《しゅ》、并《ならび》に健闥婆《けんだつば》等《とう》、羅《ら》刹《せつ》・栴荼羅《せんだら》、悉《ことごと》く皆半力《みなはんりき》を資《たす》く。

父《ぶ》母《も》半力《はんりき》を資《たす》けて、悪《あく》を捨《す》て善《ぜん》を修《しゅ》せしめ、諸天共《しょてんとも》に護持《ごじ》して、其《そ》の諸《もろもろ》の善報《ぜんほう》を示《しめ》す。

若《も》し諸《もろもろ》の悪業《あくごう》を造《つく》らば、現世《げんせ》の中《なか》に於《おい》て、諸天《しょてん》をして護持《ごじ》せざらしめ、其《そ》の諸《もろもろ》の悪報《あくほう》を示《しめ》す。

国人悪業《こくにんあくごう》を造《つく》るも、王捨《おうすて》て禁制《ごんせい》せざれば、斯《こ》れ正理《しょうり》に順《じゅん》ずるに非《あら》ず、治《ち》擯《ひん》して当《まさ》に法《ほう》の如《ごと》くすべし。

*若《も》し悪《あく》を見《み》て遮《しゃ》せずんば、非《ひ》法便《ほうすなわ》ち滋長《じちょう》して、遂《つい》に王《おう》の国内《こくない》をして、姦詐《かんさ》日《ひ》に増《ま》して多《おお》からしむ。

王《おう》、国中《こくじゅう》の人《ひと》の造悪《ぞうあく》を見《み》て、遮止《しゃし》せざれば、三十三天《さんじゅうさんてん》の衆《しゅ》、咸《ことごと》く忿怒《ふんぬ》の心《こころ》を生《しょう》ず。

此《こ》れに因《よ》りて国政《こくせい》を損《そん》し、諂《てん》偽《ぎ》世《せ》間《けん》に行《おこ》なわれ、他《た》の怨敵《おんてき》に侵《おか》され、其《そ》の国土《こくど》を破壊《はえ》す。

居《こ》家《け》及《およ》び資《し》具《ぐ》、積財《しゃくざい》皆散失《みなさんしつ》し、種種《しゅじゅ》の諂誑《てんおう》生《しょう》じて、更《さら》に互《たがい》に相侵奪《あいしんだつ》す。

正法《しょうぼう》に由《よ》りて王《おう》たることを得《う》。而《しか》も其《そ》の法《ほう》を行《おこ》なわずんば、国人《こくにん》の皆破《みなは》散《さん》すること、象《ぞう》の蓮《れん》池《ち》を踏《ふ》むが如《ごと》し。

悪風起《あくふうおこ》りて恒《つね》なく、暴《ぼう》雨《う》非《ひ》時《じ》に下《くだ》り、妖星変怪多《ようしょうへんげおお》く、日月蝕《にちがっしょく》して光《ひかり》なし。

五《ご》穀《こく》と衆《もろもろ》の花《け》果《か》と、苗実皆成《みょうじつみなじょう》ぜず、国土《こくど》飢《け》饉《きん》に遭《あ》う、王《おう》の正法《しょうぼう》を捨《す》つるに由《よ》る。

若《も》し王正法《おうしょうぼう》を捨《す》てて、悪法《あくほう》を以《もっ》て人《ひと》を化《け》すれば、諸天本宮《しょてんほんぐう》に処《しょ》し、見《み》已《おわ》りて憂悩《うのう》を生《しょう》ず。

彼《か》の諸《もろもろ》の天王衆《てんのうしゅ》、共《とも》に是《かく》の如《ごと》きの言《ごん》を作《な》す、此《こ》の王非《おうひ》法《ほう》を作《な》し、悪党相親附《あくとうあいしんぶ》し、
王位久安《おういくあん》ならずと。諸天皆忿恨《しょてんみなふんこん》す、彼《か》の忿《いかり》を懐《いだ》くに由《よ》るが故《ゆえ》に、其《そ》の国当《くにまさ》に敗亡《はいもう》すべし。

非法《ひほう》を以《もっ》て人《ひと》を教《おし》え、国内《こくない》に流行《るぎょう》せば、闘諍《とうじょう》して姦偽《かんぎ》多《おお》く、疾疫衆《しつやくもろもろ》の苦《く》を生《しょう》ず。

天主護念《てんしゅごねん》せず、余天《よてん》咸《ことごと》く捨棄《しゃき》し、国土《こくど》当《まさ》に滅亡《めつもう》すべし。王身苦厄《おうじんくやく》を受《う》け、
父母《ぶも》及《およ》び妻子《さいし》、兄弟并《きょうだいならび》に姉妹《しまい》、倶《とも》に愛《あい》の別離《べつり》に遭《あ》い、乃至《ないし》身《しん》は亡歿《もうもつ》す。

変怪《へんげ》ありて流星墮《るしょうお》ち、二《に》日《にち》倶《ぐ》時《じ》に出《い》で、他方《たほう》の怨賊《おんぞく》来《き》たり、国人喪乱《こくにんそうらん》に遭《あ》わん。

国《くに》に重《おもん》ずる所《ところ》の大臣《だいじん》、枉拡《おうこう》にして身死《しんし》し、愛《あい》する所《ところ》の象馬《ぞうめ》等《とう》、亦《ま》た復《ま》た皆散失《みなさんしつ》せん。

処処《しょしょ》に兵戈《ひょうか》あり、人多《ひとおお》く非法《ひほう》にして死《し》す。悪鬼《あくき》来《き》たりて国《くに》に入《い》り、疾疫遍《しつやくあまね》く流行《るぎょう》す。

国中《こくじゅう》の最《さい》たる大臣《だいじん》、及以《および》、諸《もろもろ》の輔相《ふそう》、其《そ》の心諂佞《こころてんねい》を懐《いだ》き、並《なら》びに悉《ことごと》く非法《ひほう》を行《ぎょう》ず。

非法《ひほう》を行《ぎょう》ずるを見《み》ては、愛敬《あいぎょう》を生《しょう》じ、善法《ぜんぼう》を行《ぎょう》ずる人《ひと》に於《おい》て、苦楚《くそ》して治罰《じばつ》す。

悪人《あくにん》を愛敬《あいぎょう》し、善人《ぜんにん》を治罰《じばつ》するに由《よ》るが故《ゆえ》に、星宿及《しょうしゅくおよ》び風雨《ふうう》、皆時《みなとき》を以《もっ》て行《おこ》なわれず。

*三種《さんしゅ》の過《か》生《しょう》ずるあり。正法当《しょうぼうまさ》に隠没《おんもつ》すべし。衆生光色《しゅじょうこうしき》なく、地肥《じひ》皆下《みなげ》沈《ちん》す。

悪《あく》を敬《うまや》い善《ぜん》を軽《かろ》んずるに由《よ》り、*復《ま》た三種《さんしゅ》の過《か》あり、非時《ひじ》に霜雹《そうほう》を降《ふ》らし、飢疫《けやく》の苦《く》流行《るぎょう》し、
穀稼《こくげ》諸《もろもろ》の果実《かじつ》、滋味《じみ》皆損減《みなそんげん》す、其《そ》の国土《こくど》の中《なか》に於《おい》て、衆生疾病多《しゅじょうしつびょうおお》し。

国中《こくじゅう》の諸《もろもろ》の樹林《じゅりん》、先《さき》に甘美《かんみ》の果《か》を生《しょう》じたるもの、斯《こ》れに由《よ》りて皆損減《みなそんげん》し、苦渋《くじゅう》にして滋味《じみ》
なし、

先《さき》にありし妙園林《みょうおんりん》、可愛《かあい》の遊戯処《ゆげしょ》、忽然《こつねん》として皆《みな》枯悴《こすい》し、見《み》る者《もの》憂悩《うのう》を生《しょう》ず。
稲麦《とうみゃく》諸《もろもろ》の果実《かじつ》美味《みみ》、漸《ようや》く消亡《しょうもう》して、食《じき》する時《とき》心《こころ》喜《よろこ》ばず、何《なん》ぞ能《よ》く*諸大《しょだい》を長《ちょう》ぜん。

《力尊幢》 Balendraketu **《妙幢》** Ruciraketu **《天主教法》** Devendrasamaya **《灌頂》** インドにおいて世俗の帝王が即位する時に四大海の水を取ってその頂に灌ぐ儀式。**《智力尊幢》** Jñānabalendraketu **《我説王法論……安楽諸衆生》** 五言の頌七十三行あり。梵本と合す。**《往昔諸天衆……》** 以下、正しく王法正論を説く。**《金剛山》** Vajrākara(giri) 世界の外側にある大山。**《護世間》** Lokapāla すなわち四天王をいう。**《生在人世……》** 人王の尊貴は福力の致すところ、人世にあっても尊く、天と同じと考え、インドでは王を天と呼ぶ。**《若見悪不遮……》** 以下、五十二頌余は国政の得失により災福おのずから異なることを論ず。その中、三十五頌は正法に違える結果、災禍が来ることを説く。**《有三種過生》** 梵本によれば、正法の精粋の威力・衆生の力・大地の汁液が消滅する。**《復有三種過》** 梵本によれば、飢饉・落雷・疫病の三。**《諸大》** 地・水・火・風の四大。

この王法正論は、梵本では Devendrasamayarājaśāstra（天帝の集会による王論）と名づけられている。大地女神である堅牢地神が、世尊に対して、人王たる者が国を治め衆生を安養するためには、治国の要諦たる王法正論が必要であるから、それを説いて頂きたいという話から始まる。世尊は、過去世に王があり、力尊幢と名づけられた。その王子妙幢に告げて、「天主教法」（devendrasamaya）という王論があったことを話した。そして王論の内容を七十三頌によって説くものである。

最初の二頌は序論にあたり、第三頌から王論の内容を説いている。まず何故に天子というかという問いが出される。すなわち人間に生まれて人主となりうるが、同時に天上に在りても天王となりうるのか、この問いについて人世に在りて尊勝の故に「天」と名づける。または諸天が護持するから天子という。すべての非法悪業を滅除すれば天上に生ずることもできるし、現世において諸天に護持される。したがって人王たる者は、国人が悪業を造るのを黙視してはならぬ。もし悪を放置すれば、非法がはびこり、国内は乱れる。国政は破れ、偽りやだましが流行し、怨敵に侵入されて、その国土は破壊する。住宅・家具、および財宝など経済的蓄積は散失してしまう。正法が行なわれぬときは、象の蓮池を踏みこわすようなものとなる。さらに天災地変は起こり五穀は実らず、飢饉となる。もちろん王位は安穏たり得ざるのみならず。父母・妻子・兄弟・家族たちは別離あるのみ、国の重臣たちは横死し、国内の処々に兵戦起こり、疾病が流行する。

また悪人を重んじ善人を遠ざけるときは、正法は隠没し有情の顔色は生気なく、地味は衰える。また悪を重んじ善を軽んずれば、霜や雹が時節はずれに降り、五穀は実らず、疫病多し。青々と茂った森や林も枯れ、稲や麦やもろもろの果実もその味を失う。したがって食する人びとは喜び味わうことなく、人間の身体を十分に養い育くむことはできない。

(大)一六巻四四三中―四四四上

衆生光色減《しゆじようこうしきげん》じて、勢力尽《せいりきことごと》く衰微《すいみ》し、食啗《じきたん》復《ま》た多《おお》しと雖《いえど》も、飽足《ほうそく》せしむること能《あた》わず。

其《そ》の国界《こくかい》の中《なか》に於《おい》て、所有衆生《あらゆるしゆじよう》の類《たぐい》、少力《しようりき》にして勇勢《ゆうぜい》なく、所作《しよさ》堪能《かんのう》ならず。

国人《こくにん》疾患《しつげん》多《おお》く、衆苦《しゆく》其《そ》の身《しん》を逼《せ》め、鬼魅《きみ》遍《あまね》く流行《るぎよう》し、処《ところ》に随《したが》いて羅刹《らせつ》を生《しよう》ず。

若《も》し王《おう》非法《ひほう》を作《な》して、悪人《あくにん》に親近《しんごん》し、*三種《さんしゆ》の世間《せけん》をして、斯《こ》れに因《よ》りて衰損《すいそん》を受《う》けしむ。

是《かく》の如《ごと》きの無辺《むへん》の過《か》、国中《こくじゆう》に出在《しゆつざい》す、皆悪人《みなあくにん》を見《み》て、棄捨《きしや》して治擯《じひん》せざるに由《よ》る。

諸天《しよてん》の加護《かご》に由《よ》り、国王《こくおう》と作《な》ることを得《え》て、而《しか》も正法《しようぼう》を以《もつ》て、国界《こくかい》を守護《しゆご》せず。

若《も》し人善行《ひとぜんぎよう》を修《しゆ》すれば、当《まさ》に天上《てんじよう》に生《しよう》ずることを得《う》べし、若《も》し悪業《あくごう》を造《つく》れば、死《し》して必《かなら》ず三《さん》途《ず》に堕《だ》す。

若《も》し王《おう》、国人《こくにん》を見《み》て、其《そ》の過失《かしつ》を造《つく》るを縦《ゆる》さば、三十三天《さんじゆうさんてん》の衆《しゆ》、皆熱悩《みなねつのう》の心《こころ》を生《しよう》ず。

諸天《しよてん》の教《おし》え、及以《および》、父母《ぶも》の言《ごん》に順《じゆん》ぜざれば、此《こ》れは是《こ》れ非法《ひほう》の人《ひと》、王《おう》に非《あら》ず*孝子《こうし》に非《あら》ず。

*若《も》し自国《じこく》の中《なか》に於《おい》て、非法《ひほう》を行《ぎよう》ずる者《もの》を見《み》ば、法《ほう》の如《ごと》く当《まさ》に治罰《ちばつ》すべし、応《まさ》に捨棄《しやき》を生《しよう》ずべからず。

是《こ》の故《ゆえ》に諸《もろもろ》の天衆《てんしゆ》、皆此《みなこ》の王《おう》を護持《ごじ》す。諸《もろもろ》の悪法《あくほう》を滅《めつ》して、能《よ》く善根《ぜんごん》を修《しゆ》するを以《もつ》ての故《ゆえ》に。

王《おう》は此《こ》の世《よ》の中《なか》に於《おい》て、必《かなら》ず現報《げんぽう》を招《まね》く、善悪《ぜんあく》の業《ごう》に於《おい》て、行捨《ぎようしや》を衆生《しゆじよう》に勧《すす》むるに由《よ》る。

善悪《ぜんあく》の報《ほう》を示《しめ》さんがための故《ゆえ》に、人王《にんおう》と作《な》ることを得《え》、諸天共《しよてんとも》に護持《ごじ》して、一切咸《いつさいことごと》く随喜《ずいき》す。

自利利他《じりりた》に由《よ》り、国《くに》を治《おさ》むるに正法《しようぼう》を以《もつ》てし、諂佞《てんねい》ある者《もの》を見《み》ては、応当《まさ》に法《ほう》の如《ごと》く治《じ》すべし。

仮使《たとい》、王位《おうい》を失《うしな》い、及以《および》、命縁《みょうえん》を害《がい》すとも、終《つい》に悪法《あくほう》を行《ぎょう》ぜざれ、悪《あく》を見《み》て捨棄《しゃき》せよ。

害中《がいちゅう》の極重《ごくじゅう》なる者《もの》、国位《こくい》を失《うしな》うに過《す》ぎたるはなし、皆諂佞《みなてんねい》の人《ひと》に因《よ》る、此《こ》のために当《まさ》に治罰《じばつ》すべし。

若《も》し諂誑《てんおう》の人《ひと》を友《とも》とせば、当《まさ》に国位《こくい》を失《うしな》うべし。斯《こ》れに由《よ》りて王政《おうせい》を損《そん》ずること、象《ぞう》の花園《けおん》に入《い》るが如《ごと》し。

天主皆瞋恨《てんしゅみなしんごん》し、阿蘇羅《あそら》も亦《ま》た然《しか》り、彼人王《かれにんおう》と為《な》りて、法《ほう》を以《もっ》て国《くに》を治《おさ》めざるを以《もっ》てなり。

是《こ》の故《ゆえ》に応《まさ》に如法《にょほう》に悪人《あくにん》を治罰《じばつ》すべし、善《ぜん》を以《もっ》て衆生《しゅじょう》を化《け》し、非法《ひほう》に順《じゅん》ぜざれ。

寧《むし》ろ身命《しんみょう》を捨《す》つとも、非法《ひほう》の友《とも》に随《したが》わず、*親及《しんおよ》び非親《ひしん》に於《おい》て、平等《びょうどう》に一切《いっさい》を観《かん》ぜよ。

若《も》し正法《しょうぼう》の王《おう》たらば、国内《こくない》に偏党《へんとう》なし、法王名称《ほうおうみょうしょう》ありて、普《あまね》く三界《さんがい》の中《なか》に聞《きこ》ゆ。

三十三天《さんじゅうさんてん》の衆《しゅ》、歓喜《かんぎ》して是《こ》の言《ごん》を作《な》す、「贍部洲法王《せんぶしゅうほうおう》、彼《かれ》は即《すなわ》ち是《こ》れ我《わ》が子《こ》なり。

善《ぜん》を以《もっ》て衆生《しゅじょう》を化《け》し、正法《しょうぼう》もて国《くに》を治《おさ》め、正法《しょうぼう》を勧行《かんぎょう》し、当《まさ》に我《わ》が宮《ぐう》に生《しょう》ぜしむべし」と。

天及《てんおよ》び諸天子《しょてんし》、及以《および》、蘇羅衆《そらしゅ》、王《おう》の正法《しょうぼう》の化《け》に因《よ》りて、常《つね》に心《こころ》に歓喜《かんぎ》を得《う》。

天衆皆歓喜《てんしゅみなかんぎ》して、共《とも》に人王《にんおう》を護《まも》り、衆星位《しゅしょうい》に依《よ》りて行《ゆ》き、日月乖席《にちがつかいせき》なし。

和風常《わふうつね》に節《せつ》に応《おう》じ、甘雨時《かんうとき》に順《したが》いて行《おこ》なわれ、苗実皆善《みょうじつみなぜん》を成《じょう》じ、人飢饉《にんけきん》の者《もの》なし。

一切《いっさい》の諸《もろもろ》の天衆《てんしゅ》、自宮《じぐう》に充満《じゅうまん》す、*是《こ》の故《ゆえ》に汝人王《なんじにんおう》、身《み》を忘《わす》れて正法《しょうぼう》を弘《ひろ》め、
応《まさ》に法宝《ほうぼう》を尊重《そんじゅう》すべし、斯《こ》れに由《よ》りて衆安楽《しゅあんらく》ならん。常《つね》に当《まさ》に正法《しょうぼう》に親《した》しみ、功徳自《くどくみずか》ら荘厳《しょうごん》すべし。

眷属常《けんぞくつね》に歓喜《かんぎ》し、能《よ》く諸《もろもろ》の悪《あく》を遠離《おんり》す、法《ほう》を以《もっ》て衆生《しゅじょう》を化《け》し、恒《つね》に安隠《あんのん》を得《え》しむ。

彼《か》の一切《いっさい》の人《ひと》をして、*十善《じゅうぜん》を修行《しゅぎょう》せしめ、率土《そっど》常《つね》に豊楽《ぶらく》にして、国土《こくど》安寧《あんねい》を得《え》ん。

王《おう》、法《ほう》を以《もっ》て人《ひと》を化《け》し、善《よ》く悪行《あくぎょう》を調《ととの》えば、当《まさ》に好名称《こうみょうしょう》を得《え》、諸《もろもろ》の衆生《しゅじょう》を安楽《あんらく》にすべし。』

爾《そ》の時《とき》、大地《だいじ》一切《いっさい》の人王《にんおう》、及《およ》び諸《もろもろ》の大衆《だいしゅ》、仏《ほとけ》の此《こ》の古昔人王《こじゃくにんおう》の治国《ちこく》の要法《ようぼう》を説《と》きたまうを聞《き》きて、未曾有《みぞう》なるを得《え》、皆大《みなおお》いに歓喜《かんぎ》信受《しんじゅ》し奉行《ぶぎょう》しぬ。


《三種世間》 三界、あるいは人・畜・百穀を三世間となす説あり。**《孝子》** 梵本によれば putratva（子たること）とあり、したがって特に孝という言葉があるわけではない。**《若於自国中……》** 以下十三頌余、正法を行ずる功徳を説く。**《親及非親》** 梵本によれば、親は bandhujana（親族）を指し、非親は parajana（他人）をいう。**《是故汝人王……》** 以下、結勧の頌。**《十善》** 不殺生・不偸盗・不邪淫・不妄語・不両舌・不悪口・不綺語・不貪欲・不瞋恚・不邪見の十善戒。

さらに人間の顔色が衰えると、勢力が弱まり、気力が落ちる。そして病人が増加し、鬼魅が横行する。このような数知れぬ患いが国中にあふれる。もし国王が国人の過失を黙視すれば、諸天の諸神も熱悩の心を生ずる。したがって諸天の教えや、父母の言に従わざる者は、非法の人であり、真の王に非ず、孝子にも非ず。この「孝子」という漢訳語は、梵語の putratva の訳語であって、真の子どもではないという意味である。しかし中国語訳の場合に、儒教の「孝子」ということばをあてはめたものので、インド仏教に儒教に説く「孝子」という思想があったわけではない。

最後の十三頌は、正法を行ずる功徳を説く。すなわち自国の中に非法を行ずる者みれば、法のごとくに処理する、けっして放置しておかぬ。したがってもろもろの天衆は国王を護持する。自利のため、利他のため、また国の正法のために悪法悪人を除滅することを力説する。漢訳では「自利利他に由り、国を治むるに正法を以てする」という表現になっているが、梵本では「自分のため他のため、また国の正法のために」という表現になっていることに注目する必要があろう。

しかもたとい王位を失っても、および生命に危害があろうとも、悪法を行ずるなかれと喝破する。善をもって衆生を教化せよと教えている。さらに身命を捨てるとも非法の友にしたがうなかれ。血縁の有無を越えて人びとには平等にあれと説く。善が行なわれるときには、天衆が歓喜して、人王を護り、日月の運行は正しく風雨は順時に、もろもろの果実はみのり、飢饉はない。身を忘れて正法を行ない、一切の人をして十善を行なわしめれば国土安寧とならんと結んでいる。

仏教文献の中で国王の要諦を説くものとして、『宝行王正論』（龍樹造といわれる）がある。そこには人王の精神的な側面と、具体的な方策・施設が説かれている。しかし今この品では、精神的な問題が「正法」または「善」ということばで語られているにすぎない。善とは何かということについては、具体的に十善を説くにとどまっている。

金光明最勝王經巻第九

大唐三藏沙門義淨奉　制譯

善生王品　第二十一

㊅一六巻四四四上—下

爾《そ》の時《とき》、世尊《せそん》、諸《もろもろ》の大衆《だいしゅ》のために王法正論《おうぼうしょうろん》を説《と》き已《おわ》りて、復《ま》た大衆《だいしゅ》に告《つ》げたまわく、『汝等応《なんじらまさ》に聴《き》くべし、我今汝《われいまなんじ》がために、其《そ》の往昔《おうじゃく》の奉法《ぶほう》の因縁《いんねん》を説《と》かん。』即《すなわ》ち是《こ》の時《とき》に於《おい》て、伽他《かだ》を説《と》きて曰《のたま》わく、

*『我昔曾《われむかしかつ》て転輪王《てんりんおう》たり、此《こ》の大地《だいじ》、并《ならび》に大海《だいかい》、*四洲《ししゅう》の珍宝《ちんぼう》、皆充満《みなじゅうまん》するを捨《す》てて、持以《もっ》て

諸《もろもろ》の如来《にょらい》を供養《くよう》す。

我往昔無量劫《われおうじゃくむりょうこう》に於《おい》て、清浄《しょうじょう》の真法身《しんほっしん》を求《もと》めんがために、愛《あい》する所《ところ》の物皆《ものみな》悉《ことごと》く捨《す》て、乃至《ないし》身《しん》命《みょう》も心《こころ》に悋《おし》むなかりき。

又過《またか》去《こ》難思《なんし》劫《こう》に於《おい》て、正遍知《しょうへんち》あり、*宝髻《ほうけい》と名《なづ》く、彼《か》の如来涅《にょらいね》槃《はん》の後《のち》に於《おい》て王《おう》あり、世《よ》に出《い》でて*善生《ぜんしょう》と名《なづ》く。

転輪王《てんりんおう》と為《な》り、四洲《ししゅう》を化《け》す、大海際《だいかいさい》を尽《つく》して咸《ことごと》く帰《き》伏《ぶく》せり、城《しろ》あり名《なづ》けて*妙音声《みょうおんじょう》と曰《い》う、時《とき》に彼《か》の輪王此《りんおうここ》に住《じゅう》す。

夜夢《よるゆめ》に仏《ほとけ》の福智《ふくち》を説《と》きたまうを聞《き》き、法師《ほっし》の*宝積《ほうしゃく》と名《なづ》くるあるを見《み》るに、処座《しょざ》端厳《たんごん》にして日輪《にちりん》の如《ごと》く、金光微妙《こんこうみみょう》の典《てん》を演説《えんぜつ》す。

爾《そ》の時《とき》に彼《か》の王《おう》、夢《ゆめ》より覚《さ》めて、大歓喜《だいかんぎ》を生《しょう》じ、遍身《へんじん》に充《み》つ、天暁《てんぎょう》に至《いた》り已《おわ》りて、王宮《おうぐう》を出《い》でて苾芻僧伽《びっしゅそうが》の処《ところ》に往詣《おうけい》し、聖衆《しょうじゅ》を恭敬《くぎょう》し供養《くよう》し已《おわ》りて、即便《すなわ》ち彼《か》の諸《もろもろ》の大衆《だいしゅ》に問《と》う、「頗《も》し法師《ほっし》の宝積《ほうしゃく》と名《なづ》け、功徳成《くどくじょう》就《じゅ》して衆生《しゅじょう》を化《け》するありや」と。

爾《そ》の時《とき》に宝積大法師《ほうしゃくだいほっし》、一室《いっしつ》の中《なか》に在《あ》りて而《しか》も住止《じゅうし》し、正念《しょうねん》にして斯《こ》の微妙《みみょう》の典《てん》を誦《じゅ》し、端然《たんねん》として動《うご》かず身心楽《しんじんたの》しむ。

時《とき》に苾芻《びっしゅ》あり、王《おう》を引導《いんどう》し、彼《か》の宝積所居《ほうしゃくしょこ》の処《ところ》に至《いた》り、室中《しっちゅう》に在《あ》りて、端身《たんじん》にして坐《ざ》するを見《み》るに、光明《こうみょう》の妙相《みょうそう》其の身《しん》に遍《あまね》し。

王《おう》に白《もう》さく、「此《こ》れは即《すなわ》ち是《こ》れ宝積《ほうしゃく》なり、能《よ》く甚深《じんじん》の仏《ほとけ》の行処《ぎょうしょ》を持《じ》す、所謂微妙金光明《いわゆるみみょうこんこうみょう》、諸《しょ》経中《きょうちゅう》の王《おう》、最第一《さいだいいち》なり。」

時《とき》に王《おう》、即《すなわ》ち宝積《ほうしゃく》を礼《らい》し、恭敬《くぎょう》し合掌《がっしょう》し、而《しか》して請《こい》を致《いた》すらく、「唯願《ただねが》わくば満月《まんがつ》の面端《おもてたん》厳《ごん》なるものよ、為《ため》に金光微妙《こんこうみみょう》の法《ほう》を説《と》きたまえ」と。

宝積法師《ほうしゃくほつし》、王《おう》の請《こい》を受《う》け、許《ゆる》して為《ため》に此《こ》の金光明《こんこうみょう》を説《と》く、三千世《さんぜんせ》界《かい》の中《なか》に周遍《しゅうへん》せる、諸天《しょてん》の大衆《だいしゅ》咸《ことごと》く歓喜《かんぎ》しぬ。

王《おう》は広博清浄《こうばくしょうじょう》の処《ところ》に於《おい》て、奇妙《きみょう》の珍宝《ちんぼう》、而《しか》も厳飾《ごんじき》し、上勝《じょうしょう》の香水《こうすい》もて遊塵《ゆじん》に灑《そそ》ぎ、種種《しゅじゅ》の雑《ぞう》花《け》皆散布《みなさんぷ》す。

即《すなわ》ち勝処《しょうしょ》に於《おい》て高座《こうざ》を敷《し》き、繒《そう》と幡蓋《ばんがい》とを懸《か》けて以《もっ》て荘厳《しょうごん》し、種種《しゅじゅ》の抹香《まっこう》、及《およ》び塗香《ずこう》、香気《こうけ》芬馥《ふんぷく》として皆周遍《みなしゅうへん》す。

天《てん》・龍《りゅう》・修羅《しゅら》・緊那羅《きんなら》・莫呼洛伽《まこらが》、及《およ》び薬叉諸天《やくしゃしょてん》、悉《ことごと》く曼陀花《まんだけ》を雨《あめふ》らし、咸《ことごと》く来《き》たりて彼《か》の高座《こうざ》を供養《くよう》す。

復《ま》た千万億《せんまんおく》の諸天《しょてん》あり、正法《しょうぼう》を聞《き》かんことを楽《ねが》うて、倶《とも》に来《き》たり集《あつ》まる、法師《ほつし》初《はじ》めて本座《ほんざ》より起《た》てば、咸悉《みなことごと》く供養《くよう》するに天花《てんげ》を以《もっ》てす。

是《こ》の時《とき》、宝積大法師《ほうしゃくだいほつし》、浄《きよ》く洗浴《せんよく》し已《おわ》りて鮮衣《せんえ》を著《つ》く、彼《か》の大衆《だいしゅ》の法座《ほうざ》の所《ところ》に詣《いた》り、合掌《がっしょう》し虔《けん》心《しん》にして礼敬《らいきょう》す。

天主天衆《てんしゅてんしゅ》、及《およ》び天女《てんにょ》、悉《ことごと》く皆共《みなとも》に、曼陀花《まんだけ》を散《ち》らし、百千《ひゃくせん》の天楽思議《てんがくしぎ》し難《がた》く、空中《くうちゅう》に在《あ》りて住《じゅう》し、妙響《みょうこう》を出《いだ》す。

爾《そ》の時《とき》に宝積大法師《ほうしゃくだいほっし》、即《すなわ》ち高座《こうざ》に昇《のぼ》り、*跏趺《かふ》して坐《ざ》し、彼《か》の十方《じっぽう》の諸《もろもろ》の刹土《せつど》、百千万億《ひゃくせんまんおく》の大慈尊《だいじそん》を念《ねん》じ、
遍《あまね》く一切《いっさい》の苦《く》の衆生《しゅじょう》に及《およ》び、皆平等《みなびょうどう》に慈悲《じひ》の念《ねん》を起《おこ》し、彼《か》の請主善生《しょうしゅぜんしょう》のための故《ゆえ》に、微妙《みみょう》の金光明《こんこうみょう》を演説《えんぜつ》す。

王既《おうすで》に是《かく》の如《ごと》きの法《ほう》を聞《き》くことを得《え》て、合掌《がっしょう》し一心《いっしん》に唱《とな》えて随喜《ずいき》し、法《ほう》の希有《けう》なるを聞《き》き涙《なみだ》交流《こもごもなが》れ、身心《しんじん》の大喜《だいき》皆充遍《みなじゅうへん》す。

爾《そ》の時《とき》に国主善生王《こくしゅぜんしょうおう》、此《こ》の経《きょう》を供養《くよう》せんと欲《ほっ》するがための故《ゆえ》に、手《て》に如意末尼珠《にょいまにじゅ》を持《じ》し、願《がん》を発《おこ》すらく、「咸《ことごと》く諸《もろもろ》の衆生《しゅじょう》のためにせん。

今斯《いまこ》の贍部洲《せんぶしゅう》に於《おい》て普《あまね》く七宝《しっぽう》の瓔珞具《ようらくぐ》を雨《あめふ》らすべし、所有資財《あらゆるしざい》を匱乏《きぼう》する者《もの》は、皆心《みなこころ》に随《したが》いて安楽《あんらく》を受《う》くることを得《え》ん」と。

即便《すなわ》ち遍《あまね》く七宝《しっぽう》を雨《あめふ》らし、悉《ことごと》く皆四洲《みなししゅう》の中《なか》に充足《じゅうそく》し、瓔珞厳身《ようらくごんしん》須《もち》うる所《ところ》に随《したが》い、衣服飲食《えぶくおんじき》皆《みな》乏《とぼ》しきことなし。

爾《そ》の時《とき》、国主善生王《こくしゅぜんしょうおう》、此《こ》の四洲《ししゅう》に珍宝《ちんぼう》の雨《あめふ》るを見《み》て、咸《ことごと》く持《じ》して宝髻仏《ほうけいぶつ》と、所有遺教《あらゆるゆいきょう》と苾芻《びっしゅ》僧《そう》とを供養《くよう》したてまつる。

応《まさ》に知《し》るべし、過去《かこ》の善生王《ぜんしょうおう》は、即《すなわ》ち我釈迦牟尼《われしゃかむに》是《こ》れなり、為《こ》れ昔時《しゃくじ》に於《おい》て、大地《だいじ》、及《およ》び諸《もろもろ》の珍宝《ちんぼう》の四洲《ししゅう》に満《み》てるを捨《す》てぬ。

昔時《しやくじ》の宝積大法師《ほうしやくだいほつし》、彼《か》の善生《ぜんしよう》のために妙法《みようほう》を説《と》き、彼《か》の経王《きようおう》を開演《かいえん》するに因《よ》るが故《ゆえ》に、東方《とうほう》にて現《げん》に*不動仏《ふどうぶつ》と成《な》りぬ。

我曾《われかつ》て此《こ》の経王《きようおう》を聴《き》けるを以《もつ》て、合掌《がつしよう》して一言随喜《いちごんずいき》を称《しよう》し、及《およ》び七宝《しつぽう》を施《ほどこ》す、諸《もろもろ》の功徳《くどく》もて此《こ》の最勝《さいしよう》の金剛身《こんごうしん》を獲《え》たり。

金光《こんこう》の百福相荘厳《ひやくふくそうしようごん》して、所有見《あらゆるみ》る者皆歓喜《ものみなかんぎ》し、一切《いつさい》の有情愛《うじようあい》せざるなく、倶胝《くてい》の天衆《てんしゆ》亦《ま》た同《おな》じく然《しか》り。

過去《かこ》曾《かつ》て九十九倶胝億劫《くじゆうくくていおくこう》を経《へ》て輪王《りんおう》と作《な》り、亦《ま》た小国《しようこく》に於《おい》て人王《にんおう》と為《な》り、復《ま》た無量百千劫《むりようひやくせんこう》を経《く》ぬ。

無量劫《むりようこう》に於《おい》て帝釈《たいしやく》たり、亦《ま》た復《ま》た曾《かつ》て大梵王《だいぼんおう》と為《な》りて、十力《じゆうりき》の大慈尊《だいじそん》を供養《くよう》す、彼《か》の数量窮《しゆりようぐう》尽《じん》し難《がた》し。

我昔 経《われむかしきよう》を聞《き》きて随喜《ずいき》せる善《ぜん》、所有福聚《あらゆるふくじゆ》の量知《りようし》り難《がた》し、斯《こ》の福《ふく》に由《よ》るが故《ゆえ》に、菩提《ぼだい》を証《しよう》し、法身真妙《ほつしんしんみよう》の智《ち》を獲得《ぎやくとく》す。』

爾《そ》の時《とき》、大衆是《だいしゆこ》の説《せつ》を聞《き》き已《おわ》りて、未曾有《みぞう》なりと歎《たん》じ、皆金光明 経《みなこんこうみようきよう》を奉持《ぶじ》して、流通《るずう》して絶《た》えざらんことを願《ねが》いぬ。

《**我昔曾為転輪王……獲得法身真妙智**》　三十二頌。正に梵本と合す。　《**四洲**》　東勝身洲（Pūrvavideha）、南贍部洲（Jambudvīpa）、西牛貨洲（Avaragodānīya）、北倶盧洲（Uttarakuru）　《**宝髻**》　Ratnaśikhin

《善生》 Susaṃbhava 《妙音声》 Jinendraghoṣā 《宝積》 Ratnoccaya 《跏趺坐》 結跏趺坐の略。趺（足の甲）を左右の髀（もも）上に結跏して坐することをいう。《不動仏》 Akṣobhya（阿閦仏）

この善生品は、梵本では品名は Susaṃbhava であり、漢語も梵本ともに三十二頌の韻文が主軸となっている。善生王なる人王が宝髻如来の涅槃の後に転輪王となって、四洲を統治していた。その王がある夜、宝積という法師が『金光明経』を演説しているのを夢みた。王は夢からさめてから、『金光明経』を種々讃歎するというものである。そして最後に、善生王とは釈迦牟尼であり、宝積なる法師は東方不動仏であるという本生譚で結んでいる。

諸天薬叉護持品　第二十二

㊅一六巻四四四下―四四七上

爾《そ》の時《とき》、世尊《せそん》、大吉祥天女《だいきちじようてんにょ》に告《つ》げて曰《のたま》わく、『若《も》し浄信《じようしん》の善男子《ぜんなんし》・善女人《ぜんにょにん》ありて、過去《かこ》・未来《みらい》・現在《げんざい》の諸仏《しよぶつ》に於《お》いて、不可思議《ふかしぎ》広大微妙《こうだいみみよう》の供養《くよう》の具《ぐ》を以《もっ》て、而《しか》も奉献《ぶこん》せんと欲《ほっ》し、及《およ》び三世《さんぜ》の諸仏《しよぶつ》の甚深《じんじん》の行処《ぎようしよ》を解了《げりよう》せんと欲《ほっ》せば、是《こ》の人《ひと》応当《まさ》に決定《けつじよう》して至心《ししん》に是《こ》の経王所在《きようおうしよざい》の処《ところ》に随《したが》いて、城《じよう》邑聚落《おうじゆらく》、或《ある》いは山沢《せんたく》の中《なか》、広《ひろ》く衆生《しゆじよう》のために敷演流布《ふえんるふ》すべし。其《そ》の法《ほう》を聴《き》く者《もの》は、応《まさ》に乱想《らんそう》を除《のぞ》き。耳《みみ》を摂《せっ》して心《こころ》を用《もち》うべし。』

世尊《せそん》、即《すなわ》ち彼《か》の天《てん》、及《およ》び諸《もろもろ》の大衆《だいしゅ》のために、伽他《かだ》を説《と》いて曰《のたま》わく、

*『若《も》し諸仏《しよぶつ》に不思議《ふしぎ》の供養《くよう》を施《ほどこ》し、復《ま》た諸如来甚深《しよによらいじんじん》の境界《きようがい》を了《りよう》せんと欲《ほっ》する者《もの》、
若《も》し此《こ》の最勝金光明《さいしようこんこうみよう》を演説《えんぜつ》するを見《み》ば、応《まさ》に親《した》しく彼《か》の方《ほう》に詣《いた》り、其《そ》の所住《しよじゆう》の処《ところ》に至《いた》るべし。

此《こ》の経《きよう》は難思議《なんしぎ》にして、能《よ》く諸《もろもろ》の功徳《くどく》を生《しよう》じ、無辺大苦海《むへんだいくかい》に諸《もろもろ》の有情《うじよう》を解脱《げだつ》す。

我此《われこ》の経王《きようおう》を観《かん》ずるに、*初《しよ》・中《ちゆう》・後皆善《こみなぜん》なり、甚深《じんじん》にして測《はか》るべからず、譬喩《ひゆ》するに能《よ》く比《ひ》するなし。

仮使《たとい》、恒河沙《こうがしや》、大地塵《だいじじん》・海水《かいすい》・虚空《こくう》・諸山《しよせん》の石《いし》も、能《よ》く少分《しようぶん》を喩《たと》うるなし。

深法界《じんほっかい》に入《い》らんと欲《ほっ》せば、応《まさ》に先《ま》ず是《こ》の経《きよう》、*法性《ほつしよう》の制底《せいてい》を聴《き》くべし。甚深《じんじん》にして善《よ》く安住《あんじゆう》

せり。

斯《こ》の制底《せいてい》の内《うち》に於《おい》て、我《わ》が牟尼尊《むにそん》、悦意《えつい》の妙音声《みようおんじよう》をもて、斯《こ》の経典《きようでん》を演説《えんぜつ》するを見《み》ん。

此《こ》れに由《よ》りて、倶胝劫《くていこう》の数量思議《しゆりようしぎ》し難《がた》く、人天《にんでん》の中《なか》に生在《しようざい》して、常《つね》に勝妙《しようみよう》の楽《らく》を受《う》けん。

若《も》し是《こ》の経《きよう》を聴《き》く者《もの》は、応《まさ》に是《かく》の如《ごと》きの心《こころ》を作《な》すべし、「我不思議無辺《われふしぎむへん》の功徳蘊《くどくうん》を得《え》ん」と。

仮使《たとい》、大火聚《だいかじゆ》、百踰繕那《ひやくゆぜんな》に満《み》つとも、為《ため》に此《こ》の経王《きようおう》を聴《き》き、直《ただち》に過《す》ぎて苦《く》を辞《じ》するなからん。

既《すで》に彼《か》の住処《じゆうしよ》に至《いた》りて、是《かく》の如《ごと》きの経《きよう》を聞《き》くことを得《え》ば、能《よ》く罪業《ざいごう》を滅《めつ》し、及《およ》び諸《もろもろ》の悪夢《あくむ》、悪星《あくしよう》・諸《もろもろ》の変怪《へんげ》・蠱道《こどう》・邪魅《じやみ》等《とう》を除《のぞ》かん、是《こ》の経《きよう》を聞《き》くことを得《う》る時《とき》、諸悪皆捨離《しよあくみなしやり》す。

応《まさ》に高座《こうざ》を厳勝《ごんしよう》にし、浄妙《じようみよう》なること蓮花《れんげ》の若《ごと》くし、法師《ほつし》其《そ》の上《うえ》に処《しよ》して、猶《なお》し大龍《だいりゆう》の坐《ざ》するが如《ごと》くなれ。

斯《ここ》に於《おい》て安坐《あんざ》し已《おわ》りて、此《こ》の甚深《じんじん》の経《きよう》を説《と》き、書写《しよしや》し及《およ》び誦持《じゆじ》し、并《ならび》に為《ため》に其《そ》の義《ぎ》を解《げ》せよ。

法師《ほつし》此《こ》の座《ざ》を捨《す》てて、余方《よほう》の所《ところ》に往詣《おうけい》せば、此《こ》の高座《こうざ》の中《なか》に於《おい》て、神通一相《じんずういつそう》に非《あら》ず。

或《ある》いは法師《ほつし》の像《ぞう》を見《み》るに、猶《なお》し高座《こうざ》の上《うえ》に在《あ》るがごとし、或時《あるとき》は世尊《せそん》、及《およ》び諸《もろもろ》の菩薩《ぼさつ》を見《み》る。

或《ある》いは*普《ふ》賢《げん》の像《ぞう》と作《な》り、或《ある》いは*妙吉祥《みようきちじよう》の如《ごと》く、或《ある》いは*慈氏尊《じしそん》の身《み》、高座《こうざ》に処《しよ》するを見《み》、或《ある》いは希奇《けき》の相《そう》、及以《およ》び諸《もろもろ》の天像《てんぞう》を見《み》る、暫《しばら》く容儀《ようぎ》を覩《み》ることを得《え》て、忽然《こつねん》として還《かえ》って現《げん》ぜず。

諸《もろもろ》の吉祥《きちじよう》を成就《じようじゆ》し、所作《しよさ》皆意《みなこころ》に随《したが》い、功徳《くどく》悉《ことごと》く円満《えんまん》す。世尊《せそん》、是《かく》の如《ごと》く説《と》きたまう。

最勝《さいしよう》の名称《みようしよう》ありて、能《よ》く諸《もろもろ》の煩悩《ぼんのう》を滅《めつ》し、他国《たこく》の賊皆除《ぞくみなのぞ》く、戦《たたか》う時《とき》に常《つね》に勝《かち》を得《え》ん。

諸天薬叉護持品　第二十二

悪夢《あくむ》悉《ことごと》く皆《みな》なく、及《およ》び諸《もろもろ》の毒害《どくがい》を消《しよう》し、作《な》す所《ところ》の三業《さんごう》の罪《つみ》を、経力《きようりき》能《よ》く除滅《じよめつ》す。

此《こ》の贍部洲《せんぶしゆう》に於《おい》て、名称《みようしよう》咸《ことごと》く充満《じゆうまん》し、所有《あらゆる》諸《もろもろ》の怨結《おんけつ》、悉《ことごと》く皆《みな》相捨離《あいしやり》す。

設《たと》い怨敵《おんてき》の至《いた》るありとも、名《な》を聞《き》きて便《すなわ》ち退散《たいさん》せん、兵戈《ひようか》を動《どう》ずることを仮《か》らずして、両陣《りようじん》歓喜《かんぎ》を生《しよう》ぜん。

梵王帝釈主《ぼんおうたいしやくしゆ》、護世四天王《ごせしてんのう》、及《およ》び金剛薬叉正了知大将《こんごうやくしやしようりようちだいしよう》、

*無熱池龍王《むねつちりゆうおう》、及以《および》、*娑揭羅《しやから》、緊那羅楽神《きんならがくじん》、蘇羅金翅王《そらこんじおう》、

大弁才天女《だいべんざいてんによ》、并《ならび》に大吉祥天《だいきちじようてん》、斯《こ》れ等《ら》の上首《じようしゆ》の天《てん》、各《おのおの》諸《もろもろ》の天衆《てんしゆ》を領《りよう》し、

常《つね》に諸仏《しよぶつ》と、法宝《ほうぼう》との不思議《ふしぎ》なるを供養《くよう》し、恒《つね》に歓喜心《かんぎしん》を生《しよう》じ、経《きよう》に於《おい》て恭敬《くぎよう》を起《おこ》す。

斯《こ》れ等《ら》の諸《もろもろ》の天衆《てんしゆ》、皆悉《みなことごと》く共《とも》に思惟《しゆい》して、遍《あまね》く修福者《しゆふくじや》を観《かん》じ、共《とも》に是《かく》の如《ごと》きの説《せつ》を作《な》す。

応《まさ》に此《こ》の有情《うじよう》を観《かん》ずべし、咸《ことごと》く是《こ》れ大福徳《だいふくとく》なり、善根精進《ぜんこんしようじん》の力《ちから》、当《まさ》に来《き》たりて我《わ》が天《てん》に生《しよう》ぜん。

為《ため》に甚深《じんじん》の経《きよう》を聴《き》くべし、敬心《きようしん》にて来《き》たり、至心《ししん》に法制底《ほうせいてい》を供養《くよう》す、正法《しようぼう》を尊重《そんじゆう》するが故《ゆえ》に。

衆生《しゆじよう》を憐愍《れんみん》して、而《しか》して大饒益《だいによやく》を作《な》す。此《こ》の深経典《じんきようでん》に於《おい》て、能《よ》く法宝《ほうぼう》の器《き》と為《な》る。

此《こ》の法門《ほうもん》に入《い》る者《もの》は、能《よ》く法性《ほつしよう》に入《い》る、此《こ》の金光明《こんこうみよう》に於《おい》て、至心《ししん》に応《まさ》に聴受《ちようじゆ》すべし。

是《こ》の人《ひと》は曾《かつ》て無量《むりよう》の百千仏《ひやくせんぶつ》を供養《くよう》す、彼《か》の諸《もろもろ》の善根《ぜんこん》に由《よ》りて、此《こ》の経典《きようでん》を聞《き》くことを得《え》たり。

是《かく》の如《ごと》き諸《もろもろ》の天王《てんのう》、天女大弁才《てんによだいべんざい》、并《ならび》に彼《か》の吉祥天《きちじようてん》、及以《および》、四王衆《しおうしゆ》、

無数《むしゆ》の薬叉衆《やくしやしゆ》、勇猛《ゆうみよう》にして神通《じんずう》あり、各《おのおの》其《そ》の四方《しほう》に於《おい》て、常《つね》に来《き》たり相擁護《あいようご》す。

日《にち》・月《がつ》・天帝釈《てんたいしやく》、風《ふう》・水《すい》・火《か》の諸神《しよじん》、*吠率怒《べいそつぬ》・大肩《だいけん》、閻羅《えんら》・弁才等《べんざいとう》、
一切《いつさい》の諸《もろもろ》の護世《ごせ》、勇猛《ゆうみよう》にして威神《いじん》を具《ぐ》し、持経《じきよう》の者《もの》を擁護《ようご》して、昼夜常《ちゆうやつね》に離《はな》れず。
大力《だいりき》の薬叉王《やくしやおう》*那羅延《ならえん》・*自在《じざい》・*正了知《しようりようち》を首《しゆ》と為《な》し、二十八薬叉《にじゆうはちやくしや》、
余《よ》の薬叉百千《やくしやひやくせん》、神通大力《じんずうだいりき》あり、恒《つね》に恐怖《くふ》の処《ところ》に於《おい》て、常《つね》に来《き》たりて此《こ》の人《ひと》を護《まも》る。
*金剛薬叉王《こんごうやくしやおう》、并《ならび》に五百《ごひやく》の眷属《けんぞく》、諸《もろもろ》の大菩薩衆《だいぼさつしゆ》、常《つね》に来《き》たりて此《こ》の人《ひと》を護《まも》る。
*宝王薬叉王《ほうおうやくしやおう》、及以《および》、*満賢王《まんげんおう》、*曠野《こうや》、*金毘羅《こんびら》、*賓度羅《ひんどら》、*黄色《おうじき》、
此《こ》れ等《ら》の薬叉王《やくしやおう》、各《おのおの》五百《ごひやく》の眷属《けんぞく》、此《こ》の経《きよう》を聴《き》く者《もの》を見《み》て、皆来《みなき》たりて共《とも》に擁護《ようご》す。
*彩軍乾闥婆《さいぐんけんだつば》、*葦王《いおう》、*常戦勝《じようせんしよう》、*珠頸及《しゆきようおよ》び*青頸《しようきよう》、并《ならび》に*勃里沙王《ぼりしやおう》、
*大最勝《だいさいしよう》、*大黒《だいこく》、*蘇跋拏鶏舎《そばぬけいしや》、*半之迦《はんしか》、*羊足《ようそく》、及以《および》、*大婆伽《だいばか》、
*小渠并《しようこならび》に*護法《ごほう》、及以《および》、*獼猴王《みこうおう》、*針毛及《しんもうおよ》び*日友《にちう》、*宝髪《ほうほつ》、皆来《みなき》たりて護《まも》る。
*大渠《だいこ》、*諾拘羅《だくら》、*栴檀《せんだん》、*欲中勝《よくちゆうしよう》、*舎羅及《しやらおよ》び*雪山《せつせん》、及以《および》、*娑多山《しやたせん》、
皆大神通《みなだいじんずう》ありて、雄猛《ゆうみよう》にして大力《だいりき》を具《ぐ》し、此《こ》の経《きよう》を持《じ》する者《もの》を見《み》て、皆来《みなき》たりて相擁護《あいようご》す。
*阿那婆答多《あなばたた》、及以《および》、*娑揭羅《しやから》、*目真醫羅葉《もくしんえいらしよう》、*難陀《なんだ》、*小難陀《しようなんだ》、
百千龍《ひやくせんりゆう》の中《なか》に於《おい》て、神通威徳《じんずういとく》を具《ぐ》し、共《とも》に持経《じきよう》の人《ひと》を護《まも》り、昼夜常《ちゆうやつね》に離《はな》れず。
*婆稚《ばち》、*羅睺羅《らごら》、*毘摩質多羅《びましつたら》、*母旨《もし》、*苫跋羅《せんばら》、*大肩及《だいけんおよ》び歓喜《かんぎ》、
及《およ》び余《よ》の蘇羅王《そらおう》、并《ならび》に無数《むしゆ》の天衆《てんしゆ》、大力勇健《だいりきゆうけん》あり、皆来《みなき》たりて是《こ》の人《ひと》を護《まも》る。
*訶利底母神《かりていもじん》、五百《ごひやく》の薬叉衆《やくしやしゆ》、彼《か》の人《ひと》の睡《すい》と覚《かく》とに於《おい》て、常《つね》に来《き》たりて相擁護《あいようご》す。

*旃茶《せんだ》・*旃茶利《せんだり》、薬叉《やくしゃ》*旃稚女《せんちにょ》、*昆帝《こんたい》・*拘吒歯《くたし》、*吸衆生精気《きゅうしゅじょうしょうき》、
是《か》の如《ごと》きの諸神等《しょじんとう》、大力神通《だいりきじんずう》ありて、常《つね》に持経《じきょう》の者《もの》を護《まも》り、昼夜恒《ちゅうやつね》に離《はな》れず。
上首弁才天《じょうしゅべんざいてん》、無量《むりょう》の諸天女《しょてんにょ》、吉祥天《きちじょうてん》を首《はじ》めと為《な》し、并《ならび》に余《よ》の諸《もろもろ》の眷属《けんぞく》、
此《こ》の大地《だいじ》の神女《じんにょ》、果実園林《かじつおんりん》の神《じん》、樹神《じゅしん》・江河《こうが》の神《じん》、制底《せいてい》の諸神等《しょじんとう》、
是《か》の如《ごと》き諸《もろもろ》の大神《だいじん》、心《こころ》に大歓喜《だいかんぎ》を生《しょう》じ、彼皆来《かれみなき》たりて、此《こ》の経《きょう》を読誦《どくじゅ》する人《ひと》を擁護《ようご》す。
経《きょう》を持《じ》するある者《もの》を見《み》ては、寿命《じゅみょう》・色《しき》・力《りき》・威光《いこう》、及《およ》び福徳《ふくとく》を増《ま》し、妙相《みょうそう》を以《もっ》て荘厳《しょうごん》す。
星宿災変《しょうしゅくさいへん》を現《げん》じ、困厄《こんやく》此《こ》の人《ひと》に当《あた》り、夢《ゆめ》に悪徴祥《あくちょうしょう》を見《み》るも、皆悉《みなことごと》く除滅《じょめつ》せしむ。
此《こ》の大地神女《だいじじんにょ》は、堅固《けんご》にして威勢《いせい》あり、此《こ》の経力《きょうりき》に由《よ》るが故《ゆえ》に、法味《ほうみ》常《つね》に充足《じゅうそく》す。
地肥《じひ》若《も》し流下《るげ》し、百踰繕那《ひゃくゆぜんな》を過《す》ぎなば、地神味《じじんみ》をして上《のぼ》らしめ、大地《だいじ》を滋潤《じじゅん》す。
此《こ》の地《じ》の厚《あつ》きこと、六十八億踰繕那《ろくじゅうはちおくゆぜんな》、乃至金剛際《ないしこんごうざい》にして、地味皆上《じみみなのぼ》らしむ。
此《こ》の経王《きょうおう》を聴《き》くに由《よ》り、大功徳蘊《だいくどくうん》を獲《え》、能《よ》く諸《もろもろ》の天衆《てんしゅ》をして、悉《ことごと》く其《そ》の利益《りやく》を蒙《こうむ》り、
復《ま》た諸《もろもろ》の天衆《てんしゅ》をして、威力光明《いりきこうみょう》あり、歓喜《かんぎ》して常《つね》に安楽《あんらく》ならしめ、衰相《すいそう》を捨離《しゃり》す。
此《こ》の南洲《なんしゅう》の内《うち》に於《お》いて、林《りん》・果《か》・苗稼《みょうけ》の神《じん》、此《こ》の経《きょう》の威力《いりき》に由《よ》りて、心常《こころつね》に歓喜《かんぎ》を得《え》、
苗実皆成就《みょうじつみなじょうじゅ》して、処処《しょしょ》に妙花《みょうけ》あり、果実並《かじつなら》びに滋繁《じはん》して、大地《だいじ》に充満《じゅうまん》す。
所有諸《あらゆるもろもろ》の果樹《かじゅ》、及以《および》、衆《もろもろ》の園林《おんりん》、悉《ことごと》く皆妙花《みなみょうけ》を生《しょう》じ、香気常《こうけつね》に芬馥《ふんぷく》たり。
衆草諸《しゅそうもろもろ》の樹木《じゅもく》、咸《ことごと》く微妙《みみょう》の花《はな》を出《い》だし、及《およ》び甘美《かんみ》の果《か》を生《しょう》じ、随処《ずいしょ》に皆充遍《みなじゅうへん》す。
此《こ》の瞻部洲《せんぶしゅう》に於《お》いて、無量《むりょう》の諸《もろもろ》の龍女《りゅうにょ》、心《こころ》に大《おお》いに歓喜《かんぎ》を生《しょう》じて、皆共《みなとも》に池中《ちちゅう》に入《い》り、

*鉢頭摩《はずま》、及以《および》、*分陀利《ふんだり》、青白《しょうびゃく》の二蓮花《にれんげ》を種植《しゅじき》して、池中《ちちゅう》に皆遍満《みなへんまん》す。

此《こ》の経《きょう》の威力《いりき》に由《よ》りて、虚空浄《こくうきよ》くして翳《よう》なく、雲霧皆除遣《うんむみなじょけん》し、瞑闇悉《みょうおんことごと》く光明《こうみょう》あり。

日《ひ》は出《い》でて千光《せんこう》を放《はな》ち、無垢《むく》の焔《ほのお》清浄《しょうじょう》なり。此《こ》の経王《きょうおう》の力《ちから》に由《よ》りて、流暉四天《るきしてん》を遶《めぐ》る。

此《こ》の経《きょう》の威徳力《いとくりき》は、天子《てんし》を資助《しじょ》し、皆贍部金《みなせんぶこん》を用《もち》いて、宮殿《ぐうでん》を作《つく》らしむ。

日天子《にちてんし》初《はじ》めて出《い》で、此《こ》の洲《しゅう》の歓喜《かんぎ》を見《み》、常《つね》に大光明《だいこうみょう》を以《もっ》て、周遍《しゅうへん》して皆照曜《みなしょうよう》す。

斯《こ》の大地《だいじ》の内《うち》に於《お》ける、所有蓮花池《あらゆるれんげち》、日《ひ》の光照《こうしょう》の及《およ》ぶ時《とき》、尽《ことごと》く開発《かいほつ》せざるなし。

此《こ》の贍部洲《せんぶしゅう》に於《お》ける、田疇諸《でんちゅうもろもろ》の果薬《かやく》をして、悉《ことごと》く皆善《みなよ》く熟《じゅく》せしめ、大地《だいじ》に充満《じゅうまん》す。

此《こ》の経《きょう》の威力《いりき》に由《よ》り、日月所照《にちがつしょしょう》の処《ところ》、星辰度《しょうしんど》を失《うしな》わず。風雨皆時《ふううみなとき》に順《したが》い、
此《こ》の贍部洲《せんぶしゅう》に遍《あまね》し、国土《こくど》咸《ことごと》く豊楽《ぶらく》にして、此《こ》の経《きょう》のある処《ところ》に随《したが》いて、殊勝《しゅしょう》なること余方《よほう》に倍《ばい》す。

若《も》し此《こ》の金光明経典《こんこうみょうきょうてん》流布《るふ》の処《ところ》にして、能《よ》く講誦《こうじゅ》の者《もの》あらば、悉《ことごと》く上《かみ》の如《ごと》き福《ふく》を得《え》ん。』


爾《そ》の時《とき》に大吉祥天女《だいきちじょうてんにょ》、及《およ》び諸天等《しょてんとう》、仏《ほとけ》の所説《しょせつ》を聞《き》きて、皆大《みなおお》いに歓喜《かんぎ》し、此《こ》の経王《きょうおう》、及《およ》び受持《じゅじ》者《しゃ》に於《おい》て一心《いっしん》に擁護《ようご》して、憂悩《うのう》なく常《つね》に安楽《あんらく》を得《え》しむ。

《若欲施諸仏……悉得如上福》 七十九頌あり、だいたい梵本と一致する。梵本は七十七頌ある。**《初中後》** 経典の最初・真中・末尾どの部分を見ても、この経典に比肩するものはないとする、経を讃歎する言葉である。**《法性之制底》** 経文を宝塔制底に比す。**《普賢》** Samantabhadra **《妙吉祥》** Mañjuśrī **《慈氏》**

Maitreya《無熱池》Anavatapta《娑揭羅》Sāgara《吠率怒》Varuṇa kanda viṣṇu《那羅延》Nārāyana《自在》Maheśvara《正了知》Saṃjñāya《金剛薬叉王》Vajrapāṇi《宝王薬叉王》Māṇibhadra《満賢王》Pūrṇabhadra《曠野》Āṭavaka《金毘羅》Kumbhīra《寶度羅》Piṅgala《黄色》Kapila《彩軍乾闥婆》Citrasena (gandharva)《葦王》Jinarāja《常戦勝》Jinarṣabha《珠頸》Maṇikaṇṭha《青頸》Nīlakaṇṭha《勃里沙王》Varṣādhipati《大最勝》Mahāgrāsa《大黒》Mahākāla《蘇跋拏鶏舎》Suvarṇakeśa《半之迦》Pāñcika《羊足》Chagalapāda《大婆伽》Mahābhāga《小渠》Praṇālī《護法》Dharmapāla《獼猴王》Markaṭa《針毛》Sūciroma《日友》Sūryamitra《宝髪》Ratnakeśa《大渠》Mahāpraṇāli《諸拘羅》Nakula《栴檀》Candana《欲中勝》Kāmaśreṣṭha《舎羅》Nāgayana とあるが本訳によれば Śara か。《雪山》Haimavata《娑多山》Śātagiri《阿那婆答多》Anavatapta 以下、龍王 (Nāgendra)《娑揭羅》Sāgara《目真鄰》Mucilinda《羅葉》Elapatra《難陀》Nanda《小難陀》Upanandaka《婆稚》Balin 以下、阿修羅 (Aśura)《羅睺羅》Rāhu《毘摩質多羅》Vemacitra《母旨》Namuci《苫跋羅》Saṃvara《大肩》Kharaskandha《歓喜》Prahlāda《訶利底母神》Hārītī 鬼子母。以下、羅刹女。《旃荼》Caṇḍā《旃荼利》Caṇḍālikā《旃稚女》Caṇḍikā《毘帝》Kuntī《拘吒歯》Kūṭadantī《吸衆生精気》Sarvasattvojohāriṇī《鉢頭摩》Padma 紅蓮。《分陀利》Puṇḍarīka 白蓮。

この諸天薬叉護持品第二十二は、梵本では単に Yakṣa となっている。また四巻本と八巻本の漢訳では鬼神品となっている。第十九品僧慎爾耶薬叉大将品は、薬叉神が仏法の守護者であることを述べたもので、薬叉神と仏との対話の形式になっている。したがって薬叉神が主役の立場にあった。ところがこの品では、世尊が大吉祥天女に説く形式で述べられている。この意味では、大吉祥天女増長財物品第十七と同じく吉祥天の信仰に関係がある。ただしこの品は諸天ともろもろの薬叉神などのために説いたものである。したがってその内容は梵天帝釈から四天王・大弁才天・大吉祥天の仏法守護を説くことから始まり、薬叉衆とその眷属が列挙され、さらに乾闥婆神衆・龍王衆・阿修羅衆・羅刹衆が列挙されているこれらの諸天神衆たちが『金光明経』の流布するところを護り、経典を講誦する人びとに多くの福を与えることを述べている。

授記品　第二十三

(大)一六巻四四七上—中

爾《そ》の時《とき》如来《にょらい》、大衆《だいしゅ》の中《なか》に於《おい》て広《ひろ》く法《ほう》を説《と》き已《おわ》りて、妙幢菩薩《みょうどうぼさつ》、及《およ》び其《そ》の二子《にし》*銀幢《こんどう》・*銀光《こんこう》のために、阿耨多羅《あのくたら》三藐三菩提《さんみやくさんぼだい》の記《き》を授《さず》けんと欲《ほっ》したまう。時《とき》に十千《じっせん》の天子《てんし》、*最勝光明《さいしょうこうみょう》ありて上首《じょうしゅ》と為《な》り、倶《とも》に三十三天《さんじゅうさんてん》より来《き》たりて、仏所《ぶっしょ》に至《いた》り仏足《ぶっそく》を頂礼《ちょうらい》し、却《かえ》って一面《いちめん》に坐《ざ》して仏《ほとけ》の説法《せっぽう》を聴《き》く。爾《そ》の時《とき》に仏《ほとけ》、妙幢菩薩《みょうどうぼさつ》に告《つ》げて言《のたま》わく、『汝来世《なんじらいせ》に於《おい》て、無量無数《むりょうむ》百千万億那庾《しゅひゃくせんまんおくなゆ》多《た》劫《こう》を過《す》ぎ已《おわ》りて、*金光明世界《こんこうみょうせかい》に於《おい》て、当《まさ》に阿耨多羅《あのくたら》三藐三菩提《さんみやくさんぼだい》を成《じょう》し、*金宝山王如来《こんぼうせんおうにょらい》・応《おう》・正遍知《しょうへんち》・明行足《みょうぎょうそく》・善逝《ぜんぜい》・世間解《せけんげ》・無上士《むじょうし》・調御丈夫《じょうごじょうぶ》・天人師《てんにんし》・仏《ぶっ》・世尊《せそん》と号《ごう》して、世《よ》に出現《しゅつげん》すべし。時《とき》に此《こ》の如来《にょらい》の般涅槃《はつねはん》の後《のち》、所有教法《あらゆるきょうほう》も亦《ま》た皆滅尽《みなめつじん》す。時《とき》に彼《か》の長子《ちょうし》を名《なつ》けて銀幢《こんどう》と曰《い》い、即《すなわ》ち此《こ》の界《かい》に於《おい》て次《つ》いで仏処《ぶっしょ》に補《ふ》す。世界《せかい》、爾《そ》の時《とき》に転《てん》じて、*浄幢《じょうどう》と名《なつ》く、当《まさ》に作仏《さぶつ》することを得《え》て、名《なつ》けて*金幢光如来《こんどうこうにょらい》・応《おう》・正遍知《しょうへんち》・明行足《みょうぎょうそく》・善逝《ぜんぜい》・世間解《せけんげ》・無上士《むじょうし》・調御丈夫《じょうごじょうぶ》・天人師《てんにんし》・仏《ぶっ》・世《せ》尊《そん》と曰《い》うべし。時《とき》に此《こ》の如来《にょらい》の般涅槃《はつねはん》の後《のち》、所有教法《あらゆるきょうほう》も亦《ま》た皆滅尽《みなめつじん》す。次子《じし》銀光《こんこう》、即《すなわ》ち仏処《ぶっしょ》に補《ふ》し、此《こ》の界《かい》に於《おい》て、当《まさ》に作仏《さぶつ》することを得《え》て、号《ごう》して*金光明如来《こんこうみょうにょらい》・応《おう》・正遍知《しょうへんち》・明行足《みょうぎょうそく》・善逝《ぜんぜい》・世間解《せけんげ》・無上士《むじょうし》・調御丈夫《じょうごじょうぶ》・天人師《てんにんし》・仏《ぶっ》・世尊《せそん》と曰《い》うべし。是《こ》の時《とき》、十千《じっせん》の天子《てんし》、三大士《さんだいし》の授《じゅ》記《き》を得《え》已《おわ》りしことを聞《き》き、復《ま》た是《かく》の如《ごと》きの最勝王経《さいしょうおうきょう》を聞《き》きて、心《こころ》に歓喜《かんぎ》を生《しょう》じ、清浄無垢《しょうじょうむく》なることと猶《なお》し虚空《こくう》の如《ごと》し。爾《そ》の時《とき》に如来《にょらい》、是《こ》の十千《じっせん》の天子《てんし》の善根成熟《ぜんごんじょうじゅく》することを知《し》らしめして、即便《すなわ》ち大菩提《だいぼだい》の記《き》を与授《よじゅ》す、汝等天子《なんじらてんし》当来《とうらい》の世《よ》に於《おい》て、無量無数百千万億那庾《むりようむしゅひゃくせんまんおくなゆ》多《た》劫《こう》を過《す》ぎ、*最勝因《さいしょういん》陀羅《だら》高幢世《こうどうせ》界《かい》に於《おい》て、阿《あ》耨多羅《のくたら》三藐三菩提《さんみゃくさんぼだい》を成《じょう》ずることを得《え》て、同一《どういつ》の種姓《しゅしょう》、又同一《またどういつ》の名号《みょうごう》ありて*面目清浄優鉢《めんもくしょうじょううば》羅《ら》香山十号具足《こうせんじゅうごうぐそく》と曰《い》わん。是《かく》の如《ごと》く次第《しだい》して十千《じっせん》の諸仏世《しょぶつせ》に出現《しゅつげん》すべし。』と。

爾《そ》の時《とき》、*菩提樹神《ぼだいじゅしん》、仏《ほとけ》に白《もう》して言《い》わく、『世尊《せそん》、是《こ》の十千《じっせん》の天子《てんし》、三十三天《さんじゅうさんてん》より法《ほう》を聴《き》くための故《ゆえ》に、来《き》たりて仏所《ぶっしょ》に詣《もう》でしに、云何《いかん》が如来便《にょらいすなわ》ち当《まさ》に成仏《じょうぶつ》することを得《う》べしと授記《じゅき》を与《あた》えたまえるや。世尊《せそん》、我未《われいま》だ曾《かつ》て聞《き》かず。是《こ》の諸《もろもろ》の天子《てんし》は、六波羅蜜多《ろくはらみった》の難行苦行《なんぎょうくぎょう》を具足《ぐそく》し、修習《しゅじゅう》して、手《しゅ》・足《そく》・頭《ず》・目《もく》・髄脳《ずいのう》・眷属《けんぞく》・妻《さい》・子《し》、象《ぞう》・馬《め》・車乗《しゃじょう》・奴婢《ぬび》・僕使《ぼくし》・宮殿《ぐうでん》・園林《おんりん》、金銀《こんごん》・琉璃《るり》・硨磲《しゃこ》・馬瑙《めのう》・珊瑚《さんご》・琥珀《こはく》・璧玉《びゃくぎょく》・珂貝《かばい》、飲食《おんじき》・衣服《えぶく》・臥具《がぐ》・医薬《いやく》を捨《す》てること、余《よ》の無量百千《むりようひゃくせん》の菩薩《ぼさつ》の如《ごと》く、諸《もろもろ》の供具《くぐ》を以《もっ》て、過去無数百千万億那庾《かこむしゅひゃくせんまんおくなゆ》多《た》の仏《ぶつ》を供養《くよう》することを。是《かく》の如《ごと》きの菩薩《ぼさつ》各《おのおの》無量無《むりようむ》辺劫数《へんこうしゅ》を経《へ》て、然《しか》して後方《ごほう》に菩提《ぼだい》の記《き》を受《う》けることを得《え》たり。世尊《せそん》、是《こ》の諸《もろもろ》の天子《てんし》は、何《なん》の因縁《いんねん》を以《もっ》て、何《なん》の勝行《しょうぎょう》を修《しゅ》し、何《なん》の善根《ぜんごん》を種《う》えてか、彼《か》の天《てん》より来《き》たり、暫時《ざんじ》にして法《ほう》を聞《き》き、便《すなわ》ち授記《じゅき》を得《え》たる。唯願《ただねが》わくば世尊《せそん》、我《わ》がために解説《げせつ》し、疑網《ぎもう》を断除《だんじょ》したまえ。』仏《ほとけ》、地神《じじん》善女天《ぜんにょてん》に告《つ》げたまわく、『汝《なんじ》の説《と》く所《ところ》の如《ごと》く、皆勝妙善根《みなしょうみょうぜんごん》の因縁《いんねん》によりて、勤苦《ごんく》し修《しゅ》し已《おわ》りて、方《まさ》に授記《じゅき》を得《え》たり。此《こ》の諸《もろもろ》の天子《てんし》は、妙天宮《みょうてんぐう》に於《おい》て、*五欲《ごよく》の楽《らく》を捨《す》て、故《ことさ》らに来《き》たりて是《こ》の金《こん》光明経《こうみょうきょう》を聴《き》く。既《すで》に法《ほう》を聞《き》き已《おわ》りて、是《こ》の経中《きょうちゅう》に於《おい》て、心《こころ》に殷重《おんじゅう》を生《しょう》じ、*浄琉璃《じょうるり》の如《ごと》く諸《もろもろ》の瑕《か》穢《え》なし。復《ま》た此《こ》の*三大菩薩《さんだいぼさつ》の授記《じゅき》の事《こと》を聞《き》くことを得《う》るも、亦《ま》た過去《かこ》に久《ひさ》しく正行《しょうぎょう》を修《しゅ》せし誓《せい》願《がん》の因縁《いんねん》に由《よ》る。是《こ》の故《ゆえ》に我今皆授記《われいまみなじゅき》を与《あた》えて、未来世《みらいせ》に於《お》て、当《まさ》に阿耨多羅三藐三菩提《あのくたらさんみゃくさんぼだい》を成《じょう》ずべし。』と。時《とき》に彼《か》の樹神《じゅしん》、仏《ほとけ》の説《せつ》を聞《き》き已《おわ》りて、歓喜信受《かんぎしんじゅ》したりき。

《銀幢》 Rūpyaketu **《銀光》** Rūpyaprabha **《最勝光明》** Jvalanāntaratejorāja **《金光明世界》** Suvarṇaprabhāsitā-lokadhātu **《金宝山王如来》** Suvarṇaratnākaracchatrakūṭa 曇無讖訳には「金宝蓋山王」とあり梵本と合す。**《浄幢》** 梵本では Virajadhvajalokadhātu（離垢の幢幡へのひるがえる）世界である。**《金幢光如来》** Suvarṇajambudhvajakāñcanābha 曇無讖訳には「閻浮檀金幢光照明」とあり梵本と合す。**《金光明如来》** Suvarṇaśataraśmibhāsagarbha（金の百の光線の光明を胎内にもつ）「金色百光明蔵」とでも訳すか。**《最勝因陀羅高幢世界》** Sālendradhvajāgravatī-lokadhātu **《面目清浄優鉢羅香山》** Prasannavadanotpalagandhakūṭa **《菩提樹神》** 梵本に Bodhisattvasamuccayā-kuladevatā「菩薩集会善女天」とでも訳すか。**《五欲楽》** 色・声・香・味・触の五官の欲楽。**《浄琉璃》** 信心の澄清なことを譬える。**《三大菩薩》** 妙幢・銀光・銀幢の三菩薩のこと。

この授記品は、梵本では Daśadevaputrasahasravyākaraṇa という品名となっている。仏が妙幢菩薩とその二子である銀幢・銀光の三人のために、無上菩提の授記を行なわんとするときに、最勝光明を始めとする十千の天子たちが仏所に至り、仏の説法を聞く。仏は妙幢菩薩に告げていう。未来世において、金光明世界（Suvarṇaprabhāsita-lokadhātu）で汝が成仏して、金宝山王如来となって世に出る。この如来が般涅槃した後に、あらゆる教法がみな滅尽する。その時に長子である銀幢がこの世界において仏処に補し、作仏する。そして金幢光如来となる。しかしこの如来が般涅槃の後に、あらゆる教法がまた滅尽する。次子である銀光が仏処に補し、作仏して、金光明如来となる。この時に妙幢と銀幢・銀光の三大士と十千の天子の作仏するという授記が行なわれた。

授記ということは、将来必ずや仏になるという記莂を仏がある発心した衆生に授けることである。『法華経』にも授記品という一章があるが、古くは十二分経の一つとして、最重な意味を持っていた。

除病品 第二十四

㊅一六巻四四七中—四四八下

仏《ほとけ》、菩提樹神善女天《ぼだいじゅしんぜんにょてん》に告《つ》げたまわく、『諦聴《たいちょう》せよ、諦聴《たいちょう》せよ。善《よ》く之《これ》を思念《しねん》せよ。是《こ》の十千《じっせん》の天子《てんし》の本願《ほんがん》の因縁《いんねん》、今汝《いまなんじ》がために説《と》かん。善女天《ぜんにょてん》、過去《かこ》無量《むりょう》不可思議《ふかしぎ》阿僧企耶《あそうぎや》劫《こう》、爾《そ》の時《とき》に仏《ほとけ》ありて世《よ》に出現《しゅつげん》したもう、名《な》けて*宝髻如来《ほうけいにょらい》、応《おう》・正遍知《しょうへんち》・明行足《みょうぎょうそく》・善逝《ぜんぜい》・世間解《せけんげ》・無上士《むじょうし》・調御《じょうご》丈夫《じょうぶ》・天人師《てんにんし》・仏《ぶつ》・世尊《せそん》と曰《い》う。善女天《ぜんにょてん》、時《とき》に彼《か》の世尊《せそん》の般涅槃《はつねはん》の後《のち》、正法滅《しょうぼうめつ》し已《おわ》りて、*像法《ぞうほう》の中《なか》に於《お》いて王《おう》あり、名《な》けて*天自在光《てんじざいこう》と曰《い》い、常《つね》に正法《しょうぼう》を以《もっ》て人民《にんみん》を化《け》すること、猶《なお》し父母《ぶも》の如《ごと》し。是《こ》の王国《おうこく》の中《なか》に一長者《いちちょうじゃ》あり、名《な》けて*持水《じすい》と曰《い》う。善《よ》く医方《いほう》を解《げ》し、妙《みょう》に八術《はちじゅつ》に通《つう》じ、衆生《しゅじょう》の病苦《びょうく》、四大《しだい》の調《ととの》わざる咸《みな》能《よ》く救療《ぐりょう》す。善女天《ぜんにょてん》、爾《そ》の時《とき》、持水長者《じすいちょうじゃ》、唯《ただ》一子《いっし》あり、名《な》けて*流水《るすい》と曰《い》う。顔容端正《げんようたんじょう》にして人《ひと》に楽《ねが》い観《み》られる性《しょう》を受《う》けること聡敏《そうびん》、妙《みょう》に諸《もろもろ》の論《ろん》・書画《しょが》・算《さん》・印《いん》を閑《なら》いて通達《つうだつ》せざるなし。時《とき》に王国《おうこく》の内《うち》、無量百千《むりょうひゃくせん》の諸《もろもろ》の衆生《しゅじょう》の類《るい》あり、皆疫疾《みなえきしつ》に遇《あ》いて衆《もろもろ》の苦《く》に逼《せ》められ、乃至《ないし》歓喜《かんぎ》の心《こころ》あることなし。善女天《ぜんにょてん》、爾《そ》の時《とき》に長者子流水《ちょうじゃしるすい》は是《こ》の無量百千《むりょうひゃくせん》の衆生《しゅじょう》の諸《もろもろ》の病苦《びょうく》を受《う》くるを見《み》て、大悲心《だいひしん》を起《おこ》して、是《かく》の如《ごと》きの念《ねん》を作《な》す、「無量《むりょう》の衆生《しゅじょう》諸《もろもろ》の極苦《ごくく》のために逼迫《ひっぱく》さる、我《わ》が父長者《ちちちょうじゃ》、医方《いほう》を善《よ》くし、妙《みょう》に八術《はちじゅつ》に通《つう》じ、能《よ》く衆病《しゅびょう》、四大《しだい》の増損《ぞうそん》を療《りょう》ずと雖《いえど》も、然《しか》も已《すで》に衰邁《すいまい》・老耄《ろうもう》し、*虚羸《こるい》にして扶策《ふさく》を仮《か》りて方《まさ》に能《よ》く歩《ぶ》を進《すす》む。復《ま》た城邑《じょうおう》・聚落《じゅらく》に往《ゆ》きて、諸《もろもろ》の病苦《びょうく》を救《すく》う能《あた》わず。今無量百千《いまむりょうひゃくせん》の衆生《しゅじょう》ありて、皆重病《みなじゅうびょう》に遇《あ》い、能《よ》く救《すく》う者《もの》なし。我《われ》今当《いままさ》に大医父《だいいふ》の所《ところ》に至《いた》りて、治病《ちびょう》の医方《いほう》、秘法《ひほう》を諮問《しもん》すべし。若《も》し解《げ》することを得已《えおわ》りなば、当《まさ》に城邑《じょうおう》・聚落《じゅらく》の所《ところ》に往《ゆ》きて、諸《もろもろ》の衆生《しゅじょう》の種種《しゅじゅ》の疾病《しつびょう》を救《すく》い、長夜《じょうや》に安楽《あんらく》を受《う》けることを得《え》しむべし」と。時《とき》に長者子《ちょうじゃし》、是《こ》の念《ねん》を作《な》し已《おわ》りて、即《すなわ》ち父《ちち》の所《ところ》に詣《いた》り、稽首《けいしゅ》して足《あし》を礼《らい》し、合掌恭敬《がっしょうくぎょう》して、却《かえ》って一面《いちめん》に住《じゅう》し、即《すなわ》ち伽他《かだ》を以《もっ》て其《そ》の父《ちち》に請《こ》うて曰《いわ》く、

*慈父《じふ》、当《まさ》に哀愍《あいみん》すべし。我衆生《われしゅじょう》を救《すく》わんと欲《ほっ》し、今諸《いまもろもろ》の医方《いほう》を請《こ》う。幸《さいわ》いに願《ねが》わくば我《わ》がために説《と》きたまえ。

云何《いかん》が身衰邁《みすいまい》して、*諸大増損《しょだいぞうそん》あるや、復《ま》た何《なん》の時中《じちゅう》に在《あ》りて、能《よ》く諸《もろもろ》の疾病《しつびょう》を生《しょう》ずる。

云何《いかん》が飲食《おんじき》を噉《は》み、安楽《あんらく》を受《う》けることを得《え》て、能《よ》く内身《ないしん》の中《なか》に、火勢《かせい》をして衰損《すいそん》せざらしむる。

衆生《しゅじょう》に四病《しびょう》あり、*風《ふう》と*黄熱《おうねつ》と*痰癮《たんいん》と、及以《および》、*総集《そうしゅう》の病《やまい》となり、云何《いかん》がして療治《りょうち》する。

何《なん》の時《とき》にか風病起《ふうびょうおこ》り、何《なん》の時《とき》にか熱病発《ねつびょうおこ》し、何《なん》の時《とき》にか痰癮《たんいん》を動《うご》かし、何《なん》の時《とき》にか総集《そうしゅう》を生《しょう》ずるや。


時《とき》に彼《か》の長者《ちょうじゃ》、子《こ》の請《こい》を聞《き》き已《おわ》りて、復《ま》た伽他《かだ》を以《もっ》て、之《これ》に答《こた》えて曰《いわ》く、

我今古仙《われいまこせん》の、所有療病《あらゆるりょうびょう》の法《ほう》に依《よ》り、次第《しだい》に汝《なんじ》のために説《と》かん、善《よ》く聴《き》いて衆生《しゅじょう》を救《すく》え。

三月《さんがつ》は是《こ》れ*春時《しゅんじ》、三月《さんがつ》を名《なつ》けて*夏《なつ》と為《な》し、三月《さんがつ》を*秋分《しゅうぶん》と名《なつ》け、三月《さんがつ》は謂《いわ》く*冬時《とうじ》。

此《こ》れは一年《いちねん》の中《なか》に拠《よ》りて、三三《さんさん》を別説《べっせつ》するなり、*二二《にに》を一節《いっせつ》と為《な》せば、便《すなわ》ち歳《さい》の六時《ろくじ》を成《じょう》

ず。

初二《しょに》は是《こ》れ花時《けじ》、三四《さんし》は熱際《ねっさい》と名《なづ》け、五六《ごろく》は雨際《うさい》と名《なづ》け、七八《しちはち》は秋時《しゅうじ》と謂《い》う。

九十《くじゅう》は是《こ》れ寒時《かんじ》、後《のち》の二《に》を氷雪《ひょうせつ》と名《なづ》く、既《すで》に是《かく》の如《ごと》きの別《べつ》を知《し》る、薬《くすり》を授《さず》けて差《たが》わしむること勿《なか》れ。

当《まさ》に此《こ》の時《とき》の中《なか》に随《したが》いて、飲食《おんじき》を調息《ちょうそく》して、腹《はら》に入《い》れ消散《しょうさん》せしむべし、衆病《しゅびょう》則《すなわ》ち生《しょう》ぜず。

節気《せっき》若《も》し変改《へんかい》すれば、四大《しだい》も推移《すいい》あり。此《こ》の時《とき》に薬資《やくし》なければ、必《かなら》ず病苦《びょうく》を生《しょう》ぜん。

医人《いにん》は四時《しじ》を解《げ》し、復《ま》た其《そ》の六節《ろくせつ》を知《し》り、身《しん》の七界《しちかい》を明閑《みょうげん》にして、薬《くすり》を食《じき》するに差《たが》うなからしむ。

謂《いわ》く味界《みかい》・血《けつ》・肉《にく》・膏《こう》・骨《こつ》、及《およ》び髄《ずい》・脳《のう》なり。病《やまい》此《こ》の中《なか》に入《い》る時《とき》は、其《そ》の療《りょう》ずべきや不《いな》やを知《し》る。

病《やまい》に四種《ししゅ》の別《べつ》あり、謂《いわ》く風《ふう》・熱《ねつ》・痰癊《たんいん》、及以《および》、総集《そうしゅう》の病《やまい》。応《まさ》に発動《ほつどう》の時《とき》を知《し》るべし。

春《はる》の中《なか》には痰癊動《たんいんうご》き、夏《なつ》の内《うち》には風病生《ふうびょうしょう》じ、秋時《しゅうじ》には黄熱増《おうねつま》し、冬節《とうせつ》には三倶《さんとも》に起《おこ》る。

春《はる》は渋《じゅう》・熱《ねつ》・辛《しん》を食《じき》し、夏《なつ》には膩《に》・熱《ねつ》・鹹《かん》・醋《しゃく》、秋時《しゅうじ》には冷《れい》・甜《かん》・膩《に》、冬《ふゆ》には酸《さん》・渋《じゅう》・膩《に》・甜《かん》。

此《こ》の四時《しじ》の中《なか》に於《おい》て、服薬及《ふくやくおよ》び飲食《おんじき》、若《も》し是《かく》の如《ごと》きの味《み》に依《よ》らば、衆病由《しゅびょうよ》りて生《しょう》ずることなからん。

食後《じきご》の病《やまい》は癊《いん》に由《よ》り、食消《じきしょう》の時《とき》は熱《ねつ》に由《よ》り、*消後《しょうご》は風《ふう》に由《よ》りて起《おこ》る、時《とき》に准《じゅん》じて病《やまい》を識《し》るべし。

既《すで》に病《やまい》の源《みなもと》を識《し》り已《おわ》りなば、病《やまい》に随《したが》いて薬《くすり》を設《もう》け、仮令《たと》い状殊《じょうしゅ》を患《うれ》うとも、先《ま》ず其《そ》の本《もと》を療《りょう》ずべし。

風病《ふうびょう》は油膩《ゆに》を服《ふく》し、患熱《げんねつ》は利《り》を良《りょう》と為《な》す、癃病《いんびょう》は応《まさ》に変吐《へんと》すべし、総集《そうしゅう》は*三薬《さんやく》を須《もち》う。風《ふう》・熱《ねつ》・癃倶《いんとも》にある、是《こ》れを名《なつ》けて総集《そうしゅう》と為《な》す、病《やまい》の起《おこ》る時《とき》を知《し》ると雖《いえど》も、応《まさ》に其《そ》の本性《ほんしょう》を観《み》るべし。

是《かく》の如《ごと》く観知《かんち》し已《おわ》りて、時《とき》に順《じゅん》じて薬《くすり》を授《さず》ければ、飲食《おんじき》と薬《やく》と差《たが》うことなけん。斯《こ》れを善医《ぜんい》者《しゃ》と名《なつ》く。

復《ま》た応《まさ》に*八術《はちじゅつ》を知《し》るべし、諸《もろもろ》の医方《いほう》を総摂《そうしょう》する。此《ここ》に於《おい》て若《も》し明閑《みょうげん》ならば、衆生《しゅじょう》の病《やまい》を療《りょう》すべし。

謂《いわ》く針刺《しんし》・傷破《しょうは》・身疾《しんしつ》、并《ならび》に鬼神《きじん》・悪毒《あくどく》及《およ》び孩童《がいどう》・延年《えんねん》・増気力《ぞうけりき》。

先《ま》ず彼《か》の形色《ぎょうしき》、語言《ごごん》及《およ》び性行《しょうぎょう》を観《かん》じ、然《しか》して後《のち》に其《そ》の夢《ゆめ》を問《と》い、風《ふう》・熱《ねつ》・癃《いん》の殊《ことなり》を知《し》る。

乾痩《けんそう》にして頭髪《ずほつ》少なく、其《そ》の心定住《こころじょうじゅう》なく、語多《ごおお》くして飛行《ひぎょう》を夢《ゆめ》む。斯《こ》の人《ひと》は是《こ》れ風性《ふうしょう》なり。

少年《しょうねん》にして白髪《びゃくほつ》を生《しょう》じ、汗多《かんおお》く及《およ》び瞋多《しんおお》く、聡明《そうみょう》にして夢《ゆめ》に火《ひ》を見《み》る、斯《こ》の人《ひと》は是《こ》れ熱性《ねつしょう》なり。

心定《こころさだ》まり身平整《みびょうしょう》し、慮審《りょつまび》らかにして頭《ず》に津膩《しんに》あり。夢《ゆめ》に水白物《すいびゃくもつ》を見《み》れば、是《こ》れは癃性《いんしょう》なりと応《まさ》に知《し》るべし。

総集《そうしゅう》の性《しょう》は倶《とも》にあり、或《ある》いは二《に》或《ある》いは三《さん》を具《ぐ》し、一偏増《いっぺんぞう》あるに随《したが》う。応《まさ》に知《し》るべし是《こ》れ其《そ》の性《しょう》なることを。

既《すで》に本性《ほんしょう》を知《し》り已《おわ》りて、病《やまい》に准《じゅん》じて薬《くすり》を授《さず》けて、其《そ》の死相《しそう》なきことを験《けん》じて、方《まさ》に救《すく》うべきの人《ひと》と名《なづ》く。

諸根倒《しょこんとう》して境《きょう》を取《と》り、尊《そん》と医人《いにん》とに慢《まん》を起《おこ》し、親友《しんう》に瞋恚《しんに》を生《しょう》ず、是《こ》れ死相《しそう》と応《まさ》に知《し》るべし。

左眼白色《さげんびゃくじき》に変《へん》じ、舌黒《したくろ》く鼻《び》梁欹《りょうい》して、耳《に》輪旧《りんきゅう》と殊《ことな》り、下《げ》脣《しん》垂《た》れて下《した》に向《むか》うを。

*訶梨勒《かりろく》の一種《いっしゅ》は、具足《ぐそく》して*六味《ろくみ》あり、能《よ》く一切《いっさい》の病《やまい》を除《のぞ》く、忌《い》むことなし薬中《やくちゅう》の王《おう》なり。

又《また》*三果《さんか》*三辛《さんしん》は、諸薬《しょやく》の中《なか》に得《え》易《やす》し。沙糖《しゃとう》と蜜《みつ》と酥《そ》と乳《にゅう》とは、此《こ》れ能《よ》く衆病《しゅびょう》を療《りょう》ず。

自余《じよ》の諸《もろもろ》の薬物《やくもつ》は、病《やまい》に随《したが》いて増加《ぞうか》すべし。先《さき》に慈愍心《じみんしん》を起《おこ》して、財利《ざいり》を規《はか》ること莫《なか》れ。

我已《われすで》に汝《なんじ》のために、療疾中《りょうしっちゅう》の要事《ようじ》を説《と》く。此《こ》れを以《もっ》て衆生《しゅじょう》を救《すく》い、当《まさ》に無辺《むへん》の果《か》を獲《う》べし。

善女天《ぜんにょてん》、爾《そ》の時《とき》、長者《ちょうじゃ》の子《こ》、流水《るすい》は親《した》しく其《そ》の父《ちち》に八術《はちじゅつ》の要《よう》、四大増損《しだいぞうそん》、時節《じせつ》の不同《ふどう》、餌薬《にやく》の方法《ほうほう》を問《と》い、既《すで》に善《よ》く了知《りょうち》して、自《みずか》ら能《よ》く衆病《しゅびょう》を救療《ぐりょう》するに堪《た》えること忖《はか》りて、即便《すなわ》ち遍《あまね》く城邑《じょうおう》・聚落所在《じゅらくしょざい》の処《ところ》に至《いた》り、百千万億《ひゃくせんまんおく》の病苦《びょうく》の衆生《しゅじょう》あるに随《したが》いて、皆其《みなそ》の所《ところ》に至《いた》りて、善言慰喩《ぜんごんいゆ》して是《かく》の如《ごと》きの語《ご》を作《な》さく、「我《われ》は是《こ》れ医人《いにん》なり、我《われ》は是《こ》れ医人《いにん》なり。善《よ》く方薬《ほうやく》を治《おさ》める。今汝等《いまなんじら》のために衆病《しゅびょう》を療治《りょうち》し、悉《ことごと》く除愈《じょゆ》せしめん。」と。善女天《ぜんにょてん》、爾《そ》の時《とき》に衆人《しゅにん》、長者子《ちょうじゃし》の善言慰喩《ぜんごんいゆ》して、許《ゆる》して治病《ちびょう》を為《な》すを聞《き》く。時《とき》に無量百千《むりょうひゃくせん》の衆生《しゅじょう》の極重《ごくじゅう》の病《やまい》に遇《あ》えるありて、是《こ》の語《ご》を聞《き》き已《おわ》りて、身心踊躍《しんじんゆやく》して未曾有《みぞう》なることを得《え》たり。此《こ》の因縁《いんねん》を以《もっ》て所有病苦《あらゆるびょうく》、悉《ことごと》く蠲除《けんじょ》することを得《え》、気力《けりき》充実《じゅうじつ》して平復《びょうふく》すること、本《もと》の如《ごと》し。善女天《ぜんにょてん》、爾《そ》の時《とき》に復《ま》た無量百千《むりょうひゃくせん》の衆生《しゅじょう》の病苦深重《びょうくじんじゅう》にして、療《りょう》治《ち》し難《がた》き者《もの》あり。即《すなわ》ち共《とも》に長者子《ちょうじゃし》の所《ところ》に往詣《おうけい》して、重《かさ》ねて医療《いりょう》を請《こ》う。時《とき》に長者子《ちょうじゃし》、即《すなわ》ち妙薬《みょうやく》を以《もっ》て服《ふく》せしむ。皆《みな》*除差《じょしゃ》を蒙《こう》むる。善女天《ぜんにょてん》、是《こ》の長者子《ちょうじゃし》は此《こ》の国内《こくない》に於《おい》て、百千万億《ひゃくせんまんおく》の衆生《しゅじょう》の病《びょう》苦《く》を治《ち》し、悉《ことごと》く除差《じょしゃ》することを得《え》たり。

《宝髻如来》 Ratnaśikhin　《像法》 仏陀の滅後の時期を、正・像・末の三時に分ける内の第二期で、仏滅後五百年を経た後の五百年、または千年間は正法に似た法が世に行なわれるとして像法と名づけられる。《天自在光》 Sureśvaraprabha　《持水》 Jaṭiṃdhara 持髪というべきか。《流水》 Jalavāhana　《虚羸》 梵本によれば「よぼよぼしており、杖にすがっていても、よろけながら歩いている。」とある。《慈父当哀愍……幸願為我説》 梵本はこの偈を欠く。《諸大》 地・水・火・風の四大種を指す。すなわち、この四要素の増減と均衡とにより、病と健康を区別する。《風》 Vāta（vāyu）《黄熱》 pitta 胆汁質の病。《痰癊》 śleṣmika または kapha 粘液の病。《総集》 saṃnipāta 集合病。風・黄熱・痰癊が混合しておこる疾患。《春》 varṣa（雨際）春というよりも雨期である。《夏》 grīṣmika（熱際）《秋》 śarad　《冬》 hemanta（寒際）《二二為一節》 一年を二ケ月ずつ六時季に分ける。《消後》 消化の後。《状殊》 病源から派生する特殊な症状。《三薬》 風質の人には強壮剤（saṃbṛṃhaṇa "refreshing"）、胆汁異常の人には下剤（virecana）、粘液過剰の期間には吐剤（vamana）をそれぞれ用い、総集（集合病、合併症）の場合は、三種の効果あるものを選ぶ。《八術》 Āyur-veda の医学の八分科をいう。①大外科医学（śalya）②小外科医学（śālākya, ūrdhvāṅga）③身体の病気の治療（kāyacikitsā）④鬼神病学（bhūtavidyā, graha 鬼神に由来する病学）⑤小児医学（kaumārabhṛtya, bala）⑥毒物学（agadatantra, viṣagaravairodhikapraśamana）⑦仙薬学（rasāyana, jarā）⑧強精剤学（vājikaraṇa, vṛṣa）《訶梨勒》harītaka（Terminalia Chebula）黄色いミロバナン樹。《六味》古代インド医学によれば、甘・酸・塩・辛・苦・渋である。経典によれば、苦・酸・甘・辛・鹹・淡である。《三果》訶梨勒・阿摩洛迦（āmalaka … Emblica myrobalan “mango”）・仳仳得迦（vibhītaka … Terminalia Belerica）《三辛》乾薑（しょうが）・胡椒・畢鉢（pippala）。《除差》病気から解放されること。

この除病品第二十四は、梵本では vyādhipraśamana という品名で、漢訳通りの表現である。その内容は、正法が滅した後に、像法の世に天自在王の統治の国中に、持水という一人の長者あり、たいへんに医術に巧みであった。その長者の子供である流水なる者が国内に多くの人びとの病悩に苦しむのを見て、老耄の父に代って、それらの病苦を救うために、父のところに行き、医術を質ねるわけである。梵本では十三偈であるが、漢訳では、父に医術を請う五頌と、医術を説く三十二頌とに分れている。その医術とは、第一に対症療法中心の日本の薬づけ医学とは違って、その根本原因を治療しようとする点と、第二に医は仁術という点を力説する。ただし「医は仁術なり」という思想は梵文には見られない、漢訳の増語と思われる。ここに説かれる医術とは、病気に風（風邪および呼吸器系統の病気）と黄熱（熱病）と痰癊（内分泌およびホルモンの異常）による三種と、それらの合併症との四つに分けている。また一年を雨時と秋季と夏季と雪時との四節に分ける、その節気の変化によって、人間の体調の変化を考える。雨時には痰癊多く、秋季には黄熱、夏季には風病、雪時には三つともに起こりやすいと説く。風病には滋養を取るために油膩を服し、黄熱には便利を計ること、痰癊には吐出することを考えとし、合併症にはその三つを併用せよと説く。特に雨時には渋・熱・辛の食物を摂り、夏季には膩・熱・鹹・醋を、秋季には冷・甜・膩を、雪時には酸・渋・膩・甜を摂ることを心がけるべしと教えている。季節にしたがって飲食と服薬とを考えるのが善き医者である。さらに三つの病気の症状を述べる。さらに薬については訶梨勒は薬中の王として一切の病を除き、三果三辛は得やすい薬であり、沙糖と蜜と酥と乳とは衆病を癒するに役立つものとしている。医術の総摂として八術を説くのは古代インドのアーユル・ベーダに基づくものであろう。

長者子流水品　第二十五

(大)一六巻四四八下—四四九中

爾《そ》の時《とき》、仏《ほとけ》、菩《ぼ》提樹神善女天《だいじゅしんぜんにょてん》に告《つ》げたまわく、『爾《そ》の時《とき》に長者子流水《ちょうじゃしるすい》は、往昔《おうじゃく》の時《とき》に於《おい》て天自《てんじ》在光王国内《ざいこうおうこくない》に在《あ》りて、諸《もろもろ》の衆生《しゅじょう》の所有病苦《あらゆるびょうく》を療《りょう》じ、平復《びょうふく》することを得《え》て、安隠《あんのん》の楽《たのしみ》を受《う》けしめる。時《とき》に諸《もろもろ》の衆生《しゅじょう》、病除《びょうじょ》を以《もっ》ての故《ゆえ》に、多《おお》く福業《ふくごう》を修《しゅ》し、広《ひろ》く恵施《えせ》を行《ぎょう》じ、以《もっ》て自《みずか》ら歓娯《かんご》する。即《すなわ》ち共《とも》に長者子《ちょうじゃし》の所《ところ》に往詣《おうけい》して、咸尊敬《みなそんぎょう》を生《しょう》じ、是《かく》の如《ごと》きの言《ごん》を作《な》す、「善哉《よいかな》、善哉《よいかな》。大長者子《だいちょうじゃし》、善《よ》く能《よ》く福徳《ふくとく》の事《こと》を滋長《じちょう》し、我等《われら》の安隠寿命《あんのんじゅみょう》を増益《ぞうやく》する。仁《なんじ》は今実《いまじつ》に是《こ》れ大力医王《だいりきいおう》、慈悲《じひ》の菩薩《ぼさつ》であり、妙《みょう》に医薬《いやく》を閑《なら》い、善《よ》く衆生《しゅじょう》の無量《むりょう》の病苦《びょうく》を療《りょう》ずる。」と。是《かく》の如《ごと》きの称歎《しょうたん》、城邑《じょうおう》に周遍《しゅうへん》せり。

善女天《ぜんにょてん》、時《とき》に長者子《ちょうじゃし》の妻《つま》を*水肩蔵《すいけんぞう》と名《なっ》く。其《そ》の二子《にし》あり、一《いち》を*水満《すいまん》と名《なっ》け、二《に》を*水蔵《すいぞう》と名《なっ》く。是《こ》の時《とき》に流水《るすい》、其《そ》の二子《にし》を将《ひき》いて、漸次《ぜんじ》に城邑《じょうおう》・聚落《じゅらく》を遊行《ゆぎょう》して、空沢《くうたく》の中《なか》、深険《じんけん》の処《ところ》を過《す》ぎて、諸《もろもろ》の禽獣《きんじゅう》、豺《さい》・狼《ろう》・狐《こ》・玃《かく》・鵰《ちょう》・鷲《しゅう》の属《ぞく》にして、血肉《けつにく》を食《じき》する者《もの》を見《み》るに、皆悉《みなことごと》く奔飛《ほんぴ》して、一向《いっこう》に而《しか》も去《さ》る。時《とき》に長者子《ちょうじゃし》、是《かく》の如《ごと》きの念《ねん》を作《な》さく、「此《こ》の諸《もろもろ》の禽獣《きんじゅう》、何《なん》の因縁《いんねん》の故《ゆえ》にか、一向《いっこう》に飛《と》び起《おこ》るや。我当《われまさ》に後《しりえ》に随《したが》いて暫《しばら》く往《ゆ》きて之《これ》を観《み》るべし。」即便《すなわ》ち随《したが》い去《さ》りて見《み》るに、大地《だいじ》あり、名《なっ》けて*野生《やしょう》と曰《い》う。其《そ》の水将《みずまさ》に尽《つ》きなんとす。此《こ》の池中《ちちゅう》に於《おい》て多《おお》くの衆《もろもろ》の魚《うお》あり。

流水《るすい》見《み》已《おわ》りて、大悲心《だいひしん》を生《しよう》ずる。時《とき》に樹神《じゅしん》ありて半身《はんしん》を示現《じげん》して、是《かく》の如《ごと》きの語《ご》を作《な》さく、「善《よい》哉《かな》、善哉《よいかな》。善男子《ぜんなんし》、汝実義《なんじじつぎ》ありて、流水《るすい》と名《なつ》ければ、此《こ》の魚《うお》を愍《あわれ》むべし。応《まさ》に其《そ》れに水《みず》を与《あた》えるべし。二《ふた》つの因縁《いんねん》ありて、名《なつ》けて流水《るすい》と為《な》す。一《いち》には能《よ》く水《みず》を流《なが》し、二《に》には能《よ》く水《みず》を与《あた》える。汝《なんじ》今応当《いままさ》に名《な》に随《したが》いて作《な》すべし。」是《こ》の時《とき》に流水《るすい》、樹神《じゅしん》に問《と》うて言《いわ》く、「此《こ》の魚《うお》の頭数幾何《ずしゅいくばく》ありと為《な》す。」樹神答《じゅしんこた》えて曰《いわ》く、「数十千《しゅじっせん》に満《み》つ。」と。善女天《ぜんにょてん》、時《とき》に長者子《ちょうじゃし》、是《こ》の数《しゅ》を聞《き》き已《おわ》りて、倍悲《ますますひ》心《しん》を益《ま》す。時《とき》に此《こ》の大地《だいじ》、日《ひ》のために暴《さら》されて、余水幾《よすいいく》ばくもなく、是《こ》の十千《じっせん》の魚《うお》、将《まさ》に死門《しもん》に入《い》りなんとして、身《み》を施《めぐ》らして宛転《えんてん》する。是《こ》の長者《ちょうじゃ》を見《み》て、心《こころ》に希《ねが》う所《ところ》あり、随《したが》い逐《お》いて瞻視《せんし》し、目《もく》して未《いま》だ曾《かっ》て捨《す》てず。時《とき》に長者子《ちょうじゃし》、是《こ》の事《こと》を見《み》已《おわ》りて、四方《しほう》に馳《は》せ趣《おもむ》き、水《みず》を覓《もと》めんと欲《ほっ》して、竟《つい》に得《う》ること能《あた》わず。復《ま》た一辺《いっぺん》を望《のぞ》むに、大樹《だいじゅ》あるを見《み》たり。即便《すなわ》ち昇上《しょうじょう》して枝葉《しよう》を折《お》り取《と》り、為《ため》に蔭涼《おんりょう》と作《な》し、復《ま》た更《さら》に推求《すいぐ》し、「是《こ》の池中《ちちゅう》の水《みず》、何処《いずこ》よりか来《き》たるや。」と。尋《たず》ね覓《もと》めて已《や》まざるに、一大河《いちだいが》を見《み》たり。名《なつ》けて*水生《すいしょう》と曰《い》う。時《とき》に此《こ》の河辺《かへん》に諸《もろもろ》の漁人《ぎょにん》ありて、魚《うお》を取《と》らんがための故《ゆえ》に、河《かわ》の上流《じょうる》、懸険《けんげん》の処《ところ》に於《おい》て、其《そ》の水《みず》を決棄《けっき》して、下過《げか》せしめず。所決《しょけつ》の処《ところ》に於《おい》て、卒《にわ》かに修補《しゅほ》し難《がた》し。便《すなわ》ち是《こ》の念《ねん》を作《な》さく、「此《こ》の崖深《がいふか》くして峻《けわ》し。百千人《ひゃくせんにん》を設《もう》けて時三月《ときさんがつ》を経《へ》るとも、亦《ま》た断《だん》ずること能《あた》わず、況《いわ》んや我一人《われいちにん》にして、済弁《さいべん》するに堪《た》えんや。」と。時《とき》に長者子《ちょうじゃし》、速《すみ》やかに本城《ほんじょう》に還《かえ》りて、大王《だいおう》の所《ところ》に至《いた》り、頭面礼足《ずめんらいそく》して、却《しりぞ》いて一面《いちめん》に住《じゅう》し、合掌恭敬《がっしょうくぎょう》して、是《かく》の如《ごと》きの言《ごん》を作《な》さく、「我大王《われだいおう》の国土《こくど》人民《にんみん》のために種種《しゅじゅ》の病《やまい》を治《ち》し、悉《ことごと》く安隠《あんのん》ならしめ、漸次《ぜんじ》に遊行《ゆぎょう》して其《そ》の空沢《くうたく》に至《いた》るに、一池《いっち》あるを見《み》る。名《なつ》けて野生《やしょう》と曰《い》う。其《そ》の水涸《みずか》れんと欲《ほっ》し、十千《じっせん》の魚《うお》ありて日《ひ》に暴《さら》され、将《まさ》に死《し》せんとする、久《ひさ》しからず。唯願《ただねが》わくば大王《だいおう》、慈悲愍念《じひみんねん》して、二十《にじゅう》の大象《だいぞう》を与《あた》えたまえ。暫《しばら》く往《ゆ》きて、水《みず》を負《お》い、彼《か》の魚《うお》の命《いのち》を済《すく》うこと、我《われ》諸《もろもろ》の病人《びょうにん》に寿命《じゅみょう》を与《あた》えしが如《ごと》くせん。」と。爾《そ》の時《とき》、大王《だいおう》、即《すなわ》ち大臣《だいじん》に勅《ちょく》して速疾《すみやか》に此《こ》の医王《いおう》に大象《だいぞう》を与《あた》えしむ。時《とき》に彼《か》の大臣《だいじん》、王《おう》の勅《ちょく》を奉《ほう》じ已《おわ》りて、長者子《ちょうじゃし》に白《もう》す。「善哉《よいかな》、大士《だいし》。仁今自《なんじいまみずか》ら象《ぞう》の厩《こや》の中《なか》に至《いた》り、意《こころ》に随《したが》いて二十《にじゅう》の大象《だいぞう》を選《えら》び取《と》り、衆生《しゅじょう》を利益《りやく》して、安楽《あんらく》なることを得《え》しむべし。」と。是《こ》の時《とき》に流《る》水《すい》、及《およ》び其《そ》の二子《にし》は、二十《にじゅう》の大象《だいぞう》を将《ひき》いて、又酒家《またしゅけ》より多《おお》くの皮嚢《ひのう》を借《か》りて、決水《けっすい》の処《ところ》に往《ゆ》きて、嚢《のう》を以《もっ》て水《みず》を盛《も》り、象《ぞう》をして負《お》いて、池《いけ》に至《いた》りて池中《ちちゅう》に瀉《そそ》ぎ置《お》かしむ。水即《みずすなわ》ち弥満《みまん》して、還《かえ》りて復《ま》た故《もと》の如《ごと》し。善女天《ぜんにょてん》、時《とき》に長者子《ちょうじゃし》、池《いけ》の四辺《しへん》を周旋《しゅうせん》して視《み》るに、時《とき》に彼《か》の衆《もろもろ》の魚《うお》も、亦《ま》た復《ま》た随逐《ずいちく》して岸《きし》を循《めぐ》りて、行《ゆ》く。時《とき》に長者子《ちょうじゃし》、復《ま》た是《こ》の念《ねん》を作《な》さく、「衆《もろもろ》の魚《うお》、何《いかん》が故《ゆえ》に我《われ》に随《したが》いて行《ゆ》くや、必《かなら》ず飢火《けか》の所《ところ》のために悩逼《のうひつ》せられ、復《ま》た我《われ》に従《したが》いて食《じき》を求索《ぐさく》せんと欲《ほっ》す、我今当《われいままさ》に与《あた》うべし。」と。爾《そ》の時《とき》に長者流水《ちょうじゃるすい》、其《そ》の子《こ》に告《つ》げて言《いわ》く、「汝一象《なんじいちぞう》の最大《さいだい》の力《ちから》ある者《もの》を取《と》り、速《すみ》やかに家中《けちゅう》に至《いた》り、父長者《ちちちょうじゃ》に啓《もう》して、家中《けちゅう》にある所《ところ》の食《じき》すべき物《もの》、乃至父母《ないしぶも》食噉《じきかん》の分《ぶん》、及以《および》、妻《さい》子《し》・奴婢《ぬび》の分《ぶん》、悉《ことごと》く皆収取《みなしゅうしゅ》して即《すなわ》ち持《も》ち来《き》たるべし。」と。爾《そ》の時《とき》、二子《にし》、父《ちち》の教《おし》えを受《う》け已《おわ》りて、最大《さいだい》の象《ぞう》に乗《の》り、速《すみ》やかに家中《けちゅう》に往《ゆ》きて祖父《そぶ》の所《ところ》に至《いた》り、上《かみ》の如《ごと》きの事《こと》を説《と》き、家中《けちゅう》の食《じき》すべきの物《もの》を収取《しゅうしゅ》して、象《ぞう》の上《うえ》に置《お》き、疾《すみ》やかに父《ちち》の所《ところ》に還《かえ》り、彼《か》の池辺《ちへん》に至《いた》る。是《こ》の時流《ときる》水《すい》、其《そ》の子《こ》の来《き》たるを見《み》て、身心喜躍《しんじんきやく》して遂《つい》に飯食《ぼんじき》を取《と》り、遍《あまね》く池中《ちちゅう》に散《さん》ずる。魚《うお》の食《じき》することを得《え》已《おわ》りて、悉《ことごと》く皆飽足《みなほうそく》す。便《すなわ》ち是《こ》の念《ねん》を作《な》さく、「我今食《われいまじき》を施《ほどこ》し、魚《うお》をして命《いのち》を得《え》せしむ。願《ねが》わくば来世《らいせ》に於《おい》て、当《まさ》に法食《ほうじき》を施《ほどこ》し、充《み》ち済《すく》わんこと辺《かぎ》りなからん。」と。

《水肩蔵》Jalāmbugarbhā　《水満》Jalāmbara　《水蔵》Jalagarbha　《野生》Aṭavīsaṃbhavā　《水生》Jalāgamā

この長者子流水品第二十五は、梵本では jalavāhanasya matsyavaineya であるが、前品の除病の流水と同一の人物が主役なので、漢訳の品名となっている。仏が菩提樹神善女天に告げる形式で物語が進行する。すなわち、その時に長者子の妻、水肩蔵に水満と水蔵の二子があり、ある時、父親流水とその二子は旅行に出た。その途中で肉食を好む鳥や獣たちが群り走り去るのを見て、何事がはじまったのかといぶかった。その方向に進んで行くと、野生という大池があり、その水が枯涸しそうになっていた。その池中の魚たちは死に始めていた。その時に樹神天女が現われて、流水に対して「汝はよく水を流し、よく水を与えるので流水と名づけられたのだから、名前のとおりに、この池に水を与えたらどうか」と言った。そこで多くの魚の死なんとするようすを見て、大悲心をおこした流水は、傍の大樹の枝葉を折って、蔭涼の水辺を作り、さらに河の上流を登って、河水のふさがれた場所を見出した。ところがその工事をするためには百千人の人間が三ヶ月もかかるほどの難工事であった。そこで流水は、天自在光王の許に行き、自分は先に国内の人民の種々の病を治した、ところが水が枯涸している大池で多くの魚たちが死にそうになっているのを見た、その魚を救うために二十頭の大象を与えたまえと請願した。その王の許可を得て、二十頭の大象を引連れ、酒屋より多くの皮袋を借り、河水を運んで池の水を増加させた。さらに二人の子供たちに命じて、魚の餌となる食べ物を調達させたので、大池の魚たちの多くは死をまのがれることができた。

(大)一六巻四四九中—四五〇下

復《ま》た更《さら》に思惟《しゆい》すらく、「我先《われさき》に曾《かつ》て空閑《くうげん》の林処《りんしょ》に於《おい》て、一《ひと》りの苾芻《びっしゅ》の大乗経《だいじょうきょう》を読《よ》み、十二縁生《じゅうにえんしょう》、甚深《じんじん》の法要《ほうよう》を説《と》けるを見《み》る。又経中《またきょうちゅう》に説《と》かく、「若《も》し衆生《しゅじょう》ありて、命終《みょうじゅう》の時《とき》に臨《のぞ》んで、宝髻如《ほうけいにょ》来《らい》の名《な》を聞《き》くことを得《う》れば、即《すなわ》ち天上《てんじょう》に生《しょう》ず。」と。我今当《われいままさ》に是《こ》の十千《じっせん》の魚《うお》のために、甚深《じんじん》の十《じゅう》二縁起《にえんぎ》を演説《えんぜつ》し、亦《ま》た当《まさ》に宝髻仏《ほうけいぶつ》の名《な》を称説《しょうせつ》すべし。「然《しか》るに贍部洲《せんぶしゅう》に二種《にしゅ》の人《ひと》あり、一《いち》は深《ふか》く大乗《だいじょう》を信《しん》じ、二《に》は信《しん》ぜずして毀呰《きし》す。亦《ま》た当《まさ》に彼《かれ》をして信心《しんじん》を増長《ぞうじょう》せしむべし。」と。時《とき》に長者《ちょうじゃ》子《し》、是《かく》の如《ごと》きの念《ねん》を作《な》さく、「我池中《われちちゅう》に入《い》りて、衆《もろもろ》の魚《うお》のために深妙《じんみょう》の法《ほう》を説《と》くべし。」と。是《こ》の念《ねん》を作《な》し已《お》わりて、即便《すなわ》ち水《みず》に入《い》りて唱《とな》えて言《もう》さく、「南謨過去宝髻如来《なもかこほうけいにょらい》、応《おう》・正遍知《しょうへんち》・明行足《みょうぎょうそく》・善逝《ぜんぜい》・世間解《せけんげ》・無上士《むじょうし》・調御丈夫《じょうごじょうぶ》・天人師《てんにんし》・仏《ぶつ》・世尊《せそん》。」此《こ》の仏《ほとけ》、往昔菩薩《おうじゃくぼさつ》の行《ぎょう》を修《しゅ》せし時《とき》に、是《こ》の誓《ちかい》を作《な》す、「願《ねが》わくば十方界所有《じっぽうかいしょう》の衆生《しゅじょう》、命終《みょうじゅう》に臨《のぞ》める時《とき》に、我《わ》が名《な》を聞《き》かん者《もの》は命終《みょうじゅう》の後《のち》、*三十三天《さんじゅうさんてん》に生《しょう》ずることを得《え》ん。」と。爾《そ》の時流水《ときるすい》、復《ま》た池《いけ》の魚《うお》のために、是《かく》の如《ごと》き甚深《じんじん》の妙法《みょうほう》を演説《えんぜつ》する。此《こ》れ有《う》なるが故《ゆえ》に彼《か》れ有《う》なり。此《こ》れ生《しょう》ずるが故《ゆえ》に彼生《かれしょう》ず。*所謂無明《いわゆるむみょう》は行《ぎょう》を縁《えん》じ、行《ぎょう》は識《しき》を縁《えん》じ、識《しき》は名色《みょうしき》を縁《えん》じ、名色《みょうしき》は六処《ろくしょ》を縁《えん》じ、六処《ろくしょ》は触《そく》を縁《えん》じ、触《そく》は受《じゅ》を縁《えん》じ、受《じゅ》は愛《あい》を縁《えん》じ、愛《あい》は取《しゆ》を縁《えん》じ、取《しゆ》は有《う》を縁《えん》じ、有《う》は生《しよう》を縁《えん》じ、生《しよう》は老死《ろうし》の憂悲苦悩《うひくのう》を縁《えん》ず。此《こ》れ滅《めつ》するが故《ゆえ》に彼《かれ》も滅《めつ》する。所謂無明滅《いわゆるむみようめつ》すれば則《すなわ》ち行滅《ぎようめつ》し、行滅《ぎようめつ》すれば則《すなわ》ち識滅《しきめつ》し、識滅《しきめつ》すれば則《すなわ》ち名色滅《みようしきめつ》し、名色滅《みようしきめつ》すれば則《すなわ》ち六処滅《ろくしよめつ》し、六処滅《ろくしよめつ》すれば則《すなわ》ち触滅《そくめつ》し、触滅《そくめつ》すれば則《すなわ》ち受滅《じゆめつ》し、受滅《じゆめつ》すれば則《すなわ》ち愛滅《あいめつ》し、愛滅《あいめつ》すれば則《すなわ》ち取滅《しゆめつ》し、取滅《しゆめつ》すれば則《すなわ》ち有滅《うめつ》し、有滅《うめつ》すれば則《すなわ》ち生滅《しようめつ》し、生滅《しようめつ》すれば則《すなわ》ち老死滅《ろうしめつ》し、老死滅《ろうしめつ》すれば則《すなわ》ち憂悲苦悩滅《うひくのうめつ》す。是《かく》の如《ごと》く純《もつぱ》ら苦蘊《くうん》を極《きわ》めて悉《ことごと》く皆除滅《みなじよめつ》す。」と。

是《こ》の法《ほう》を説《と》き已《おわ》りて、復《ま》た為《ため》に十二縁起相応陀羅尼《じゆうにえんぎそうおうだらに》を説《と》いて曰《いわ》く、

㉞ 怛姪他《たにやた》。毘折儞《びしやに》。毘折儞《びしやに》。毘折儞《びしやに》。僧塞枳儞《そうさくきに》。僧塞枳儞《そうさくきに》。僧塞枳儞《そうさくきに》。毘爾儞《びにに》。毘爾儞《びにに》。毘爾《びに》儞《に》。莎訶《そわか》。怛姪他《たにやた》。那弭儞《なみに》。那弭儞《なみに》。那弭儞《なみに》。殺雉儞《さつちに》。殺雉儞《さつちに》。殺雉儞《さつちに》。颯鉢《さつは》哩設儞《りしやに》。颯鉢哩設儞《さつはりしやに》。莎訶《そわか》。怛姪他《たにやた》。薛達儞《べいたに》。薛達儞《べいたに》。薛達儞《べいたに》。窒里瑟儞儞《ちりしつにに》。窒里瑟儞儞《ちりしつにに》。鄔波地儞《うはじに》。鄔波地儞《うはじに》。鄔波地儞《うはじに》。莎訶《そわか》。怛姪他《たにやた》。婆毘儞《ばびに》。婆毘儞《ばびに》。婆毘儞《ばびに》。闍《じや》底儞《ちに》。闍底儞《じやちに》。闍底儞《じやちに》。闍摩儞儞《じやまにに》。闍摩儞儞《じやまにに》。闍摩儞儞《じやまにに》。莎訶《そわか》。

爾《そ》の時《とき》、世尊《せそん》、諸《もろもろ》の大衆《だいしゆ》のために、長者子《ちようじやし》の昔縁《じやくえん》を説《と》きたもう時《とき》、諸《もうもろ》の人天衆《にんでんしゆ》、未曾有《みぞう》なりと歎《たん》ず。時《とき》に四大天王《しだいてんのう》、各《おのおの》其《そ》の処《ところ》に於《お》いて、異口同音《いくどうおん》に是《かく》の如《ごと》きの説《せつ》を作《な》す。

善哉《よいかな》、釈迦尊《しやかそん》、妙法明呪《みようほうみようじゆ》を説《と》き、福《ふく》を生《しよう》じ衆悪《しゆあく》を除《のぞ》き、十二支相応《じゆうにしそうおう》し、
我等《われら》も亦《ま》た呪《じゆ》を説《と》き、是《かく》の如《ごと》きの法《ほう》を擁護《ようご》せん。若《も》し違逆《いぎやく》を生《しよう》じ、善《よ》く随順《ずいじゆん》せざる者《もの》あらば、
*頭破《ずやぶ》れて七分《しちぶん》と作《な》る。猶《なお》し蘭香梢《らんこうしよう》の如《ごと》くならん。我等《われら》仏《ほとけ》の前《まえ》に於《お》いて、共《とも》に其《そ》の呪《じゆ》を説《と》かん。

曰《いわ》く、

(35) 怛姪他《たにやた》。呬哩謎《きりめい》。掲睇《がてい》。健陀哩《がんだり》。旃荼里《せんだり》。地囇《じれい》。騒伐囇《そうばれい》。石呬伐囇《しやきばれい》。補囉布囇《ふらふれい》。矩矩末底《くくまてい》。
崎囉末底《きらまてい》。達地目契《だじもくけい》。窶嚕婆《るろば》。母嚕婆《もろば》。具荼母嚕健提《ぐだもろかんてい》。杜嚕《ずろ》。杜嚕《ずろ》。毘囇《びれい》。翳泥悉《えいねいしつ》。悉泥沓《しつねいとう》
娓《べい》。達沓娓《だとうべい》。鄔悉怛哩《うしつたり》。烏率吒囉伐底《うそつたらばてい》。頞刺娑伐底《あんらしやばてい》。鉢杜摩伐底《はずまばてい》。倶蘇摩伐底《くすまばてい》。莎訶《そわか》。

仏《ほとけ》、善女天《ぜんにょてん》に告《つ》げたまわく、『爾《そ》の時《とき》、長者子流水《ちょうじゃしるすい》、及《およ》び其《そ》の二子《にし》、彼《か》の池《ち》の魚《うお》のために水《みず》を施《ほどこ》し食《じき》を施《ほどこ》し、并《ならび》に法《ほう》を説《と》き已《おわ》りて、倶共《とも》に家《いえ》に還《かえ》る。是《こ》の長者子流水《ちょうじゃしるすい》は、復《ま》た後時《こじ》に於《おい》て聚会《じゅえ》するあるに因《よ》りて、衆《もろもろ》の伎楽《ぎがく》を設《もう》け酒《さけ》に酔《よ》いて臥《ふ》しぬ。時《とき》に十千《じっせん》の魚同時《うおどうじ》に命過《いのちす》ぎて三十三天《さんじゅうさんてん》に生《しょう》じ、是《かく》の如《ごと》きの念《ねん》を起《おこ》す。「我等《われら》何《なん》の善業《ぜんごう》の因縁《いんねん》を以《もっ》てか、此《こ》の天中《てんちゅう》に生《しょう》じたるや。」と。便《すなわ》ち相謂《あいい》いて曰《いわ》く、「我等《われら》先《さき》に贍部洲《せんぶしゅう》の内《うち》に於《おい》て傍生中《ぼうしょうちゅう》に堕《だ》し、共《とも》に魚身《ぎょしん》を受《う》けたり。長者子流水《ちょうじゃしるすい》、我等《われら》に水及《みずおよび》以、飯食《ぼんじき》を施《ほどこ》し、復《ま》た我等《われら》のために、甚深《じんじん》の法《ほう》、十二縁起《じゅうにえんぎ》及《およ》び陀羅尼《だらに》を説《と》き、復《ま》た宝《ほう》髻如来《けいにょらい》の名号《みょうごう》を称《しょう》する。是《こ》の因縁《いんねん》を以《もっ》て、能《よ》く我等《われら》をして、此《こ》の天《てん》に生《しょう》ずることを得《え》しむ。是《こ》の故《ゆえ》に、我今咸《われいまことごと》く応《まさ》に彼《か》の長者子《ちょうじゃし》の所《ところ》に詣《いた》りて、恩《おん》を報《ほう》じ供養《くよう》すべし。」と。爾《そ》の時《とき》、十千《じっせん》の天《てん》子《し》、即《すなわ》ち天《てん》に於《おい》て没《もっ》して、贍部洲《せんぶしゅう》の大医王《だいいおう》の所《ところ》に至《いた》る。時《とき》に長者子《ちょうじゃし》、高楼《こうろう》の上《うえ》に在《あ》りて安隠《あんのん》にして睡《ねむ》れり。時《とき》に十千《じっせん》の天子《てんし》は、共《とも》に十千《じっせん》の真珠《しんじゅ》・瓔珞《ようらく》を以《もっ》て其《そ》の頭辺《ずへん》に置《お》き、復《ま》た十千《じっせん》を以《もっ》て其《そ》の足処《そくしょ》に置《お》き、復《ま》た十千《じっせん》を以《もっ》て右脇《うきょう》に置《お》き、復《ま》た十千《じっせん》を以《もっ》て左脇《さきょう》の辺《へん》に置《お》き、*曼陀羅花《まんだらけ》・*摩訶《まか》曼陀羅花《まんだらけ》を雨《あめふ》らすこと積《つみ》て膝《ひざ》に至《いた》り、光明普《こうみょうあまね》く照《て》らし、種種《しゅじゅ》の天楽《てんがく》は妙音声《みょうおんじょう》を出《いだ》し、贍部洲《せんぶしゅう》の睡《すい》眠《めん》せる者《もの》をして皆悉《みなことごと》く覚悟《かくご》せしむ。長者子流水《ちょうじゃしるすい》も亦《ま》た睡《ねむ》りより寤《さ》めぬ。是《こ》の時《とき》、十千《じっせん》の天子《てんし》、天自在光王《てんじざいこうおう》の国内《こくない》に於《おい》て処処皆天妙蓮花《しょしょみなてんみょうれんげ》を雨《あめふ》らし

ぬ。是《こ》の諸《もろもろ》の天子《てんし》は、復《ま》た本処《ほんじょ》なる空沢池中《くうたくちちゅう》に至《いた》りて、衆《もろもろ》の天花《てんげ》を雨《あめふ》らし、便《すなわ》ち此《ここ》に没《もっ》して天宮《てんぐう》殿《でん》に還《かえ》り、意《こころ》に随《したが》いて自在《じざい》に五欲《ごよく》の楽《たのしみ》を受《う》けぬ。天自在光王《てんじざいこうおう》、天暁《てんぎょう》に至《いた》り已《おわ》りて、諸《もろもろ》の大臣《だいじん》に問《と》う、「昨夜《さくや》何《なん》の縁《えん》にか、忽《たちま》ち是《かく》の如《ごと》きの希有《けう》の瑞相《ずいそう》を現《げん》じて大光明《だいこうみょう》を放《はな》つ。」と。大臣答《だいじんこた》えて言《いわ》く、「大王《だいおう》、当《まさ》に知《し》るべし、諸《もろもろ》の天衆《てんしゅ》ありて、長者子流水《ちょうじゃしるすい》の家中《けちゅう》に於《おい》て、四十千《しじっせん》の真珠《しんじゅ》・瓔珞及《ようらくおよ》び天《てん》の曼陀羅花《まんだらけ》を雨《あめふ》らし、積《つ》んで膝《ひざ》に至《いた》る。」王《おう》、臣《しん》に告《つ》げて曰《いわ》く、「長者《ちょうじゃ》の家《いえ》に詣《いた》りて其《そ》の子《こ》を喚《よ》び取《と》れ。」と。大臣勅《だいじんちょく》を受《う》けて即《すなわ》ち其《そ》の家《いえ》に至《いた》り、天命《おうみょう》を宣《の》べ奉《たてまつ》りて長者子《ちょうじゃし》を喚《よ》ぶ。時《とき》に長者子《ちょうじゃし》、即《すなわ》ち王所《おうしょ》に至《いた》る。王《おう》の曰《いわ》く、「何《なん》の縁《えん》ありてか昨夜《さくや》、是《かく》の如《ごと》き希有《けう》の瑞相《ずいそう》を示現《じげん》せりや。」と。長者子《ちょうじゃし》の言《いわ》く、「我《わ》が思《おも》い忖《はか》るが如《ごと》くんば、定《さだ》めて応《まさ》に是《こ》れ彼《か》の池内《ちない》の衆魚《しゅぎょ》、経《きょう》の所説《しょせつ》の如《ごと》く命終《みょうじゅう》の後《のち》、三十三天《さんじゅうさんてん》に生《しょう》ずるを得《え》たりしなるべし。彼来《かれき》たりて恩《おん》を報《ほう》ずる故《ゆえ》に、是《かく》の如《ごと》きの希奇《けき》の相《そう》を現《げん》ぜり。」王《おう》の曰《いわ》く、「何《なに》を以《もっ》てか知《し》ることを得《う》るや。」流水答《るすいこた》えて曰《いわ》く、「王《おう》よ、使《つか》いを遣《つかわ》すべし、并《ならび》に我《わ》が二子《にし》と彼《か》の池《いけ》の所《ところ》に往《ゆ》き、其《そ》の虚実《こじつ》を験《けん》せん。彼《か》の十千《じっせん》の魚《うお》、死《し》と為《な》すか活《かつ》と為《な》すか。」と。　王是《おうこ》の語《ご》を聞《き》き、即《すなわ》ち使《つか》い及《およ》び子《こ》を遣《つかわ》して、彼《か》の池辺《ちへん》に向《むか》い、其《そ》の池中《ちちゅう》を見《み》せしむるに、多《おお》く曼陀羅花《まんだらけ》あり、積《つ》みて大聚《だいじゅ》を成《じょう》し、諸《もろもろ》の魚并《うおならび》に死《し》しぬ。見已《みおわ》りて馳《は》せ還《かえ》り、王《おう》のために広《ひろ》く説《と》く。　王是《おうこ》れを聞《き》き已《おわ》りて、心《こころ》に歓喜《かんぎ》を生《しょう》じ、未曾有《みぞう》なりと歎《たん》じぬ。』

爾《そ》の時《とき》、仏《ほとけ》、菩提樹神善女天《ぼだいじゅしんぜんにょてん》に告《つ》げたまわく、『汝今当《なんじいままさ》に知《し》るべし、*昔時長者子流水《じゃくじちょうじゃしるすい》は即《すなわ》ち我《わ》が身《み》是《こ》れなり。　持水長者《じすいちょうじゃ》は即《すなわ》ち妙幢《みょうどう》是《こ》れなり。　彼《か》の二子《にし》の長子水満《ちょうしすいまん》は即《すなわ》ち銀幢《ごんどう》是《こ》れなり。　次子水《じしすい》蔵《ぞう》は即《すなわ》ち銀光《ごんこう》是《こ》れなり。　彼《か》の天自在光王《てんじざいこうおう》は即《すなわ》ち汝菩提樹神《なんじぼだいじゅしんこ》是れなり。　十千《じっせん》の魚《うお》は即《すなわ》ち十千《じっせん》の天子《てんし》是《こ》れなり。我往昔水《われおうじゃくみず》を以《もっ》て魚《うお》を済《すく》い、食《じき》を与《あた》えて飽《あ》かしめ、為《ため》に甚深《じんじん》の十二縁起《じゅうにえんぎ》、并《ならび》に此《こ》の相応《そうおう》陀羅尼呪《だらにじゅ》を説《と》き、又《また》、為《ため》に彼《か》の宝髻仏《ほうけいぶつ》の名《な》を称《しょう》するに因《よ》り、此《こ》の善根《ぜんごん》に因《よ》りて、天上《てんじょう》に生《しょう》ずることを得《え》、今我《いまわ》が所《ところ》に来《き》たりて、歓喜《かんぎ》して法《ほう》を聴《き》く。我皆当《われみなまさ》に為《ため》に阿耨多羅三藐三菩提《あのくたらさんみゃくさんぼだい》の記《き》を授《さず》け、其《そ》の名号《みょうごう》を説《と》くべし。善女天《ぜんにょてん》、我往昔《われおうじゃく》生《しょう》死中《じちゅう》に於《お》いて、諸有《しょう》を輪廻《りんね》し、広《ひろ》く利益《りやく》を為《な》し、無量《むりょう》の衆生《しゅじょう》をして悉《ことごと》く次第《しだい》に無上覚《むじょうがく》を成《じょう》ぜしめ、其《そ》の授記《じゅき》を与《あた》えしむるが如《ごと》く、汝等皆応《なんじらみなまさ》に出離《しゅつり》を勤求《ごんぐ》して、放逸《ほういつ》なること勿《なか》るべし。』

爾《そ》の時《とき》、大衆《だいしゅ》、是《こ》の説《せつ》を聞《き》き已《おわ》りて、悉《ことごと》く皆悟解《みなごげ》す。「大慈悲《だいじひ》に由《よ》り、一切《いっさい》を救護《くご》し、勤修苦《ごんしゅく》行《ぎょう》して、方《まさ》に能《よ》く無上菩提《むじょうぼだい》を証獲《しょうぎゃく》せん。」と。咸《ことごと》く深心《じんしん》を発《おこ》し、信受《しんじゅ》し歓喜《かんぎ》する。

《三十三天》 忉利天の訳。欲界の第二天であり、須弥山の頂上にあり、中央を帝釈天として四方に各八天あり、あわせて三十三天ともいう。**《所謂無明縁行……此滅故彼滅》** 十二縁起を説く。**《頭破作七分》** 蘭香花（Arjaka-mañjari）の生ずる時、梢頭の花子分れて七分となる。もって罪人の頭が鬼神に砕かれて七分するに喩えられる。**《曼陀羅花》** Mandāra **《摩訶曼陀羅花》** Mahāmandāraka

《昔時長者子……十千天子是》 梵本によれば、世尊を中心とした、次の様な関係である。

〔王〕天自在光（Suneśvaraprabha）→Daṇḍapāṇi（ヤショーダラー妃の父）
〔夫→父〕持　水（(Jaṭindhara）→浄飯王（Śuddhodana）
〔夫〕流　水（Jalavāhana）→世尊
〔妻〕水肩蔵（Jalāmbugarbha）→Gopā（太子時代の妃妾の一人）ここではヤショーダラーと混同

している。

〔息子〕水　満（Jalāmbara）→Rāhula（釈尊の息子）
〔息子〕水　蔵（Jalagarbha）→Ānanda（釈尊の弟子）

ただし漢訳では和訳のような関係なので、梵本との相違がある。

さらに、かつて十二因縁の法を説き、また命終の時に、宝髻如来の名を聞けば天に生まれるという話を憶念し、池中の魚たちのために十二因縁の法を説いた。その後に十二縁起相応陀羅尼を説いた。そのために十千の魚たちは命終の後に三十三天に生まれることができたという。これらの天に生まれた魚たちがおたがいに考えるに、われわれ魚たちが、水と餌とを与えられた上に、十二縁起の法を聞くことができたのは、流水長者のおかげである。だから報恩のために長者の許に行き、供養をなすべきであると。

仏が最後に菩提樹神天女に告げて、「昔の流水は自分であり、持水長者は妙幢菩薩である。長子水満は銀幢で、次子水蔵は銀光である。彼の天自在光王は汝菩提樹神天女であり、十千の魚とは十千の天子である。」と。そのときこの仏の話を聞いた大衆はすべて、大慈悲によって一切を救護し、無上菩提を証得せんとして信受し歓喜した。

金光明最勝王經巻第十

大唐三蔵沙門義浄奉　制譯

捨身品　第二十六

㊅一六巻四五〇下—四五四中

爾《そ》の時《とき》、世《せ》尊《そん》已《すで》に大衆《だいしゅ》のために此《こ》の十千《じっせん》の天子《てんし》の往昔《おうじゃく》の因縁《いんねん》を説《と》き、復《ま》た菩《ぼ》提樹神《だいじゅしん》及《およ》び諸《もろもろ》の大《だい》衆《しゅ》に告《つ》げたまわく、『我《われ》過去《かこ》に於《おい》て菩《ぼ》薩《さつ》の道《どう》を行《ぎょう》じ、但《ただ》に水《みず》及《およ》び食《じき》を施《ほどこ》して彼《か》の魚《うお》の命《いのち》を済《すく》うのみに非《あら》ず、乃至《ないし》亦《ま》た愛《あい》する所《ところ》の身《しん》を捨《す》つ。是《かく》の如《ごと》きの因縁共《いんねんとも》に観察《かんさつ》すべし。』爾《そ》の時《とき》に如来応正《にょらいおうしょう》等覚《とうがく》、天上天下最勝最尊《てんじょうてんげさいしょうさいそん》、百千《ひゃくせん》の光明十方界《こうみょうじっぽうかい》を照《て》らして一切智《いっさいち》を具《ぐ》し、功徳円満《くどくえんまん》したまい、諸《もろもろ》の苾芻及《びっしゅおよ》び大衆《だいしゅ》を将《ひき》いて、*般遮羅聚落《はんしゃらじゅらく》に至《いた》り、一林《いちりん》の中《なか》に詣《いた》る。其《そ》の地平正《ちひょうしょう》にして、諸《もろもろ》の荊棘《けいきょく》なく、名花《みょうけ》・軟草其《なんそうそ》の所《ところ》に遍布《へんぷ》す。仏《ほとけ》、具寿阿難陀《ぐじゅあなんだ》に告《つ》げたまわく、『汝此《なんじこ》の樹下《じゅげ》に於《お》いて、我《わ》がために座《ざ》を敷《し》くべし。』時《とき》に阿難教《あなんおし》えを受《う》け、敷《し》き已《おわ》りて、仏《ほとけ》に白《もう》して言《いわ》く、『世尊《せそん》、其《そ》の座敷《ざし》き訖《おわ》んぬ、唯聖《ただしょう》、時《とき》を知《し》りたまえ。』爾《そ》の時《とき》、世尊即《せそんすなわ》ち座上《ざじょう》に於《お》いて跏趺《かふ》して坐《ざ》し、端身正念《たんしんしょうねん》にして諸《もろもろ》の苾芻《びっしゅ》に告《つ》げたまわく、『汝等楽《なんじらねが》うて彼《か》の往昔《おうじゃく》の苦行《くぎょう》、菩薩《ぼさつ》の本《ほん》*舎利《しゃり》を見《み》んと欲《ほっ》するや不《いな》や。』諸《もろもろ》の苾芻《びっしゅ》の言《いわ》く、『我等《われら》見《み》んことを楽《ねが》う。』世尊即《せそんすなわ》ち百福荘厳《ひゃくぷくしょうごん》の相好《そうごう》の手《みて》を以《もっ》て、其《そ》の地《ち》を按《あん》ずるに、時《とき》に大地《だいじ》*六種《ろくしゅ》に震動《しんどう》して開《ひら》き裂《さ》け、即便《すなわ》ち七宝《しっぽう》の制底《せいてい》、忽然《こつねん》として涌出《ゆしゅつ》し、衆宝《しゅほう》の羅網《らもう》其《そ》の上《うえ》を荘厳《しょうごん》す。大衆見《だいしゅみ》已《おわ》りて希有《けう》の心《しん》を生《しょう》ず。爾《そ》の時《とき》、世尊即《せそんすなわ》ち座《ざ》より起《た》ちて礼《らい》を作《つく》り、右遶《うにょう》して還《かえ》りて本座《ほんざ》に就《つ》き、阿難陀《あなんだ》に告《つ》げたまわく、『汝此《なんじこ》の制底《せいてい》の戸《と》を開《ひら》くべし。』と。時《とき》に阿難陀《あなんだ》即《すなわ》ち其《そ》の戸《と》を開《ひら》きて七宝《しっぽう》の函《はこ》を見《み》る。奇珍《きちん》、間《まじ》わり飾《かざ》る。白《もう》して言《いわ》く、『世尊《せそん》、七宝《しっぽう》の函《はこ》ありて、衆宝荘挍《しゅほうしょうきょう》す。』仏《ほとけ》の言《のたま》わく、『汝函《なんじはこ》を開《ひら》くべし。』時《とき》に阿難陀教《あなんだおしえ》を奉《ほう》じ、開《ひら》き已《おわ》りて、舎利《しゃり》あるを見《み》る、白《しろ》きこと珂雪《かせつ》と*拘物頭花《くもつずけ》の如《ごと》し。即《すなわ》ち仏《ほとけ》に白《もう》して言《いわ》く、『函《はこ》に舎利《しゃり》あり、色妙《いろみょう》にして常《つね》と異《こと》なる。』と。仏《ほとけ》、阿難陀《あなんだ》に言《のたま》わく、『汝此《なんじこ》の大士《だいし》の骨《こつ》を持《も》ち来《き》たるべし。』と。時《とき》に阿難陀《あなんだ》即《すなわ》ち其《そ》の骨《こつ》を取《と》り、世尊《せそん》に授《さず》け奉《たてまつ》る。世尊《せそん》受《う》け已《おわ》りて諸《もろもろ》の苾芻《びっしゅ》に告《つ》げたまわく、『汝等応《なんじらまさ》に苦行《くぎょう》の菩薩《ぼさつ》の遺身《いしん》の舎利《しゃり》を観《かん》ずべし。』と。而《しか》して頌《じゅ》を説《と》いて曰《のたま》わく、

菩薩《ぼさつ》の勝徳《しょうとく》、相応《そうおう》の慧《え》。勇猛精勤《ゆうみょうしょうごん》して、六度《ろくど》円《まど》かなり。常《つね》に修《しゅ》して息《や》まざるは菩提《ぼだい》のためなり。大捨《だいしゃ》、堅固《けんご》にして心倦《こころや》むことなし。

汝等苾芻《なんじらびつしゅ》、咸《ことごと》く応《まさ》に菩薩《ぼさつ》の本身《ほんしん》を礼敬《らいきょう》すべし。此《こ》の舎利《しゃり》は乃《すなわ》ち是《こ》れ無量《むりょう》の戒定慧香《かいじょうえこう》の熏馥《くんぷく》する所《ところ》、最上《さいじょう》の福田《ふくでん》にして極《きわ》めて逢遇《ほうぐう》し難《がた》し。時《とき》に諸《もろもろ》の苾芻及《びっしゅおよ》び諸《もろもろ》の大衆《だいしゅ》、咸《ことごと》く皆至心《みなししん》に合掌恭敬《がっしょうくぎょう》して舎利《しゃり》を頂礼《ちょうらい》し、未曾有《みぞう》なりと歎《たん》ず。時《とき》に阿難陀《あなんだ》前《すす》みて仏《ほとけ》の足《あし》を礼《らい》し、白《もう》して言《いわ》く、『世尊《せそん》、如来大師《にょらいだいし》一切《いっさい》を出過《しゅっか》して諸《もろもろ》の有情《うじょう》のために恭敬《くぎょう》せられたまう、何《なん》の因縁《いんねん》の故《ゆえ》にか、此《こ》の身骨《しんこつ》を礼《らい》したまうや。』仏《ほとけ》、阿難陀《あなんだ》に告《つ》げたまわく、『我此《われこ》の骨《こつ》に因《よ》りて、速《すみ》やかに無上正等菩提《むじょうしょうとうぼだい》を得《え》たり。往恩《おうおん》に報《ほう》ぜんがために、我今礼《われいまらい》を致《いた》す。』と。復《ま》た阿難陀《あなんだ》に告《つ》げたまわく、『吾今汝及《われいまなんじおよ》び諸《もろもろ》の大《だい》衆《しゅ》の疑惑《ぎわく》を断除《だんじょ》せんがために、是《こ》の舎利《しゃり》の往昔《おうじゃく》の因縁《いんねん》を説《と》かん。汝等善思《なんじらぜんし》して、当《まさ》に一心《いっしん》に聴《き》くべし。』阿難陀《あなんだ》曰《いわ》く、『我等《われら》、聞《き》かんことを楽《ねが》う。願《ねが》わくば開闡《かいせん》を為《な》したまえ。』『阿難陀《あなんだ》、過去世《かこせ》の時《とき》、一国《いっこく》あり。王《おう》の名《な》を*大車《だいしゃ》と曰《い》い、巨富《こふ》にして財多《ざいおお》し。庫蔵盈満《くぞうようまん》し、軍兵武勇《ぐんびょうぶゆう》にして、衆《しゅ》に欽伏《こんぷく》せられ、常《つね》に正法《しょうぼう》を以《もっ》て、化《け》を黔黎《こんれい》に施《ほどこ》す。人民熾盛《にんみんしじょう》にして怨敵《おんてき》あることなし。国《くに》の太夫《だいぶ》人三子《にんさんし》を誕生《たんじょう》す。顔容端正《げんようたんじょう》にして人楽《ひとねが》い観《み》る所《ところ》なり。太子《たいし》の名《な》を*摩訶波羅《まかはら》と曰《い》い、次子《じし》の名《な》を*摩訶提婆《まかだいば》と曰《い》い、幼子《ようじ》の名《な》を*摩訶薩埵《まかさった》と曰《い》う。是《こ》の時大王《ときだいおう》、遊観《ゆかん》して縦《ほしいまま》に山林《せんりん》を賞《しょう》せんと欲《ほっ》す。其《そ》の三王子《さんおうじ》も亦《ま》た皆随従《みなずいじ》して花果《けか》を求《もと》めんと為《な》す。父《ちち》を捨《す》てて周旋《しゅせん》して大竹林《だいちくりん》に至《いた》り、中《なか》に於《おい》て憩息《けいそく》する。第一《だいいち》の王子《おうじ》、是《かく》の如《ごと》きの言《こん》を作《な》す、「我今日《われこんにち》に於《おい》て、心甚《しんはなは》だ驚惶《きょうおう》す。此《こ》の林中《りんちゅう》に於《おい》て、将《まさ》に猛獣《みょうじゅう》の我《われ》を損害《そんがい》するなからんか。」と。第二《だいに》の王子《おうじ》復《ま》た是《こ》の言《こん》を作《な》すらく、「我自《われおの》が身《み》に於《おい》て、初《はじ》めより悋惜《りんじゃく》なし、恐《おそ》らくは愛《あい》する所《ところ》に於《おい》て、別離《べつり》の苦《く》あらんか。」と。第三《だいさん》の王子《おうじ》、二兄《にきょう》に白《もう》して曰《いわ》く、此《こ》は是《こ》れ神仙所居《しんせんしょご》の処《ところ》、我《われ》恐怖《くふ》と別離《べつり》との憂《うれ》いなし。身心充遍《しんじんじゅうへん》して歓喜《かんぎ》を生《しょう》ず、当《まさ》に殊勝《しゅしょう》にして諸《もろもろ》の功徳《くどく》を獲《う》べし。

時《とき》に諸《もろもろ》の王子《おうじ》、各《おのおの》本心《ほんしん》に念《おも》える所《ところ》の事《こと》を説《と》き、次《つぎ》に復《ま》た前《すす》み行《ゆ》くに、一虎《いっこ》の七子《しちし》を産生《さんしょう》して纔《わず》かに七日《しちにち》を経《へ》たるあるを見《み》る。諸子《しょし》囲遶《いにょう》して、飢渇《けかつ》に逼《せ》められ、身形羸瘦《しんぎょうるいそう》して、将《まさ》に死《し》せんとする久《ひさ》しからず。第一《だいいち》の王子《おうじ》是《かく》の如《ごと》きの言《ごん》を作《な》す、「哀《あわ》れなる哉《かな》、此《こ》の虎《とら》産《う》みて来《このかた》七日《しちにち》、七子《しちし》囲遶《いにょう》して食《じき》を求《もと》むるに暇《いとま》なし。飢渇《けかつ》に逼《せ》められ、必《かなら》ず還《かえ》りて子《こ》を噉《くら》わん。」と。薩埵王子《さったおうじ》問《と》いて言《いわ》く、「此《こ》の虎毎《とらつね》に常《つね》に食《じき》する所《ところ》、何物《なにもの》なるか。」第一王子《だいいちおうじ》の答《こた》えて曰《いわ》く、

虎《とら》・豹《ひょう》・豺《さい》・師子《しし》は唯熱《ただねつ》せる血肉《けつにく》を噉《くら》う。更《さら》に余《よ》の飲食《おんじき》の此《こ》の虎《とら》の羸《るい》を済《すく》うべきなし。第二《だいに》の王子《おうじ》、此《こ》の語《ご》を聞《き》き已《おわ》りて、是《かく》の如《ごと》きの言《ごん》を作《な》す、「此《こ》の虎《とら》は、羸瘦《るいそう》して飢渇《けかつ》に逼《せ》められ、余命幾《よみょういくば》くもなからん。我等《われら》何《なん》ぞ能《よ》く為《ため》に是《かく》の如《ごと》きの、得難《えがた》き飲食《おんじき》を求《もと》めん、誰《たれ》か復《ま》た斯《こ》のために、自《みずか》ら身命《しんみょう》を捨《す》てて其《そ》の飢苦《けく》を済《すく》わんや。」と。第一《だいいち》の王子《おうじ》の言《いわ》く、「一切捨《いっさいす》て難《がた》きは、己《おの》が身《み》に過《す》ぎたるなし。」と。薩埵王子《さったおうじ》の言《いわ》く、「我等《われら》今《いま》は自己《じこ》の身《み》に於《おい》て各《おのおの》愛恋《あいれん》を生《しょう》じ、復《ま》た智慧《ちえ》なくして、他《た》に於《おい》て利益《りやく》を興《おこ》すこと能《あた》わず。然《しか》るに上士《じょうし》ありて、大悲心《だいひしん》を懐《いだ》き、常《つね》に利他《りた》のために、身《しん》を忘《わす》れて物《もの》の済《すく》う。」と。

復《ま》た是《こ》の念《ねん》を作《な》すらく、「我今此《われいまこ》の身《み》は百千《ひゃくせん》の生《しょう》に於《おい》て虚《むな》しく棄《す》てて爛壊《らんえ》し、曾《かつ》て益《やく》する所《ところ》なし。云何《いかん》が今日《こんにち》捨《す》てて以《もっ》て飢苦《けく》を済《すく》うこと、涕唾《たいだ》を捐《す》つるが如《ごと》くなる能《あた》わざらんや。」と。時《とき》に諸《もろもろ》の王子《おうじ》、是《こ》の議《ぎ》を作《な》し已《おわ》りて、各《おのおの》慈心《じしん》を起《おこ》し、悽傷愍念《さいしょうみんねん》して共《とも》に羸虎《るいこ》を観《かん》じ、目《もく》して暫《しばら》く

も移《うつ》さず。徘徊《はいかい》すること久《ひさ》しくして、倶《とも》に捨《す》てて去《さ》る。爾《そ》の時《とき》、薩埵《さつた》王子《おうじ》便《すなわ》ち是《こ》の念《ねん》を作《な》す、「我身命《われしんみよう》を捨《す》つる、今正《いままさ》に是《こ》の時《とき》なり。何《なに》を以《もつ》ての故《ゆえ》に、

我久《われひさしき》より来此《このかたこ》の身《しん》を持《じ》す、臭穢膿流《しゆうえのうる》、愛《あい》すべからず。敷具《ふぐ》并《ならび》に衣食《えじき》、象《ぞう》・馬《め》・車乗《しやじよう》及《およ》び
珍財《ちんざい》を供給《くきゆう》し、
変壊《へんえ》の法《ほう》なる体《たい》に常《つね》なし。恒《つね》に求《もと》むれども満《み》たし難《がた》く保《たも》ち守《まも》り難《がた》し。常《つね》に供養《くよう》すと雖《いえど》も怨害《おんがい》
を懐《いだ》き、終《つい》に帰《かえ》りて我《われ》を棄《す》てて恩《おん》を知《し》らず。

復《ま》た次《つぎ》に「此《こ》の身《しん》は堅《かた》からず、我《われ》に於《おい》て益《やく》なし、畏《おそ》るべきこと賊《ぞく》の如《ごと》く、不浄《ふじよう》なること糞《ふん》の如《ごと》し。我今日《われこんにち》に於《おい》て当《まさ》に此《こ》の身《しん》をして、広大《こうだい》の業《ごう》を修《しゆ》せしめ、生死海《しようじかい》に於《おい》て大舟航《だいしゆうこう》と作《な》り、輪廻《りんね》を棄捨《きしや》し、出離《しゆつり》することを得《え》しむべし。」復《ま》た是《こ》の念《ねん》を作《な》す、「若《も》し此《こ》の身《しん》を捨《す》つれば、則《すなわ》ち無量《むりよう》の癰《よう》・疽《そ》・悪疾《あくしつ》、百千《ひやくせん》の怖畏《ふい》を捨《す》つ。是《こ》の身《しん》は唯大小《ただだいしよう》の便利《べんり》ありて、堅《かた》からざること泡《あわ》の如《ごと》く、諸《しよ》虫《ちゆう》の集《あつ》まる所《ところ》、血《けつ》・脈《みやく》・筋《きん》・骨《こつ》、共《とも》に相連持《あいれんじ》し、甚《はなは》だ厭患《えんげん》すべし。是《こ》の故《ゆえ》に我今《われいま》応当《まさ》に棄捨《きしや》して、以《もつ》て無上《むじよう》の究竟涅槃《くきようねはん》を求《もと》め、永《なが》く憂患無常《うげんむじよう》の苦悩《くのう》を離《はな》れ、生死休息《しようじくそく》し、諸《もろもろ》の*塵累《じんるい》を断《た》ち、*定慧《じようえ》の力《ちから》を以《もつ》て、円満熏修《えんまんくんしゆ》して、百福荘厳《ひやくふくしようごん》し、一切智《いつさいち》を成《じよう》し、*諸佛《しよぶつ》の讃《さん》ずる所《ところ》の微妙法身《みみようほつしん》既《すで》に証得《しようとく》し已《おわ》りて、*諸《もろもろ》の衆生《しゆじよう》に無量《むりよう》の法楽《ほうらく》を施《ほどこ》すべし。」と。是《こ》の時《とき》に王子《おうじ》、大勇猛《だいゆうみよう》を興《おこ》して弘誓《ぐぜい》の願《がん》を発《おこ》し、大悲《だいひ》の念《ねん》を以《もつ》て其《そ》の心《こころ》を増益《ぞうやく》す。彼《か》の二兄《にきよう》、情《こころ》に怖懼《ふく》を懐《いだ》き、共《とも》に留難《るなん》を為《な》し、祈《いの》る所《ところ》の果《はた》さざることを慮《おもんばか》り、即便《すなわ》ち白《もう》して言《いわ》く、「二兄《にきよう》、前《さき》に去《さ》れ、我且《われしばら》く後《のち》に於《おい》てせん。」と。爾《そ》の時《とき》、王子《おうじ》摩訶《まか》薩埵《さつた》、還《かえ》りて林中《りんちゆう》に入《い》り、其《そ》の虎《とら》の所《ところ》に至《いた》り、衣服《えぶく》を脱《ぬ》ぎ去《さ》りて竹上《ちくじよう》に置《お》き、是《こ》の

誓《ちかい》を作《な》して言《いわ》く、

　我法界《われほっかい》の諸《もろもろ》の衆生《しゅじょう》のために、無上菩提《むじょうぼだい》の処《ところ》を志求《しぐ》す。大悲心《だいひしん》を起《おこ》して傾動《きょうどう》せず、当《まさ》に凡夫所《ぼんぷしょ》愛《あい》の身《しん》を捨《す》つべし。

　菩提《ぼだい》は患《わずらい》なく、熱悩《ねつのう》なし、諸有《あらゆ》る智者《ちしゃ》の楽《ねが》う所《ところ》なり。三界《さんがい》の苦海《くかい》の諸《もろもろ》の衆生《しゅじょう》をして、我今抜《われいまばっ》済《さい》して安楽《あんらく》ならしめん。

と。是《こ》の時《とき》に王子《おうじ》、是《こ》の言《こん》を作《な》し已《おわ》りて飢虎《けこ》の前《まえ》に於《おい》て、身《み》を委《ゆだ》ねて臥《ふ》す。此《こ》の菩薩慈悲《ぼさつじひ》の威勢《いせい》に由《よ》りて、虎《とら》も能《よ》く為《な》すことなし。菩薩《ぼさつ》見已《みおわ》りて即《すなわ》ち高山《こうせん》に上《のぼ》り、身《しん》を地《ち》に投《とう》ず。復《ま》た是《こ》の念《ねん》を作《な》すらく、「虎《とら》は今羸瘦《いまるいそう》して我《われ》を食《じき》すること能《あた》わず。」と。即《すなわ》ち起《た》ちて刀《とう》を求《もと》むれども、竟《つい》に得《う》ること能《あた》わず、即《すなわ》ち乾竹《けんちく》を以《もっ》て頸《くび》を刺《さ》し、血《ち》を出《い》だして、漸《ようや》く虎辺《こへん》に近《ちか》ずく。是《こ》の時《とき》に大地六種《だいじろくしゅ》に震動《しんどう》して、風《かぜ》の水《みず》を激《ぎゃく》するが如《ごと》く、涌《わ》き没《しず》みて安《やす》らかならず、日《ひ》は精明《しょうみょう》なくして*羅睺《らご》の障《しょう》の如《ごと》く、諸方闇蔽《しょほうあんぺい》して復《ま》た光輝《こうき》なく、天《てん》は名華及《みょうけおよ》び妙香末《みょうこうまつ》を雨《あめふ》らし、繽紛《ひんぷん》として乱《みだ》れ墜《お》ちて林中《りんちゅう》に遍《へん》満《まん》す。爾《そ》の時《とき》、虚空《こくう》に諸《もろもろ》の天衆《てんしゅ》あり。是《こ》の事《こと》を見已《みおわ》りて随喜《ずいき》の心《こころ》を生《しょう》じ、未曾有《みぞう》なりと歎《たん》じ、咸《みな》共《とも》に讃言《さんごん》すらく、「善哉《よいかな》、大士《だいし》」と。即《すなわ》ち頌《じゅ》を説《と》いて曰《いわ》く、

　大士救護《だいしくご》の悲心《ひしん》を運《はこ》ぶに、等《ひと》しく衆生《しゅじょう》を視《み》ること一子《いっし》の如《ごと》し。勇猛歓喜《ゆうみょうかんぎ》して情《こころ》に悋《お》しむなく、身《しん》を捨《す》てて苦《く》を済《すく》い、福思《ふくおも》い難《がた》し。

　定《さだ》んで*真《しん》・常《じょう》・勝《しょう》・妙《みょう》の処《ところ》に至《いた》りて、永《なが》く生死《しょうじ》の諸《もろもろ》の*纏縛《てんばく》を離《はな》れ、久《ひさ》しからずして当《まさ》に菩《ぼ》提《だい》の果《か》を獲《え》て、寂静安楽《じゃくじょうあんらく》にして、無生《むしょう》を証《しょう》すべし。

と。是《こ》の時《とき》に餓虎《がこ》、既《すで》に菩薩《ぼさつ》の頸下《きょうげ》に、血《ち》の流《なが》るるを見《み》て、即便《すなわ》ち血《ち》を舐《な》め、肉《にく》を噉《か》み、皆尽《みなつく》し、唯余骨《ただよこつ》を留《とど》む。

爾《そ》の時《とき》、第一《だいいち》の王子《おうじ》、地《ち》の動《うご》くを見已《みおわ》りて其《そ》の弟《おとうと》に告《つ》げて曰《いわ》く、

大地山河皆震動《だいじせんがみなしんどう》し、諸方闇蔽《しょほうあんぺい》して、日《ひ》に光《ひかり》なく、天花乱《てんげみだ》れ墜《お》ちて空中《くうちゅう》に遍《あまね》し、定《さだ》んで是《こ》れ我《わ》が弟《おとうと》の身《しん》を捨《す》てし相《そう》ならん。

と。第二《だいに》の王子《おうじ》、兄《あに》の語《ご》を聞《き》き已《おわ》りて、伽他《かだ》を説《と》いて曰《いわ》く、

我薩埵《われさつた》の慈悲《じひ》の語《ご》を聞《き》く、彼《か》の餓虎《がこ》を見《み》るに身羸瘦《しんるいそう》して、飢苦《けく》に纏《まと》われ、子《こ》を食《くら》わんことを恐《おそ》る、我今疑《われいまうたが》う、弟《おとうと》其《そ》の身《しん》を捨《す》てたるか。

と。時《とき》に二王子《におうじ》大愁苦《だいしゅうく》を生《しょう》じ、啼泣悲歎《たいきゅうひたん》して、即《すなわ》ち共《とも》に相随《あいしたが》うて、還《かえ》りて虎所《こしょ》に至《いた》り、弟《おとうと》の衣服《えぶく》を見《み》るに、竹林《ちくりん》の上《うえ》に在《あ》り、骸骨及《がいこつおよ》び髪《かみ》、在処《ざいしょ》に縦横《じゅうおう》し、血《ち》は流《なが》れて泥《ねい》と成《な》り、去《そ》の地《ち》を霑《うるお》し汚《けが》す。見已《みおわ》りて悶絶《もんぜつ》して自《みずか》ら持《じ》すること能《あた》わず、身《しん》を骨土《こつど》に投《とう》じて、久《ひさ》しうして乃《すなわ》ち甦《よみがえ》ることを得《え》たり。即《すなわ》ち起《た》ちて手《て》を挙《あ》げ、哀号大哭《あいごうだいこく》して、倶時《とも》に歎《たん》じて曰《いわ》く、

我《わ》が弟《おとうと》の貌端厳《かたちたんごん》にして、父母偏《ぶもひとえ》に愛念《あいねん》す。云何《いかん》ぞ倶共《とも》に出《い》でて、身《しん》を捨《す》てて帰《かえ》らざる。父母《ぶも》若《も》し問《と》う時《とき》は、我等如何《われらいかん》が答《こた》えん。寧《むし》ろ同《おな》じく命《いのち》を捐《す》つべし、豈自《あにみずか》ら身《しん》を存《そん》することを得《え》んや。

と。時《とき》に二王子《におうじ》、悲泣《ひきゅう》し懊悩《おうのう》して漸《ようや》く捨《す》てて去《さ》る。時《とき》に小王子《しょうおうじ》の将《ひき》いる所《ところ》の侍従《じじゅう》、互《たがい》に相謂《あいいっ》て曰《い》う、「王子何《おうじいずこ》にか在《まし》ます、共《とも》に摧求《すいぐ》すべし。」と。爾《そ》の時《とき》、国《くに》の太夫人《だいぶにん》は高楼《こうろう》の上《うえ》に寝《い》ね、便《すなわ》ち夢中《むちゅう》

に不祥《ふしょう》の相《そう》を見《み》る、両乳《りょうにゅう》は割《さ》かれ、牙歯《げし》堕落《だらく》し、三《みっ》の*鴿鶵《こうしゅ》を得《え》たるを、一《いち》は鷹《たか》のために奪《うば》われ、二《に》は驚怖《きょうふ》を被《こうむ》れり。地《ち》の動《うご》く時《とき》、夫人《ぶにん》遂《つい》に覚《さ》めて心大《こころおお》いに愁悩《しゅうのう》し、是《かく》の如《ごと》きの言《こん》を作《な》す、

何故《なにゆえ》に今時《こんじ》に大地《だいじ》動《うご》きて、江河《こうが》・林《りん》・樹《じゅ》皆《みな》揺震《ようしん》し、日《ひ》に精光《しょうこう》なくして、覆蔽《ふくへい》の如《ごと》く、目《め》瞤《まばた》き
乳《ちち》動《うご》きて常《つね》の時《とき》に異《こと》なる。
箭《や》の心《むね》を射《い》るが如《ごと》く憂苦《うく》逼《せま》り、遍身《へんしん》戦《おのの》き掉《うご》きて安隠《あんのん》ならず。我《われ》の夢《ゆめ》みる所《ところ》は祥徴《しょうちょう》ならず、
必《かなら》ず非常《ひじょう》の災変《さいへん》の事《こと》あらん。

と。夫人《ぶにん》の両乳《りょうにゅう》、忽然《こつねん》として流出《るしゅつ》す、此《これ》を念《おも》うに、必《かなら》ず変怪《へんげ》の事《こと》あらん。時《とき》に侍女《じにょ》あり、外人《げにん》の言《ごん》を聞《き》くに、「王子《おうじ》を求《もと》め覓《もと》むるに今猶《いまなお》得《え》ず。」と、心大《こころおお》いに驚怖《きょうふ》して、即《すなわ》ち宮中《ぐうちゅう》に入《い》り、夫人《ぶにん》に白《もう》して曰《いわ》く、「大家《たいけ》知《し》らずや、外《げ》に聞《き》くに、諸人《しょにん》散《さん》じて、王子《おうじ》を覓《もと》め遍《あまね》く求《もと》むれども得《え》ず。」と。時《とき》に彼《か》の夫人《ぶにん》是《こ》の語《ご》を聞《き》き已《おわ》りて、大憂悩《だいうのう》を生《しょう》じ、悲涙《ひるい》目《まなこ》に盈《み》ち、大王《だいおう》の所《ところ》に至《いた》り、白《もう》して言《いわ》く、「大王《だいおう》、我外人《われげにん》の是《か》の如《ごと》きの語《こ》を作《な》すを聞《き》く、我《わ》が最小所愛《さいしょうしょあい》の子《こ》を失《うしな》えり。」と。王語《おうかた》るを聞《き》き已《おわ》りて、驚惶《きょうおう》、所《ところ》を失《しっ》し、悲哽《ひきょう》して言《いわ》く、「苦《くる》しい哉《かな》、今日《こんにち》我《わ》が愛子《あいし》を失《うしな》う。」と。即便《すなわ》ち涙《なみだ》を抆《ぬぐ》い、夫人《ぶにん》を慰喩《いゆ》し、告《つ》げて言《いわ》く、「*賢首《けんじゅ》、汝憂慼《なんじうしゃく》すること勿《なか》れ、吾今共《われいまとも》に出《い》でて愛子《あいし》を求覓《ぐみゃく》せん。」と。王《おう》と大臣《だいじん》と及《およ》び諸《もろもろ》の人衆《にんしゅ》、即《すなわ》ち共《とも》に城《しろ》を出《い》でて各各分散《おのおのぶんさん》して、処《ところ》に随《したが》いて求覓《ぐみゃく》す。未《いま》だ久《ひさ》しからざるの頃《あいだ》に、一大臣《いちだいじん》あり、前《すす》みて王《おう》に白《もう》して曰《いわ》く、「王子《おうじ》在《いま》せりと聞《き》く、願《ねが》わくば憂愁《うしゅう》する勿《なか》れ、其《そ》の最小《さいしょう》なるは今猶《いまなお》見《み》えず。」と。王是《おうこ》の語《ご》を聞《き》き、悲歎《ひたん》して言《いわ》く、「苦《くる》しい哉《かな》、苦《くる》しい哉《かな》。我愛子《われあいし》を失《うしな》えり。

初《はじ》め子《こ》ありし時《とき》には歓喜《かんぎ》少《すく》なく、後《の》ち子《こ》を失《うしな》える時《とき》には憂苦《うく》多《おお》し、若《も》し我《わ》が児《こ》をして重《かさ》ねて寿命《じゅみょう》あらしめば、縦《たと》い我《わ》が身《み》は亡《ほろ》ぼすとも苦《く》と為《な》さず。

と。夫人《ぶにん》聞《き》き已《おわ》りて憂悩纒懐《うのうてんえ》すること、箭《や》に中《あた》られたるが如《ごと》し。嗟歎《さたん》して曰《いわ》く、

我《わ》が三子《さんじ》并《ならび》に侍従《じじゅう》、倶《とも》に林中《りんちゅう》に往《ゆ》きて共《とも》に遊賞《ゆしょう》す。最小《さいしょう》の愛子《あいし》独《ひと》り還《かえ》らず、定《さだめ》て乖離《けり》し災厄《さいやく》の事《こと》ありしならん。

と。次《つぎ》に第二《だいに》の臣《しん》、王《おう》の所《ところ》に来至《らいし》す。王臣《おうしん》に問《と》うて曰《いわ》く、「愛子《あいし》何《いず》れにか在《あ》る。」第二《だいに》の大臣《だいじん》は懊《おう》悩啼泣《のうたいきゅう》し、喉舌乾燥《こうぜつけんそう》して口《くち》に言《い》うこと能《あた》わず、竟《つい》に答《こた》うる所《ところ》なし。夫人《ぶにん》問《と》うて曰《いわ》く、

速《すみ》やかに報《ほう》ぜよ、小子今何《しょうじいまいず》れにか在《あ》る。我《わ》が身熱《みねつ》し悩《なや》み、遍《あまね》く焼《や》き然《もや》され、悶乱荒迷《もんらんこうめい》して本《ほん》心《しん》を失《しっ》す。我《わ》が胸《むね》をして今破裂《いまはれつ》せしむること勿《なか》れ。

と。時《とき》に第二臣《だいにしん》は即《すなわ》ち王子捨身《おうじしゃしん》の事《こと》を以《もっ》て具《とも》に王《おう》に白《もう》して知《し》らしむ。王及《おうおよ》び夫人《ぶにん》は其《そ》の事《こと》を聞《き》き已《おわ》りて、悲噎《ひいつ》に勝《た》えず、捨身《しゃしん》の処《ところ》を望《のぞ》み、駕《が》を驟《は》せて前《すす》み行《ゆ》き、竹林《ちくりん》の所《ところ》に詣《もう》で、彼《か》の菩薩《ぼさつ》の捨《しゃ》身《しん》の地《ち》に至《いた》り、其《そ》の骸骨《がいこつ》の随処《ずいしょ》に交《まじわ》り横《よこた》わるを見《み》て、倶時《とも》に地《ち》に投《とう》じて悶絶《もんぜつ》し、将《まさ》に死《し》なんとす。猶《なお》し猛風《みょうふう》の大樹《だいじゅ》を吹《ふ》き倒《たお》すが如《ごと》し。心迷《こころまよ》いて緒《ちょ》を失《うしな》い、都《すべ》て知《し》る所《ところ》なし。時《とき》に大臣等《だいじんとう》、水《みず》を以《もっ》て遍《あまね》く王《おう》、及《およ》び夫人《ぶにん》に灑《そそ》ぐに、良久《ややひさ》しうして乃《すなわ》ち甦《よみがえ》り、手《て》を挙《あ》げて哭咨嗟歎《こくしさたん》して曰《いわ》く、

禍《わざわい》なる哉《かな》、愛子端厳《あいしたんごん》の相《そう》あり、何《なん》に因《よ》りてか死苦先《しくさき》に来《き》たり逼《せま》る。我《わ》が若《ごと》きは在《あ》ることを得《え》て汝前《なんじさき》に亡《ほろ》ぶ、豈斯《あにかく》の如《ごと》きの大苦《だいく》の事《こと》を見《み》んや。

と。爾《そ》の時《とき》、夫人《ぶにん》は迷悶稍《めいもんやや》止み、頭髪蓬乱《ずほつほうらん》し、両手《りょうて》をもて胸《むね》を搥《う》ち、地《ち》に宛転《えんてん》すること魚《うお》の陸《りく》に

処《しょ》するが如《ごと》く、牛《うし》の子《こ》を失《しっ》するが若《ごと》し。悲泣《ひきゅう》して言《いわ》く、

我《わ》が子《こ》を誰《たれ》か屠割《とかっ》せる、余骨《よこっ》地《ち》に散《さん》ぜり。我愛《われあい》する所《ところ》の子《こ》を失《うしな》うて、憂悲《うひ》自《みずか》ら勝《た》えず。

苦《くる》しい哉《かな》、誰《たれ》か子《こ》を殺《ころ》し、斯《こ》の憂悩《うのう》の事《こと》を致《いた》せる。我《わ》が心《こころ》は金剛《こんごう》に非《あら》ず、云何《いかん》ぞ破《やぶ》れざらん。

我夢中《われむちゅう》に見《み》る所《ところ》、両乳《りょうにゅう》皆割《みなさ》かれ、牙歯《げし》悉《ことごと》く堕落《だらく》す、今大苦痛《いまだいくつう》に遭《あ》う。

又三《またみっ》の鴿鶵《こうしゅ》を夢《ゆめ》み、一《いち》は鷹《たか》に擒去《きんこ》せらる。今愛《いまあい》する所《ところ》の子《こ》を失《うしな》う、悪相表《あくそうあらわ》るること虚《こ》に非《あら》ず。

と。

爾《そ》の時《とき》、大王及《だいおうおよ》び夫人并《ぶにんならび》に二《に》王子《おうじ》、哀《かなしみ》を尽《つく》して号哭《ごうこく》して瓔珞《ようらく》を御《ぎょ》せず。諸《もろもろ》の人衆《にんしゅ》と共《とも》に菩薩《ぼさつ》の遺身《いしん》の舎利《しゃり》を収《おさ》め、供養《くよう》を為《な》して窣堵波《そとば》の中《なか》に置《お》く。

阿難陀《あなんだ》、汝等応《なんじらまさ》に知《し》るべし、此《これ》は即《すなわ》ち是《こ》れ彼《か》の菩薩《ぼさつ》の舎利《しゃり》なり。』復《ま》た阿難陀《あなんだ》に告《つ》げたまわく、『我昔時《われじゃくじ》に於《おい》て煩悩《ぼんのう》・貪《とん》・瞋《じん》・癡等《ちとう》を具《ぐ》せりと雖《いえど》も、能《よ》く地獄《じごく》・餓鬼《がき》・傍生《ぼうしょう》・五趣《ごしゅ》の中《なか》に於《おい》て、縁《えん》に随《したが》いて救済《ぐさい》して、出離《しゅつり》することを得《え》しむ。何《いか》に況《いわん》や今時《こんじ》煩悩都《ぼんのうすべ》て尽《つ》きて復《ま》た*余習《よじゅう》なく、天《てん》人師《にんし》と号《ごう》し、一切智《いっさいち》を具《ぐ》して一一《いちいち》の衆生《しゅじょう》のために、多劫《たこう》を経《へ》て地獄《じごく》の中《なか》に在《あ》り、及《およ》び余処《よしょ》に於《おい》て衆苦《しゅく》を代《かわ》り受《う》けて、生死煩悩《しょうじぼんのう》の輪廻《りんね》を出《い》でしむること能《あた》わざらんや。』爾《そ》の時《とき》、世尊重《せそんかさ》ねて此《こ》の義《ぎ》を宣《の》べんと欲《ほっ》して頌《じゅ》を説《と》いて言《のたま》わく、

我過去世《われかこせ》無量無数劫《むりょうむしゅこう》を念《ねん》ずるに、或《あ》る時《とき》は国王《こくおう》と作《な》り、或《ある》いは復《ま》た王子《おうじ》と為《な》る。

常《つね》に大施《だいせ》を行《ぎょう》じ、及《およ》び愛《あい》する所《ところ》の身《しん》を捨《す》てて、生死《しょうじ》を出離《しゅつり》して、妙菩提《みょうぼだい》の処《ところ》に至《いた》らんことを願《ねが》えり。

昔時大国《じゃくじだいこく》あり、国主《こくしゅ》を大車《だいしゃ》と名《なづ》け、王子《おうじ》を*勇猛《ゆうみょう》と名《なづ》く、常《つね》に施《ほどこ》して心《こころ》に恪《おし》むなし。

王子《おうじ》に二兄《にきょう》あり、*大渠《だいこ》・大天《だいてん》と号《ごう》す。三人《さんにんおな》同じく出遊《しゅつゆう》し、漸《ようや》くにして山林《せんりん》の所《ところ》に至《いた》る。

虎《とら》の飢《うえ》に逼《せ》めらるるを見《み》、便《すなわ》ち是《かく》の如《ごと》きの心《こころ》を生《しょう》ず、此《こ》の虎《とら》飢火《けか》に焼《や》かる、更《さら》に余《よ》に食《じき》すべきなし。

大士《だいし》の観《み》ること斯《かく》の如《ごと》し、恐《おそ》らくは其《そ》れ将《まさ》に子《こ》を食《くら》わんか。身《しん》を捨《す》てて顧《かえりみ》る所《ところ》なし、子《こ》を救《すく》いて傷《きず》つけざらしむ。

大地《だいじ》及《およ》び諸山《しょせん》、一時《いちじ》に皆《みな》震《ふる》い動《うご》き、江海《こうかい》皆《みな》騰《のぼ》り躍《おど》る。波《なみ》驚《おどろ》き水《みず》逆《さかさ》まに流《なが》れ。

天地《てんち》光明《こうみょう》を失《しっ》して、昏冥《こんみょう》にして見《み》る所《ところ》なし。林野《りんや》の諸《もろもろ》の禽獣《きんじゅう》、飛奔《ひほん》して所依《しょえ》を喪《うしな》う。

二兄《にきょう》怪《あやしん》で還《かえ》らず、憂慼《うしゅく》して悲苦《ひく》を生《しょう》じ、即《すなわ》ち諸《もろもろ》の侍従《じじゅう》と与《とも》に、林藪《りんそう》遍《あまね》く尋求《じんぐ》す。

兄弟《きょうだい》共《とも》に籌議《ちゅうぎ》して、復《ま》た深山《じんせん》の処《ところ》に往《ゆ》き、四顧《しこ》するにある所《ところ》なく、虎《とら》の空林《くうりん》に処《しょ》するを見《み》るに、
其《そ》の母《はは》并《ならび》に七子《しちし》、口《くち》に皆《みな》血《ち》の汚《けが》れあり。残骨《ざんこつ》并《ならび》に余髪《よほつ》、縦横《じゅうおう》として地上《じじょう》に在《あ》り。

復《ま》た流血《るけつ》ありて、竹林《ちくりん》の所《ところ》に散在《さんざい》するを見《み》る。二兄《にきょう》既《すで》に見《み》已《おわ》りて、心《こころ》に大恐怖《だいくふ》を生《しょう》じ。

悶絶《もんぜつ》して倶《とも》に地《ち》に躄《ひざまず》き、荒迷《こうめい》して覚知《かくち》せず、塵土《じんど》に其《そ》の身《しん》を坌《けが》し、*六情《ろくじょう》皆《みな》失念《しつねん》す。

王子《おうじ》の諸《もろもろ》の侍従《じじゅう》、啼泣《たいきゅう》して心《こころ》に憂悩《うのう》し、水《みず》を以《もっ》て灑《そそ》ぎて甦《よみがえ》らしむるに、手《て》を挙《あ》げて咷《なげ》き哭《こく》す。

菩薩《ぼさつ》捨身《しゃしん》の時《とき》、慈母《じも》宮内《ぐうない》に在《あ》りて、五百《ごひゃく》の諸《もろもろ》の婇女《さいにょ》と共《とも》に妙楽《みょうらく》を受《う》く。

夫人《ぶにん》の両乳《りょうにゅう》、忽然《こつねん》として自《みずか》ら流出《るしゅつ》し、遍体《へんたい》針《はり》をもて刺《さ》すが如《ごと》く、苦痛《くつう》にして安《やす》きこと能《あた》わず。

欻《たちま》ち失子《しっし》の想《そう》を生《しょう》じ、憂《う》箭《せん》心《むね》を苦傷《くしょう》す。即《すなわ》ち大王《だいおう》に白《もう》して知《し》らしめ、斯《こ》の苦悩《くのう》の事《こと》を陳《の》ぶ。

悲泣《ひきゅう》して忍《しの》ぶに堪《た》えず。哀声《あいしょう》もて王《おう》に向《むか》いて説《と》く、「大王今当《だいおういままさ》に知《し》るべし、我大苦悩《われだいくのう》を生《しょう》じ。両乳《りょうにゅう》忽《たちま》ち流出《るしゅつ》して、禁止《ごんし》すれども心《こころ》に応《おう》ぜず、針《はり》をもて遍《あまね》く身《しん》を刺《さ》すが如《ごと》く煩惋《ぼんおん》して胸破《むねやぶ》れんと欲《ほっ》す。

我先《われさき》に悪徴《あくちょう》を夢《ゆめ》む、必《かなら》ず当《まさ》に愛子《あいし》を失《うしな》うべし。願《ねが》わくば王《おう》、我《わ》が命《いのち》を済《すく》いて、児《こ》の存《そん》と亡《もう》とを知《し》らしめたまえ。

夢《ゆめ》に見《み》たる三《みっ》の鴿鷂《こうしゅ》の、小《しょう》なるは是《こ》れ愛子《あいし》なり。忽《たちま》ち鷹《たか》に奪《うば》い去《さ》らる、悲愁具《ひしゅうつぶさ》に陳《の》べ難《がた》し。

我今憂《われいまう》海《かい》に没《もっ》し、死《し》に趣《おもむ》きて将《まさ》に久《ひさ》しからざらんとす。恐《おそ》らくは子《こ》の命全《いのちまった》からざらん。願《ねが》わくば為《ため》に速《すみ》やかに求覓《ぐみょう》したまえ。

又外《またげ》人《にん》の語《ご》を聞《き》くに、小子《しょうし》を求《もと》むれども得《え》ずと。我今意安《われいまこころやす》らかならず、願《ねが》わくば王《おう》、我《われ》を哀《あい》愍《みん》したまえ。」

夫人王《ぶにんおう》に白《もう》し已《おわ》りて、挙身而《こしんしか》も地《ち》に躄《ひざまず》き、悲痛《ひつう》して心悶絶《こころもんぜつ》し、荒迷《こうめい》して覚知《かくち》せず。

婇女夫《さいにょぶ》人《にん》を見《み》るに、悶絶《もんぜつ》して地《ち》に在《あ》り、声《こえ》を挙《あ》げて皆大《みなおお》いに哭《こく》し、憂惶《うおう》して所依《しょえ》を失《しっ》す。

王是《おうかく》の如《ごと》きの語《ご》を聞《き》き、憂《うれい》を懐《いだ》きて自《みずか》ら勝《た》えず。因《よっ》て諸《もろもろ》の群臣《ぐんしん》に命《めい》じて、所愛《しょあい》の子《こ》を尋求《じんぐ》せしむ。

皆共《みなとも》に城外《じょうげ》に出《い》でて、処《ところ》に随《したが》いて追覓《ついみゃく》し、涕泣《ていきゅう》して諸人《しょにん》に問《と》うらく、「王子《おうじ》今何《いまいずこ》にか在《あ》る。

今《いま》は存《そん》とやせんや亡《もう》とせんや。誰《たれ》か去《さ》れる処《ところ》を知《し》る、云何《いかん》が見《み》ることを得《え》しめて。我《わ》が憂悩《うのう》の心《こころ》を解《と》かん。」

諸人《しょにん》悉《ことごと》く共《とも》に伝《つた》え、咸《みな》「王子《おうじ》死《し》せり」と言《い》う。聞《き》く者皆傷悼《ものみなしょうとう》し、悲歎《ひたん》の苦《く》、裁《さい》し難《がた》し。爾《そ》の時《とき》、大車王《だいしゃおう》、悲号《ひごう》して座《ざ》より起《た》ち、即《すなわ》ち夫人《ぶにん》の処《ところ》に就《つ》き、水《みず》を以《もっ》て其《そ》の身《しん》に灑《そそ》ぎたまう。夫人《ぶにん》は水灑《すいしゃ》を蒙《こうむ》り、久《ひさ》しくして乃《すなわ》ち醒悟《しょうご》することを得《え》、悲啼《ひたい》して以《もっ》て王《おう》に問《と》えらく、「我《わ》が児《こ》は今在《いまあ》りや不《いな》や。」と。

王夫人《おうぶにん》に告《つ》げて曰《いわ》く、「我已《われすで》に諸人《しょにん》を使《つか》わして、四《よ》に向《む》いて王子《おうじ》を求《もと》めしむ、尚未《なおいま》だ消息《しょうそく》あらず。」と。

王又夫人《おうまたぶにん》に告《つ》げたまう、「汝煩悩《なんじぼんのう》を生《しょう》ずること莫《なか》れ、且《しばら》く当《まさ》に自《みずか》ら安慰《あんい》して、共《とも》に出《い》でて追尋《じん》すべし。」と。

王即《おうすなわ》ち夫人《ぶにん》と与《とも》に、駕《が》を厳《おごそ》かにして前《まえ》に進《すす》む。号慟《ごうどう》の声《こえ》、感《かん》を悽《いた》み、憂心火《うしんひ》の然《も》ゆるが若《ごと》し。士庶百千万《しょひゃくせんまん》、亦《ま》た王《おう》に随《したが》いて城《しろ》を出《い》で、各王子《おのおのおうじ》を求《も》めんと欲《ほっ》し、悲号《ひごう》の声絶《こえた》えず。王《おう》は愛子《あいし》を求《もと》めんが故《ゆえ》に、目《もく》して四方《しほう》を視《み》る。見《み》るに一人《いちにん》の来《き》たるあり、髪《かみ》を被《こうむ》り身《しん》は血《ち》に塗《まみ》れ、遍体《へんたい》に塵土《じんど》を蒙《こうむ》り、悲哭《ひこく》して前《まえ》に逆《むか》え来《き》たる。王《おう》は是《こ》の悪相《あくそう》を見《み》て、倍《ますます》復《ま》た憂悩《うのう》を生《しょう》ず。王便《おうすなわ》ち両手《りょうて》を挙《あ》げて、哀号《あいごう》して自《みずか》ら裁《さい》せず。初《はじ》めに一《ひとり》の大臣《だいじん》あり、忽忙《そうもう》として王《おう》の所《ところ》に至《いた》り、進《すす》んで大王《だいおう》に白《もう》して曰《いわ》く、「幸《さいわい》に、願《ねが》わくば悲哀《ひあい》する勿《なか》れ、王《おう》の愛《あい》する所《ところ》の子《こ》、今求《いまもと》むと雖《いえど》も未《いま》だ獲《え》ざるも、久《ひさ》しからずして当《まさ》に来至《らいし》したまいて、以《もっ》て大王《だいおう》の憂《うれい》を釈《と》かん。』王復《おうま》た更《さら》に前《すす》み行《ゆ》き、次《つぎ》の大臣《だいじん》の至《いた》るを見《み》る。

其《そ》の臣王《しんおう》の所《ところ》に詣《いた》り、涙《なみだ》を流《なが》し王《おう》に白《もう》して曰《いわ》く、「二子《にし》は今現《いまげん》に存《そん》し、憂《うれい》の火《ひ》に逼《せ》められたまう。

其《そ》の第三王子《だいさんおうじ》は、已《すで》に無常《むじょう》に呑《の》まれたまいぬ。餓虎《がこ》の初《はじ》めて生《う》めるを見《み》たまえるに、将《まさ》に其《そ》の子《こ》を食《くら》わんと欲《ほっ》す。

彼《か》の薩埵王子《さったおうじ》は、此《これ》を見《み》て悲心《ひしん》を起《おこ》し、無上道《むじょうどう》を求《もと》めんことを願《ねが》い、当《まさ》に一切衆《いっさいしゅ》を度《ど》すべし。

想《おもい》を妙菩提《みょうぼだい》に繋《か》け、広大《こうだい》にして深《ふか》きこと海《うみ》の如《ごと》し。即《すなわ》ち高山《こうせん》の頂《いただき》に上《のぼ》りて、身《しん》を餓虎《がこ》の前《まえ》に投《とう》じたまう。

虎《とら》羸《つか》れて食《じき》すること能《あた》わず、竹《たけ》を以《もっ》て自《みずか》ら頸《くび》を傷《きず》つけたまうに、遂《つい》に王子《おうじ》の身《しん》を噉《か》み、唯余《ただよ》の骸骨《がいこつ》のみあり。」と。

時《とき》に王及《おうおよ》び夫人《ぶにん》、聞《き》き已《おわ》りて倶《とも》に悶絶《もんぜつ》し、心憂海《こころうかい》に没《もっ》し、煩悩《ぼんのう》の火《ひ》焼燃《しょうねん》す。

臣栴檀《しんせんだん》の水《みず》を以《もっ》て、王及《おうおよ》び夫人《ぶにん》に灑《そそ》ぐに、倶《とも》に大悲号《だいひごう》を起《おこ》し、手《て》を挙《あ》げ胸臆《きょうおく》を搥《う》つ。

第三《だいさん》の大臣来《だいじんき》たりて、王《おう》に是《かく》の如《ごと》きの語《ご》を白《もう》す、「我《われに》二王子《おうじ》を見《み》るに、悶絶《もんぜつ》して林中《りんちゅう》に在《いま》しぬ。

臣冷水《しんりようすい》を以《もっ》て灑《そそ》ぐに、爾乃《すなわ》ち暫《しばら》くして蘇息《そそく》したまえり。四方《しほう》を顧視《こし》するに、猛火《みようか》の周遍《しゅうへん》するが如《ごと》し。

暫《しばら》く起《た》ちて還《ま》た伏《ふ》し、悲号《ひごう》して自《みずか》ら勝《た》えず、手《て》を挙《あ》げて以《もっ》て哀言《あいごん》し、弟《おとうと》は希有《けう》なりと称歎《しょうたん》す。」と。

王《おう》是《かく》の如《ごと》きの説《せっ》を聞《き》き、倍《ますます》憂火《うか》の煎《に》るごとく増《ま》し、夫人《ぶにん》は大《おお》いに号咷《ごうとう》して、高声《こうしょう》に是《こ》の語《ことば》を作《な》す、

「我《われ》の小子《しょうじ》偏《ひとえ》に鉦愛《しょうあい》す、已《すで》に*無常《むじょう》の羅刹《らせつ》のために呑《の》まる。余《よ》に二子《にし》ありて今現《いまげん》に存《そん》するも、復《ま》た憂《うれい》の火《ひ》に焼《や》き逼《せ》めらる。

我今速《われいますみ》やかに山下《せんげ》に至《いた》るべし、安慰《あんい》して其《そ》れをして余命《よみょう》を保《たも》たしめん。」と。即便《すなわ》ち駕《が》を馳《は》せて前路《ぜんろ》を望《のぞ》み、一心《いっしん》に彼《かれ》が捨身《しゃしん》の崖《がけ》に詣《いた》る。

路《みち》に二子《にし》と逢《あ》い行《ゆ》く啼泣《たいきゅう》し、胸《むね》を搥《う》ち懊悩《おうのう》して容儀《ようぎ》を失《しっ》す。父母《ぶも》見《み》已《おわ》りて憂悲《うひ》を抱《いだ》き、倶《とも》に山林《せんりん》の捨身《しゃしん》の処《ところ》に往《ゆ》く。

既《すで》に菩薩捨身《ぼさつしゃしん》の地《ち》に至《いた》り、共《とも》に聚《あつま》りて悲号《ひごう》して大苦《だいく》を生《しょう》じ、瓔珞《ようらく》を脱《ぬ》ぎ去《さ》りて尽《ことごと》く心《こころ》に哀《かな》しむ。菩薩《ぼさつ》の身《しん》の余骨《よこつ》を収《おさ》め取《と》りて、

諸《もろもろ》の人衆《にんしゅ》と同《おな》じく供養《くよう》し、共《とも》に七宝《しっぽう》の窣堵波《そとば》を造《つく》り、彼《か》の舎利《しゃり》を以《もっ》て函《はこ》の中《なか》に置《お》き、駕《が》を整《ととの》え憂《うれい》を懐《いだ》きて城邑《じょうおう》に趣《おもむ》きぬ。

*復《ま》た阿難陀《あなんだ》に告《つ》げたまわく、「往時《おうじ》の薩埵《さった》は、即《すなわ》ち我牟尼《われむに》是《こ》れなり。異念《いねん》を生《しょう》ずること勿《なか》れ。王《おう》は是《こ》れ父《ちち》の浄飯《じょうぼん》なり。后《きさき》は是《こ》れ母《はは》の摩耶《まや》なり。太子《たいし》を*慈氏《じし》と謂《い》い、次《つぎ》は*曼殊室利《まんじゅしり》なり。虎《とら》は是《こ》れ*大世主《だいせしゅ》なり。五児《ごに》は*五苾芻《ごびっしゅ》なり、一《いっ》は是《こ》れ大目連《だいもくれん》、一《いっ》は是《こ》れ*舎利子《しゃりし》。」と。

我汝等《われなんじら》のために説《と》く、往昔《いにしえ》の利他《りた》の縁《えん》、是《かく》の如《ごと》きの菩薩《ぼさつ》の行《ぎょう》は、成仏《じょうぶつ》の因《いん》なり、当《まさ》に学《がく》すべ

し。

菩薩《ぼさつ》捨身《しやしん》の時《とき》に、是《かく》の如《ごと》きの弘誓《ぐぜい》を発《おこ》す、「願《ねが》わくば我《わ》が身《しん》の余骨《よこつ》、来世《らいせ》に衆生《しゆじよう》を益《やく》せん。此是《これこ》の捨身《しやしん》の処《ところ》、七宝《しつぽう》の窣堵波《そとば》は、以《もつ》て無量《むりよう》の時《とき》を経《へ》て、遂《つい》に厚地《こうじ》に沈《しず》まん。」と。昔《むかし》の本願力《ほんがんりき》に由《よ》りて、縁《えん》に随《したが》いて済度《さいど》を興《おこ》し、人天《にんでん》を利《り》せんがために、地《ち》よりして涌出《ゆじゆつ》す。

爾《そ》の時《とき》、世尊《せそん》、是《こ》の往昔《おうじやく》の因縁《いんねん》を説《と》きたまえる時《とき》、無量《むりよう》*阿僧企耶《あそうぎや》の人天大衆《にんでんだいしゆ》、皆大《みなおお》いに悲喜《ひき》して未曾有《みぞう》なりと歎《たん》じ、悉《ことごと》く阿耨多羅三藐三菩提心《あのくたらさんみやくさんぼだいしん》を発《おこ》す。復《ま》た樹神《じゆしん》に告《つ》げたまわく、『我報恩《われほうおん》のための故《ゆえ》に、礼敬《らいきよう》を致《いた》す。』と。仏神力《ほとけじんりき》を摂《おさ》むるに、其《そ》の窣堵波《そとば》は還《ま》た地《ち》に没《もつ》しぬ。

《般遮羅国》 Pañcāla 古代印度十六大国の一。現在のデリーの北部一帯の地域であったとされる。古くから南北両部に分かれ、互いに相争い、釈尊はかつてこの二王を教誡されたという。**《舎利》** Śarīra 遺骨。**《六種震動》** 大地が震動する相を六類に分けたもの。動 (kampita)、起 (calita)、涌 (vedhita)、覚または撃 (garjita)、震 (kṣubhita)、吼 (raṇita)。さらに地動の方角による六種がある。すなわち東涌西没・西涌東没・南涌北没・北涌南没・辺涌中没・中涌辺没。**《拘物頭花》** Kumuda 白色で月の昇る時咲く睡蓮。**《大車》** Mahāratha **《摩訶波羅》** 梵本には Mahāpraṇāda「大音響」とある。摩訶波羅は Mahābala か。**《摩訶提婆》** Mahādeva **《摩訶薩埵》** Mahāsattva **《塵累》** 六塵、すなわち色・声・香・味・触・法で、衆生の心を染汚するので塵という。**《定慧力》**「定慧の力」以下は報身を明かす。**《諸仏所讃》**「諸仏讃ずる」以下は法身を明かす。**《諸衆生》**「諸の衆生」以下は化身を明かしている。**《羅睺》** Rāhu 日月の触を起こす悪星の名。羅睺の陣は日触をいう。**《真・常・勝妙》** 法身の徳相である。**《纏縛》** 煩悩のこと。衆生の心を纏縛（からみしばること）して生死に流転せしむるから。**《鴿鷚》** 梵本によれば、kapotaśāvaka すなわち、kapota（特に首に斑点のある鳩……鴿）śāvaka（鳥のひな）である。**《賢首》** 人を呼ぶ敬語。**《余習》** 煩悩そのものが滅してもなおその余香の力が残っていること。

《勇猛》 梵本によれば、Mahāsattva である。勇猛は sattva の訳。**《大渠・大天》** 梵本によれば、Mahādeva（大天）Mahāpraṇāda（大渠）の順である。**《六情》** 六根（六種の感官能力。眼・耳・鼻・舌・身・意）のこと。**《無常羅刹》**「死の鬼」の意味。

《復告阿難陀》 以下の人間関係は次のごとくである。

薩埵（Mahāsattva）——牟尼（Śākyamuni）
王（Mahāratha）——浄飯（Śuddhodana）
后（mahiṣī）——摩耶（Māyadevī）
太子（Mahāpraṇāda）——慈氏（Maitreya）
太子（Mahādeva）——曼殊室利（Mañjuśrī）
虎（vyāghrī）——大世主（Mahāprajāpatī）
五児（vyāghrīsuta）——五苾芻（bhikṣu）

《慈氏》 弥勒菩薩（Maitreya）**《曼殊室利》** 文殊菩薩（Mañjuśrī）**《大世主》** 世尊の母マーヤーの妹で、養母となった人と伝える。**《五苾芻》** 世尊に従った五比丘。すなわち、阿若憍陳如（Ajñāta-Kauṇḍinya）・阿湿婆恃（Aśvajit）・跋提（Bhadrika）・摩訶男（Mahānāman）・十力迦葉（Daśabala-Kāśyapa）あるいは、十力迦葉に代えて婆沙波（Bāṣpa）ともある。**《大目連・舎利子》** 虎の七子中の二子。梵本には欠ける。**《阿僧企耶》** asaṃkhya 無数と訳す。

この捨身品は梵本では vyāghrī（めす虎）という品名になっている。漢訳では内容から品名を設定したようである。捨身 ātma-parityāga という思想は仏本生譚に数多い事例があるが、大乗経では『大品般若経』第十六や『法華経』薬王本事品の焼身供養、『大般涅槃経』の施身問偈などが知られている。捨身供養は自己の生命を捨て、他のために供養することで、上布施と呼ばれ利他を志向する菩薩の修行中の最も難事とされている。ここに出る餓虎のために自己の生命を供養するということは『賢愚経』の以身施虎品や『菩薩投身餓虎起塔因縁経』などに出る本生譚と同じようなものである。仏と阿難との対話形式で進行する。その仏の話の中に、過去世に大車という国王が正法をもって政治を行ない、豊かな生活をしていた。その国王には三子あり、太子を摩訶波羅、次子を摩訶提婆、幼子を摩訶薩埵という。その三子を連れて国王が竹林に遊んでいたとき、猛獣の虎が七匹の子どもを出産し、七日を経ったが、食物がなく、生まれたばかりの子虎を母虎が喰べてしまうのではないかという出来事に出逢ってしまった。

このような七匹の子虎を産んだ牝虎の餓死寸前の状態を見て、この牝虎を救うには、自分の身を捨てる以外に方法はないと承知した王子たちも、いざ自己の生命を捨てることには躊躇せざるを得ない心情であった。そうして可愛想だと思いながらも二王子は、その場を去ってしまう。しかし末の薩埵王子は、この身を捨てれば、無量の怖畏を離れることになる。餓死の虎を救うことによって無限の生命である究竟涅槃を求めるにしかずと決心し、牝虎のそばに行き、自分の衣服を竹枝をかけ、餓虎の前に身を投げ出す。定めし餓虎は喜んで自分を喰べるだろうと思っていたが、牝虎はあまりの饑餓に食べる力を失ってしまった。そこで王子は竹で頸を刺し、血潮がしたたるままに虎に近づいた。この時、大地は揺れ動き、強風は水を撃ち、太陽は輝きを失い、あたり一面は暗くなった。天からは名華と妙香水が雨と降り、林の中に乱れ落ちた。

餓虎は、流るる血を舐め、肉を喰い尽してただ骨だけを残し、むさぼり喰べた。その時、第一王子は天地の異変をみて、これは我が弟が身を捨てたしるしだと知った。そこで二人の王子は果して弟が身を捨てたかどうかを調べるために牝虎の所に出かけた。その現場に行き着くと、弟の衣服は竹枝の上にかかり、骸骨や毛髪は縦横に飛び散り、血は流れて泥となった。

一方、宮殿では、高楼に寝ていた夫人が、不祥の夢をみた。両乳房は割かれ、歯は抜け落ち、突然に夫人の両乳が流れ出した。この夢をみた夫人は異変が起ったと悟った。そこに侍女が出て来て、三人の王子が林中で姿を見失ったことを報告した。

国王の夫人は大臣のこの報告を聞き、三人の王子が林中に歴遊したが、一番下の王子が独り還らず、心痛を極めていた。そこに第二の家来が報告に来たり、王子捨身のことを詳しく申し上げた。そこで国王と夫人は、王子の捨身の場所に行き、みるも悲惨な情景に悶絶し失神をする。大臣たちの介抱で甦えり、改めて悲泣を続け、号哭して止まることなし、悲しみの中に遺身の舎利を収める塔婆の中に供養することにした。

そして世尊は阿難陀に告げて、我れは過去世に於て、あるときは国王に、あるときは王子となり、常に大施を行ない、または我が身を捨て、布施を行なったことを述べ、それは生死を出離して、菩提に至るためである。今この捨身供養の場合の薩埵太子とは釈尊われであり、王は父浄飯大王、后は母摩耶夫人である。長兄王子は弥勒菩薩で、次兄王子は文殊師利菩薩である。牝虎は摩訶波闍波提＝大世主で、五児は五比丘で、七虎の中の他の二虎は大目連と舎利弗であるという往昔の因縁を説いた。また最後に菩提樹神天女にも告げ、報恩のために礼敬することを説く。

またこの捨身品は芸術的表現として敦煌の二五四窟（北魏）と四二八窟（北周）にサッタ太子の捨身飼虎の壁画として知られている。さらに法隆寺の玉虫厨子の捨身飼虎の図として有名になっている。

十方菩薩讃歎品　第二十七

㊀一六巻四五四中—下

爾《そ》の時《とき》、釈迦牟尼《しゃかむに》如来《にょらい》、是《こ》の経《きょう》を説《と》きたまう時《とき》、十方世界《じっぽうせかい》に於《おい》て無量百千万億《むりょうひゃくせんまんおく》の諸《もろもろ》の菩薩衆《ぼさつしゅ》ありて、各《おのおの》本土《ほんど》より*鷲峰山《じゅぶせん》に詣《もう》で、世尊《せそん》の所《ところ》に至《いた》り、*五輪《ごりん》を地《ち》に著《つ》け、世尊《せそん》を礼《らい》し已《おわ》り、一《いっ》心《しん》に合掌《がっしょう》して、異口同音《いくどうおん》に讃歎《さんだん》して曰《いわ》く、

仏身《ぶっしん》は微妙《みみょう》の真金色《しんこんじき》にして、其《そ》の光《ひかり》普《あまね》く照《て》らして金山《こんせん》に等《ひと》し。清浄《しょうじょう》にして柔軟《にゅうなん》なること蓮華《れんげ》の若《ごと》く、無量《むりょう》の妙彩《みょうさい》而《しか》も厳飾《ごんじき》し、三十二相《さんじゅうにそう》遍《あまね》く荘厳《しょうごん》し、八十種好《はちじゅうしゅこう》皆《みな》円備《えんび》す。光明《こうみょう》炳《あきら》かに著《あら》われて与《とも》に等《ひと》しきものなく、垢《く》を離《はな》るること猶《なお》し浄満月《じょうまんがつ》の如《ごと》し。

其《そ》の声《こえ》は清徹《しょうてつ》して甚《はなは》だ微妙《みみょう》なり、師子吼《ししく》して雷音《らいおん》を震《ふる》うが如《ごと》し。*八種微妙《はっしゅみみょう》にして群機《ぐんき》に応《おう》じ、*迦陵頻伽《かりょうびんが》等《とう》を超勝《ちょうしょう》す。

*百福《ひゃくふく》の妙相《みょうそう》以《もっ》て容《かたち》を厳《かざ》り、光明《こうみょう》具足《ぐそく》し浄《きよ》くして垢《く》なし。智慧《ちえ》は澄《す》みて明《あき》らかなること大海《だいかい》の如《ごと》く、功徳《くどく》広大《こうだい》にして虚空《こくう》の若《ごと》し。

円光《えんこう》十方界《じっぽうかい》に遍満《へんまん》し、縁《えん》に随《したが》いて普《あまね》く諸《もろもろ》の有情《うじょう》を済《すく》う。煩悩《ぼんのう》・愛《あい》・染《ぜん》集《あつ》めて皆《みな》除《のぞ》き、法炬《ほうこ》恒《つね》に然《も》えて休息《くそく》せず。

諸《もろもろ》の衆生《しゅじょう》を哀愍《あいみん》し利益《りやく》し、現在未来《げんざいみらい》能《よ》く楽《たのしみ》を与《あた》う。常《つね》に為《ため》に第一義《だいいちぎ》を宣説《せんぜつ》して、涅槃《ねはん》の真《しん》寂静《じゃくじょう》を証《しょう》せしめたまう。

仏《ほとけ》は甘露殊勝《かんろしゅしょう》の法《ほう》を説《と》き、能《よ》く甘露微妙《かんろみみょう》の義《ぎ》を与《あた》え、甘露《かんろ》の涅槃城《ねはんじょう》に引入《いんにゅう》して、甘露無為《かんろむい》の楽《らく》を受《う》けしめ、

常《つね》に生死《しょうじ》の大海《だいかい》の中《なか》に於《おい》て、一切衆生《いっさいしゅじょう》の苦《く》を解脱《げだつ》し、彼《かれ》をして能《よ》く*安隠《あんのん》の路《みち》に住《じゅう》せしめ、恒《つね》に難思《なんし》の如意楽《にょいらく》を与《あた》えたまう。

如来《にょらい》の徳海《とくかい》は甚深《じんじん》にして広《ひろ》く、諸《もろもろ》の譬喩《ひゆ》の能《よ》く知《し》る所《ところ》に非《あら》ず。衆《しゅ》に於《おい》て常《つね》に大悲心《だいひしん》を起《おこ》し、方便精勤《ほうべんじょうごん》して恒《つね》に息《や》まず。

如来《にょらい》の智海《ちかい》は辺際《へんざい》なく、一切《いっさい》の人天共《にんでんとも》に測量《そくりょう》して、仮使《たとい》、千万億劫《せんまんおくこう》の中《なかば》すとも、能《よ》く其《そ》の少《しょう》分《ぶん》をも知《し》ることを得《う》る能《あた》わず。

我今略《われいまりゃく》して仏《ほとけ》の功徳《くどく》を讃《さん》ず、徳海《とくかい》の中《なか》に於《おい》て唯一渧《ただいったい》なり。斯《こ》の福聚《ふくじゅ》を迴《めぐ》らして群生《ぐんじょう》に施《ほどこ》す、皆願《みなねが》わくば速《すみ》やかに菩提《ぼだい》の果《か》を証《しょう》せんことを。

爾《そ》の時《とき》、世尊《せそん》、諸《もろもろ》の菩薩《ぼさつ》に告《つ》げて言《のたま》わく、『善哉《よいかな》、善哉《よいかな》。汝等《なんじら》善能《よ》く是《かく》の如《ごと》く仏《ほとけ》の功徳《くどく》を讃《さん》じ、有情《うじょう》を利益《りやく》し、広《ひろ》く仏事《ぶつじ》を興《おこ》す。能《よ》く諸罪《しょざい》を滅《めつ》して無量《むりょう》の福《ふく》を生《しょう》ぜん。』

《鷲峰山》 霊鷲山の異名。 **《五輪》** 五体の異名。両臂・両膝・頭の五処。 **《八種微妙》** 八種の梵音声、八音ともいい、仏の声に八種のすぐれた特質のあることをいう。(1)極好音、(2)柔軟音、(3)和適音、(4)尊慧音、

⑸不女音、⑹不誤音、⑺深遠音、⑻不竭音。以上八つをいう。《迦陵頻伽》kalaviṅka ヒマーラヤ山中にいる美声の鳥で、殻の中にある時すでによく鳴き、その声を聞く者はあきることがないという。極楽浄土に住む鳥ともいわれる。《百福》百思。百の意思の業。菩薩が三十二相の業を修するに、一業毎に五十思を起こして身を修め、さらに五十思を起こしてこれを円満ならしめることをいう。五十思とは、不殺生より不邪見に至る各段階に離悪・勧喜・讃美・随喜・廻向の五つが具わるので五十思となる。《安隠路》八聖道を指す。

この十方菩薩讃歎品は梵本では「一切如来讃歎品」という名称になっている。仏陀を讃歎することは特に小乗仏教では『増一阿含経』や『長阿含経』に説かれることが顕著となっている。その内容としては、仏陀の身体を讃歎することよりも、仏陀の言説を讃歎することを重視する傾向がみられる。しかし大乗仏教では、仏身を讃歎し、仏徳の広大を讃歎するという傾向に変って来たようである。

また十方菩薩という題名は、梵本では一切如来となっているものであるが、菩薩と如来と仏陀とを同義語と解釈されている。その無量の菩薩衆が、世尊を讃歎する韻文十一偈より成り立っている。すなわち第一偈では仏身は真金色で、清浄にして柔軟なること蓮華のごとしと讃歎し、次いで三十二相、八十種好を具え、垢を離れること浄満月のごとしとし、さらにその音声は微妙でありながら、師子吼すること雷音に勝る。容貌は百福の妙相で飾り、智慧は明澄なることを述べ、仏智を讃歎し、次に仏徳について、まず有情の救済第一義の宣説、甘露なる涅槃無為を証得せしめることを述ぶ。ここに無為という言葉が挿入されているのは、明らかに中国思想の表現であり、いわゆる老子の無為を意識した翻訳である。インドの仏教では無為という思想は、見出されない。さらに一切の衆生の生死を解脱せしめ、大悲心を起こし、精勤して息まず、その功徳は広大にして、その少分をも知ることはできぬ。したがってその徳を讃歎するも、大海の一滴の水に等しいとする。

妙幢菩薩讃歎品　第二十八

㊅一六巻四五四下－四五五上

爾《そ》の時《とき》、＊妙幢菩薩《みょうどうぼさつ》即《すなわ》ち座《ざ》より起《た》ちて、偏《ひとえ》に右肩《うけん》を袒《はだぬ》ぎ、右膝《うしつ》を地《ち》に著《つ》け、合掌《がっしょう》して仏《ほとけ》に向《むか》い、而《しか》も説讃《せっさん》して曰《いわ》く、

牟尼《むに》百福《ひゃくふく》の相円満《そうえんまん》し、無量《むりょう》の功徳《くどく》を以《もっ》て身《み》を厳《かざ》り、広大清浄《こうだいしょうじょう》にして人《ひとみ》観んことを楽《ねが》う猶《なお》し千《せん》日《にち》の光明《こうみょう》の照《て》らすが如《ごと》し。

焔《ほのお》の彩《いろどりかぎ》辺りなく光熾盛《ひかりしじょう》なり、妙宝聚《みょうほうじゅ》の相《そう》の端厳《たんごん》なるが如《ごと》し。日《ひ》の初《はじ》めて出《い》でて虚空《こくう》に映《えい》ずるが如《ごと》く、紅白分明《ぐびゃくぶんみょう》にして金色《こんじき》を間《まじ》ゆ。

亦《ま》た金山《こんせん》の光普《ひかりあまね》く照《て》らして、悉《ことごと》く能《よ》く百千《ひゃくせん》の土《ど》に周遍《しゅうへん》するが如《ごと》く、能《よ》く衆生《しゅじょう》の無量《むりょう》の苦《く》を滅《めっ》して、皆無辺勝妙《みなむへんしょうみょう》の楽《らく》を与《あた》う。

諸相具《しょそうぐ》足《そく》して悉《ことごと》く厳浄《こんじょう》なり、衆生観《しゅじょうみ》んことを楽《ねが》うて厭足《えんそく》することなし。頭髪柔軟《ずほつにゅうなん》にして紺青《こんじょう》色《じき》なり、猶《なお》し黒蜂《こくほう》の妙華《みょうけ》に集《あつ》まるが如《ごと》し。

大喜《だいき》・大捨《だいしゃ》・浄《きよ》く荘厳《しょうごん》し、大慈《だいじ》・大悲《だいひ》、皆具《みなぐ》足《そく》す。衆妙《しゅみょう》の相好厳飾《そうこうごんじき》を為《な》し、菩《ぼ》提分法《だいぶんぼう》の成《じょう》ずる所《ところ》なり。

如来能《にょらいよ》く衆《しゅ》に福利《ふくり》を施《ほどこ》し、彼《かれ》をして常《つね》に大安楽《だいあんらく》を獲《え》しむ。種種《しゅじゅ》の妙徳共《みょうとくとも》に荘厳《しょうごん》して、光明《こうみょう》

普《あまね》く千万《せんまん》の土《ど》を照《て》らす。如来《にょらい》の光明《こうみょう》は極《きわ》めて円満《えんまん》にして、猶《なお》し赫日《かくにち》の空中《くうちゅう》に遍《へん》ずるが如《ごと》し。仏《ほとけ》は須弥《しゅみ》の如《ごと》く功徳《くどく》具《そな》わり、示現《じげん》して能《よ》く十方《じっぽう》に周《あまね》し。*如来《にょらい》の金口《こんく》は妙《みょう》に端厳《たんごん》にして、歯《は》白《しろ》く斉密《さいみつ》にして珂雪《かせつ》の如《ごと》し。如来《にょらい》の面貌《めんみょう》は倫匹《りんひつ》なくして、眉間《みけん》の毫相《ごうそう》常《つね》に右旋《うせん》し、光潤鮮白《こうにんせんびゃく》にして玻瓈《はり》に等《ひと》しく、猶《なお》し満《まん》月《がっ》の空界《くうかい》に居《ご》するが如《ごと》し。

仏《ほとけ》、妙幢菩薩《みょうどうぼさつ》に告《つ》げたまわく、『汝能《なんじよ》く是《かく》の如《ごと》く、仏《ほとけ》の功徳《くどく》の不可思議《ふかしぎ》なることを讃《さん》じ、一切《いっさい》を利益《りやく》し、未《いま》だ知《し》らざる者《もの》をして随順修学《ずいじゅんしゅがく》せしむ。』

《妙幢》 Ruciraketu

《如来金口妙端厳……》 梵本この前に次の句あり、

goksīra-śaṅkha-kumudendu-saṃnibhā

tuṣāra-varṇā śubha-pāṇḍaropamā /

牛乳と螺貝と白睡蓮の月のような、

雪の色、清浄な白色に似たものである。

この妙幢菩薩讃歎品は、梵本では前品の後半部分に相当する。漢訳では十方菩薩と妙幢菩薩とを別立して、それぞれ第二十七品と第二十八品と分けたものである。構成上梵本では一品のものが漢訳では二品となっている理由が問題である。それは『金光明経』という題名の由来が夢見金鼓懺悔品にあり、そこでは妙幢菩薩が主役となっている。また授記品に於ても、妙幢菩薩とその二子に授記する形式がとられている。したがってこの経典と妙幢菩薩との深い関係を現出するために、意図的に品を二つに分けたものと考えられる。内容的には特に説明を加えるものはないが、梵本では九偈であるものを、漢訳では八偈半となっている。これは旧訳の『金光明経』も同じく八偈半であるから、恐らくその原本に欠写されていたものであろう。

菩提樹神讃歎品　第二十九

(大)一六巻四五五上―中

爾《そ》の時《とき》、菩《ぼ》提樹神《だいじゅしん》も亦《ま》た伽陀《かだ》を以《もっ》て、世尊《せそん》を讃《さん》じて曰《いわ》く、

如来清浄《にょらいしょうじょう》の慧《え》を敬礼《きょうらい》す、常《つね》に正法《しょうぼう》を求《もと》むる慧《え》を敬礼《きょうらい》す、能《よ》く非法《ひほう》を離《はな》るるの慧《え》を敬礼《きょうらい》す、恒《つね》に分別《ふんべつ》するなきの慧《え》を敬礼《きょうらい》す。

希有《けう》なり世尊《せそん》の無辺《むへん》なる行《ぎょう》。希有《けう》にして見難《みがた》きこと*優曇《うどん》に比《ひ》す、希有《けう》なること海《うみ》の*山王《せんおう》を鎮《しず》むるが如《ごと》し。希有《けう》なり善逝《ぜんぜい》の光無量《ひかりむりょう》なることや。

希有《けう》なり調御《じょうご》の弘慈《ぐじ》の願《がん》。希有《けう》なり釈種《しゃくしゅ》の明《あきらか》なること日《ひ》に逾《こ》ゆることや。能《よ》く是《かく》の如《ごと》く経《きょう》中《ちゅう》の宝《たから》を説《と》き、諸《もろもろ》の群生《ぐんじょう》を哀愍《あいみん》し利益《りやく》す。

牟尼《むに》は寂静《じゃくじょう》にして諸根定《しょこんさだ》まり、能《よ》く寂静《じゃくじょう》にして涅槃城《ねはんじょう》に入《い》り、能《よ》く寂静《じゃくじょう》にして*等持門《とうじもん》に住《じゅう》し、能《よ》く寂静《じゃくじょう》にして深境界《じんきょうがい》を知《し》る。

両足中《りょうそくちゅう》の尊《そん》は空寂《くうじゃく》に住《じゅう》し、声聞弟子《しょうもんでし》身《しん》も亦《ま》た空《くう》ず。一切《いっさい》の法体性《ほうたいしょう》皆《みな》なく、一切《いっさい》の衆生《しゅじょう》悉《ことごと》く空寂《くうじゃく》なり。

我常《われつね》に諸仏《しょぶつ》を憶念《おくねん》し、我常《われつね》に諸世尊《しょせそん》を見《み》ることを楽《ねが》い、我常《われつね》に慇重《おんじゅう》の心《こころ》を発起《ほっき》し、常《つね》に如来《にょらい》の日《ひ》に値遇《ちぐう》することを得《え》ん。

我常《われつね》に世尊《せそん》を頂礼《ちょうらい》し、願《ねが》うて常《つね》に渇仰《かつごう》して心捨《こころす》てず、悲泣流涙《ひきゅうるるい》し情《こころ》に間《ひま》なく、常《つね》に奉事《ぶじ》することを得《え》て厭《いと》うことを知《し》らず。

唯願《ただねが》わくば世尊《せそん》、悲心《ひしん》を起《おこ》し、和顔《わげん》にして常《つね》に我《われ》をして、仏及《ぶつおよ》び声聞衆《しょうもんしゅ》の清浄《しょうじょう》を見《み》ることを得《え》しめたまえ。願《ねが》わくば常《つね》に普《あまね》く人天《にんでん》を済《すく》いたまえ。

*仏身《ぶっしん》は本浄《もときよ》くして虚空《こくう》の若《ごと》く、亦《ま》た幻焰及《げんえんおよ》び水月《すいがつ》の如《ごと》し、願《ねが》わくば涅槃甘露《ねはんかんろ》の法《ほう》を説《と》き、能《よ》く一切《いっさい》の功徳聚《くどくじゅ》を生《しょう》ぜんことを。

世尊《せそん》の所有浄境界《あらゆるじょうきょうがい》、慈悲正行《じひしょうぎょう》の不思議《ふしぎ》は、声聞独覚《しょうもんどっかく》の量《はか》る所《ところ》に非《あら》ず。大仙菩薩《だいせんぼさつ》も測《はか》る能《あた》わず。

唯願《ただねが》わくば如来《にょらい》、我《われ》を哀愍《あいみん》し、常《つね》に大悲身《だいひしん》を覩見《とけん》せしめたまえ。三業《さんごう》倦むことなく慈尊《じそん》に奉《ぶ》し、速《すみ》やかに生死《しょうじ》を出《い》でて真際《しんさい》に帰《かえ》らん。

爾《そ》の時《とき》、世尊《せそん》、是《こ》の讃《さん》を聞《き》き已《おわ》りて、梵音声《ぼんおんじょう》を以《もっ》て樹神《じゅしん》に告《つ》げて曰《のたま》わく、『善哉《よいかな》、善哉《よいかな》。善女《ぜんにょ》人《にん》、汝《なんじょ》能く我《われ》に於《おい》て真実《しんじつ》にして妄《もう》なく、清浄法身《しょうじょうほっしん》、自利利他《じりりた》の妙相《みょうそう》を宣揚《せんよう》す。此《こ》の功徳《くどく》を以《もっ》て汝《なんじ》をして速《すみ》やかに最上菩提《さいじょうぼだい》を証《しょう》せしめ、一切《いっさい》の有情《うじょう》にして同《おな》じく修習《しゅじゅう》する所《ところ》、若《も》し聞《き》くことを得《え》ん者《もの》は、皆甘露無生《みなかんろむしょう》の法門《ほうもん》に入《い》らしめん。』

《優曇》　優曇華（udumbara）Ficus Glomerata その花は三千年に一度開くといい、あるいは如来下生し、輪王出世すれば開くといい、または花なくして実を結ぶという。　《山王》　梵本によれば、須弥山（Meru）

を指す。aho aho sāgara-meru-tulyam.《住……等持門》三昧状態。《仏身本浄……》大乗仏教の仏身観。

この菩提樹神讃歎品は十一偈である。梵本では nigamana（経結）という品名である。漢訳の品名は菩提樹神が世尊を讃歎するという内容に基づいて命名されたものである。

菩提樹神の讃歎の内容は仏身を讃歎するのではなく、その智慧、その行、その弘願をたたえる。特に仏の三昧に住すること、空性に住することを述べ、悲心よく和顔にして人天を救済する仏身は本来清浄にして虚空の如く、水月の如しと大乗仏教の仏身観を説き、仏の境界は不可思議にして、声聞独覚の知ることはできぬものであると讃歎している。

大弁才天女讃歎品　第三十

(大)一六巻四五五中―下

爾《そ》の時《とき》、大弁才天女《だいべんざいてんにょ》、即《すなわ》ち座《ざ》より起《た》ちて、合掌恭敬《がっしょうくぎょう》して、直《ただち》に言詞《ごんじ》を以《もっ》て世尊《せそん》を讃《さん》じて曰《いわ》く、『南謨《なも》釈迦《しゃか》牟《む》尼《に》如来《にょらい》、応正等覚《おうしょうとうがく》、身《しん》は真金色《しんごんじき》にして、咽《のど》は螺《ら》貝《ばい》の如《ごと》く、面《かお》は満月《まんがつ》の如《ごと》く、目《め》は青蓮《しょうれん》に類《るい》し、脣口《しんく》は赤好《しゃくこう》にして玻《は》瓈《り》色《しき》の如《ごと》く、鼻《はな》は高《たか》く修《しゅ》値《ち》にして、金鋌《こんじょう》を載《の》せたるが如《ごと》く、歯《は》は白《しろ》く斉密《さいみつ》にして、*拘《く》物《もつ》頭《ず》華《け》の如《ごと》く、身光《しんこう》普《あまね》く照《て》らして百千日《ひゃくせんにち》の如《ごと》く、光彩映徹《こうさいようてつ》すること*贍部《せんぶ》金《こん》の如《ごと》し。所有言辞《あらゆるごんじ》は皆謬《みなあやまり》失なくして、*三解脱門《さんげだつもん》を示《しめ》し、三菩提《さんぼだい》の路《みち》を開《ひら》く。心常《こころつね》に清浄《しょうじょう》にして意楽《いぎょう》も亦《ま》た然《しか》なり。仏所在《ほとけしょじゅう》の処及《ところおよ》び所行《しょぎょう》の境《きょう》も亦《ま》た常《つね》に清浄《しょうじょう》にして非威儀《ひいぎ》を離《はな》る。*進止《しんし》謬《あやま》ることなく、六年苦行《ろくねんくぎょう》して三《み》たび法輪《ほうりん》を転《てん》じ、苦《く》の衆生《しゅじょう》を度《ど》し彼《か》の岸《きし》に帰《かえ》らしむ。身相《しんそう》は円満《えんまん》にして*拘《く》陀《だ》樹《じゅ》の如《ごと》く、六度《ろくど》を熏習《くんじゅう》して三業《さんごう》に失《しっ》なく、一切智《いっさいち》を具《ぐ》して、自他《じた》の利《り》満《まん》ず。所有宣説《あらゆるせんぜつ》は常《つね》に衆生《しゅじょう》のためなり、言虚設《ごんこせつ》ならず。*釈種《しゃくしゅ》の中《なか》に於《おい》て大師子《たいしし》と為《な》り、堅固勇猛《けんごゆうみょう》にして八解脱《はちげだつ》を具《ぐ》したまう。我今《われいま》、力《ちから》に随《したが》いて、如来少分《にょらいしょうぶん》の功徳《くどく》を称讃《しょうさん》したてまつる。猶《なお》し蚊子《ぶんし》の大海《だいかい》の水《みず》を飲《の》むが如《ごと》し。願《ねが》わくば此《こ》の福《ふく》を以《もっ》て広《ひろ》く有情《うじょう》に及《およ》ぼし、永《なが》く生死《しょうじ》を離《はな》れて無上道《むじょうどう》を成《じょう》ぜん。』

爾《そ》の時《とき》、世尊《せそん》、大弁才天《だいべんざいてん》に告《つ》げて曰《のたま》わく、『善哉《よいかな》、善哉《よいかな》。汝久《なんじひさ》しく修習《しゅじゅう》して大弁才《だいべんざい》を具《ぐ》す。今《いま》復《ま》た我《われ》に於《おい》て広《ひろ》く讃歎《さんだん》を陳《の》ぶ。汝《なんじ》をして速《すみ》やかに無上法門《むじょうほうもん》を証《しょう》せしめ、相好円明《そうごうえんみょう》にして普《あまね》く一切《いっさい》を利《り》せしめん。』

《拘物頭華》 kumuda. Nymphaea esculenta 白睡蓮（白色にして月の昇る時咲く睡蓮）《贍部金》 Jambūnada-suvarṇa＝閻浮檀金。金の色、赤黄にて紫焰気を帯ぶ。《三解脱門》 空と無相と無願。《進止》 進むことと止まること。《拘陀樹》 nyagrodha か。Ficus indica インドのいちじく（無花果）の木。《釈種》 釈迦種族の意。釈種中師子（śākyasiṃha）というのは釈尊の称号の一つ。

大弁才天女品は、梵本にはない。もちろん旧訳にもないものである。しかし大弁才天女は前出の第十五品に出る天女であるから、この経典の末頃に世尊を讃することになったものであろう。この大弁才天女の讃歎は大吉祥天女や地神天女などの天女の代表者の意味で登場したものである。

その内容として、三解脱門や六度を説く点が注目される。

付嘱品　第三十一

㊅一六巻四五五下―四五六下

爾《そ》の時《とき》、世尊《せそん》、普《あまね》く無量《むりょう》の菩薩《ぼさつ》及《およ》び諸《もろもろ》の人天《にんでん》、一切《いっさい》の大衆《だいしゅ》に告《つ》げたまわく、『汝等当《なんじらまさ》に知《し》るべし、我無量無数《われむりょうむしゅ》の大劫《だいこう》に於《おい》て苦行《くぎょう》を勤修《ごんしゅ》し、甚深《じんじん》の法《ほう》、菩提《ぼだい》の正因《しょういん》を獲《え》て、已《すで》に汝《なんじ》のために説《と》けり。汝等誰《なんじらたれ》か能《よ》く勇猛《ゆうみょう》の心《こころ》を発《おこ》し、恭敬《くぎょう》し、守護《しゅご》して、我《わ》が涅槃《ねはん》の後《のち》、此《こ》の法門《ほうもん》に於《おい》て広宣流布《こうせんるふ》し、能《よ》く正法《しょうぼう》をして久《ひさ》しく世間《せけん》に住《じゅう》せしめん。』爾《そ》の時《とき》、衆《しゅ》の中《なか》に六十倶胝《ろくじゅうくてい》の諸大菩薩《しょだいぼさつ》と、六十《ろくじゅう》倶胝《くてい》の諸天大衆《しょてんだいしゅ》とありて、異口同音《いくどうおん》に、是《かく》の如《ごと》きの語《ご》を作《な》す、『世尊《せそん》、我等《われら》咸《ことごと》く欣楽《ごんぎょう》の心《こころ》あり、仏世尊《ぶつせそん》の無量《むりょう》の大劫《だいこう》に勤修苦行《ごんしゅくぎょう》して獲《え》たまう所《ところ》の、甚深微妙《じんじんみみょう》の法《ほう》、菩提《ぼだい》の正因《しょういん》に於《おい》て、恭敬護持《くぎょうごじ》して、身命《しんみょう》を惜《おし》まず、仏涅槃《ぶつねはん》の後《のち》、此《こ》の法門《ほうもん》に於《おい》て広宣流布《こうせんるふ》して、当《まさ》に正法《しょうぼう》をして久《ひさ》しく世間《せけん》に住《じゅう》せしむべし。』爾《そ》の時《とき》、諸《もろもろ》の大菩薩《だいぼさつ》、即《すなわ》ち仏前《ぶつぜん》に於《おい》て伽陀《かだ》を説《と》いて曰《いわ》く、

世尊《せそん》の真実《しんじつ》の語《ご》は、実法《じっぽう》に定住《じょうじゅう》す、彼《か》の真実《しんじつ》に由《よ》るが故《ゆえ》に、此《こ》の経《きょう》を護持《ごじ》せん。
大悲《だいひ》は甲冑為《こうちゅうた》り、大慈《だいじ》に安住《あんじゅう》し、彼《か》の悲力《ひりき》に由《よ》りて、此《こ》の経《きょう》を護持《ごじ》せん。
福《ふく》の資糧円満《しりょうえんまん》して、智《ち》の資糧《しりょう》を生起《しょうき》す、資糧満《しりょうまん》ずるに由《よ》るが故《ゆえ》に、此《こ》の経《きょう》を護持《ごじ》せん。
一切《いっさい》の魔《ま》を降伏《ごうぶく》し、諸《もろもろ》の邪論《じゃろん》を破滅《はめつ》し、悪見《あくけん》を断除《だんじょ》するが故《ゆえ》に、此《こ》の経《きょう》を護持《ごじ》せん。
*護世《ごせ》并《ならび》に釈梵《しゃくぼん》、乃至《ないし》阿蘇羅《あそら》、龍神薬叉等《りゅうじんやくしゃとう》、此《こ》の経《きょう》を護持《ごじ》せん。

　地上及《ちじようおよ》び虚空《こくう》、久《ひさ》しく斯《ここ》に住《じゆう》する者《もの》、仏教《ぶつきよう》を奉持《ぶじ》するが故《ゆえ》に、此《こ》の経《きよう》を護持《ごじ》せん。
　*四梵住相応《しぼんじゆうそうおう》し、四聖諦厳飾《ししようたいごんじき》し、四魔《しま》を降伏《こうぶく》するが故《ゆえ》に、此《こ》の経《きよう》を護持《ごじ》せん。
　虚空質礙《こくうぜつげ》と成《な》り、質礙虚空《ぜつげこくう》と成《な》るとも、諸仏《しよぶつ》に護持《ごじ》せられ、能《よ》く傾動《きようどう》する者《もの》なからん。
爾《そ》の時《とき》、四大天王《しだいてんのう》、仏《ほとけ》の此《こ》の妙法《みようほう》を護持《ごじ》するを説《と》きたまうを聞《き》きて、各随喜《おのおのずいき》して、正法《しようぼう》を護《まも》るの心《こころ》を生《しよう》じ、一時《いちじ》に同声《どうしよう》に伽陀《かだ》を説《と》いて曰《いわ》く、
　我今此《われいまこ》の経《きよう》に於《お》いて、男女眷属《なんによけんぞく》に及《およ》ぶ、皆一心《みないつしん》に擁護《ようご》して、広《ひろ》く流通《るずう》することを得《え》しめん。
　若《も》し持経《じきよう》の者《もの》あらば、能《よ》く菩提《ぼだい》の因《いん》を作《な》し、我常《われつね》に四方《しほう》に於《お》いて、擁護《ようご》して承事《しようじ》せん。
爾《そ》の時《とき》、天帝釈《てんたいしやく》、合掌恭敬《がつしようくぎよう》して伽陀《かだ》を説《と》いて曰《いわ》く、
　諸仏此《しよぶつこ》の法《ほう》を証《しよう》したまう、恩《おん》を報《ほう》ぜんと欲《ほつ》するがための故《ゆえ》に、菩薩衆《ぼさつしゆ》を饒益《にようやく》し、出世《しゆつせ》して斯《こ》の経《きよう》を演《の》べたまう。
　我彼《われか》の諸仏《しよぶつ》に於《お》いて、恩《おん》を報《ほう》じ常《つね》に供養《くよう》して、是《かく》の如《ごと》きの経《きよう》、及以《および》、持経《じきよう》の者《もの》を護持《ごじ》せん。
爾《そ》の時《とき》、*覩史多天子《としたてんし》、合掌恭敬《がつしようくぎよう》して伽陀《かだ》を説《と》いて曰《いわ》く、
　仏是《ほとけかく》の如《ごと》きの経《きよう》を説《と》きたまう、若《も》し能《よ》く持《じ》する者《もの》あらば、当《まさ》に菩提《ぼだい》の位《くらい》に住《じゆう》し、覩史天《としてん》に来《らい》生《しよう》せしむべし。
　世尊《せそん》、我慶悦《われきようえつ》し、天《てん》の殊勝《しゆしよう》の報《ほう》を捨《す》てて、贍部洲《せんぶしゆう》に住《じゆう》し、是《こ》の経典《きようでん》を宣揚《せんよう》せん。
爾《そ》の時《とき》、*索訶世界主《さくかせかいしゆ》、梵天王《ぼんてんおう》、合掌恭敬《がつしようくぎよう》して、伽陀《かだ》を説《と》いて曰《いわ》く、
　諸《もろもろ》の静慮無量《じようりよむりよう》なり、諸乗及《しよじようおよ》び解脱《げだつ》は、皆此《みなこ》の経《きよう》より出《い》ず、是《こ》の故《ゆえ》に斯《こ》の経《きよう》を演《の》ぶ。

若《も》し是《こ》の経《きょう》を説《と》く処《ところ》、我梵天《われぼんてん》の楽《らく》を捨《す》てて、是《かく》の如《ごと》きの経《きょう》を聴《き》かんがために、亦《ま》た常《つね》に擁護《ようご》を為《な》さん。

爾《そ》の時《とき》、魔王子《まおうじ》あり、名《なづ》けて*商主《しょうしゅ》と曰《い》えり、合掌恭敬《がっしょうくぎょう》して伽陀《かだ》を説《と》いて曰《いわ》く、

若《も》し此《こ》の正義相応《しょうぎそうおう》の経《きょう》を、受持《じゅじ》するものあらば、魔《ま》の所行《しょぎょう》に随《したが》わず、魔《ま》の悪業《あくごう》を浄除《じょうじょ》せん。

我等《われら》此《こ》の経《きょう》に於《おい》て、亦《ま》た当《まさ》に勤《つと》めて守護《しゅご》し、大精進《だいしょうじん》の意《こころ》を発《おこ》して、処《ところ》に随《したが》いて広《ひろ》く流通《るずう》すべし。

爾《そ》の時《とき》、魔王《まおう》、合掌恭敬《がっしょうくぎょう》して、伽陀《かだ》を説《と》いて曰《いわ》く、

若《も》し此《こ》の経《きょう》を持《じ》するものあらば、能《よ》く諸《もろもろ》の煩悩《ぼんのう》を伏《ぶく》せん。是《かく》の如《ごと》きの衆生《しゅじょう》の類《たぐい》、擁護《ようご》して安楽《あんらく》ならしめん。

若《も》し是《こ》の経《きょう》を説《と》くものあらば、諸魔《しょま》便《たより》を得《え》じ。仏《ほとけ》の威神力《いじんりき》に由《よ》りて、我当《われまさ》に彼《かれ》を擁護《ようご》すべし。

爾《そ》の時《とき》、*妙吉祥天子《みょうきちじょうてんし》も亦《ま》た仏前《ぶつぜん》に於《おい》て伽陀《かだ》を説《と》いて曰《いわ》く、

諸仏《しょぶつ》の妙菩提《みょうぼだい》は、此《こ》の経中《きょうちゅう》に於《おい》て説《と》く。若《も》し此《こ》の経《きょう》を持《じ》する者《もの》は、是《こ》れ如来《にょらい》を供養《くよう》するなり。

我当《われまさ》に此《こ》の経《きょう》を持《じ》して、倶胝《くてい》の天《てん》のために説《と》き、聴聞《ちょうもん》する者《もの》を恭敬《くぎょう》して、勧《すす》めて菩提《ぼだい》の処《ところ》に至《いた》らしめん。

爾《そ》の時《とき》、*慈氏菩薩《じしぼさつ》、合掌恭敬《がっしょうくぎょう》して、伽陀《かだ》を説《と》いて曰《いわ》く、

若《も》し菩提《ぼだい》に住《じゅう》するものを見《み》ば、与《とも》に*不請《ふしょう》の友《とも》と為《な》り、乃至《ないし》身命《しんみょう》を捨《す》つとも、為《ため》に此《こ》の経王《きょうおう》を護《まも》らん。

我是《われかく》の如《ごと》き法《ほう》を聞《き》きぬ。当《まさ》に覩史天《としてん》に住《じゅ》き、世尊《せそん》の加護《かご》に由《よ》りて、広《ひろ》く人天《にんでん》のために説《と》くべし。

爾《そ》の時《とき》、*上座大迦葉波《じょうざだいかしょうは》、合掌恭敬《がっしょうくぎょう》して、伽陀《かだ》を説《と》いて曰《いわ》く、

仏声聞乗《ほとけしょうもんじょう》に於《おい》て、我《わ》が智慧《ちえ》鮮《すくな》きを説《と》きたまう。我今自力《われいまじりき》に随《したが》いて、是《かく》の如《ごと》き経《きょう》を護持《ごじ》せん。

若《も》し此《こ》の経《きょう》を持《じ》するものあらば、我当《われまさ》に彼《かれ》を摂受《しょうじゅ》して、其《そ》の詞弁力《じべんりき》を授《さず》けて、常《つね》に随《したが》いて「善哉《よいかな》」と讃《さん》ずべし。

爾《そ》の時《とき》、具寿阿難陀《ぐじゅあなんだ》、合掌《がっしょう》して、仏《ほとけ》に向《むか》いて伽陀《かだ》を説《と》いて曰《いわ》く、

我親《われした》しく仏《ほとけ》に従《したが》いて、無量《むりょう》の衆《しゅ》の経典《きょうでん》を聞《き》きたてまつるも、未《いま》だ曾《かつ》て是《かく》の如《ごと》きの深妙法中《じんみょうほうちゅう》の王《おう》を聞《き》かず。

我今是《われいまこ》の経《きょう》を聞《き》き、親《した》しく仏《ほとけ》の前《まえ》に於《おい》て受《う》く、諸《もろもろ》の菩提《ぼだい》を楽《ねが》う者《もの》のために、当《まさ》に広《ひろ》く宣通《せんつう》すべし。

爾《そ》の時《とき》、世尊《せそん》、諸《もろもろ》の菩薩《ぼさつ》、人天《にんでん》の大衆各各発心《だいしゅおのおのほっしん》し、此《こ》の経典《きょうでん》に於《おい》て流通《るずう》し擁護《ようご》し、菩薩《ぼさつ》を勧進《かんじん》し広《ひろ》く衆生《しゅじょう》を利《り》するを見《み》たまいて、讃《さん》じて言《のたま》わく、『善哉《よいかな》、善哉《よいかな》。汝等《なんじら》能《よ》く是《かく》の如《ごと》きの微妙《みみょう》の経《きょう》王《おう》に於《おい》て、虔誠《けんじょう》に流布《るふ》し、乃至我《ないしわ》が般涅槃《はつねはん》の後《のち》に於《おい》て散滅《さんめつ》せしめず。即《すなわ》ち是《こ》れ無上菩提《むじょうぼだい》の正因《しょういん》にして、獲《う》る所《ところ》の功徳《くどく》は洹沙劫《ごうじゃこう》に於《おい》て説《と》くとも尽《つく》すこと能《あた》わじ。若《も》し苾芻《びっしゅ》・苾芻尼《びっしゅに》・鄔波索迦《うばさくか》・鄔《う》波斯迦《ばしか》、及《およ》び余《よ》の善男子《ぜんなんし》・善女人等《ぜんにょにんとう》ありて、供養《くよう》し、恭敬《くぎょう》し、書写《しょしゃ》し、流通《るずう》して、人《ひと》のために解《げ》

脱《だつ》せば、獲《う》る所《ところ》の功徳《くどく》も亦《ま》た復《ま》た是《かく》の如《ごと》くならん。是《こ》の故《ゆえ》に汝等《なんじら》応《まさ》に勤《つと》めて修習《しゅじゅう》すべし。』
爾《そ》の時《とき》、無量無辺恒沙《むりょうむへんごうじゃ》の大衆《だいしゅ》、仏《ほとけ》の説《せつ》を聞《き》き已《お》わりて、皆大《みなおお》いに歓喜《かんぎ》し、信受《しんじゅ》して、奉行《ぶぎょう》したりき。

《護世》 四天王のこと。**《四梵住》** 四無量心（catur apramāṇa）をいう。これは四つのはかりしれない利他の心で、慈無量心（maitrī-a.）・悲無量心（karuṇā-a.）・喜無量心（muditā-a.）・捨無量心（upekṣā-a.）**《観史多》** Tuṣita 兜率天と呼ぶ。欲界の第四天。**《索訶》** Sahā 娑婆世界と同じ。**《商主》** Sārthavāha 欲界第六天の主。**《妙吉祥》** Mañjuśrī 文殊。**《慈氏》** Maitreya 弥勒。**《不請友》** 他より請われずに自ら進んで友となること。仏・菩薩は衆生のために不請の友となって化導する。**《上座大迦葉波》** Sthavira Mahākāśyapa

この付嘱品は梵本に欠く。世尊が無量の菩薩および一切の大衆に対して、この法門を流布せしめることを教えたことに対して、諸大菩薩四天王をはじめとして、兜率天子・梵天王・魔王がそれぞれ、この経典を久住せんことを述べる。そして文殊師利や弥勒菩薩は身命を捨てても、この経典を守り、広く流布せしめんと述べ、最後に大迦葉波や具寿阿難陀が重ねて経典流布を誓う。これらの言葉に対して世尊は、経典の供養・恭敬・書写・流通・解脱の功徳はまことに広大である。したがって勤めて修習せよという言葉で結ばれている。

このような仏説を聞いた大衆たちが歓喜し、信受し、奉行したという最後の言葉は大乗経典の巻末に出るものと同一である。この歓喜・信受・奉行という常套用語は実は重要な意味を持つものである。聞法してしかも歓喜するということは強い感銘をうけたということを表現している。しかもそれを一時の感激におわらずに信受し奉行するということは一つには大乗仏教の特色の一つである信ということを端的に表現したものである。そして初期仏教以来の仏教の伝統である実践を重んずる立場を奉行という言葉で表現している。われわれは重ねて味読し、体読しなければならぬものと思う。

附　録　金光明経陀羅尼集

①　一五一頁　(大)一六巻四二〇中

怛姪他　哺[口+律]儞　曼奴喇剃　獨虎　獨虎　獨虎　耶跋蘇利瑜　阿婆婆薩底　耶跋旃達囉　調怛底
　多跋達　洛叉　漫　憚荼　鉢唎訶嚂　矩嚕　莎訶

【梵文】

Tadyathā pūrṇi mantrate tuhu tuhu tuhu śubhasūrya avabhāsati yava-candra cukuti tavata rakṣa maṃ caṇḍa pariharam kuru svāhā.

②　一五二頁　(大)一六巻四二〇中

怛姪他　嗢篅里　質里　質里　嗢篅羅　篅羅喃　繕覩　繕覩　嗢篅里　虎嚕　莎訶

【梵文】

Tadyathā untali śiri śiri untali tannaṃ jantu jantu untali huru svāhā.

③　一五二頁　㊅一六巻四二〇中

怛姪他　憚宅枳　般宅枳　羯喇撴　高喇撴　雞由哩　憚撴哩　莎訶

【梵文】

Tadyathā tantaki pauntaki karati kaurati keyuri tantili svāhā.

④　一五二頁　㊅一六巻四二〇下

怛姪他　室利　室利　陀弭儞　陀弭儞　陀哩　陀哩儞　室利　室利儞　毘舍羅　波始　波始娜　畔陀弭帝　莎訶

【梵文】

Tadyathā śiri śiri damini damini dari-darni śiri-śirini vicara paci-pacina pandamite svāhā.

⑤　一五三頁　㊅一六巻四二〇下

怛姪他　訶哩　訶哩儞　遮哩　遮哩儞　羯喇摩儞　僧羯喇摩儞　三婆山儞　瞻跋儞　悉耶婆儞　謨漢儞　碎闍步陛　莎訶

【梵文】

Tadyathā hari hariṇi cari cariṇī karamaṇi saṃkramaṇi sambasuni cambani stauvani mohani sijabuhe svāhā.

⑥　一五三頁　㊅一六巻四二〇下

怛姪他　毘徒哩　毘徒哩　摩哩儞　迦里　迦里　毘度漢底　嚕嚕　嚕嚕　主嚕　主嚕　杜嚕婆

杜嚕婆　捨　捨　捨設者　婆哩灑　莎悉底　薩婆薩埵喃　悉旬覩　曼覩囉鉢陀儞　莎訶

【梵文】

Tadyathā vitori vitori mariṇi mariṇi kiri kiri vitohanti rurururu curu curu duruva duruva śaśa śaśa śaceha variśa svati sarva-sattvānāṃ siddhyantu maya mantra padāni svāhā.

⑦　一五四頁　(大)一六巻四二一上

怛姪他　勻訶　勻訶嚕　勻訶　勻訶勻訶嚕　鞞陸枳　鞞陸枳　阿蜜栗多唬漢儞　勃里山儞　鞞嚕勅枳　婆嚕伐底　鞞提呬枳　頻陀鞞哩儞　阿蜜哩底枳　薄虎主愈　薄虎主愈　莎訶

【梵文】

Tadyathā jaha jaharu jaha jaharu viduke viduke amṛta khaṇi vṛṣaṇi vairucaṇi vairucike varuvatti vidhubike bhandin variṇi amṛtike bahujaja bahūjaya svāhā.

⑧　一五四頁　(大)一六巻四二一上

怛姪他　室唎　室唎　室唎儞　蜜底　蜜底　羯哩　羯哩　醯嚕　醯嚕　主嚕　主嚕　畔陀弭　莎訶

【梵文】

Tadyathā śiri śiri śiriṇi mite mite kari kari heru heru curu curu vandani svāhā.

⑨　一五四頁　(大)一六巻四二一中

怛姪他　訶哩　旃荼哩枳　倶藍婆喇體　覩剌死　拔吒　拔吒死　室唎　室唎　迦室哩　迦必室唎

莎悉底　薩婆薩埵喃　莎訶

【梵文】

Tadyathā hari caṇḍalike kulamābhave torisi bata batasi śiri śiri kaśiri kapiśiri svasti sarva-sattvānām svāhā.

⑩　一五五頁　(大)一六巻四二一中

怛姪他　悉提　蘇悉提　謨折儞　木察儞　毘木底　菴末麗　毘末麗　涅末麗　忙揭麗　呬嚫若揭鞞　曷喇怛娜揭鞞　三曼多跋姪囇　薩婆頞他　娑憚儞　摩捺斯　莫訶摩捺斯　頞步底　頞窒步底　阿喇誓　毘喇誓　頞主底　菴蜜栗底　阿喇誓　毘喇誓　跋嚂謎　跋囉甜麼　莎囇　哺喇儞　哺喇娜　曼奴喇剃　莎訶

【梵文】

Tadyathā sidhe susidhe mocani mokṣaṇi vimukti amale vimale nirmale mogale hiranya=garbhe ratnagarbhe samautabhadre sarvānte sthāni manasi ambuti antibuti acare virase anṇti amṛte arase virase brahme brahmane pūrṇī puraṇā mautrate svāhā.

⑪　一七〇頁　(大)一六巻四二四下

南謨　曷喇怛娜　怛喇夜也　怛姪他　君睇　君睇　矩折囇　矩折囇　壹窒哩　蜜窒哩　莎訶

【梵文】

Namo ratna-trayāya tadyathā kunte kunte kuśale kuśale icchili mitili svāhā.

⑫ 二〇七頁　㊅一六巻四三〇下

南謨　薜室囉末拏也　莫訶曷羅闍也　怛姪他　囉　囉　囉　囉　矩怒　矩怒　區怒　區怒　窶怒
　窶怒　颯縛　颯縛　羯囉　羯囉　莫訶毘羯喇麼　莫訶毘羯喇麼　莫訶曷囉社　曷咯叉　曷咯叉
覩　漫　薩婆薩埵難者　莎訶

【梵文】

Namo Vaiśravanāya mahārājaya tadyathā ra ra ra ra kunu kunu [bunu bunu] khunu khunu sapa sapa [kara kara vikāraṃ] mahāvikārama mahāvikārama [mahā kāla] mahārāja rakṣa rakṣantu nāṃ sarva-sarva-sattvānāṃ svāhā.

⑬ 二〇八頁　㊅一六巻四三〇下

南謨　薜室囉末拏也　南謨　檀那馱也　檀泥説囉也　阿揭撦　阿鉢唎弭多　檀泥説囉　鉢囉麼
迦留尼迦　薩婆薩埵　呬哆振哆　麼麼檀那　末奴鉢喇拽　撦　碎闍　摩揭撦　莎訶

【梵文】

Namo Vaiśravanāya namo Dānadāya Dāneśvarāya ākarśa aparimita dāneśvara parama kāruṇika sarva-sattva hitacinta mama dāna vardhaparye svayaṃ ākarśa svāhā.

⑭ 二〇八頁　㊅一六巻四三一上

南謨　曷喇怛娜怛喇夜也　南謨　薜室囉末拏也　莫訶囉闍也　怛姪他　四弭　四弭　蘇母　蘇母
　栴荼　栴荼　折囉　折囉　薩囉　薩囉　羯囉　羯囉　枳哩　枳哩　矩嚕　矩嚕　母嚕　母嚕

主嚕　主嚕　娑大也　頞貪　我名某甲　昵店　頞他　達達覩　莎訶　南謨　薜室囉末拏也　莎訶
檀那馱也　莎訶　曼奴喇他　鉢唎脯喇迦也　莎訶

【梵文】

Namo ratnatrayāya namo Vaiśramanāya mahārājāya tadyathā śimi śimi sumu sumu caṇḍa caṇḍa care care sara sara kara kara kiri kiri kuru kuru muru muru curu curu sādāya [dharma] ātmanaṃ nityaṃ antara dhātu svāhā; namo Vaiśramanāya svāhā dhanadāya svāhā manoratha paripūrikāya svāhā.

⑮ 二一〇頁 (大)一六巻四三一中

南謨　室唎健那也　勃陀也　南謨　薜室囉末拏也　藥叉囉闍也　莫訶囉闍　阿地囉闍也　南麼
室唎耶裔　莫訶提弊裔　怛姪他　怛囉　怛囉　咄嚕　咄嚕　末囉　末囉　窣轡吐　窣轡吐　漢娜
漢娜　末尼羯諾迦　跋折囉薜琉璃也　目底迦楞訖嘌多　設唎囉裔　蒲薩婆薩埵呬哆迦摩　薜室
囉末拏　室唎夜提鼻　跋囇婆也　醫呬　醫呬　麼毘藍婆　瞿嘌拏　瞿嘌拏　袜喇娑　袜喇娑　達
馱呬　麼麼　阿目迦那末寫　遠哩設那迦末寫　達哩設南　麼麼　末那　鉢喇曷羅大也　莎訶

【梵文】

Namaḥ Śrī-kaṇṇaya buddāya namo Vaiśramanāya yakṣarājāya mahārāja[ya]adhirājāya namaḥ śrīye mahādevye tadyathā tara tara turu turu bala bala suśuddhi suśuddhi hana hana maṇikanaka vajravaidūrya mukti kālaṃkṛta śarīrāya sarvasattvā[nāṃ] hitakāma

Vaiśramaṇa-Śrīya devipradhāya ehy ehi mavilamba ghurṇa ghurṇa prasya prasya dadhahi mama amakanamaya darśana-kāmasya darśanan mama mana pariharadha[ra]ya svāhā.

⑯ 二一九頁 ㊅一六巻四三三上

怛姪他　珊陀喇儞　嗢多喇儞　蘇三鉢囉底瑟恥哆　蘇那麼　蘇鉢喇底瑟恥哆　鼻逝也　跋羅　薩底也　鉢喇底愼若　蘇阿嚧訶　愼若那末底　嗢波彈儞　阿伐那末儞　阿毘師彈儞　阿鞞毘耶訶羅輸婆伐底　蘇尼室唎多　薄虎　郡社　阿毘婆馱　莎訶

【梵文】

Tadyathā sandhāraṇi apadhāraṇi susaṃpratiṣṭhita sunāma supratiṣṭhita vijaya-bala satya [teja] pratiśiñjā suroha śiñjanamati [jñānprati] upahaṇi abanāmani abhiśigṇi abhivyākara śubhapati suniśitā bahūṃ gunja [guṃbha] abhipāda svāhā.

⑰ 二二一頁 ㊅一六巻四三三中

怛姪他　儞弭儞　弭儞弭　尼民達哩　窒哩盧迦　盧羯儞　窒哩輪擺波儞　曷喀叉　曷喀叉　……

莎訶

【梵文】

Tadyathā nimini nimini nimiṅdharī triloka lokāni triśūrapāṇi rakṣa rakṣa …… svāhā.

⑱ 二二二頁 ㊅一六巻四三三下

怛姪他　喝帝　毘喝帝　儞喝帝　鉢喇窒體雞　鉢喇底蜜窒囇　戍提　目羝　毘末麗　鉢喇婆莎囇

安荼嚦　般荼嚦　稅帝　般荼囉婆死儞　曷嚦　羯荼嚦　刼畢麗　氷揭羅惡綺　達地目企　曷咯叉　曷咯叉　……　莎訶

【梵文】

Tadyathā gate vigate nigate pratyarthake pratimitre śuddhe mukte vimale prabhāsvare aṇḍare paṇḍare śvete Paṇḍaravāśini Hari Kaṇṭari Kapili Piṅgalākṣi Dadhimukhi rakṣa rakṣa …… svāhā.

⑲ 二三二頁 (大)一六巻四三三下

怛姪他　母儞　母儞　母尼嚦　末底　末底　蘇末底　莫訶末底　呵呵呵　磨婆　以那悉底帝波跛
跋折攞波儞　惡甜姪嘌荼　莎訶

【梵文】

Tadyathā muni muni munine hare mati mati sumati mahāmati ha ha ha ha mabha iṇa (?) sthite pāpa vajrapāṇi ahaṃ ciri ca svāhā.

⑳ 二三三頁 (大)一六巻四三四上

怛姪他　醯里　弭里　地里　莎訶　跋囉甜魔布嚦　跋囉甜麼末尼　跋囉甜麼揭鞞　補澁跛僧悉怛嚦　莎訶

【梵文】

Tadyathā hili mili dhili svāhā Brahmapure Brahmamaṇi Brahmagarbhe puṣpasaṃsthire svāhā.

㉑ 二二三頁　㊅一六巻四三四上

怛姪他　毘儞　婆喇儞　畔陀麼彈滯　磨膩儞掇儞　瞿哩　揵陀哩　旃荼哩　摩登著　卜羯死　薩囉跋喇鞞　呬娜末住　答磨　嗢多喇儞　莫呼剌儞　達剌儞計　斫羯囉婆枳　捨伐哩　奢伐哩　莎訶

【梵文】

Tadyathā vini variṇi vandhamadaṇḍe maṇinetini Gauri Caṇḍali Mātaṅgi Pukkasi saraprabha hinamatya tama uttaraṇi mahāraṇi dhāraṇiku cakravāke śavari śavari svāhā.

㉒ 二二四頁　㊅一六巻四三四上

怛姪他　補澁閉　蘇補澁閉　度麼鉢喇呵囇　阿囇耶鉢喇設悉帝　扇帝　涅目帝　忙揭例　窣覩帝
　悉哆鼻帝　莎訶

【梵文】

Tadyathā puṣpe supuṣpe duma parihare āryapariśasiddhe śānti nimukte maṃgalye stute siddhavite svāhā.

㉓ 二二四頁　㊅一六巻四三四中

怛姪他　阿折囇　阿末囇　阿蜜㗚帝　惡叉裔　阿弊裔　奔尼鉢唎耶法帝　薩婆波跛　鉢唎苫摩尼裔　莎訶　阿離裔　般豆　蘇波尼裔　莎訶

【梵文】

Tadyathā acale amale amṛte akṣaye abhaye puṇya-paryāpte sarvapāpa-praśamaniye svāhā aliye pāṇḍu suparṇiye svāhā.

㉔ 二二九頁 (大)一六巻四三五上

怛姪他　蘇訖栗帝　訖栗帝　訖栗計　劫摩怛里　繕怒羯𡅏滯　郝羯喇滯　因達囉闍利膩　鑠羯𡅏滯　鉢設姪囉　阿伐底　羯細計娜　矩覩　矩覩　脚迦鼻麗　劫鼻囉　劫鼻囉　劫毘羅末底　尸羅末底　删底度囉末底哩　波伐矩　畔稚囉　室囉　室囉　薩底悉體羝　莎訶

【梵文】

Tadyathā sukṛte kṛta kṛta kamatale jankarate kaṃkarāte indrajālini śakarante vācacile abanti[ka] kasikena kudu [kudu] khakavile kapile kapile kapilamati śīlamati sandhiduramati paba-[da]ka bhaṃeile śire śire satyasthite svāhā.

㉕ 二三〇頁 (大)一六巻四三五中

怛姪他　頞喇計　娜也泥　呬麗　弭麗　祇麗　企企麗　莎訶

【梵文】

Tadyathā anrake nayane hile mile gile khikhile svāhā.

㉖ 二三〇頁 (大)一六巻四三五中

怛姪他　索揭智　毘揭智　毘揭荼　伐底　莎訶

【梵文】

Tadyathā sagaṭe bigaṭe bigaṭābati svāhā.

㉗

二三一頁　㊅一六巻四三五中

怛姪他　三謎　毘三謎　莎訶　索揭滯　毘揭滯　莎訶　毘揭荼　伐底　莎訶　娑揭囉　三步多也
莎訶　塞建陀　摩多也　莎訶　尼攞建佗也　莎訶　阿鉢囉市哆　毘喋耶也　莎訶　呬摩槃哆
三步多也　莎訶　阿儞蜜攞薄怛囉也　莎訶　南謨　薄伽伐都　跋囉蚶摩寫　莎訶　南謨　薩囉酸
底　莫訶提鼻裔　莎訶　悉甸都　漫　曼怛囉鉢柁　莎訶　怛喇都　仳姪哆　跋囉蚶摩奴末覩　莎
訶

【梵文】

Tadyathā samme visamme svāha, sagaṭe bigaṭe svāhā, Vigate vati svāhā, Sāgara saṃbhūtā=ya svāhā, skandā mātrāya svāhā, nilakaṇṭhāya svāhā, aparājita bīryāya svāhā, himavanta svāhā, animilabaktrāya svāhā, namo bhagavate brahmaṇe svāhā, namo sarasvati-mahādevye svāhā, siddyantu māṃ mantrapāda svāhā, dharata vacito brahmānu manora[tha-vṛto] svāhā.

㉘

二三四頁　㊅一六巻四三六上

怛姪他　慕囇只囇　阿伐帝　阿伐吒伐底　馨遇隸　名具隸　名具羅伐底　鴦具師　末唎只　三末
底　毘三末底　惡近唎莫近唎　怛囉只　怛囉者伐底　質質哩　室里蜜里　末難地　曇末唎只　八
囉拏畢唎裔　盧迦逝瑟跐盧迦失囇瑟耶　盧迦畢唎裔　悉馱跋唎帝　毘麼目企　輸只折唎　阿鉢唎

底喝帝　阿鉢喇底喝哆勃地　南母只　南母只　莫訶提鼻　鉢喇底近喇昏拏　南摩塞迦囉　我某甲
勃地　達哩奢啞　勃地　阿鉢喇底喝哆　婆跋覩　市婆謎　毘輪娙覩　舍悉怛囉輪路迦　曼怛囉
畢棏迦　迦婢耶地數　怛娙他　莫訶鉢喇婆鼻　呬里　蜜里　呬蜜里　毘折喇覩　謎勃地　我某甲
勃地輪提　薄伽伐點提毘焰　薩羅酸點　羯囉滯　雞由囉　雞由羅末底　呬里蜜里　呬里蜜里
阿婆訶耶弭　莫訶提鼻　勃陀薩帝娜　達摩薩帝娜　僧伽薩帝娜　因達囉薩帝娜　跋嘍拏薩帝娜
裔　盧雞　薩底婆地娜　羝釤　薩帝娜　薩底伐者泥娜　阿婆訶耶弭　莫訶提鼻　呬里蜜里　呬里
蜜里　毘折喇覩　我某甲　勃地　南謨　薄伽伐底　莫訶提鼻　薩囉酸底　悉甸覩　曼怛囉鉢陀彌
莎訶

【梵文】

Tadyathā miri cire avate avajavati hiṅgule miṅgule piṅgalevati aukhuṣa marīci samati bisamati [daśamati] agrīmagrī taraci taracabati ciciri śirimiri manandhi damakhe mārīcye praṇāpārye lokajyeṣṭhe lokaśreṣṭhe lokavīrye siddhaparate bhīmamukhi śucicarī apratihate apratihātabuddhi namuci namuci mahādevye pratigṛhṇa namaskāraṃ mama buddhi darśabi buddhi apratihata bhavatu sirahame viśuddha cito śāstraśloka-mantra-piṭaka kapiyadiṣu ta=dyathā mahāprabhāva hili mili himili vicaratu vibuddhi mama buddhi-śuddhi bhagavatye deveyaṃ Sarasvatiṃ karati keyura keyuramati hilimili hilimili abhahayāmi mahādevi bu=ddha-satyena dharma-satyena saṃgha-satyena Indra-satyena Varuṇa-satyena yelokesatya=

vādinaḥ teṣaṃ-satyena satyavacāniya avahayāmi mahādevi hilimili hilimili vicaratu mama buddhi namo bhagavati mahādeve Sarasvatya siddhyantu mantra pada me svāhā.

㉙ 二五四頁 ㊅一六巻四三九下

南謨　室唎莫訶天女　怛姪他　鉢唎脯啤拏折囇　三曼頞　達唎設泥　莫訶毘訶囉揭帝　三曼哆　毘曇末泥　莫訶迦里也　鉢唎底瑟侘鉢泥　薩婆頞他婆彈泥　蘇鉢喇底脯囇　痾耶娜達摩多　莫訶毘俱比帝　莫訶迷咄嚕　鄔波僧呬羝　莫訶頡唎使　蘇僧近里呬羝　三曼多頞他　阿奴波喇泥　莎訶

【梵文】

Namo śrī-mahādevī tadyathā paripūrṇa-care Samanta-darśanī mahāvihāragate samanta pitamamati mahākarya prativiṣṭhapani sarvānthasamamtanu (?) supratipure ayanadharmata mahābhāgena mahāmaitri upasaṃhate mahākleśa susamgṛhite samantāntha anupulana svāhā.

㉚ 二六〇頁 ㊅一六巻四四一上

怛姪他　只里　只里　主嚕　主嚕　句嚕　句嚕　拘柱　拘柱　覩柱　覩柱　縛訶　縛訶　伐捨　伐捨　莎訶

【梵文】

Tadyathā ciri ciri curu curu [kuru kuru] kutu kutu totu totu bhaha bhaha śavari śavari svāhā.

㉛ 二六〇頁 (大)一六巻四四一上

怛姪他　頞折泥　頡力　剎泥　室尸達哩　訶　訶　呬　呬　嘔噜　伐囇　莎訶

【梵文】

Tadyathā acani griliga kṣanati śira śiddhari ha ha hi ḥi kuru bhāre svāhā.

㉜ 二六〇頁 (大)一六巻四四一上

怛姪他　儞室里　末捨羯撥　捺撥矩撥　勃地　勃地囇　婢撥　婢撥　矩句撥　佉婆只哩　莎訶

【梵文】

Tadyathā niśiri maśakani nati kuti buddhi buddhire biti biti kukuti baciri svāhā.

㉝ 二六四頁 (大)一六巻四四一下

南謨　佛陀耶　南謨　達摩耶　南謨　僧伽耶　南謨　跋囉蚶摩耶　南謨　因達囉耶　南謨　折咄喃　莫喝囉闍喃　怛姪他　呬哩　呬哩　弭哩　弭哩　瞿哩　莫訶瞿哩　健陀里　莫訶健陀里　達羅弭雉　莫訶達羅弭雉　單茶　曲勸第　訶　訶　訶　訶　訶　呬　呬　呬　呬　呬　呼　呼　呼

呼　呼　漢魯曇謎　瞿曇謎　者　者　者　者　只　只　只　只　主　主　主　主　旃荼攞鉢攞

尸揭囉　尸揭囉　嗢底瑟侘呬　薄伽梵　僧慎爾耶　莎訶

【梵文】

Namo Buddhāya namo dharmāya namaḥ saṃghāya namo Brahmaya namo Indrāya namaḥ caturnāṃ mahārājānāṃ tadyathā hiri hiri mili mili gaurī mahā-gaurī gandhāri mahā-gan=

dhāri draviḍi mahā-draviḍi daṇḍa khukunte ha ha ha ha hi hi hi hi ho ho ho ho halo dhama kudaṃe ca ca ca ca ci ci ci ci cu cu cu cu caṇḍeśvara śikhara uttiṣṭa=hi bhagavan saṃciñjāya svāhā.

㉞　三〇八頁　㊅一六巻四四九下

怛姪他　毘折儞　毘折儞　毘折儞　僧塞枳儞　僧塞枳儞　僧塞枳儞　毘爾儞　毘爾儞　毘爾儞　莎訶　怛姪他　那弭儞　那弭儞　那弭儞　殺雉儞　殺雉儞　殺雉儞　颯鉢哩設儞　颯鉢哩設儞　颯鉢哩設儞　莎訶　怛姪他　薜達儞　薜達儞　薜達儞　窒里瑟儞儞　窒里瑟儞儞　窒里瑟儞儞　鄔波地儞　鄔波地儞　鄔波地儞　莎訶　怛姪他　婆毘儞　婆毘儞　婆毘儞　闍底儞　闍底儞　闍底儞　闍摩儞儞　闍摩儞儞　闍摩儞儞　莎訶

【梵文】

Tadyathā vicani vicani vicani saṃścani saṃścani saṃścani bhiśini bhiśini bhiśini svāhā, tadyathā nāmini nāmini nāmini śātini śātini śātini spṛśani spṛśani svāhā, tadyathā vedani vedani vedani tṛṣṇi tṛṣṇi tṛṣṇi upādhini upādhini svāhā, tadyathā bhavini bhavini bhavini jatini jatini jatini jammanini jammanini svāhā.

㉟　三〇九頁　(大)一六巻四五〇上

怛姪他　啒哩謎　揭睇　健陀哩　旃荼里　地囉　騷伐囉　石啒伐囉　補囉布囉　矩矩末底　崎囉末底　達地目契　窶嚕婆　母嚕婆　具荼母嚕健提　杜嚕　杜嚕　毘囉　翳泥悉　悉泥沓娓　達沓

娓　鄔悉怛哩　烏率吒囉伐底　頞剌娑伐底　鉢杜摩伐底　倶蘇摩伐底　莎訶

【梵文】

Tadyathā hirimi gate gandhārī candāri dhiri jāṃvare śihibhare pure pure [gu] gumati khiramati dadhimukhi laurubha murubha kucamurukante duru duru vīrya aidhisi dadheve dadhave uṣṭri uṣṭravati ansaprahati padmavati kusumavate [usumavate] svāhā.

あとがき

『金光明経』は、インドの大乗仏教では「九宝」の一つとして、大きな影響力を持っていた。また中国仏教では、特定宗派の基本的な所依経典とはならなかったが、その護国経典としての呪術性が重視されていた。チベット仏教では『金光明経』が密教経典として扱われている。特に日本仏教では護国三部経典として『妙法蓮華経』や『仁王般若経』と共に、仏教思想史のみならず、仏教美術にも重要な地位を占めてきた。

さて国訳として取り上げられたのは『国訳大蔵経』経部第十一巻に、渡辺海旭先生が解題と和訳にあたっておられる。この『国訳金光明最勝王経』は大変な労作であり、今回の和訳にも非常に参考になった。また曇無讖訳の四巻本については『国訳一切経』経集部五に、中里貞隆先生が解題と国訳とにあたっておられる。さらに昭和五十五年、大東出版社より、金岡秀友教授が『金光明経の研究』を出版している。両氏の学恩に深い謝意を表するものである。

私は昭和五十一年から、五十二年にあたり大正大学で「仏教経典の比較研究」という課題で『金光明経』の梵蔵漢の三訳の比較研究をとりあげた、その頃に仏典講座の『金光明経』執筆依頼を受けたのである。爾来、身辺の事情から執筆が進まず、出版社に大変なご迷惑をかけていた。またその時の講義に出席していた荒木良道氏が、その翌年に修士論文として「金光明経の研究」を提出した。そんな因縁から、この国訳および注釈の作成については、荒木良道氏の協力をお願いすることになった。

また、本書の出版に際しては、大蔵出版の谷村英治氏に、原稿整理から校正に到るまで、特別なお骨折りを頂いたことに深謝する。さらに校正および索引の作成については、大正大学講師・木村高尉氏の尽力に負うところ多大であり、併せて謝意を表する。

昭和六十二年六月

壬生台舜

索　　引

本索引は要語を各々五十音順に配列し，チ・ヅはジ・ズに統一した上で同一首字の音の同じものを一箇所に集めた。
＊（　）は編集者による補足

ア　行

カ　行

サ　行

タ　行

ナ　行

ハ　行

マ 行

ヤ 行

ラ 行

ワ　行

著者略歴

壬　生　台　舜　みぶ　たいしゅん

大正２年９月24日　東京浅草に生まれる。
昭和11年３月　大正大学文学部仏教学科卒業。
大正大学教授、日本学術会義第11期会員、宗教法人金龍山浅草寺執事長、浅草寺第26世貫主、日本印度学仏教学会理事を歴任。文学博士。
平成14年６月没。
〔著　書〕『叡山の新風』（筑摩書房）『仏教思想』（第一書房）『仏教の倫理思想とその展開』『龍樹教学の研究』『いかに死を捉えるか』『最澄のこころ』（大蔵出版）等。

一九八七年七月二〇日　初版発行
二〇〇六年三月一〇日　新装初版

《仏典講座13》

金光明経

検印廃止

著者　壬生台舜
発行者　石原大道
印刷所　富士リプロ株式会社
〒150-0022　東京都渋谷区恵比寿南二-十六-六　サンレミナス二〇二
発行所　大蔵出版株式会社
TEL〇三(六四一九)七〇七三
FAX〇三(五七二四)三五〇三
http://www.daizoshuppan.jp/

ISBN 978-4-8043-5456-9 C3315

仏典講座

遊行経〈上〉〈下〉　中村　元
律　蔵　佐藤密雄
金剛般若経　梶芳光運
法華経〈上〉〈下〉　田村芳朗・藤井教公
維摩経　紀野一義
金光明経　壬生台舜
梵網経　石田瑞麿
理趣経　宮坂宥勝・福田亮成
楞伽経　高崎直道
倶舎論　桜部　建
唯識三十頌　結城令聞
大乗起信論　平川　彰

浄土論註　早島鏡正・大谷光真
摩訶止観　新田雅章
法華玄義　多田孝正
三論玄義　三枝充悳
華厳五教章　鎌田茂雄
碧巌集　平田高士
臨済録　柳田聖山
一乗要決　大久保良順
観心本尊抄　浅井円道
八宗綱要〈上〉〈下〉　平川　彰
観心覚夢鈔　太田久紀